SLP's HOUSE
언어치료의 모든 것

  '바르미'를 검색해 주세요.

Speech Language Pathologist's Heart Owns Ultra Special Energy

SLP's HOUSE

언어재활과 관련된 전문지식을 공유하고
서로에게 힘이 되는 카페입니다.

언어재활사와 보호자와의
의사소통의 공간

핵심요약집에 대한 문의사항은
NAVER 카페 SLP's HOUSE
(cafe.naver.com/slphouse)를
방문하여 남겨주세요.

언어재활사
- 온라인/오프라인 스터디
- 임상에 필요한 자료 제공
- 임상에서의 고민 소통공간 제공
- 친목도모 및 정보교류

보호자
- 언어장애인을 위한 보호자 교육 자료
- 언어문제를 위한 상담 게시판
- 보호자들을 위한 친목도모 및 정보교류

 SLP's HOUSE cafe.naver.com/slphouse    속닥속닥 HOUSE cafe.naver.com/sshouse2019

2025 시대에듀 언어재활사 최종모의고사

Always with you

사람의 인연은 길에서 우연하게 만나거나 함께 살아가는 것만을 의미하지는 않습니다.
책을 펴내는 출판사와 그 책을 읽는 독자의 만남도 소중한 인연입니다.
시대에듀는 항상 독자의 마음을 헤아리기 위해 노력하고 있습니다. 늘 독자와 함께하겠습니다.

자격증·공무원·금융/보험·면허증·언어/외국어·검정고시/독학사·기업체/취업
이 시대의 모든 합격! 시대에듀에서 합격하세요!
www.youtube.com ➜ 시대에듀 ➜ 구독

PREFACE
편저자의 말

〈언어재활사 최종모의고사〉는 예비 언어재활사 선생님들을 위해 SLP's HOUSE와 시대에듀가 함께 준비한 도서입니다. 이 책은 언어재활사 국가고시를 대비하여 가장 핵심적인 전문지식만을 담았으며, 합격에 가장 빠르게 다가가는 길을 제시합니다. 본서가 언어재활사 학습의 길잡이가 되어 줄 것입니다.

곽경미
예비 언어재활사분들을 위해 조금이나마 도움이 될만한 일을 고민하다가 모의고사 도서를 출간하기로 하였습니다. 그리고 수십 번의 고민과 검수를 통해 최종모의고사 도서를 개정 출간합니다. 이번 모의고사를 위해 검수해 주신 모든 언어재활사분들과 끝까지 함께한 SLP's HOUSE 운영진분들께 이 자리를 빌려 감사의 인사를 전합니다. 많이 부족하겠지만 수험생 여러분들께 도움이 되기를 바라며 모두 합격하시길 빕니다.

곽은정
이번에 최종모의고사 문제집이 개정 출간됩니다. 그동안 함께 노력해주신 SLP's HOUSE 선생님들과 검수를 도와주신 선생님들께도 감사드립니다. 언어재활사를 꿈꾸는 많은 선생님들에게 작은 도움이라도 되었으면 합니다. 모두 파이팅입니다!

엄지연
시험을 앞둔 예비 언어재활사분들을 조금이나마 돕고자 모의고사 도서를 개정 출간하게 되었습니다. 모두 합격을 기원합니다. 그리고 그동안 함께 도와주신 SLP's HOUSE 선생님들과 검수를 도와주신 많은 언어재활사 선생님들께 감사드립니다.

이보람
예비 언어재활사 선생님들에게 도움이 되기를 바라는 마음으로 이 책을 개정 출간하게 되었습니다. 그동안 함께 노력해주신 SLP's HOUSE 선생님들, 검수를 도와주신 많은 언어재활사 선생님들께 감사드립니다. 시험을 준비하시는 모든 예비 언어재활사 선생님들의 합격을 기원합니다.

※ 본 도서는 국가고시 기출문제와 동일한 문제를 수록하지 않았습니다. 매년 시험 유형을 분석하여 시험과 비슷한 유형의 문제를 연습해 볼 수 있도록 구성하였으며, 추가로 개념을 잡을 수 있는 다양한 문제 유형도 수록하였습니다.

이 책의 구성과 특징 STRUCTURES

현장감 있는 모의고사!

실제 시험 과목과 문항 수를 일치시켜 총 5회분으로 구성했습니다. 현장감 있는 문제풀이를 통해 자신의 실력을 확인해 보세요. 틀린 부분을 체크하고 반복학습을 통해 익히는 것이 중요합니다.

출제유형문제는 더 중요하니까!

출제유형문제와 고난도문제는 따로 표시했습니다. 17년부터 24년까지 출제유형문제들을 확인하고, 반복학습을 통해 자신의 문제로 만드는 것이 중요합니다. 또한, ★로 표시된 문제들은 어려운 문제들이기 때문에 확실하게 알고 넘어가야 합니다.

합격의 공식 Formula of pass | 시대에듀 www.sdedu.co.kr

1급 범위 문제도 따로 있다!

1급 출제범위는 따로 모아 1회분을 추가로 구성했습니다. 1급과 2급을 한 번에 준비할 수 있도록 기타 과목을 수록하였으니 1급과 2급 시험범위가 다르다고 걱정하지 마세요.

상세한 정답 및 해설!

실제 시험과 같이 문제를 풀어볼 수 있도록 정답 및 해설을 따로 구성하여 수록했습니다. 문제를 풀어보고 채점하며 틀린 문제는 상세하게 설명된 해설을 확인하여 완벽하게 짚고 넘어가세요.

언어재활사 시험안내 INFORMATION

❖ 시험에 대한 보다 자세한 정보는 시행처인 한국보건의료인국가시험원(www.kuksiwon.or.kr)에서 확인하실 수 있습니다. 시험정보는 시행처의 사정에 따라 변경될 수 있으므로 반드시 응시하려는 해당 회차의 시험공고를 확인하시기 바랍니다.

● 응시자격

구분	내용
1급 언어재활사	2급 언어재활사 자격증을 가진 사람으로서 다음의 어느 하나에 해당하는 사람 • 「고등교육법」에 따른 대학원에서 언어재활 분야의 박사학위 또는 석사학위를 취득한 사람으로서 언어재활기관에 1년 이상 재직한 사람 • 「고등교육법」에 따른 대학에서 언어재활 관련 학과의 학사학위를 취득한 사람으로서 언어재활기관에 3년 이상 재직한 사람
2급 언어재활사	「고등교육법」에 따른 대학원·대학·전문대학의 언어재활 관련 교과목을 이수하고 관련 학과의 석사학위·학사학위·전문학사학위를 취득한 사람

● 시험시간표

❶ 1급 언어재활사

구 분	시험과목(문제수)	교시별 문제수	시험형식	입장시간	시험시간
1교시	• 신경언어장애(24) • 언어발달장애(24) • 유창성장애(24)	72	객관식 5지선다형	~08:30	09:00~10:15 (75분)
2교시	• 음성장애(24) • 조음음운장애(24) • 언어재활현장실무(20)	68		~10:35	10:45~11:55 (70분)

❷ 2급 언어재활사

구 분	시험과목(문제수)	교시별 문제수	시험형식	입장시간	시험시간
1교시	• 신경언어장애(30) • 유창성장애(25) • 음성장애(25)	80	객관식 5지선다형	~08:30	09:00~10:15 (75분)
2교시	• 언어발달장애(35) • 조음음운장애(35)	70		~10:35	10:45~11:50 (65분)

시험일정

원서접수	응시표 출력기간	시험시행	최종합격자 발표
2025년 9월 중	2025년 11월 중	2025년 11~12월 중	2025년 12월 중

※ 정확한 시험일정은 시행처인 한국보건의료인국가시험원의 확정공고를 필히 확인하시기 바랍니다.

응시현황

❶ 1급 언어재활사 국가시험 합격률 추이

회 차	응시자수(명)	합격자수(명)	합격률(%)
2024년(제13회)	987	507	51.4
2023년(제12회)	1,115	710	63.7
2022년(제11회)	946	559	59.1
2021년(제10회)	861	637	74.0

❷ 2급 언어재활사 국가시험 합격률 추이

회 차	응시자수(명)	합격자수(명)	합격률(%)
2024년(제13회)	1,056	641	60.7
2023년(제12회)	1,645	1,167	70.9
2022년(제11회)	1,436	986	68.7
2021년(제10회)	1,372	1,029	75.0

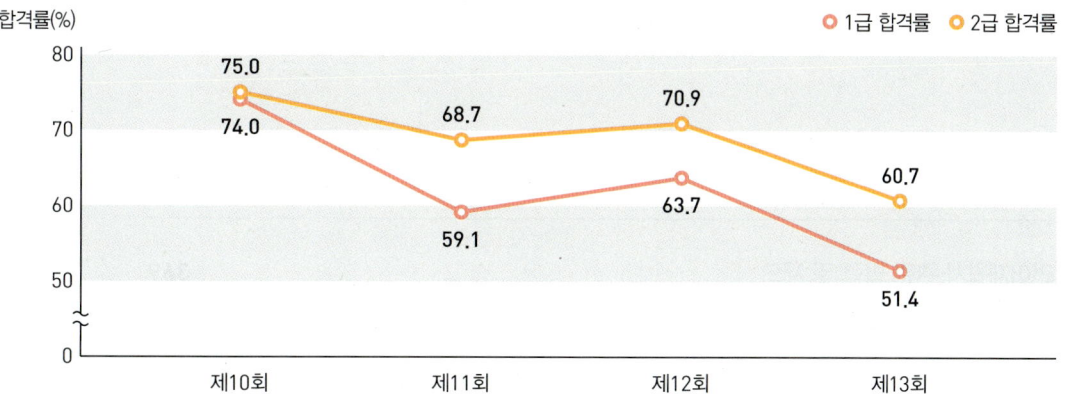

이 책의 차례 CONTENTS

모의고사

모의고사 첫 번째	**3**
모의고사 두 번째	**55**
모의고사 세 번째	**105**
모의고사 네 번째	**153**
모의고사 다섯 번째	**201**
모의고사 기타 과목	**255**

정답 및 해설

모의고사 첫 번째	**295**
모의고사 두 번째	**308**
모의고사 세 번째	**320**
모의고사 네 번째	**332**
모의고사 다섯 번째	**343**
모의고사 기타 과목	**357**

부 록

언어재활사 관련 법령 및 제도	**369**
한국언어재활사협회 정관 및 윤리강령	**392**

	아동용 한국판 보스턴 이름대기 검사(K-BNT-C)	만 3세 이상의 취학 전 아동, 조음운에 어려움이 있는 학령기 아동
	우리말 조음음운평가(U-TAP)	2~12세(3~6세 아동에게 가장 적합)
	우리말 조음음운검사2(U-TAP2)	만 2세 6개월~만 7세
	아동용 발음평가(APAC)	3~6세, 조음운에 어려움이 있는 학령기 아동
	언어이해·인지력 검사	3~5세 11개월
	한국 아동 토큰 검사(K-TTFC-2)	3~12세 11개월
	기초학력검사(KISE-BAAT)	5~14세 11개월
	학령기 아동 언어검사(LSSC)	만 7~12세(초등학교 1~6학년)
	기초학습기능 수행평가체제 : 읽기검사(BASA)	초등학교 1학년 이상
	한국어 이야기 평가(KONA)	유아, 초등 1~6학년
	한국어 읽기 검사(KOLRA)	초등학교 1~6학년
	아동 간편 읽기 및 쓰기 발달 검사(QRW)	만 5세~초등학교 4학년
	한국 아동 메타-화용언어 검사(KOPLAC)	만 5~12세
	한국판 핵심언어 임상평가(K-CELF-5)	초등학교 1학년~대학생
비공식 평가	EASIC, 포테이지 아동발달지침서, 자발화 평가 등	

조음음운장애

1. 음성 vs 음운

음성	음운
발음 기관을 통해서 만들어지는 소리	의미를 구분할 수 있는 최소 소리 단위
물리적	심리적(정신적)
구체적	추상적
[ ]	/ /
개별적	집단적(사회적)
생리적	심리적

2. 자음분류표

구 분		양순음	치경음	경구개	연구개	성문음
파열음	평음	ㅂ	ㄷ	–	ㄱ	–
	경음	ㅃ	ㄸ	–	ㄲ	–
	격음	ㅍ	ㅌ	–	ㅋ	–
마찰음	평음	–	ㅅ	–	–	ㅎ
	경음	–	ㅆ	–	–	–
파찰음	평음	–	–	ㅈ	–	–
	경음	–	–	ㅉ	–	–
	격음	–	–	ㅊ	–	–
비음		ㅁ	ㄴ	–	ㅇ	–
유음(설측음)		–	ㄹ	–	–	–

3. IPA

구 분	양순음	치조음(치경음)	경구개음	연구개음	성문음
파열음 (Plosive)	• 어두초성 p, pʰ, p* • 어중초성 b • 어말종성 p˺	• 어두초성 t, tʰ, t* • 어중초성 d • 어말종성 t˺	–	• 어두초성 k, kʰ, k* • 어중초성 g • 어말종성 k˺	–
마찰음 (Fricative)	–	• j, i, wi 앞 ɕ, ɕ* • 그 외 모음 s, s*	–	• i j 앞 ç • ɯ 앞 x • u, o 앞 ɸ w • 그 외 어두초성 h • 어중초성 ɦ	
파찰음 (Affricative)	–	–	• 어두초성 tɕ, tɕʰ, tɕ* • 어중초성 dʑ	–	–
비 음 (Nasal)	• 음절초성 m • 음절종성 m˺	• 음절초성 n • 음절종성 n˺	–	음절종성 ŋ	–
유 음 (Liquid)	–	• 음절종성 • /ㄹ/ 뒤 초성 l • 어중초성 ɾ	–	–	–

4. 자음의 변별자질 : 공명성(비음, 유음), 자음성(O), 성절성(X)

지속성(마찰음), 지연개방성(파찰음), 설측성(유음), 설정성(치조음, 경구개음), 전방성(양순음, 치조음)
긴장성(ㅃ,ㄸ,ㄲ,ㅉ), 기식성(ㅍ,ㅌ,ㅋ,ㅊ)

5. 우리말

- 운율단위 : 음절 → 음운 → 단어 → 강세구 → 억양구 → 발화
- 우리말의 음절 유형(8개 유형) : V(모음), GV(활음+모음), CV(자음+모음), CGV(자음+활음+모음), VC(모음+자음), GVC(활음+모음), CVC(자음+모음+자음), CGV(자음+활음+모음+자음)

6. 조음음운의 발달

- 옹알이 시기 발달 : ① 발성단계(0~1개월) → ② 쿠잉단계(2~3개월) → ③ 확장단계(4~6개월) → ④ 반복적 옹알이, 음절옹알이단계(6개월 이후)
- 자음 발달 : 비음, 파열음 > 파찰음 > 유음 > 마찰음
- 자음의 음절과 어절 내에서의 위치에 따른 발달 : 초성 → 종성, 초성 : 어두초성 → 어중초성, 종성 : 어말종성 → 어중종성
  (단, 유음은 종성(설측음)에서 먼저 출현 → 초성(탄설음))

7. 사용 빈도

- 장애음 > 공명음
- 조음위치별 : 치경 > 연구개 > 양순 > 치경경구개 > 후두
- 조음방법별 : 파열음 > 비음 > 유음 > 마찰음 > 파찰음
- 발성유형별 : 평음 > 경음 > 격음

8. 조음음운 분석

- 자음정확도(PCC) : 바르게 조음한 자음 수 / 조음해야 할 총 자음 수 × 100
- 모음정확도 : 바르게 조음한 모음 수 / 조음해야 할 총 모음 수 × 100
- 조음정확도 : 바르게 조음한 음소 수 / 조음해야 할 총 음소 수 × 100
- 단어단위정확률(전체단어정확도, PWC) : 정확하게 발음한 단어 수 / 전체 단어 수
- 단어단위근접률(전체단어근접도, PWP) : 아동의 단어단위복잡률 / 성인의 단어단위복잡률
- 평균음운길이(PMLU) = 단어단위복잡률(PWWC) : 단어의 평균 복잡률 / 전체 단어 수

9. 조음음운장애 검사 분석수준

- 독립분석 : 아동의 수행능력에 초점, 아동이 산출한 음소목록, 음절구조, 음운규칙을 분석
- 관계분석 : 성인의 목표형태와 관련지어 음소 및 오류패턴 분석

10. 일반화

- 위치 일반화 : 어두 초성 'ㅅ' 산출 후 어중 또는 어말에서 산출
- 문맥 일반화 : 'ㅅ'을 'ㅣ' 모음 앞에서 산출 후 'ㅗ, ㅜ, ㅏ'의 모음 앞에서도 산출
- 언어학적 단위 일반화 : 말소리, 음절, 낱말, 문장 등 언어학적 단위에 따라 산출
- 말소리 변별자질 일반화 : 'ㅅ'을 산출하게 되면 'ㅅ'의 변별자질을 공유해서 'ㅆ'을 산출
- 상황 일반화 : 치료실에서 목표를 달성 후 다른 장소에서 사용

11. 치료 방법

- 운동(음성) 치료 접근법
  - 전통적 치료
  - 문맥을 이용한 치료법
  - 다중음소 접근법
  - 감각운동기법
  - 짝자극 기법
- 음운적 치료 접근법
  - 음운대조를 이용한 접근법 : 다수의 음소 오류를 보이는 아동 대상
    (종류 : 변별자질, 최소대립, 최대대립, 복합대조, 음운변동)
  - 주기법 : 전반적 말명료도 개선
  - 상위음운지식을 이용한 접근법 : 최소대립쌍 이용
  - 전반적 언어 접근법을 통한 음운 훈련

꼭 기억해야 할 키워드

신경언어장애

1. 해 부
- 뇌 : 대뇌, 간뇌[시상 + 기저핵(미상핵 + 조가비핵 + 담창구)], 뇌간(중뇌 + 뇌교 + 연수), 소뇌
- 뉴런(수상돌기 + 축삭 + 미엘린수초, 세포체 등)
- 대 뇌
  - 대뇌세로열(Longitudinal Cerebral Fissure)
  - 대뇌중심열(= 중심구, 롤란드열, Central Cerebral Fissure, Central Sulcus, Fissure of Rolando)
  - 대뇌외측열(Lateral Cerebral Fissure)
- 섬유회로
  - 투사섬유(운동회로, 감각회로, 반사궁)
  - 교련섬유(뇌량, 전교련, 해마교련)
  - 연합섬유(구상속, 대상속, 궁상속)
  - 추체로, 추체외로
  - 척 수
- 경동맥체계 : ECA, ICA(+ ACA + MCA)
- 척추-뇌기저체계 : 척추동맥(+ PICA), 뇌기저동맥(+ AICA + PCA + SCA)
- 브로드만 넘버
  - 전두엽(45, 44 브로카 / 4 일차운동영역 / 6 전운동영역)
  - 두정엽(3, 1, 2 일차감각영역 / 39, 40 각회, 모서리위이랑 : 읽기쓰기)
  - 측두엽(22 베르니케영역 / 41 일차청각영역 / 42 청각연합영역)
  - 후두엽(17 일차시각영역 / 18, 19 시각연합영역)
- 뇌신경 : 1 후신경, 2 시신경, 3 동안신경, 4 활차[도르래]신경, 5 삼차신경, 6 외전신경, 7 안면신경, 8 전정신경, 9 설인신경, 10 미주신경, 11 부신경, 12 설하신경

2. 뇌졸중
- 허혈성 뇌졸중(폐색성 뇌졸중) : 혈전성(혈관이 좁아짐), 색전성(혈관이 막힘), 일괄성 허혈발작, 관류저하
- 출혈성 뇌졸중(뇌출혈)

3. 실어증
- 평가 : WAB, MTDDA, PICA, BDAE
  cf) 심화검사 : BNT, RTT
- 비유창 : 전반실어증, 혼합연결피질실어증, 브로카실어증, 연결피질운동실어증
- 유창 : 베르니케실어증, 연결피질감각실어증, 전도실어증, 명칭실어증
- 치료 : VAT(인지적), MIT(비우세반구), CIT(비우세반구), SFA(의미적), HELPSS(통사적), SPPA(통사적), PACE(의사소통), TWA(청각적 이해력) 등

4. 마비말장애
- 종 류
  경직형(양상부운동신경원 병리), 이완형(하부운동신경원 병리), 과대운동형(추체외로 병리 – 빠른과다운동 : 무도병, 느린 과다운동 : 근긴장이상증), 과소운동형(추체외로 병리 – 퇴행성 : 파킨슨), 실조형(소뇌 병리), 일측상부운동신경형(일측상부운동신경원 병리), 혼합(대부분 강직 + 이완형)
- 치료 : 지속적인 치료, 복합적 감각단서 활용, 운율적 요소 포함
  - 직접치료 : 발성, 공명, 조음
  - 간접치료 : 감각자극, 근육강화
- 치료기법 : 8단계 치료법, Initialing Speech Activities, Automatic Response, Phonemic Drill, MIT, PROMPT, VCIL, MIPT, 구어운동연습

5. 실행증
- 탐색적 조음행동, 비일관적인 오류
- 치료 : 장기간의 집중적 치료, 반복, 체계적인 난이도 진행, 운율치료 등

6. 우반구 손상
- 언어 : 운율장애, 발화의 구성 및 내용 이상, 이해장애, 화용장애
- 인지 : 무시증, 구성장애, 지형장애, 주의력장애
- 치료 : 운율 – 모방치료 / 화용 – 비디오 피드백, 의사소통 촉진법

7. 외상성 뇌손상
- 관통(개방형)뇌손상, 비관통(폐쇄형)뇌손상 : 비가속손상, 가속손상
- 예후 : 혼수상태 기간, 외상 후 기억상실 기간 등
- 인지적 문제로 인한 언어문제 발생

8. 치 매
- 피질치매 : 알츠하이머, 전두엽치매 / 픽병, 원발성 진행성 실어증(PPA)
- 피질하치매 : 파킨슨병, 진행핵상마비(PSP), 헌팅턴병, 후천성면역결핍증후군(AIDS)
- 혼합치매 : 혈관성치매, 전측두치매, 루이소체치매, 가성치매

9. 실독증
- 중추형 : 심층실독증, 음운실독증, 어휘(표층)실독증
- 말초형 : 순수실독증, 무시실독증, 주의력실독증

10. 실서증
- 중추형 : 심층실서증, 음운실서증, 어휘(표층)실서증, 의미실서증, 자소 – 완충기실서증, 보속실서증
- 말초형 : 이서실서증, 실행실서증, 실행증이 아닌 운동장애, 무시실서증

11. 삼킴장애
- 구강준비단계 → 구강(운반)단계 → 인두단계 → 식도단계
- 영상검사 : 초음파, 비디오내시경, 비디오투시조영(수정된 바륨검사), 섬광조영검사, 광섬유내시경
- 비영상검사 : 근전도, 성문전도검사, 경부청진, 검압법
- 보상기법 : 자세변화, 감각입력향상, 음식량과 속도 변화, 음식 농도 / 점도 변화, 구강 내 보철
- 인두구조 운동치료 : 발살바메뉴버, 마사코메뉴버, 멘델슨메뉴버

유창성장애

1. 용어 정리
- 반복횟수 : 반복한 전체의 수
- 단위반복수 : 말소리별로 각각 반복한 수
- 연장되는 소리 : 마찰음과 단모음
- 막힘이 주로 나타나는 소리 : 파열음과 파찰음
- 파라다이스-유창성검사(Paradise – Fluency Assessment, P–FA Ⅱ) 기준
  - 병리적인 비유창성 : 주저 3초 이상 / 간투사 / 반복은 모두 3회 이상 + 긴장 포함 / 비운율적 발성(막힘, 연장, 깨진 낱말 포함)
- 발생률(Prevalence) : 살아오면서 말을 더듬은 경험이 있었던 사람들의 비율
- 출현율(Incidence) : 특정 시기, 특정 연령대, 대상 등에서 말을 더듬고 있는 사람들의 비율
- 말더듬이론
  - 심리적 요인 : 억압 – 욕망가설, 접근회피갈등이론, 의사소통 – 정서 말더듬 이론
  - 학습적 요인 : 예상투쟁가설, 진단착오이론, 이원이론
  - 신경생리학적 요인 : 대뇌반구우세이론, 유전(남>여), 가계력(남<여), 수정된 발성가설
  - 심리언어학적 요인 : 내적수정가설, 실행 및 계획 모델, Brown의 연구
  - 발달, 환경 요인 : 신체, 인지, 사회, 정서, 말 & 언어 영향(언어 폭발기 2~6, 7세 사이)

2. Van Riper(1982) 말더듬 경로
- 경로 1 : 30~50개월, 핵심행동이 점진적인 시작, 탈출행동 / 회피행동 나타남
- 경로 2 : 경로 1보다 빠름, 언어발달 지체 / 조음음운장애 동반, 핵심행동(반복 / 연장 / 막힘), 말더듬 인식 없어 탈출 / 회피행동 없음
- 경로 3 : 5~9세, 갑작스러운 말더듬, 핵심행동(처음부터 심함), 탈출 / 회피행동 극단적
- 경로 4 : 청년기에 시작, 정형화, 의도적임, 핵심행동(반복), 탈출 / 회피행동 없음

3. Bloodstein(1960, 1995)
- 1단계 : 대략 2~6세, 흥분 / 당황할 때 더듬음, 주요 핵심행동 출현, 말더듬 인식 없음
- 2단계 : 학령기, 만성적, 말더듬는 사람이라는 자아개념, 회피 및 상황공포는 없음
- 3단계 : 8세~성인, 특정 환경 / 상황에 말더듬, 말더듬에 대한 두려움이나 공포 없음
- 4단계 : 청장년기, 상황공포, 회피행동 등 광범위하고 다양하게 나타남

4. Guitar(1988) 말더듬 5단계
- 정상 비유창성(대략 1;6~6세) : 100단어당 10회 이하, 반복단위 1~2회
- 경계선 말더듬(1;6~6세) : 100단어 10회 이상, 반복단위 2회
- 초기 말더듬(2~8세) : 반복속도가 높고 불규칙, 긴장 증가, 막힘출현, 말더듬 인식(무력감&놀라움), 탈출행동 출현
- 중간급 말더듬(6~13세) : 막힘이 빈번, 연장/반복, 회피/탈출/상황공포와 회피 증가
- 진전된 말더듬(14세 이상) : 전형적 행동은 막힘, 불규칙적 속도 반복, 광범위한 탈피/회피/탈출행동, 상황공포, 부정적 자아상 나타남

5. 일관성효과(Consistency Effect) : 말을 더듬는 사람이 각자 같은 자리에서 얼마나 더듬는가를 말함

6. 일치율(Congruity) : 더듬는 자리가 말을 더듬는 사람들끼리 어느 정도 같은가를 알아봄(일치율 < 일관성효과)

7. 말더듬 평가

구분	청소년 & 성인	아동	성인 & 아동
핵심 행동	-	한국아동용 말더듬 검사(KOCS)	• 파라다이스-유창성검사(P-FA Ⅱ) • 말더듬의 심한 정도 측정검사(SSI-4) • 말더듬인터뷰
감정, 의사 소통 태도	• 행동통제소(LCB) • 주관적 말더듬 중증도 선별검사(SSS) • Erickson 의사소통 태도 평가(S-24) • 말더듬지각목록표(PSI) • 말더듬 성인을 위한 자기 효능감 척도(SESAS) • 말더듬 청소년을 위한 자기 효능감 척도(SEA) • 말더듬 자기 평정 프로파일(WASSP) • 상황별 자기반응검사(SSRSS)	• 말더듬 예측 검사(SPI) • A-19 검사 • Cooper의 만성화 예측 체크리스트 • 취학 전 말더듬 아동을 위한 의사소통 태도 검사(KiddyCAT) • 학령 전 아동과 부모에 대한 말더듬의 영향(ISSP) • 학생 의사소통능력에 대한 교사 평가(TASCC)	• 성인/아동 행동검사(BAB) • 전반적 말더듬 경험평가(OASES)

- 말더듬비율(SW/M) = 말한 시간 : 더듬는 단어 수 = 60 : X
  = (더듬는 단어 수×60)/말한 시간
- 총 비유창지수(%SS) = 비유창 단어(or 음절) 수/전체 단어(or 음절)×100

8. 말더듬 치료 종류 : 자발유창성, 조절유창성, 수용말더듬
유창성 완성법 중 집중유창성 훈련은 유일하게 "에릭슨 의사소통 태도 척도"를 사용

9. 말더듬 수정 접근법(MIDVAS) : 동기부여(Motivation) → 증상확인(Identification) → 둔감화(Desensitization) → 변형(Variation) → 점근(= 수정, Approximation) → 안정화(Stabilization)
※ 점근(수정) 시, 가르칠 때(취소 → 빠져나오기 → 예비책), 실제(예비책 → 빠져나오기 → 취소)

10. 말더듬수정치료법 vs 유창성완성치료법 (이승환. 2005. 유창성장애. 시그마프레스)

구분	말더듬수정치료법	유창성완성치료법
치료목표 행동	더듬는 순간	유창성유도방법
유창성목표	자발유창성, 조절유창성, 수용말더듬	자발유창성, 조절유창성
느낌(심리) 및 태도	치료의 주요 대상	거의 관심을 두지 않음
유지 방법	• 취소, 빠져나오기, 예비책 유지 • 느낌(심리)&태도 변화 확인	유창성유도방법의 유지를 점검
치료 방법	상담식 상호작용	• 프로그램화된 치료과정 • 객관적인 자료 수집을 매우 중요시함

11. Lidcombe Program : 스스로 할 수 있을 때까지 부모들이 치료기법을 설명하거나 시연(말더듬 언급은 5:1)

12. 말더듬 치료
- 스토커 프로브 테크닉 : 말의 창의성으로 인해 말을 더듬는 것이라고 봄
- 행동인지 말더듬 치료(BCST) : 자신의 말더듬 행동을 알고 그에 대한 대처를 스스로 하는 것
- 발살바 말더듬 치료 : 구어 방해 감소, 부정적 태도를 긍정적 태도로 바꾸도록 유도, 치료 방법으로 '느리게 말하기'를 이용, 아동보다는 성인에게 적절
- 점진적 발화 및 복잡성 증가(GILCU) : 발화 길이, 복잡성, 난이도가 높아짐에 따라 유창하게 읽는 단어의 범위를 확대시켜 훈련하는 프로그램

13. 말빠름증 vs 말더듬 : 장애의 의식 정도(말빠름증 의식하지 않음, 말더듬 의식함)

음성장애

1. 발성기관의 해부 및 생리
- 후두의 골격계
  - 연골 : 갑상연골, 윤상연골, 후두덮개, 피열연골, 소각연골, 설상연골
  - 뼈 : 설골
  - 관절 : 윤상갑상관절, 윤상피열관절
- 후두의 근육
  - 후두외근 : 설골상근(후두 끌어올림), 설골하근(후두 끌어내림)
  - 후두내근
    ㉠ 회귀성 후두신경 지배 : 후윤상피열근(외전), 측윤상피열근, 내피열근, 갑상피열근
    ㉡ 상후두신경 지배 : 윤상갑상근(음도조절에 영향)
- 진성대의 구조 : 성대의 앞(2/3)은 점막성 구조, 뒤(1/3)는 연골성 구조임

두 개 층	다섯 개 층		세 개 층
덮개 (Cover)	상 피 (= 상피층, Epithelium)		점 막 (Mucose)
	표 층 (= 라인케공간, 얕은층, Superficial Layer)		
	고유층	중 층 (= 중간층, Intermediate Layer)	인 대 (Ligament)
몸 체 (Body)		심 층 (= Deep Layer)	
	근 육 (= 성대근, Vocalis Muscle)		근 육 (Muscle)

- 근탄성공기역학이론
  성대내전 → 성문하압 증가 → 성대가 외전되며 기류속도가 증가하고 압력은 감소(베르누이 효과) → 성대의 탄성력으로 인해 내전
- 공명 : 성대에서 산출된 음원은 공명강(인두강, 구강, 비강, 입술강)을 통해 소리가 증폭되고 소음이 제거됨
- 호흡근육
  - 흡기근육 : 횡격막, 외늑간근, 대흉근, 소흉근, 흉쇄유돌근, 사각근
  - 호기근육 : 외복사근, 내복사근, 내늑간근, 복직근, 복횡근
- 후두 및 음성의 기능 : 생물학적 기능[일차적(호흡, 흡인 방지), 이차적(발성)], 정서적 기능, 언어적 기능

2. 음성장애 평가
- 환자의 주관적 음성평가
  음성장애지수(Voice Handicap Index, VHI), 음성과 관련된 삶의 질(Voice-Related Quality Of Life, V-RQOL)
- 청지각적 평가 : GRBAS 척도, CAPE-V
- 성대진동 평가
  - 후두스트로보스코피 평가항목 : 성문폐쇄형태, 무진동 부위, 점막파동, 대칭성, 주기성, 수직 폐쇄 위치 등
  - 전기성문파형검사(EGG) : 폐쇄지수(CQ), 접촉지수(CI), 폐쇄 대 개방비(C/O ratio)
- 음향학적 평가
  - 평가 프로그램 : CSL(MDVP, Voice VRP, Sona Match 등), Dr. Speech, Praat, Nasometer
  - 기본주파수(남 125Hz, 여 225Hz), 주파수변동률(Jitter, 평균값 1.04%), 진폭 변동률(Shimmer, 평균값 3.81%)
- 공기역학적 평가
  - 평가 프로그램 : PAS, Aerophone2(현재 거의 사용 안함)
  - 평가항목 : 폐활량, 기본주파수, 평균발성기류율, 발성효율성, 성문하압 등

3. 음성치료
- 행동적 음성치료(Boone의 25가지 음성촉진 접근법)
  청각적 피드백, 강도 변경, 노래조로 말하기, 저작하기, 비밀스러운 음성, 상담(문제설명), 손가락 조작법, 남용제거, 새로운 음도 확립, 음성배치, 성대 프라이, 머리 위치 변경, 계층적 분석, 흡기발성, 후두 마사지, 차폐, 비음-유음 자극, 구강개방 접근법, 음도억양 조절, 발성변경법, 이완, 호흡훈련, 혀 전방화 /i/, 시각적 피드백, 하품-한숨
- 총체적 음성치료
  - 음성산출과 관련된 호흡, 발성, 공명을 통합하여 전반적인 음성 산출에 초점을 둔 음성치료를 의미함
  - 액센트 기법, 공명음성치료법, 리실버만 음성치료법, 성대기능훈련이 해당됨

언어발달장애

1. 낱말 습득 원리
- 상관성 원리 : 초기 낱말은 아동이 생각하는 것과 관련됨
- 변별성 원리 : 필요한 정보를 상대에게 제공
- 확장성 원리 : 아동의 생각을 표현할 수 있는 능력이 확장
- 반응의 효율성 원리 : 반응이 가장 효율적인 상징체계를 사용

2. 초기 어휘 발달
- 조작해 본 사물 관련 낱말, 긍정적 낱말, 의사소통 기능이 높은 낱말, 저밀도·고빈도 낱말을 우선적으로 습득
- 명사 사용이 많음
- 부사, 형용사보다 동사 먼저 습득
- 문맥의 영향
- 부모의 반응(적절한 강화 및 반응) 중요

3. 언어치료 목표
발달적 접근법, 기능적 접근법, 절충법

4. 목표달성 전략
수평적 목표달성 전략, 수직적 목표달성 전략, 주기적 목표달성 전략

5. 치료 구조화
아동 중심법, 치료사 중심법, 절충법

6. 기능적 중재방법

구어적 맥락	시범	• 평행적 발화 기법(Parallel-talk) • 혼잣말 기법(Self-talk)
	직접적 구어적 단서	질문, 선반응 요구-후 시범, 대치요청
	구어적 맥락	아동의 반응을 요구 자기교정 요청하기(Self Correction Request), 수정모델 후 재시도 요청하기(Correction Model / Request), 오류반복 후 재시도 요청하기(Error Repetition / Request), 반복 요청하기(Repetition Request), 확장 요청하기(Expansion Request), 주제 확대하기(Turnabout), 이해하지 못했음을 표현하기(Contingent Query)
		아동의 반응을 요구하지 않음 모방(Imitation), 확대(Extension), 확장(Expansion), 문장의 재구성(Recast Sentences), 분리 및 합성(Breakdowns & Buildups), 아동의 요구 들어주기(Fulfilling the Intention), 이해했음을 표현하기(Continuant)
비구어적 맥락		주고받기 및 물건 요구하기 기능, 저항하기, 지시 따르기 및 지시하기 기능, 정보 요청/제공하기 기능, 도움 요청하기 기능을 위한 맥락

7. 아동언어장애
지적장애(ID), 단순언어장애(SLI), 사회적 의사소통장애(SCD), 자폐스펙트럼장애(ASD), 특정학습장애(Specific Learning Disorder), 주의력결핍 과잉행동장애(ADHD), 뇌성마비(CP), 청각장애, 말 늦은 아동(Late Talkers)

8. 언어발달
- 언어 이전기
- 첫 낱말기(만 1;0~1;6)
- 낱말 조합기(만 1;6~2;0)
- 기본 문법 탐색기(만 2;0~3;0)
- 기본 문법 세련기(만 4;0~5;0)
- 고급 문법기(만 5;0~6;0)

9. 영유아 아동(36개월 전) 아동의 언어발달
- 0~10개월 : 초기 옹알이(Cooing, 2~3개월), 음절성 옹알이(Babbling, 6~8개월)
- 10~14개월 : 첫 낱말기
- 18~24개월 : 어휘 폭발기
- 약 24개월 이후 : 문법으로의 전환기
- 약 36개월 이후 : 구문발달기

10. 의사소통 행동 발달
- 초보적 의사소통 행동(0~3개월)
- 목표지향적 의사소통 행동(4~7개월)
- 도구적 전환기 의사소통 행동(8~11개월)
- 의도적 의사소통 행동(11~14개월)
- 언어적 의사소통 행동(14~16개월)

11. 의사소통 의도 표현
- 언표외적(연향적, Perlocutionary, 4~8개월) : 아동의 행동에 의도가 포함되어 있지 않음
- 언표내적(Illocutionary, 8~12개월) : 의도적 의사소통 행동이 나타나며 목표를 이루기 위해 수단을 사용함
- 언표적(Locutionary, 12개월 이후) : 언어를 사용하여 의도를 표현함

12. 상징놀이 단계

단계	발달시기
초기 및 전환기적 상징놀이	• 탐험놀이(9~10개월) • 전 상징기적 행동(11~13개월) • 자동적 상징행동(14~15개월)
상징놀이 단계	• 단순 상징행동(16~17개월) • 단순 상징행동 조합(18~19개월) • 복합 상징행동 조합(20~23개월)
계획적 상징행동 단계	• 물건대치 상징행동(24~35개월) • 대행자 놀이(24~35개월)
사회적 역할놀이 단계	• 두 가지 사회적 역할놀이(36~47개월) • 세 가지 사회적 역할놀이(48~59개월) • 복합적 사회적 역할놀이(60~72개월)

13. 자발화 분석
- 서로 다른 낱말 수(NDW), 전체 낱말 수(NTW)
- 어휘다양도(TTR) : NDW / NTW
- 평균 낱말 길이(MLUw) : 각 발화의 낱말 수 합 / 총 발화 수
- 평균 형태소 길이(MLUm) : 각 발화의 형태소 수 합 / 총 발화 수
- 평균 어절 길이(MLUc) : 각 발화의 어절 수 합 / 총 발화 수
- 화용 : 자발어 및 모방 분석, 초기 의사소통기능 및 대화기능 분석

14. 읽기
- 읽기의 두 가지 지표
- 읽기 발달단계(Chall, 1983)

15. 대화
- 대화 구성요소
- 명료화 요구 전략

16. 이야기
- 이야기 절차 : 이야기 산출, 이야기 다시 말하기
- 이야기 문법 : 배경, 계기사건, 시도, 결과, 내적반응(하나의 에피소드에 포함되는 내용 : 계기사건, 시도, 결과)
- 이야기 결속장치 : 지시, 대치, 접속, 어휘적 결속

17. 이중언어
- 2개 이상의 언어에 노출되고 습득하는 아동
- 두 번째 언어에 노출되는 시기에 따라 동시적/순차적 이중언어로 분류(3세를 기준으로 동시적/순차적 이중언어로 분류)

18. 기타 평가 및 중재 방법
- 역동적-상호작용적 언어 평가 : 전통적 평가의 제한점 보완, 상호작용 측면에서 평가, 환경 및 문맥 강조, '검사-단기학습-검사' 과정을 통해 아동의 학습 잠재력 예측
- 낱말 찾기 훈련
- 스크립트(Script) 중재
- 환경중심 언어중재 : 시간지연기법, 아동중심 시범 기법, 우발학습, 선반응 요구-후 시범 기법

19. 보완대체의사소통(AAC)
- 보완대체의사소통(AAC) : 말 또는 글을 사용하여 의사소통하는 데 어려움을 보이는 사람들
  - 구성요소 : 상징체계(Symbols), 보조도구(Aids), 기법(Techniques), 전략(Strategy)
- 그림교환 의사소통 프로그램(PECS)
- 반다이크 언어 이전기 의사소통 프로그램

20. 언어평가

분류	검사 도구	연령
공식 평가	한국형 의사소통 및 상징행동 척도(K CSBS DP)	6~24개월
	한국형 맥아더-베이츠 의사소통발달검사(K M-B CDI)	8~36개월
	영·유아 언어발달검사(SELSI)	생후 4~35개월
	영·유아 언어, 인지, 사회·정서 발달 평가 도구	영유아(2~5세)
	취학 전 아동의 수용언어 및 표현언어 발달 척도(PRES)	2~6세
	수용·표현 어휘력 검사(REVT)	만 2세 6개월~만 16세 이상 성인
	그림어휘력 검사	2~8세 11개월
	구문의미이해력 검사	만 4~9세(또는 초등학교 3학년)
	언어문제해결력 검사	만 5~12세

PART 01

모의고사 첫 번째

1교시
- **제1과목** 신경언어장애
- **제2과목** 유창성장애
- **제3과목** 음성장애

2교시
- **제1과목** 언어발달장애
- **제2과목** 조음음운장애

01 모의고사 첫 번째

✱ : 고난이도, 17년 18년 19년 20년 21년 22년 23년 24년 : 기출연도

1교시

제1과목 | 신경언어장애

01 다음 환자의 손상 부위는 어디인가?
[24년]

이 름	홍 길 동	생년월일	57.10.11
손잡이	Rt.	언 어	한국어
교육력	고 졸	보호자	배우자, 자녀(첫째 아들)

report : 06:00 화장실 다녀올 때까지는 괜찮았음. 07:00 배우자가 환자 깨우니 말을 하지 못하고, Rt side weakness 있어서 앉거나 서질 못해 119 신고

#1 Cerebral function
– mental : alert
– orientation(T/P/P) : all intact
– speech comprehension 2 step obey command
F/R/N : (—/—/—)

*F = Fluency
 R = Repetition
 N = Naming

① 뇌 섬
② 활모양 섬유다발
③ 브로카 영역
④ 후상측두엽
⑤ 베르니케 영역

02
18년
20년

다음은 대뇌동맥에 관한 설명이다. 보기를 보고 빈칸에 들어갈 동맥이 바르게 연결된 것을 고르시오.

> 대뇌동맥은 양쪽 대뇌에 혈액을 공급하는데, (ㄱ)은 전두엽의 위, 앞쪽을 담당한다. (ㄴ)은 측두엽 아랫부분과 후두엽 영역에 혈류를 공급하고, (ㄷ)은 전두엽 뒤쪽과 두정엽, 그리고 측두엽, 시상, 기저핵에 혈류를 공급한다.

	(ㄱ)	(ㄴ)	(ㄷ)
①	전대뇌동맥(ACA)	중대뇌동맥(MCA)	후대뇌동맥(PCA)
②	전대뇌동맥(ACA)	후대뇌동맥(PCA)	중대뇌동맥(MCA)
③	중대뇌동맥(MCA)	전대뇌동맥(ACA)	후대뇌동맥(PCA)
④	후대뇌동맥(PCA)	중대뇌동맥(MCA)	전대뇌동맥(ACA)
⑤	후대뇌동맥(PCA)	전대뇌동맥(ACA)	중대뇌동맥(MCA)

[03~04] 다음 파라다이스 웨스턴 실어증 검사 결과 요약지이다. 이를 보고 물음에 답하시오.

> 황** (71/M) 오른손잡이, 무직
> □ 문맹 □ 무학 □ 초졸 ■ 중졸 이상
>
> • 유창성 3점, 내용전달 3점
> • 청각적 이해력 120점
> • 따라 말하기 84점
> • 이름대기 4점

03
22년

위 결과지를 올바르게 해석한 사람은?

> 수정 : 저 사람은 스스로 말하기가 6점이니까 유창성 실어증이 분명해!
> 민지 : 청각적 이해력이 높으니까 브로카실어증일 거야!
> 주은 : 흠.. 따라 말하기 점수가 높으니 전도실어증이야~
> 혜진 : 실어증 지수는 41.6점이 나오네!?
> 효경 : 실어증 지수를 구할 땐, 내용전달 점수는 필요 없어.

① 효경
② 주은
③ 혜진
④ 민지
⑤ 수정

04 위 환자의 구어 향상을 목적으로 적용할 수 있는 과제로 적절한 것은?
23년
① 명사카드 음소단서 듣고 명명하기
② 입 모양을 보며 모음 따라 말하기
③ 가정생활 사물카드와 글자카드 연결하기
④ 신체부위 활용한 1단계 지시 따르기
⑤ 명사카드와 동사카드 연결하여 문장으로 설명하기

05 다음 중 실어증을 유발하는 병소에 대한 설명으로 옳은 것은?
① 전반실어증 - 뇌 중 아주 극소 부분이 손상될 경우 주로 발생한다.
② 명칭실어증 - 측두엽 손상으로 인하여 주로 발생한다.
③ 전도실어증 - 소뇌의 손상으로 인하여 주로 발생한다.
④ 베르니케실어증 - 활모양섬유다발(Arcuate Fasciculus) 및 주변 손상으로 주로 발생한다.
⑤ 브로카실어증 - 좌측 브로카 영역의 손상으로 주로 발생한다.

06 실어증 환자의 평가 목적과 평가도구가 알맞은 것은?
23년
① 기능적 의사소통 능력 - 일상생활에서의 의사소통 활동(CADL)
② 이름대기 능력 - 토큰 검사(RTT)
③ 읽기 능력 - 한국판 프렌차이 실어증 선별검사(K-FAST)
④ 수용어휘 능력 - 한국판 보스턴 이름대기 검사(K-BNT)
⑤ 청각적 이해 능력 - 포치 의사소통 검사(PICA)

07
20년
22년

다음은 한국판 웨스턴실어증검사(K-WAB-R) 결과이다. 다음과 같은 결과를 보인 언어장애 환자에게 추가할 수 있는 평가는 무엇인가?

- Lt. MAC infarction
- 실어증 지수(AQ) = 70
  - 스스로 말하기 14   - 알아듣기 196
  - 따라 말하기 100   - 이름대기 12
- 명료도 95%

① 보스턴 이름대기 검사(BNT)   ② 토큰검사(RTT)
③ 조음기관 구조기능선별검사(SMST)   ④ 예-아니요 판단검사
⑤ 구문의미이해력 검사

08
24년

다음은 파라다이스 한국판 웨스턴 실어증 검사(PK-WAB-R) 결과이다. 이 환자의 실어증 유형은 무엇인가?

스스로 말하기	내용전달	5 / 10점
	유창성	3 / 10점
알아듣기		54 / 200점
따라 말하기		97 / 100점
이름대기 및 낱말찾기		62 / 100점

① 혼합연결피질실어증(Mixed Transcortical Aphasia)
② 전도성실어증(Conduction Aphasia)
③ 연결피질감각실어증(Transcortical Sensory Aphasia)
④ 브로카실어증(Broca's Aphasia)
⑤ 연결피질운동실어증(Transcortical Motor Aphasia)

09 실어증 치료에 대한 설명 중 가장 옳은 것은?

① 실어증 치료는 성별, 사회적위치, 교육력에 따라 접근방법이 다르다.
② 실어증 치료의 목표는 환자의 표현언어 능력만 향상시키는 것이다.
③ 이름대기 치료 시 사물 사진을 어려워 할 경우, 사물 그림으로 변경한다.
④ 청각적 이해력 치료는 반드시 1음절부터 시작한다.
⑤ 치료 시 주의집중력이 짧을 경우 자주 주의를 환기시켜주어야 한다.

10 명칭실어증 환자와 연합성 시각실인증(Assosiative Agnosia)을 구별하기 위한 환자에게 필요한 과제는?

① 그림 보고 따라 그리기
② 그림 보고 실물에서 찾기
③ 실물 대면 이름대기
④ 선 이등분하기
⑤ 의미적 범주화 분류하기

11 다음은 실어증 환자의 구어표현이다. 다음과 같은 구어표현을 보이는 실어증을 유추하면 어느 유형에 가까운가?

> 이게... 참 어어렵습니다. 이걸... 고갈고수했는데 저..저..저거랑은 다른 것이고 이걸... 모다수자공고로 공가동 합니다.

① 전반실어증
② 베르니케실어증
③ 브로카실어증
④ 연결피질운동성 실어증
⑤ 고립실어증

12 읽기장애를 보이는 환자의 문자언어 처리과정을 평가하고자 할 때, 두 자극어의 기준 요소로 옳은 것은?

① 손 : 순 – 구체성
② 코끼리 : 할아버지 – 어휘성
③ 다리 : 귀 – 애매성
④ 개 : 가젤 – 규칙성
⑤ 눈썹 : 손톱 – 친숙성

13 다음 실어증 유형에서 공통적으로 보이는 언어문제는 무엇일까요?

> • 혼합피질실어증
> • 브로카실어증
> • 연결피질감각실어증

① 보속어
② 반향어
③ 자곤
④ 착어
⑤ 함묵

14 다음 중 실서증에 대한 설명으로 옳은 것은?

① 말초형 실서증에는 심층, 음운, 어휘, 의미, 보속실서증 등이 있다.
② 구심실서증은 글쓰기 수행에 필요한 감각자극의 저하에 의해 발생한다.
③ 실행실서증은 글자를 쓰는 움직임에 대한 손상은 없으나 어휘경로에 손상으로 인하여 어려움을 보인다.
④ 전두엽 손상으로 인하여 자극어를 되풀이해서 쓰게 되는 현상을 보속실서증이라 한다.
⑤ 이서장애는 글자의 의미에 대한 표상이 손상되어 쓰기에 어려움을 보인다.

15 우뇌손상 환자와 경도실어증 환자의 그룹 수업에서 우뇌손상 환자가 경도실어증 환자에 비해 두드러지게 어려움을 보일 수 있는 과제는?
[24년]

① "[담배는 우리 몸에 해롭다]라는 주제로 대화를 해보세요."
② "눈을 감아보세요"
③ "제 말을 따라해 보세요. 다람쥐"
④ "제가 불러주는 단어를 듣고 카드를 골라보세요"
⑤ "제 질문에 예-아니오로 대답해 주세요. 당신은 의사입니까?"

16 우뇌손상 환자의 언어 및 의사소통 특성으로 옳은 것은?

① 숨은 의미 또는 함축적 의미 파악에 뛰어난 이해를 보임
② 짧은 질의응답의 경우 의사소통 문제가 잘 관찰되지 않음
③ 효율적인 발화를 보이나 말속도가 매우 빠름
④ 눈 맞춤, 차례 지키기와 같은 화용능력은 보존됨
⑤ 따라 말하기 능력이 떨어짐

17 다음 환자가 겪고 있는 기억장애는 무엇인가?

> 보호자 : 아니 왜... 입원한 지 며칠이 지났는데... 입원한 걸 기억을 못해!
> 환　자 : 기억이 안 나는 걸 어떡해...
> 보호자 : 그럼, 당신 애들 미국 간 건 기억나?
> 환　자 : 그건 기억나... 옛날 건 기억나.
> 보호자 : 그럼 오늘 아침에 밥 먹고 뭐했어?
> 환　자 : ……….. 모르겠어.

① 후향기억장애　　　　　　　② 전반기억장애
③ 일반기억장애　　　　　　　④ 전향기억장애
⑤ 역행성기억장애

18 외상성 뇌손상으로 인한 일차적 결과로 옳은 것은?

① 실어증　　　　　　　　　　② 수두증
③ 대뇌부종　　　　　　　　　④ 찰과상
⑤ 실행증

19 다음 평가서를 보고 결과에 대한 해석으로 옳은 것은?

검사명	결과
한국판 간이정신상태검사(K-MMSE)	22점
임상치매척도(CDR)	1점
전반적 퇴화 척도(GDS)	4점

① 임상치매등급은 5등급으로 1점이면 경도 치매를 의미한다.
② 한국판 간이정신상태검사 결과 22점이면 정상 범주로 간주한다.
③ 전반적 퇴화 척도에서 4점이면 상당한 치매로 해석된다.
④ 임상치매등급은 점수가 낮을수록 심각한 치매를 의미한다.
⑤ 환자에 수행력에 영향으로 세 평가의 결과의 차이가 크다.

20 다음 중 지남력에 대한 설명으로 옳은 것은?

① 지남력은 타인에 대한 지각과 인지를 평가하는 것이다.
② 지남력 검사에는 이름, 나이, 직업, 신체부위 등이 포함된다.
③ 대부분의 정신상태 선별검사에는 지남력항목이 포함되어 있다.
④ 지남력 중 사람에 대한 지각능력이 가장 먼저 손실된다.
⑤ 지남력 검사 결과는 객관적이고 정신상태 검사의 주된 목적이다.

21 다음은 파킨슨 환자에 대한 관찰 소견이다. 이를 보고 적합한 치료법으로 옳은 것은?
[23년]

> 말특징 : 단어 읽기 시에는 명료도에 문제를 보이지 않으나 문장, 문단 읽기로 갈수록 명료도가 저하되며 단어가 뭉쳐지듯 뭉개져 단어, 문장 간의 구분이 어렵습니다.

① 하품-한숨법
② 메트로놈
③ 양압기
④ 기억책
⑤ 인공후두기

22 알츠하이머병(Alzheimer's Disease)과 픽병(Pick's Diesease)을 감별하는 방법으로 옳은 것은?

① 시공간인지장애
② 심각한 기억력 손상
③ 실행증
④ 언어 이해의 저하
⑤ 과잉구강증

23 초기치매 환자를 위한 치료 중 그룹치료의 목적으로 옳은 것은?

① 개개인의 심리 평가와 개인 상담을 중심으로 한다.
② 인지 기능 회복을 위한 집중적 개별 훈련을 제공한다.
③ 가족 구성원과의 대화를 촉진하여 가족 내 갈등을 해결한다.
④ 약물 치료의 효과를 보완하기 위한 보조적 치료로만 사용된다.
⑤ 환자 간 정서적 지원과 공감대를 형성하여 사회적 고립감을 줄인다.

24 실행증 환자의 조음오류 특징으로 옳은 것은?

① 발음 오류가 항상 일정하게 나타나며, 단어마다 같은 오류가 반복된다.
② 오류는 주로 혀의 운동 부족으로 인한 것으로, 발음이 느리고 부정확하다.
③ 발음 오류가 불규칙적이며, 동일한 단어를 반복할 때마다 다른 오류패턴이 나타난다.
④ 발화 속도는 정상이나, 소리의 크기와 강약 조절에만 문제가 있다.
⑤ 오류는 주로 음소 생략에 한정되어 나타나며, 나머지 발음은 정확하다.

25 다음과 같은 증상을 보이는 환자에게 적용하는 치료원칙으로 옳은 것은?
24년

- 안면마비 증상 관찰 되지 않음
- 청각적 이해력 좋음
- 따라 말하기 시 "카메라"라는 단어를 발화할 때, 첫 번째 시도에서는 정상적으로 "카메라"라고 말하다가도, 두 번째 시도에서는 "캬메라" 혹은 "카메아"와 같이 발음 오류가 발생

① 안정적이고 자동적으로 구어표현을 위해서는 반복이 필요하다.
② 치료 시 운율적인 부분은 배제하여도 된다.
③ 초기엔 단순 반복 훈련으로 지속하며 추후 말기에 동기부여를 시켜주어야 한다.
④ 조음전 모든 조음자(Articulators)는 조음하려는 발음에 가까이 위치시켜야 한다.
⑤ 복잡성 원리에 따라 어려운 단어부터 실시하면 쉬운 단어로 일반화를 시킨다.

26 중증도 말실행증 환자들에게 가장 어려운 과제는 무엇인가?
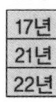

① 일련운동속도(Sequential Motion Rates, SMR)
② 교대운동속도(Alternating Motion Rates, AMR)
③ 최대발성시간(Maximum Phonation Time, MPT)
④ 읽기이해과제(Reading Comprehension Test)
⑤ 지시사항 수행하기 과제(Command Obey Test)

27 다음 중 병소부위와 마비말장애 유형으로 올바르게 묶인 것은?

① 좌 또는 우뇌의 상부운동신경 – 강직형
② 하위운동신경 및 근육 손상 – 경직형
③ 우뇌 상부운동신경 – 이완형
④ 소뇌손상 – 편측 상부 운동신경세포형
⑤ 기저핵과 연관회로 – 과소운동형

28 임상치매척도(CDR)에 대한 설명으로 옳은 것은?
20년

① CDR 0은 가장 심한 치매단계이다.
② CDR 0.5는 경도인지장애로 아직은 치매가 아니다.
③ CDR 3은 경도치매로 일상생활에 지장은 없다.
④ CDR 4는 정상으로 기억장애가 전혀 없다.
⑤ 위 보기 모두 정답이다.

29 소뇌제어회로(Cerebellar Control Circuit)상의 손상으로 인하여 마비말장애가 온 환자의 특징으
24년 로 옳은 것은?

① 말의 속도가 느려지고 불규칙한 조음 오류가 나타난다.
② 말소리가 단조롭지 못하고 강도의 변화가 급변한다.
③ 조음의 정확성이 떨어지며, 짧은 단어에서부터 그 오류가 뚜렷하게 나타난다.
④ 강세 패턴은 정상적인 경우가 많다.
⑤ 근육의 약화로 인해 구음기관의 마비 및 위축이 두드러지게 나타난다.

30 다음은 마비말장애 환자에 대한 관찰자의 서술이다. 다음 서술을 보고 음성적 치료법으로 옳은 것은?
17년
20년

- 시각적 특징 : 불안하게 걸으며, 전반적으로 떨림이 관찰됨
- 음성 특징 : 발성부전 현상이 관찰되고 발화 도중 부적절한 묵음구간이 나타남, 기식음성을 보이고 단조로운 억양을 보임
- 그 외 특징 : 글자를 알아보지 못할 정도로 작게 적고, 앉아 있는 자세가 불안정하고 움직임이 시작되면 의도하지 않은 움직임이 관찰됨

① 보톡스 주사법
② 교합저지기(Bite Block)
③ 긴장완화법
④ LSVT 치료
⑤ 보완대체의사소통법(AAC)

제2과목 | 유창성장애

31 다음 말더듬 형태에 대해 적절하게 설명한 것은 무엇인가?

> (ㄱ)나 나 나 나는 (ㄴ)지────집에서 ……(ㄷ)(1초 머뭇거리며)아.. 티비를 봤어. 그리고 그.. (ㄹ)설거지하는 곳에서 (ㅁ)(갑자기 눈에 힘을 주고 깜박거리며)설거지를 했어.

① (ㄱ) : 개별말소리 반복
② (ㄴ) : 막힘
③ (ㄷ) : 막힘
④ (ㄹ) : 회피행동
⑤ (ㅁ) : 회피행동

32 다음 발화샘플에 대해 말더듬 분석내용으로 적절한 것은 무엇인가?

> 오 오 오 오 오늘 ㅅ──ㅣ험 봤어. 시험 시험 시험이 너무 (2초 멈춤) 어려웠어. 너 너 너 너 너 너무 (갑자기 자리에서 벌떡 일어섬) 휴... 속상해

① 반복횟수는 3회, 단위반복수는 11회, 말더듬 형태에서 연장이 관찰되었다.
② 반복횟수는 2회, 단위반복수는 11회, 말더듬 형태에서 주로 반복이 나타났다.
③ 반복횟수는 3회, 단위반복수는 14회, 말더듬 형태로 탈출행동이 나타났다.
④ 반복횟수는 5회, 단위반복수는 11회, 부수행동으로 탈출행동이 나타났다.
⑤ 반복횟수는 5회, 단위반복수는 14회, 말더듬 형태로 막힘이 관찰되었다.

33 말더듬의 자연회복 예측변수로 적절하게 묶인 것은 무엇인가?

① 가족력, 성(Gender), 발생연령, 말더듬의 빈도
② 가족력, 가족의 의사소통 스타일, 성(Gender)
③ 성(Gender), 발생연령, 회피행동
④ 가족력, 말더듬의 빈도, 언어발달능력
⑤ 말더듬의 빈도, 음운능력, 기질

34

Conture(1982)의 비유창성 분류 방법으로 분석 내용으로 적절한 내용은 무엇인가?

> 제주도로 여행 여행 여행 갈 거야. 지 아니 한라산에 오오오올라 가고 싶어. 히----ㅁ들겠지만 정말 정말 정말 재미있을 거야.

① 단어 간 비유창성은 총 2회이다.
② 단어 내 비유창성은 총 3회이다.
③ 단어 내 비유창성의 빈도가 더 높다.
④ 본 발화에서 단어 내 비유창의 종류로 음절 반복, 연장이 있다.
⑤ 본 발화에서 단어 간 비유창의 종류로 단어 전체 반복이 있다.

35

다음은 말을 더듬는 아동 어머니와의 상담내용이다. 이 내용에서 파악되는 말더듬 이론은 무엇인가?

> 어 머 니 : 아이가 어렸을 때부터 말이 느렸어요. 그런데 제가 말이 트이자마자 영어유치원에 보냈거든요.
> 언어재활사 : 영어유치원 보낸 시기가 대략 언제인가요?
> 어 머 니 : 36개월 좀 넘어서 보냈어요. 그때부터 말을 좀 더듬는 것 같다고 생각했어요. 그래서 고쳐야겠다는 생각에 책을 정말 많이 읽게 했어요. 한글은 계속 제가 시켜서 대충 읽을 줄 알거든요. 아, 그런데 영어유치원을 다녀서 그런가? 발음이 정확하지 않아요.
> 언어재활사 : 그렇군요. 그럼 가족들 중에 말을 더듬었거나 더듬는 분이 계실까요?
> 어 머 니 : 음.. 저희 아버님이 어렸을 때 더듬었대요.

① 의사소통 실패 어려움 예측 이론
② 내적 수정가설
③ 요구용량 이론
④ 예상투쟁모델(예기투쟁가설)
⑤ 접근 회피 갈등 이론

36

Van Riper의 말더듬 진행 경로 중 다음 사례에 해당되는 경로는 무엇인가?

> 〈배경정보〉
> 첫 낱말 24개월에 "엄마"가 나타났으며 문장 표현은 45개월에 가능했음. 말이 트이기 시작하면서부터 주저와 간투사가 나타났음. 현재 단어 반복이 많이 나타난다고 함. 또한 발음이 부정확하고 명료도가 낮은 편이라고 함

① 경로 Ⅰ
② 경로 Ⅱ
③ 경로 Ⅲ
④ 경로 Ⅳ
⑤ 경로 Ⅴ

37 다음 발화의 총 음절 비유창지수(%SS)는 무엇인가?

> 그리고 그리고 엄마가 음 이를 (막힘)꼭 다다다닦아야 ㅊ ㅊ ㅊ충치가 (긴장이 섞인)음 안 생긴대요.

① 10%SS
② 20%SS
③ 30%SS
④ 40%SS
⑤ 50%SS

38 다음은 만 10세 여자 아동의 자발적인 대화를 전사한 것이다. 이 아동은 말을 더듬은 지 오래되었으며 가족 중 '모'가 어렸을 때 말을 더듬었다고 하였다. 다음 중 본 아동의 비유창성을 분석한 내용으로 옳지 않은 것은 무엇인가?

> (a) 자자자자자연언니 (막힘 2초) 저녁 뭐 먹을까요?
> (고개를 뒤로 젖히며) 타ㅡㅡㅡㅡㅡㅡㅇ 수육 어 (막힘 4초) 때요?
> 어 그런데 (막힘 3초) 어디로 시시시시 (막힘 5초) 시킬까요?

① 목표음절 수는 27개이고, 비정상적 비유창성빈도는 7개이다.
② 이 아동의 가족력이 '모'인 것과 오랫동안 말을 더듬었던 것으로 보아 말더듬 치료 목표는 우선적으로 조절유창성이나 수용말더듬으로 설정해야 한다.
③ (a)의 단위반복수는 4개다.
④ 이 아동은 부수행동 중 탈출행동을 보인다.
⑤ 이 아동의 평균 단위반복수는 4회이고 SSI-4 검사를 했을 때, 평균 말더듬 길이는 3.5초이다.

39 다음은 말더듬 검사 중 어떤 검사에 대해 설명한 내용인가?

> • 청소년/성인을 대상으로 회피, 부수행동, 예상정도의 등급을 자가 평가
> • 점수가 낮을수록 예기, 회피, 투쟁을 적게 지각하는 것을 뜻함

① 행동검사(Behavior Assessment Battery, BAB)
② A-19 검사
③ 말더듬 지각 목록표(Perceptions of Stuttering Inventory, PSI)
④ 행동 통제소(Locus of Control of Behavior, LCB)
⑤ 말더듬 인터뷰(Stuttering Interview)

40 다음은 파라다이스-유창성검사(Paradise-Fluency Assessment, P-FA II) 중 '말하기 그림'을 분석한 자료이다. 분석한 내용으로 옳지 않은 것은 무엇인가?

```
사자가 그림 그리고 있어요. 곰이 책을 보고 있어요.
      DP
토끼가 종이를 오리고 있어요. 돼지가 색연필로 색칠하고 있어요.
                                  DP
소가 그림을 그리고 있어요. 얼룩말이 책을 꺼내요.

사슴이 그림을 부쳤어요. 오이하고 여우하고 (어)블록놀이를 하고 있어요.
      DP                           I
거북이는요, 공부를 하고 있어요.
DP
사슴은요, 그림책을 아이들에게 읽어주고 있어요.
         DP    DP
(사슴)사슴이 (어) 코끼리하고 강아지하고 생쥐하고
  R1      I
(어) 선생님을 읽어주는 거를 듣고 있어요.
 I      DP        DP
강아지가 싱싱카를 타고 있어요. 돼지하고 여우하고 흙 놀이를 하고 있어요.

(어) 토끼는 (줄넘기) 줄넘기를 하...
 I          R1
```

*주저(H), 간투사(I), 미완성/수정(Ur), 반복1(R1)
*비정상 주저(Ha), 비정상 간투사(Ia), 비정상 미완성/수정(URa), 비정상반복1(R1a), 반복2(R2), 비운율적 발성(DP)

① 주로 보인 핵심행동은 막힘이나 연장이다.
② 정상적 비유창성과 비정상적 비유창성을 구분하여 계산하였을 때, 비정상 비유창성의 비율이 높을 것으로 보인다.
③ 정상적 비유창성은 6회, 비정상적 비유창성은 8회 나타났다.
④ 비정상적 비유창성의 점수를 구할 때에는 '(비정상적 비유창성의 합/목표음절 수)×100×1'로 계산한다.
⑤ 비정상적 비유창성 중 비정상적 반복은 나타나지 않는다.

41 다음의 배경정보를 보고 평가하지 않아도 되는 것은 무엇인가?

> • 만 5세 4개월, 유치원에 다니고 있는 남자 아동
> • 동생이 태어나면서 말을 더듬기 시작했음
> • 언어발달이 늦었음
> • 말더듬을 인식하지는 않음

① 파라다이스-유창성검사(P-FA Ⅱ)
② 부모와 아동의 상호작용
③ 전반적인 언어발달 검사
④ 평가자와 스트레스 받는 상황에서 놀이하도록 유도
⑤ 통제능력을 상실한 순간 확인

42 다음은 아동과 어머니의 대화 내용으로 어머니의 말속도(SPM)는 무엇인가?

> 아동 : 과자 과자 과자 먹고 싶어요.
> 엄마 : 안 돼. 과자는 몸에 나쁘단다. 건강해지려면 야채도 먹고 밥도 잘 먹어야 해. 승호 아팠으면 좋겠어? 아프면 병원에 가서 주사도 맞아야 하는데. 저번에 병원에 가서 주사 맞기 싫다고 엄청 울었잖아.
>   - 말한 시간 : 6초

① 12.67SPM   ② 760SPM
③ 7.89SPM   ④ 789SPM
⑤ 6SPM

43 다음은 아동의 진전 내용을 정리한 것이다. 아동의 진전된 말더듬 단계는 Guitar의 진단 기준으로 살펴보았을 때 어떤 단계인가?

> • 핵심행동 : 막힘에서 연장이나 반복으로 나타남
> • 탈출행동 : 눈 깜박임, 고개 흔들기 등이 눈에 띄게 줄어들었음
> • 회피행동 및 말더듬에 대한 공포는 소거되었음

① 정상 비유창성   ② 경계선 말더듬
③ 초기 말더듬   ④ 중간급 말더듬
⑤ 진전된 말더듬

44 다음은 초등학교 6학년 말더듬 아동의 사전/사후 점수를 비교한 표이다. 이 학생의 목표로 적절한 것은 무엇인가?

구 분	사 전	사 후
파라다이스-유창성검사(P-FA Ⅱ)	51~60%ile	11~20%ile
의사소통 태도 검사(S-24)	15점	20점
행동통제소(LCB)	45점	52점

① 치료 후 파라다이스-유창성검사(P-FA Ⅱ) 결과, '말더듬 심함' 단계로 더욱 악화되었으므로 심해진 원인을 파악해야 한다.
② 치료 후 아동은 의사소통 태도의 점수가 높은 것은 말더듬이 의사소통에 영향을 끼치지 않은 것으로 보이므로 유창성 완성법을 사용하여 말더듬을 중재한다.
③ 행동통제소의 점수가 높아진 것으로 보아 말더듬을 통제할 수 없다고 인식한 것으로 보이므로 이와 관련한 행동인지치료(BCST)를 병행하면 좋을 것으로 보인다.
④ P-FA Ⅱ, S-24, LCB 모두 진전을 보였으므로 일반화를 위한 그룹수업이나 종결을 안내한다.
⑤ 전반적인 검사 결과, 진전을 보이고 있지 않으므로 약물이나 SpeechEasy를 사용하도록 한다.

45 다음은 만 5세 10개월 아동의 발화다. 이 발화를 Guitar(1998)의 진단기준으로 살펴보았을 때 대략 어느 정도에 속하는가?

> 엄마 엄마 엄마 유치원에서 승호랑 노 노 노 노 놀았어. 왜 이렇게 말이 힘들지? (입에 힘을 줌) 근데 승호가 장난감 장난감 줬어.

① 경계선급 말더듬
② 초기 말더듬
③ 중간급 말더듬
④ 진전된 말더듬
⑤ 비정형적인 말더듬

46 Yairi, Ambrose & Niermann(1993)은 비유창성 분류를 진성 말더듬과 기타 비유창성으로 나누었다. 다음 발화에서 진성 말더듬은 몇 회 나타났는가?

> 커 커 커 커피를 마셔서 (긴장)어 잠을 자지 잠을 자지 못했어. 피곤 아니 오늘 너무 ㅍ ㅍ ㅍ 피곤해

① 1회
② 2회
③ 3회
④ 4회
⑤ 5회

47 다음은 청소년 학생의 인터뷰와 P-FA II로 검사한 내용이다. 이 학생의 평가 결과 및 중재 방법으로 옳지 않은 것은 무엇인가?

인터뷰	제가 친구 친구를 안 만나요. 사람 사람이 무서워서 집에만 있어요. 사람이랑 (막힘) 대화를 하고 쉬는 시간에 말을 해야 하잖아요. 말하는 게 힘들고 처음 보는 사람한테 말을 더듬으면 그 사람이 저를 안 좋게 볼까 봐 그런 걱정돼가지고 그리고 그리고 (막힘) 남 앞에 나서는 게 힘들어요.
P-FA II	• 유창성 : 총 점수 1.2%(10%ile 미만) → '정상수준'으로 나타났음 • 공식평가에 비해 자발화 상황에서 더 빈번히 말더듬 관찰할 수 있었음 (오히려 단어 말하기, 읽기과제 등에서는 말더듬 관찰 어려움) • 자주 나타나는 환경 : 상대방과 의사소통 시 주로 나타난다고 보고함 • 부수행동 : 몸에 긴장, 눈 깜박임 • 의사소통 태도 : 말더듬 인식 '심함'으로 나타남

① 이 학생은 외적으로 잘 나타나지는 않으나 말더듬에 대한 공포가 심하고 말할 때마다 긴장상태인 '내적말더듬'으로 판단된다.
② 말더듬에 대한 인식을 바꿔줄 필요가 있을 것으로 보인다.
③ 주로 보이는 말더듬의 패턴은 '막힘'이며 부수행동도 나타나고 있다.
④ 다른 사람과 의사소통의 성공경험이 많아질수록 긍정적인 진전효과를 볼 수 있을 것이라고 예상된다.
⑤ 개별치료보다는 그룹치료를 우선으로 하여 의사소통 성공경험을 높일 필요가 있다.

48 다음은 28세 직장인 여성과의 인터뷰한 내용이다. 이 여성의 평가 계획으로 적절한 것은 무엇인가?

> 대 상 자 : 아니, 그러니깐 장직에 부장님이 저기, 가가보라고 해서 왔는데, 제가 음 그러니까 왜 가야 하는지 모르겠어요.
> 언어재활사 : 직장에 부장님이 추천해주셨군요.
> 대 상 자 : 네, 제가 말이 말이 빨라서요. 그런데 저는 그렇 안 빠르서요.

① 말더듬 평가 파라다이스-유창성검사(P-FA II)와 속화 예측 검사(PCI)를 평가한다.
② 말더듬이나 말빠름증을 인식하고 있지 않은 것으로 보아 인식 여부를 확인하지 않는다.
③ 성인의 언어능력을 확인하기 어려우므로 생략한다.
④ 유창성 유지에 대한 자신감 정도를 확인하기 위한 자아효능감 검사로 파악해본다.
⑤ 유창성 단절 상황이나 통제능력을 상실한 순간을 확인한다.

49 다음은 중간급 및 진전된 말더듬 단계에 있는 대상자의 치료를 위한 유창성 완성 치료법(Fluency Shaping Therapy)이다. 유창성 완성 치료법 중 다음이 설명하는 치료프로그램은 무엇인가?

> • 치료 목표는 '자발유창성'이다.
> • 치료 방법은 부드러운 말을 의식적으로 산출하도록 강조한다.
> • 에릭슨 의사소통 태도 척도를 사용한다.

① 집중유창성 훈련 프로그램(Neilson & Andrewas, 1993)
② DAF 프로그램(Ryan, 1974)
③ 정밀유창성 프로그램(Webster, 1980)
④ 리드콤(Lidcombe) 프로그램
⑤ 스토커 프로브 테크닉(Stocker Probe Technique)

50 다음 청소년 학생에게 실시할 수 있는 평가는 무엇인가?

> • 면담에서 에두르기, 대용어 사용 및 거부하기 등이 빈번하게 나타남
> • 상황 회피 심함

① A-19 검사
② 행동통제소(LCB)
③ 의사소통 태도검사(S-24)
④ 만성화 예측 체크리스트(CPC)
⑤ 자기 효능감 검사(The SEA-Scale)

51 다음은 말더듬 수정 기법을 사용한 사람의 발화이다. 적용 성공 횟수는 몇 회인가?

> (부드럽게)저는 현재 구청에서 근근근(부드럽게)근무하고 있어요. (부드럽게)사사사람들 하고 말을 할 때, (주저)음.. 사실 (부드럽게)부끄러워요. (부드럽게)ㅈ---저를 바바 아니 멍청이라고 생각할 것 같아요.

① 1회   ② 2회
③ 3회   ④ 4회
⑤ 5회

52 다음 중 자기가 말을 더듬는다는 사실을 부담스럽게 느끼지 않는 아동에게 시행해야 하는 중재 방법으로 적절하지 않은 것은?

① 말로 인한 부정적인 태도가 형성되어 있지 않기 때문에 간접치료를 하는 것이 좋다.
② 아이가 말을 더듬는다는 것을 깨닫기 전에 치료하는 것이 좋다.
③ 아이가 말더듬을 인지하지 않는다고 하더라도 구조화된 치료를 진행하는 것이 좋다.
④ 아이의 말더듬을 촉진시킬 수 있는 방법을 제거할 수 있도록 부모교육을 진행한다.
⑤ 말더듬에 대해 스스로 확인할 수 있도록 비디오로 보여주어 스스로 수정할 수 있도록 한다.

53 다음은 어릴 때부터 말을 더듬어왔던 말더듬 성인의 검사 결과이다. 가장 적절한 치료 방법은 무엇인가?

- P-FA II
  - 구어평가 중증도 : 심함
  - 의사소통 태도 점수 : 20점
- 주 비유창성 유형 : 반복, 막힘
- 부수행동 및 회피행동이 자주 관찰됨
- 자아효능감 검사 접근 평균 점수 : 20점

① 일상생활에 영향을 받고 있으므로 말더듬에 대한 탐색 및 이해과정은 치료실에서만 진행한다.
② 유창성 증진이 된다면 자연스럽게 감정 및 태도도 좋아지게 되므로 유창성 완성법 치료를 진행한다.
③ 말더듬 중증도가 심한 편이므로 DAF 프로그램이나 약물치료를 이용해본다.
④ 행동인지 말더듬 치료(BCST)나 인지행동치료를 병행한다.
⑤ 점진적 발화 및 복잡성(GILCU)이나 스토커 프로브 테크닉을 병행한다.

54 다음 대상자에게 예상되는 말더듬 특성으로 적절한 것은 무엇인가?

- 만 65세 남자
- 뇌졸중 수술 후 말더듬이 나타남

① 말더듬에 대한 불안이 높다.
② 말더듬의 핵심행동이 다양하게 나타나지만 말더듬 시작이 첫 음절에서만 나타난다.
③ 부수행동은 동반하지 않는다.
④ 적응효과가 있다.
⑤ 말더듬이 다양한 상황에 영향을 받는다.

55 말더듬과 말빠름증(속화)를 구별하기 위해 비공식적 평가를 진행하려고 할 때, 말더듬과 구별되는 것은 무엇인가요?

① 자주 접하는 글과 생소한 글 읽기
② 지난주에 있었던 일과 이번주 계획 말하기
③ 모르는 사람에게 길을 물어보기와 물건 교환하게 하기
④ 영화와 뉴스 소개하기
⑤ 상대방을 설득하기와 의견 토론하기

| 제3과목 | 음성장애 |

56 다음 중 성대근을 이루는 근육에 해당되는 것은?

19년
22년

① 윤상갑상근
② 후윤상피열근
③ 측윤상피열근
④ 갑상피열근
⑤ 피열간근

57 다음의 사례를 읽고 물음에 답하시오.

17년
24년

> 만 17세의 K군은 학교에서 친구들과 대화할 때 자신의 목소리 음도가 다른 남학생들보다 비정상적으로 높다고 생각되어 이비인후과를 찾아갔다. 후두내시경 소견상 구조적인 문제는 없었으며, 전반적인 음성평가 소견으로 고음도 사용과 음이탈이 관찰되었으며, 발화 시 얕은 호흡과 경부 근육의 긴장이 관찰되었다.

K군에게 해당되는 진단명과 음성재활 방법으로 적절한 것은?

① 가성대 발성장애, Vocal Fry
② 가성대 발성장애, 기침하기
③ 가성대 발성장애, 흡기발성
④ 변성발성장애, 흡기발성
⑤ 변성발성장애, 기침하기

58 38세 남자의 음성평가 결과이다. 적용할 수 있는 음성치료법은 무엇인가?

> • 음성증상 : 목쉰소리, 기식음성, 말할 때 숨이 참
> • G_2, R_0, B_2, A_1, S_0
> • 최대발성지속시간 : 6.2sec, 평균호기류율 : 485.1ml/sec
> • 후두내시경 소견 : 왼쪽 성대가 중간위에서 고정되어 있음

① 손가락으로 갑상연골의 측면을 밀어 발성한다.
② 비밀스러운 음성을 사용하게 한다.
③ 나조미터를 사용하여 시각적 피드백을 제공한다.
④ 저작하기 연습을 하여 조음기관을 이완시킨다.
⑤ 성대프라이를 사용하여 음도를 낮춘다.

59 아래 제시된 전기성문파형을 보고 예측되는 음성 문제는?

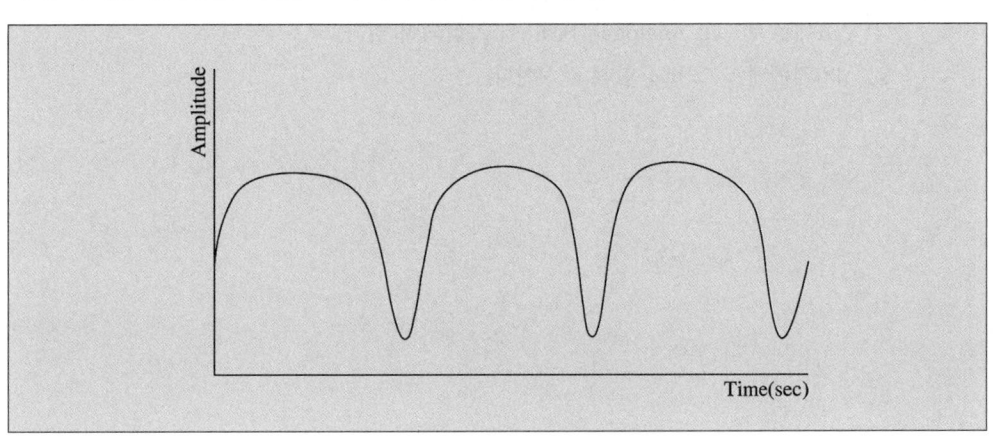

① 무발성
② 기식화된 음성
③ 음성떨림
④ 긴장된 음성
⑤ 성대프라이

60 성대내근 중 흡기 시 가장 활동적으로 수축하는 근육에 해당되는 것은?

① 윤상갑상근
② 후윤상피열근
③ 측윤상피열근
④ 갑상피열근
⑤ 피열간근

61 다음 중 후두를 전적출한 환자에게 어떠한 음성재활 방법을 사용할 수 있는가?

① 인공후두기 – 밀기접근법　　② 기식도발성 – 고개위치변경
③ 기식도발성 – 식도발성　　　④ 인공후두기 – BTX-A 주입술
⑤ 인공후두기 – Vocal Fry

62 음성설문지 중 Voice Handicap Index(VHI)에 대한 설명으로 적절한 것은 무엇인가?

① 성대수술 혹은 음성치료 전, 후로 환자가 본인의 음성을 설문지를 통해 평가할 수 있다.
② VHI는 객관적인 음성평가이다.
③ 검사영역은 크게 신체적, 기능적 두 가지 항목으로 구분된다.
④ VHI에는 Visual Analogue Scale이 포함되어 있다.
⑤ 성악가에게 p-VHI도 함께 실시한다.

63 다음은 소프라노 가수 A양의 갑상선 절제술 전, 후 음성평가 결과이다. 수술 시 어떠한 부위가 손상된 것으로 예측되는가?

평가항목	수술 전	수술 후
F_0	252Hz	190Hz
Vocal Range	208~1303Hz	187~200Hz
MPT	31sec	28sec

① 반회귀후두신경가지 양측 손상
② 반회귀후두신경가지 편측 손상
③ 상후두신경가지 양측 손상
④ 상후두신경가지 편측 손상
⑤ 인두가지 양측 손상

64 다음과 같은 사례의 환자에게 실시할 수 있는 치료 방법은?

- 만 40세 여성, 보험설계사(5년차)
- 6개월 전부터 발화 시 목소리가 떨리고 억압된 듯한 음성 문제를 보임
- 유성음 문장 발화 시 쥐어짜는 양상의 노력성 음성이 더 심해짐
- 3개월 정도 음성치료를 받았지만 효과가 없음

① 보툴리눔독소주입술
② 후두신경재생술
③ 성대구절제술
④ 성대 내 지방 주입술
⑤ CO_2 레이저술

65 /아바/를 조음분석 했을 때 무음구간, 유성띠, 포먼트 전이구간을 관찰할 수 있는 음향학적 분석 방법은 무엇인가?

① 파 형
② 스펙트럼
③ 스펙트로그램
④ 음성범위프로파일
⑤ 켑스트럼

66 청각장애 환자의 공명 평가 시 비강에서의 울림은 있으나 소리가 빠져나오지 못하고 인두 쪽에 집중되어 있는 발성을 사용하였다. 또한, 모음 /a/를 연장발성 하였을 때 지나친 혀의 후방화가 관찰되었다. 이 환자가 가지고 있는 공명문제 및 이를 해결하기 위한 적절한 음성재활 방법에 해당되는 것은 무엇인가?

① 과다비성, 하품-한숨 접근법
② 과소비성, 허밍하기
③ 맹관공명, 혀 전방화 /i/
④ 비누출, 음성배치
⑤ 혼합공명, 비음-유음 자극

67 나조미터 평가 시 비음치가 가장 낮은 문장은 무엇인가?

① 강아지 모모가 멍멍멍 짖어요.
② 엄마가 응애응애 우는 아이를 달래요.
③ 미미가 노란나비를 잡아요.
④ 거북이가 엉금엉금 느릿느릿 기어가요.
⑤ 토끼와 거북이가 싸워요.

68 성대내전술 중 제1형 갑상성형술을 시도할 수 있는 장애군은 무엇인가?

① 성전환 환자(음성여성화)
② 후두암
③ 편측성 성대마비
④ 성대낭종
⑤ 연축성 발성장애

69 P군은 만 5세의 아동으로 성대결절 진단을 받았다. 본 아동에게 실시할 수 있는 음성치료 방법으로 옳은 것은 무엇인가?

① 부모상담 및 체크리스트 등을 통해 일상생활에서 아동의 음성 오·남용을 감소시킨다.
② 밀기접근법을 통해 성대의 단단한 접촉을 유도한다.
③ 일주일 정도 절대적 음성휴식을 취하게 한다.
④ '기침하기' 후 발성을 유도한다.
⑤ 대화 시 속삭이는 음성(Whisper)을 사용하여 말하도록 한다.

70 후두스트로보스코피를 실시하였을 때 관찰할 수 있는 항목은 무엇인가?

① 성문폐쇄대개방비
② 성문접촉비율
③ 성문폐쇄형태 확인
④ 성대개방비율
⑤ 평균호기류율

71 다음 중 맹관공명을 보이는 환자에게 시도할 수 있는 접근법으로 짝지어진 것은 무엇인가?

① 비음/유음자극, 손가락 조작법
② 비음/유음자극, 혀 내밀기 /i/
③ 성대프라이, 손가락 조작법
④ 성대프라이, LSVT
⑤ 음성배치, 비밀스러운 음성

72 음도를 상승시키는 요인에 해당되는 것은 무엇인가?

① 높은 성문하압
② 성대의 단위면적당 무게 증가
③ 윤상갑상근의 이완
④ 갑상성대근의 이완
⑤ 상후두신경 손상

73 다음 사례에 도움이 되는 약물은 무엇인가?
20년

> 만 38세 남성이며 직업은 해외영업사원이다. 아침에 일어나면 목쉰소리가 나며 구취가 심하고 입안에 시큼한 맛이 느껴지고, 오후에는 목소리가 호전된다고 한다. 평상시 이물감이 많아 잦은 헛기침을 하며 주 3회 이상 하루 소주 1병 이상의 음주를 한다고 한다.

① 위산억제제 ② 아스피린
③ 항히스타민제 ④ 안드로겐
⑤ 항고혈압제

74 호흡기능검사를 실시하였을 때 '주기용적', '흡기비축용적', '호기비축용적'을 합한 공기량이 의미하는 것은 무엇인가?
21년

① 흡기용량 ② 기능적 잔기용량
③ 폐활량 ④ 총폐용량
⑤ 잔기용적

75 다음 사례에 대한 음성장애 진단명과 치료 방법으로 올바르게 연결된 것은?

23년

> - 38세 여성으로 주된 증상은 발화 시 긴장되고 쥐어짜는 음성 및 간헐적으로 소리가 멈추는 것을 호소함
> - G_2, R_1, B_0, A_0, S_2
> - 생리적 발성, 노래, 속삭이기 과제에서는 음성문제가 일부 완화됨

① 편측성 성대마비 – 머리위치변경
② 내전형 연축성 발성장애 – 보툴리눔독소 주입
③ 성대구증 – 성대내주입술
④ 근긴장성 발성장애 – 후두마사지
⑤ 기능적 실성증 – 생리적 발성

[76~77] 다음 사례를 읽고 아래의 질문에 답하시오.

> A군은 32세의 영업사원으로 말할 때 숨이 차며 작고 약한 목소리와 쉰 음성 때문에 근무 시 큰 어려움을 겪고 있다고 한다. 후두스트로보스코피 소견으로 /a/연장 발성 시 고주파수 음역대에서 성대 점막의 파동 정지가 관찰되었으며, 발성 시 방추형의 성문 폐쇄부전이 관찰되었다. 음성평가 결과 F_0=134Hz, Jitt=1.76%, Shim=4.74%로 나타났으며 전기성문파형검사 결과 CQ(Closed Quotient)=0.35로 나타났고, 최장발성지속시간(MPT)은 7.23sec으로 나타났다.

76 예상되는 진단명과 적절한 음성치료 방법은 무엇인가?

① 근긴장성 발성장애, 후두마사지로 이완
② 성대구증, 양쪽 갑상연골판을 눌러 성대접촉 유도
③ 연축성 발성장애, 하품-한숨 접근법
④ 라인케부종, 음성위생과 함께 음성이완
⑤ 성대폴립, 차폐 및 새로운 음도 확립

77 위의 사례를 보고 예측되는 GRBAS 점수는 무엇인가?

19년

① G_3, R_3, B_0, A_0, S_1
② G_2, R_1, B_1, A_0, S_2
③ G_3, R_0, B_1, A_1, S_3
④ G_1, R_1, B_0, A_0, S_1
⑤ G_2, R_1, B_2, A_2, S_0

78 다음 검사 결과 중 음성치료가 필요하지 않은 환자에 해당되는 것은?

① A양의 최장발성지속시간(MPT)가 21sec으로 측정됨
② B군의 S/Z 비율(S/Z Ratio)이 1.7로 측정됨
③ A군의 평균호기류율(MAFR)이 450.2ml/sec으로 측정됨
④ B양의 주파수변동률(Jitter)값이 2.5%로 측정됨
⑤ A군의 평균발화기본주파수(SFF)가 198Hz로 측정됨

79 다음에 해당되는 음성치료 방법은 무엇인가?

> 정해진 음도에서 모음을 부드럽게 연장 발성함 → 가장 낮은 음도에서 높은 음도까지 모음을 활창함 → 가장 높은 음도에서 가장 낮은 음도까지 모음을 활창함 → 지정된 음도와 모음으로 최장 연장발성을 함

① 공명음성치료
② 악센트 기법
③ 성대기능훈련
④ 리실버만 음성치료
⑤ 발성변경기법

80 음성평가 및 음성치료 시 음역대 범위를 시각적으로 제공해 주는 프로그램은 무엇인가?

① 전기성문파형검사(EGG)
② 음성범위프로파일(VRP)
③ 나조미터(Nasometer)
④ 다차원음성분석프로그램(MDVP)
⑤ 켑스트럼(Cepstrum)

제4과목 언어발달장애

01 다음이 설명하는 것은 무엇인가?

> 초기 의사소통 행동으로 보여주기, 뻗기, 가리키기, 주기 등의 행동이 나타난다.

① 관습적 몸짓 ② 의도적 몸짓
③ 지시적 몸짓 ④ 요구적 몸짓
⑤ 표상적 몸짓

02 아동의 언어습득이 자극-반응-강화에 의해 학습된 행동이라고 보는 이론은 무엇인가?

① 선천적 언어 능력 이론
② 생득론
③ 언어행동주의 이론
④ 의미론적 이론
⑤ 화용론적 이론

03 다음 언어장애 유형별 특징 중 화용론적 설명으로 적절하게 짝지어진 것은 무엇인가?

> 지은 : 단순언어장애(SLI)는 명료화 요구, 발화 수정 전략기능을 사용하기 어려워.
> 경미 : 자폐스펙트럼장애(ASD)는 의사소통 의도가 부족하고 제한된 의사소통 기능을 사용해.
> 보람 : 주의력결핍 과잉행동장애(ADHD)는 대화기술이 부족해.
> 지연 : 지적장애는 속담이나 은어 등을 이해하는데 어려워.

① 지은, 경미, 지연 ② 경미, 보람, 지연
③ 지은, 보람, 지연 ④ 지은, 경미, 보람
⑤ 보람, 지은

04 자폐스펙트럼장애(ASD) 아동에 대한 설명 중 옳지 않은 것은 무엇인가?
[23년]
① 비언어적인 단서를 이해하는 데 어려움을 보인다.
② 지적장애 아동에 비해 제한된 문법구조를 보인다.
③ 범주어, 관계어 습득에 어려움을 보인다.
④ 구문구조 발달이 일반 아동과는 다른 발달 단계를 보인다.
⑤ 조음능력은 다른 능력에 비하여 좋은 편이다.

05 다음의 엄마가 사용한 명료화 요구 유형은 무엇인가?

> 승철 : 엄마 나 오늘 시험에서 1등을 했어요.
> 엄마 : 1등을 했다고?

① 일반적 요구 ② 확인 요구
③ 특정 부분 요구 ④ 비구어적 요구
⑤ 특정 전체 요구

06 다음 중 가장 빠른 시기에 나타나는 상징행동은 무엇인가?
[18년][20년][22년]
① 숟가락을 들어 입으로 가져간다.
② 블록을 자동차처럼 사용한다.
③ 엄마가 요리하는 흉내를 낸다.
④ 사과를 강아지, 고양이, 토끼 인형에게 주는 흉내를 낸다.
⑤ 빈 우유병을 들고 마시는 흉내를 낸다.

07 다음은 초등학교 1학년 아동의 읽기 전사 자료이다. 주로 오류를 보이는 오류형태는 무엇인가?

> /김밥을/만들기 위해 /필요한 ……… 김을 깔고 밥을 잘 펴준다. 그리고 단무지와 살짝 볶은 오이와 당근을
> 김바블   필요
> 길게 썰어 얹어준다. 햄도 볶아서 올리고 계란은/넓게 부친다. ……………… 터지지/않도록 잘 말
>   넙게   안도록
> 아 /손바닥으로 ………… 칼로 ………….
>   손바

① 종성 생략 ② 연음화
③ 된소리되기 ④ 기식음화
⑤ 종성 대치

08

다음 발화의 평균 형태소 길이(MLUm)는 무엇인가?

> 나 쿠키 만들었어요.
> 안에 딸기 넣었어요.
> 아빠랑 먹었어요.

① 3.75
② 4.66
③ 5
④ 5.33
⑤ 5.66

09

다음은 상위언어기술 중 어떤 영역을 평가하고자 하는 것인가?

> • "학용품에는 뭐가 있지?"
> • "당근, 오이, 고추, 배추"를 모두 뭐라고 하지?
> • '길다'의 반대말은?

① 음 운
② 의 미
③ 형 태
④ 구 문
⑤ 화 용

10

다음의 설명은 무엇을 말하는 것인가?

> 아동의 초기 낱말 개념 형성 시 여러 대상이 하나의 같은 이름을 가질 수 없다고 생각한다.

① 확장가능성 원리
② 상호배타성 가정
③ 사물 전체 참조 원리
④ 관습성 가정
⑤ 반응의 효율성 원리

11 다음의 중재 상황에서 언어재활사가 유도하고자 하는 기능은 무엇인가?

> 아　　동 : 칼 주세요.
> 언어재활사 : (큰 칼과 작은 칼을 제공한다)
> 아　　동 : (큰 칼을 가리키며) 이거 주세요.
> 언어재활사 : 알았어. 여기.
> …
> 언어재활사 : 이거는 누가 먹을래?
> 아　　동 : 내가 먹을래요.

① 사물 요구하기
② 정보 요구하기
③ 대답하기
④ 주장하기
⑤ 행동 요구하기

12 다음 밑줄 친 두 아동에게 공통적으로 나타나는 결함은 무엇인가?

> A.
> 지은 : 보람아 내가 다시 말해줄게. 만약에 여기가 운동장이라고 치면 ….
> 보람 : <u>지은아 여기는 운동장이 아니야. 여기는 교실이잖아.</u>
>
> B.
> 은정 : 이번엔 내 차례! 내가 문제 낸다. 지연아 맞춰봐!
> 　　　강아지, 사자, 토끼, 기린 이런 것을 모두 다 뭐라고 부르게?
> 지연 : <u>토끼!</u>

① 화용　　　　　　　　　② 구문
③ 담화　　　　　　　　　④ 의미
⑤ 형태

13 다음 아동의 현행 수준을 보고 우선적인 목표 설정으로 옳지 않은 것은 무엇인가?

18년
21년

- SELSI 수용 원점수 12점, 등가연령 7개월, 백분위수 1%ile 미만, 표현 원점수 6점, 등가연령 4개월, 백분위수 1%ile 미만
- K M-B CDI 이해 40/284, 표현 0/284
- V, VC, VV 발성 산출
- 요구 시 손 이끌기 관찰

① 의사소통 기능 확대
② 기능적 어휘 이해능력 증진
③ 두 낱말 조합 문장 이해 및 표현능력 증진
④ 기능적 어휘 표현능력 증진
⑤ 음운 목록 확대

14 다음 아동에 대한 설명으로 옳은 것은 무엇인가?

- 30개월 남아로 미국에서 태어남(부 : 미국인, 모 : 한국인)
- 부의 한국 발령으로 귀국하였고 2~3년 후에 다시 미국으로 돌아갈 예정
- 어렸을 때부터 가정에서 영어와 한국어 동시에 노출
- 현재 영어, 한국어 모두 단단어로 산출

① 순차적 이중언어에 해당한다.
② 동시적 이중언어에 해당한다.
③ 일반아동 규준과 비교하여 평가한다.
④ 어휘 평가는 한국어에 대한 어휘만을 평가한다.
⑤ 단단어로만 산출하므로 말 늦은 아동으로 진단한다.

15 다음 언어재활사의 중재 방법은 무엇인가?

19년
21년
22년
24년

아 동 : 언니가 클레이가 꽃이 만들었어.
언어재활사 : 언니가 만들었구나. 클레이로 만들었구나. 꽃을 만들었구나. 언니가 클레이로 꽃을 만들었구나.

① 문장의 재구성
② 구문 확장
③ 분리 및 합성
④ 어휘 확대
⑤ 모 방

16 말 늦은 아동(Late Talkers)에 대한 설명으로 옳은 것은 무엇인가?

① 2세까지 표현 어휘 수가 100개 미만
② 세 낱말 조합이 산출되지 않음
③ 표준화된 검사 시 10~20%ile
④ 표준화된 검사 시 -1SD 미만
⑤ 다른 발달영역에서의 현저한 지연

17 사회적 의사소통장애(Social Communication Disorder)에 대한 설명으로 옳은 것은 무엇인가?

① 관용어, 유머, 은유 이해에 강점을 보인다.
② 사회적 의사소통 결함이 후기 발달기에 나타난다.
③ 대화 시 차례 지키기는 가능하지만 비언어적 신호를 이해하는 데 어려움이 나타난다.
④ 사회적 의사소통에서 어려움이 나타난다.
⑤ 추론, 추측과 같이 명백하게 기술되지 않은 내용 이해에 어려움을 보이지 않는다.

18 낱말재인에 어려움을 보이나 상대적으로 언어적 이해능력은 좋은 아동이 있다. 어떤 읽기장애 유형에 속하는가?

① 비특정 읽기장애
② 해독형
③ 혼합형
④ 특정 이해결함
⑤ 특정 읽기결함

19 환경중심 언어중재에 대한 설명으로 옳은 것은 무엇인가?

① 자극-반응 메커니즘을 따른다.
② 아동의 언어적 반응을 기다려주는 것은 아동중심 시범 기법에 해당한다.
③ 우발학습은 구조화된 상황에서 훈련한다.
④ 아동중심 시범 기법 시 아동이 오반응을 보였을 때 정반응 할 수 있도록 기다려줘야 한다.
⑤ 선반응요구-후시범기법 시 선택형 질문을 제공한 후에 시범을 보일 수도 있다.

20 다음은 아동이 산출한 공 이야기이다. 옳은 것은 무엇인가?

> 돌이랑 순이랑 공놀이를 했어요. 그런데 순이가 공을 던졌어요. 돌이가 자전거랑 부딪혔어요. 돌이 다리에게 피가 났어요. 아저씨랑 같이 병원에 갔어요.

① 배경, 계기사건, 시도, 결과가 산출되었다.
② 접속부사는 사용되지 않았다.
③ 어휘결속 1회 나타났고 지시적 대용은 나타나지 않는다.
④ T-unit은 4개이다.
⑤ 문법형태소 오류는 나타나지 않는다.

21 다음은 무엇에 대한 설명인가?

> • 언어를 인식 및 조작할 수 있는 능력
> • 언어 학습에 기초가 됨
> • 학령기 언어 발달에 중요한 능력
> • 음운인식, 정의하기, 문법 오류 판단 등이 포함

① 내재적 언어능력
② 언어적 능력
③ 메타언어능력
④ 음운처리능력
⑤ 정보처리능력

22 다음의 아동 발화에서 나타나지 않은 대화기능은 무엇인가?

> 언어재활사 : 뭐 줄까?
> 아   동 : 이거. 이거.
> 언어재활사 : 이거야?
> 아   동 : 아니야. 선생님 이거. 이거.
> 언어재활사 : 그럼 뭘까? 이거야?
> 아   동 : 응. 그거 좋아요. 주세요.

① 수 용
② 내적 상태
③ 고유 특성
④ 사물 요구
⑤ 부 정

23 다음 아동 발화에서 나타나지 않은 의미관계는 무엇인가?

> 아가 집에 가요. 내 헬리콥터. 아가가 찢었어. 나랑 아가랑 예뻐요.

① 소유자-대상
② 행위자-행위
③ 공존자-상태서술
④ 행위자-장소-행위
⑤ 공존자-경험자-상태서술

24 다음 아동이 오류를 보인 부분이 아닌 것은 무엇인가?

> 언어재활사 : 얘는 누구야?
> 민　　　영 : 얘는 파키케팔로사우르스. 머리가 박치기 잘해요. 박치기 하면 공룡들이 죽으는데.
> 언어재활사 : 정말?
> 민　　　영 : 네. 파키케팔로사우르스가 브라키오사우르스가 머리가 더 딱딱해요.
> 언어재활사 : 그렇구나. 파키케팔로사우르스는 육식공룡이야?
> 민　　　영 : 아니요. 얘는 동물 안 먹으는데. 풀 먹으는데. 초식공룡이에요.
> 언어재활사 : 그렇구나. 초식공룡인데 힘이 세구나.
> 민　　　영 : (끄덕) 맞아요. 초식공룡들이 몸이 큰데 힘이 세요.
> 언어재활사 : 몸이 크고 힘이 센 초식공룡이구나.
> 민　　　영 : 네? 초식공룡은 힘이 세요.

① 대등적 연결어미 오류
② -으- 과잉일반화
③ 부사격 조사 오류
④ 복수형 조사 오류
⑤ 관형절 이해의 어려움

25 다음 아동의 대화 내용 중 화용영역의 문제점이 아닌 것은 무엇인가?

> 언어재활사 : ○○아, 선생님 돌고래 봤다.
> 아　　동 : 네? 뭐라고요?
> 언어재활사 : 선생님 돌고래 봤어.
> 아　　동 : 나도요.
> 언어재활사 : ○○는 어디에서 돌고래 봤어?
> 아　　동 : 엄마랑 갔어요.
> 언어재활사 : 엄마랑 어디 갔..
> 아　　동 : (끼어들며) 돌고래 엄청 커요.
> 언어재활사 : 맞아. 크지. ○○가 돌고래 봤던 거 이야기 해줘.
> 아　　동 : 엄마랑 갔어요. 음... 그리고 봤는데. 음... 과자 주, 아니 돌고래 수영해요. 옷 젖었어요.
> 언어재활사 : 옷이 젖었어? 왜?
> 아　　동 : 몰라요.

① 대화 기술 측면에서 아동은 상대방의 말에 끼어드는 모습을 보인다.
② 의문사 질문에 적절하게 반응하지 못하였다.
③ 원인-이유를 설명하는 데 어려움을 보인다.
④ 자신의 경험을 이야기하는 데 어려움을 보인다.
⑤ 특정 부분을 요구하는 명료화 요구 전략을 사용하는 모습을 보인다.

26 다음 배경정보를 보고 평가를 실시하고자 한다. 옳지 않은 것은 무엇인가?

> - 만 3세 6개월의 여자아동
> - 첫 낱말은 20개월경 '음마'를 산출하였으나 이후 의미 있는 언어표현이 나타나지 않았다.
> - 현재 의미 있는 언어표현은 없으며 주로 제스처로 표현한다고 한다.
> - 주 양육자인 할머니의 양육태도는 아동이 원하는 것을 대부분 들어주시며 잘못한 부분에 대하여도 혼내지 않는다고 한다.

① 전반적인 언어 평가를 통해 아동의 언어수준을 확인해야 한다.
② 의미 있게 표현하는 것이 없으므로 SELSI, K M-B CDI를 할 수 있다.
③ 비공식적인 평가로 주 양육자와의 상호작용을 통해 양육자의 의사소통 스타일을 살펴볼 수 있다.
④ 의도가 있는지에 대한 확인을 위해 취학 전 아동을 위한 기능적 의사소통 행동 목록(PFCI)를 이용한다.
⑤ 자연스러운 상황, 주 양육자와의 상호작용 속에서 표현하는 음절목록을 살펴보아야 한다.

27 다음은 검사자와 아동의 대화 샘플이다. 두 사람의 발화 특성으로 옳은 것은 무엇인가?

> 검사자 : 민수야, 오늘 유치원에서 뭐했어?
> 아 동 : 유치원 갔어.
> 검사자 : 누구랑 갔어?
> 아 동 : 유치원
> 검사자 : 엄마랑 갔어? 아빠랑 갔어?
> 아 동 : 엄마랑 갔어.
> 검사자 : 엄마랑 뭐 타고 갔어?
> 아 동 : 민수이가 넘어졌어.

① 아동은 의문사 질문 '누구'에 적절하게 반응하였다.
② 아동은 의문사 질문 '무슨/뭐'에 적절하게 반응하였다.
③ 아동은 발화 차례를 잘 지키고 있다.
④ 아동은 주제유지가 적절하다.
⑤ 아동은 내적 상태에 대하여 주관적으로 진술할 수 있다.

28 다음의 이야기 발달에 대한 설명을 시기 순서대로 나열한 것은 무엇인가?

> ㄱ. 논리적이고 복잡한 이야기가 산출됨
> ㄴ. 과거 사건에 대한 이야기 시작
> ㄷ. '어디서, 언제, 누구'와 관련된 내용이 포함되며 주인공의 감정이나 의도 이해가 가능해짐
> ㄹ. 이야기 구조와 관련된 요소를 사용하여 하나 이상의 사건 산출이 가능함
> ㅁ. 이야기 구성요소를 적절하게 사용하여 이야기를 산출함

① ㄴ - ㄷ - ㄹ - ㅁ - ㄱ   ② ㄴ - ㄹ - ㄷ - ㅁ - ㄱ
③ ㄷ - ㄴ - ㅁ - ㄹ - ㄱ   ④ ㄷ - ㄹ - ㅁ - ㄴ - ㄱ
⑤ ㄷ - ㄴ - ㄹ - ㅁ - ㄱ

29 다음은 한국 아동 메타-화용언어검사의 일부이다. 아동이 어려움을 보인 부분은 무엇인가?

[24년]

> 언어재활사 : 친구가 한 말("빨리도 왔네.")은 무슨 뜻일까?
> 아 동 : 빨리 왔다는 뜻인 것 같아요.
> 언어재활사 : 오빠가 한 말("너 다 먹지 그래?")은 무슨 뜻일까?
> 아 동 : 내가 다 먹어도 된다는 것 같아요.

① 의사소통 조율   ② 간접 표현
③ 반 어   ④ 참 조
⑤ 비 유

30 다음은 어떤 아동에게 나타날 수 있는 행동 특성인가?

> 보람이는 블록을 색깔이나 크기별로 높이 쌓거나 동물 피규어를 일렬로 나열하는 것을 좋아한다. 가족들이 보람이를 불러도 반응하지 않고 가까이에서 눈을 마주치려고 하면 회피하는 모습을 보인다. 또한 엄마가 아동이 좋아하는 놀이를 함께 하려고 끼어들거나 장난감의 배열을 바꾸면 소리를 지르고 우는 모습을 보인다.

① 사회적 의사소통장애
② 단순언어장애
③ 자폐스펙트럼장애
④ 주의력결핍 과잉행동장애
⑤ 말 늦은 아동

31 다음의 아동에게 실시할 수 있는 중재 목표로 적절하지 않은 것은 무엇인가?

18년
23년

> • 만 7세 남아
> • REVT : 수용 어휘력 원점수 76점, 등가연령 7;6~7;11개월, 백분위수 10~20%ile, 표현 어휘력 원점수 68점, 등가연령 6;0~6;5개월, 백분위수 10%ile 미만으로 나타났다.
> • 구문의미이해력 : 구문의미이해력 검사 결과, 원점수 41점, 연령규준 71%ile, 학년규준 43%ile로 나타났다.
> • 언어문제해결력 : 언어문제해결력 검사 결과, 원인이유 8점, 53~64%ile, 해결추론 10점, 83~86%ile, 단서추측 7점, 85~92%ile, 총 25점, 78%ile로 나타났다.
> • 한국어 읽기 검사 : 또래에 비해 읽기 능력이 지연되어 있는 것으로 나타났다. 아동은 다른 영역에 비하여 듣기 이해에는 강점을 보이나 이외의 영역에서는 어려움을 보이며 이 중 해독 하위 영역에 전반적으로 낮은 수행을 보였다. 또한 음운처리능력, 쓰기능력에도 어려움을 보였으며 쓰기를 거부하며 자신감 없는 모습을 보인다.
> • 이야기 : 개구리 이야기(산출) 평가 결과, 완전한 에피소드는 산출되지 않았다. 아동이 사용한 결속표지는 어휘, 연결어미, 조사 등이 나타났다.
> • 대화 : 아동의 주제 운용력을 보면 5분간의 대화 상황 동안 주제 유지, 주제 개시, 주제 변경이 나타났으나 부적절한 주제 변경의 빈도가 높아 대화가 중단되는 경우가 빈번하게 나타났다.

① 초등학교 1학년 교과서 고빈도 어휘를 80% 이상 정확하게 이해하고 표현할 수 있다.
② 아동의 해독 능력을 향상시킨다.
③ 언어재활사와 함께 그림을 보는 상황에서 원인이유, 해결추론, 단서추측과 관련된 질문에 80% 이상 적절하게 대답할 수 있다.
④ 에피소드 1개가 포함된 그림 컷을 보는 상황에서 에피소드 구조를 갖추어 연속된 3회기 중 2회기 이상 다시 말할 수 있다.
⑤ 부적절한 주제 변경을 보이지 않고 대화를 유지할 수 있다.

32 다음 만 2세 10개월 아동의 평가보고서에서 적절하지 않은 내용은 무엇인가?

> 가. 전반적인 언어능력 검사를 위해 SELSI를 실시한 결과, 전체 40점, 등가연령 11개월(1%ile 미만) 수준으로 측정되었다.
> 나. 자세히 살펴보았을 때, 수용측면에서 원점수 23점, 등가연령 12개월(1%ile 미만)로 측정되었다. 표현측면에서는 원점수 17점, 등가연령 10개월(10%ile 미만)로 측정되었다.
> 다. 어휘 평가를 위한 K M-B CDI 검사 결과, 표현측면 원점수 13점, 백분위수 10%ile 미만으로 나타났다.
> 라. 표현할 수 있는 낱말은 '차/자동차, 로봇, 바지, 이/이빨, 아빠, 엄마, 할아버지, (잠)자, 줘, 추워' 등이 있었다.
> 마. 구문평가를 위한 구문의미이해력 검사 결과, 원점수 0점, 백분위수 10%ile로 측정되었다.

① 가　　② 나
③ 다　　④ 라
⑤ 마

33 Kamhi & Catts(2012)가 제안한 낱말재인 능력 평가 시 포함되어야 할 하위영역으로 묶인 것은 무엇인가?

① 음운인식, 낱말 읽기 정확도, 음운해독
② 음운인식, 음운해독, 읽기 유창성
③ 낱말 읽기 정확도, 읽기 유창성, 음운해독
④ 낱말 읽기 정확도, 낱말 읽기 속도, 음운해독
⑤ 낱말 읽기 정확도, 낱말 읽기 속도, 읽기 유창성

34 다음 아동에게 실시할 수 있는 평가도구로 묶인 것은 무엇인가?

> • 만 4세 남아
> • 어린이집 교사의 권고로 평가 및 치료 의뢰됨
> • 어린이집에서 친구들과 어울리는 데 어려움이 있으며 지시내용을 이해하지 못한다고 함
> • 부모보고에 의하면, 또래에 비하여 구문 길이가 짧고 어휘의 양도 적은 것 같다고 보고
> • 발음은 좋은 편

① SELSI, PRES
② REVT, LSSC
③ SELSI, PRES, 언어문제해결력 검사
④ REVT, 구문의미이해력 검사, PRES
⑤ REVT, KONA, KOPLAC

35 다음은 언어발달지체 아동과 주 양육자 엄마의 대화내용이다. 부모상담 내용으로 적절한 것은 무엇인가?

> 엄마 : 지연아, 장난감을 여기에 예쁘게 놔야지.
> 아동 : …
> 엄마 : 이게 뭐야?
> 아동 : 차
> 엄마 : 아니, 차 말고 다른 말로 뭐라고 그래?
> 아동 : … 몰라요.
> 엄마 : 아니, 알잖아. 잘 생각해봐. (아동이 말할 때까지 기다리지 않고) 트럭! 트럭 해봐.
> 아동 : 트럭… 엄마 공부 싫어.
> 엄마 : 공부해야지 커서 훌륭한 사람이 되는 거야.
> 아동 : 지연이 놀고 싶어.

① 어휘를 알려주실 때는 반복해서 들려주지 마시고 여러 번 물어봐 주세요.
② 현재 산출하시는 문장 길이는 유지하시되 반복적으로 말씀해 주시는 것이 좋아요.
③ 지연이가 표현할 수 있도록 기다려주세요.
④ 지연이의 구문 확장을 위해 다양한 연결어미가 포함된 문장으로 들려주셔야 할 것 같아요.
⑤ 지연이의 빠른 어휘 능력 증진을 위해 카드만 이용하시는 것이 좋아요.

| 제5과목 | **조음음운장애** |

36 한국어 자음의 유형빈도를 적절하게 나열한 것은 무엇인가?

> ㄱ. 양순음　　　　　　　ㄴ. 후두음
> ㄷ. 치경음　　　　　　　ㄹ. 연구개음
> ㅁ. 치경경구개음

① ㄷ > ㅁ > ㄱ > ㄹ > ㄴ　　② ㄱ > ㄷ > ㅁ > ㄹ > ㄴ
③ ㄱ > ㄷ = ㄹ > ㅁ > ㄴ　　④ ㄷ > ㄱ = ㄹ > ㅁ > ㄴ
⑤ ㄷ > ㅁ = ㄹ > ㄱ > ㄴ

37 다음 음절구조 중 옳은 것은 무엇인가?

① 겨울 : CCVVC　　　　② 엄마 : CVCCV
③ 좋아 : CVCV　　　　　④ 약국 : GVCCVC
⑤ 노트북 : CVCVGVC

38 /ㄲ/의 음운자질은 무엇인가?

① [+Coronal], [−Anterior], [+Aspirated]
② [−Delayed Release], [+Anteior], [−Tense]
③ [−Coronal], [−Anterior], [+Tense]
④ [+Coronal], [+Anterior], [−Tense]
⑤ [−Coronal], [−Delayed Relase], [+Anteior]

39 변이음에 대한 설명으로 옳은 것은 무엇인가?

① 한 음소는 음운 문맥에 따라 달리 실현된다.
② 종성 위치에서 /ㅂ/의 IPA 표기는 [b˜]이다.
③ '감기'에서 두 'ㄱ' 소리는 [k]로 발음된다.
④ /ㅂ/는 어두 초성에서 [b]로 발음된다.
⑤ /ㅎ/는 /으/ 앞에서 [h]로 발음된다.

40 다음 단어를 IPA 기호로 적절하게 전사한 것은 무엇인가?

① 아가[aka]
② 시소[ɕiso]
③ 오리[oli]
④ 달[taɾ]
⑤ 자[dza]

41. 다음 아동 발화에 대한 분석 내용 중 옳은 것은 무엇인가?

> 사탕[타탕], 기차[기타], 동물원[돔무런], 책상[택따], 그림[그임]

① 마찰음의 파열음화가 1회 나타난다.
② 순행동화가 1회 나타난다.
③ 설측음 생략이 1회 나타난다.
④ 어말종성 생략이 2회 나타난다.
⑤ 파찰음의 파열음화가 2회 나타난다.

42. 다음은 어떤 중재 방법인가?

> 언어재활사 : 선생님이 하는 걸 잘 보고, 들어봐. '큰 시 계'- '큰-/ㅅㅅㅅㅅㅅㅅ/-시계' 한 번 해보자.
> 아   동 : '큰-/ㅅㅅㅅㅅㅅㅅ/-시계'
> (반복 연습)
> 언어재활사 : 그럼 이번에는 '안-/ㅅㅅㅅㅅㅅㅅ/-사'

① 청각적 자극/모방
② 조음점 지시법
③ 문맥 활용
④ 짝자극 기법
⑤ 주기법

43. 다음은 아동의 APAC 단어 검사 자료이다. 가장 많이 나타나는 오류패턴은 무엇인가?

> 컵 → [커], 색종이 → [책쫑이], 이빨 → [이빠], 양말 → [얌말],
> 시소 → [치도], 고래 → [고얘], 싸워 → [짜워], 없어 → [업쩌]

① 마찰음의 파열음화
② 마찰음의 파찰음화
③ 유음의 단순화
④ 전형적 어중단순화
⑤ 어말종성생략

44 다음과 같이 발화한 아동의 자음정확도(Percentage of Correct Consonant, PCC)는 무엇인가?

> 내가 장갑 끼고 이렇게 합체해서 다시 만들었어요.
> [내가 당가 끼고 이어케 합테해더 따디 만드어떠요]

① 59.09% ② 63.64%
③ 68.18% ④ 54.55%
⑤ 60.91%

45 다음의 설명 중 옳지 않은 것은?

> 딸기 → [딸기]
> 고래 → [고애]
> 호랑이 → [호라이]
> 색종이 → [택똥이]

① 전체 단어 변동으로는 비전형적 어중단순화가 나타났다.
② 전체 단어 정확도(PWC)는 0.25이다.
③ 평균 음운 길이(PMLU)는 7이다.
④ 전체 단어 근접도(PWP)는 0.82이다.
⑤ 음소변화 변동으로는 마찰음의 파열음화, 파찰음의 파열음화, 유음의 단순화가 나타났다.

46 다음은 어떤 치료 접근법을 설명하는 것인가?

> • 음운변동을 이용한 접근법
> • 전반적 말명료도 개선
> • 심한 조음음운장애 아동 및 명료도가 낮은 아동에게 효과적

① 감각운동기법 ② 주기법
③ 다중음소 접근법 ④ 짝자극기법
⑤ 상위음운지식을 이용한 접근법

47
24년

4세 아동의 발달적 음운변동이 일어난 단어는 무엇인가?

① halmʌni[hammi]
② tɕ*æk[tɕ*æ]
③ subʌk[tubʌk]
④ ori[odi]
⑤ ip*al[ip*]

48
18년
19년
20년
21년

다음 사례를 읽고 물음에 답하시오.

> 형 : 엄마! 민수가 내 꺼 이렇게 했어요. [엄마! 민투가 내 꺼 이으케 해떠요]
> 엄마 : 어디 보자~. 어떻게 했어?
> 형 : 민수가 내 티라노사우르스랑 브라키노사우르스 던졌어요.
>   [민투가 내 티아노따우르뜨양 브라키노따우르뜨 던저떠요]
> 동생 : 형이 먼저 내 꺼 던졌어요. [형이 먼더 내 꺼 던뎌떠여]
> 엄마 : 싸우지 말고 사이좋게 놀아야지.

형과 동생의 자음정확도(Percentage of Correct Consonant, PCC)는 무엇인가?

① 형 : 63.89%, 동생 : 81.82%
② 형 : 61.11%, 동생 : 63.64%
③ 형 : 66.67%, 동생 : 72.73%
④ 형 : 68.57%, 동생 : 70%
⑤ 형 : 64.86%, 동생 : 80%

49
17년
18년
19년

다음의 치료 목표는 어떤 접근 전략을 사용한 것인가?

> • 마찰음 /ㅅ/, /ㅆ/가 어두 초성에 위치한 단어를 연속된 3회기 동안 80% 이상 정조음할 수 있다.
> • 마찰음 /ㅅ/, /ㅆ/가 어두 초성에 위치한 단어를 문장에서 연속된 3회기 동안 80% 이상 정조음할 수 있다.
> • 마찰음 /ㅅ/, /ㅆ/가 어두 초성에 위치한 단어를 구조화된 대화상황에서 연속된 3회기 동안 80% 이상 정조음할 수 있다.

① 수직적 접근법
② 수평적 접근법
③ 주기적 접근법
④ 운동적 접근법
⑤ 언어적 접근법

50 일반화에 대한 설명으로 바르게 연결된 것은 무엇인가?

17년
18년
21년
22년

① 자극 일반화 : 'ㅅ'을 'ㅣ' 모음 앞에서 산출 후 'ㅗ, ㅜ'의 모음 앞에서도 산출
② 문맥 일반화 : 언어재활사와 연습했던 것을 엄마와 말할 때에도 정조음
③ 언어학적 단위 일반화 : 'ㅈ'를 연습했는데 'ㅉ, ㅊ'에서도 정조음
④ 말소리/변별자질 일반화 : 무의미 음절에서 연습했는데 단어에서도 정조음
⑤ 위치 일반화 : 초성 'ㅂ'을 연습했는데 종성 'ㅂ'에서도 정조음

51 아동의 발화를 분석한 것으로 옳은 것은 무엇인가?

- 만 2세 남아, 언어발달 지연으로 의뢰됨
- 의미 있게 산출할 수 있는 낱말 : 엄마, 아빠, 이거[이이], 아니[아이], 물[므], 맘마[마]

① 전설모음에 비하여 후설모음 산출 빈도가 많다.
② 양순비음만 산출되었다.
③ 산출 된 음절구조는 VV, CV, VGV, VCCV이다.
④ 어중 위치에서의 초성만 산출된다.
⑤ 원순모음보다 평순모음 산출에 제한적이다.

52 평가맥락에 대한 설명으로 옳지 않은 것은 무엇인가?

① 의사소통 수행 수준에 영향을 미치는 환경적 요인들을 평가맥락이라고 한다.
② 오랜 습관으로 잘못된 조음이 고착화되어 있는 경우 무의미 음절로 검사하는 것이 좋다.
③ 낱말의 길이가 길어지고, 문장일수록 청자의 능력에 따라 명료도가 높아질 수 있다.
④ 짧은 시간 안에 검사에서 필요한 목표음소를 모두 확인할 수 있는 맥락은 문장수준이다.
⑤ 가장 간단하고 의미 있는 의사소통이 가능한 언어학적 단위는 일음절 낱말수준이다.

53 다음 중 일반적이지 않은 오류패턴은 무엇인가?

A : 포도 → [뽀도]
B : 책 → [채]
C : 머리 → [버리]
D : 고래 → [고애]
E : 색종이 → [태똥이]

① A　　　　　　　　　② B
③ C　　　　　　　　　④ D
⑤ E

54 다음은 어떤 과제에 대한 예인가?

언어재활사 : '가'에서 [ㄱ]를 빼면 무슨 소리가 남지?
아　　　동 : 아

① 음절 변별　　　　　② 각운 합성
③ 각운 탈락　　　　　④ 음소 탈락
⑤ 음소 변별

55 다음 중 (ㄱ) 최소대립자질과 (ㄴ) 최대대립자질로 이루어진 낱말은 무엇인가?

	(ㄱ)	(ㄴ)
①	밤-담	달-탈
②	줄-길	강-땅
③	살-쌀	말-탈
④	방-빵	날-딸
⑤	빵-땀	물-줄

56 다음의 예시는 청감각-지각 훈련 중 어느 단계에 해당하는가?

> 언어재활사 : '사과'에서 'ㅅ'가 있어?
> 아   동 : 있어요.
> 언어재활사 : 그럼 이 소리가 단어의 처음에 있어? 중간에 있어? 끝에 있어?

① 확인(Identification)단계
② 고립(Isolation)단계
③ 자극(Stimulation)단계
④ 변별(Discrimination)단계
⑤ 모방(Imitation)단계

57 [24년] 다음 4세 아동들 중 조음중재가 우선적으로 필요한 아동은 누구인가?

① 은정 : 전화 → [tɕʌna]
② 경미 : 거울 → [kaul]
③ 지연 : 바지 → [adʑi]
④ 영미 : 싸워 → [t*wʌ]
⑤ 보람 : 찢어 → [t*idʌ]

58 [24년] 다음 아동 말소리는 어느 시기에 나타날 수 있는 것인가?

> 할머니 → [함니], 할아버지 → [하찌], 아저씨 → [아찌]

① 8~10개월
② 9~12개월
③ 1~2세
④ 3~4세
⑤ 2~4세

59 다음은 아동이 산출한 발화이다. 어절 단위 말명료도는?

> 아 동 : 틴두양 다티 브여 노니해떠요. (친구랑 같이 블록 놀이했어요.)
> 선생님 : 친구랑 같이 ** 놀이했어요?

① 1/4×100
② 2/4×100
③ 3/4×100
④ 3/5×100
⑤ 4/5×100

60 아동의 발화에서 나타나지 않은 음운규칙은 무엇인가?

> 부엌 → [부억], 별님 → [별림], 색연필 → [생년필], 닭 → [닥]

① 평파열음화　　　　　　② 유음화
③ 자음군 단순화　　　　　④ 연구개음화
⑤ ㄴ 첨가

61 다음의 엄마가 아동의 표현을 모방한 낱말의 명료도는 무엇인가?

> 엄마 : 우리 뭐 그릴까?
> 아동 : 디타, 해이콘터, 뽀끄에이, 오투빠이, 앵당보두
> 엄마 : 기차, 헬리콥터, 뽀**? 오토바이, 앵당**?

① 40%　　　　　② 50%
③ 60%　　　　　④ 70%
⑤ 80%

62 다음 사례는 어떤 치료 활동을 하는 것인가?

> 언어재활사 : 선생님을 따라해 보자. '가방-가방-가방'
> 아　　동 : '가방-다방-가방'

① Drill Play　　　　　② Drill
③ Play　　　　　　　　④ Structured Play
⑤ Drill Structured

★63 다음은 5세 아동의 발화이다. 어떤 말소리를 먼저 중재해야 하는가?

> 사탕 → [타탕], 자요 → [다요], 코스모스 → [코뜨모뜨], 씨 → [띠], 올라가 → [올라가]

① /ㅅ/　　　　　② /ㅈ/
③ /ㄱ/　　　　　④ /ㄹ/
⑤ /ㅆ/

64 다음 낱말 중, 자음의 조음위치가 가장 다양하게 구성된 것은 무엇인가?

① 나 라
② 휴대폰
③ 거북이
④ 다리미
⑤ 에어컨

65 6살 아동이 어중초성에서 /ㅅ/을 훈련할 때 초기 목표 낱말로 가장 적절한 것은 무엇인가?

① 상 상
② 의 사
③ 예 상
④ 우 산
⑤ 이 사

66 다음 아동에게는 어떤 중재 방법을 사용해야 하는가?

- 만 6세 아동
- 조음의 어려움으로 인하여 의뢰됨
- APAC 단어 자음정확도 91.4%, 문장 90%
- 단어, 문장 모두 마찰음의 파열음화 오류만 나타남

① 스펙트로그래프를 시각적으로 보여주며 피드백을 제공해야 한다.
② '달:살', '돌-솔'과 같은 낱말 쌍으로 파열음과 마찰음의 대조를 학습시킨다.
③ 주기법을 사용하여 오류패턴을 제거해야 한다.
④ 아동이 자주 사용하는 단어를 활용하여 일관성 있게 조음할 수 있도록 유도한다.
⑤ 마찰음이 많이 포함된 문장을 반복 연습시킨다.

67 아동기 말실행증(CAS)의 특성으로 옳은 것은?

① 발화의 길이가 짧을수록 오류가 증가한다.
② 모음 오류는 관찰되지 않는다.
③ 모색행동이 나타난다.
④ 모방보다 자동구어에서 어려움이 나타난다.
⑤ 운율문제는 나타나지 않는다.

68 다음의 설명은 변별자질 접근법 중 어느 단계에 속하는 것인가?

> 최소 대립쌍 변별 능력을 확인한 후 변별자질을 산출하도록 연습하는 것으로 아동이 낱말을 말하면 언어재활사는 그림을 가리키는 활동을 한다.

① 변별 단계
② 훈련 단계
③ 산출훈련 단계
④ 전이훈련 단계
⑤ 일반화 단계

69 '핸드폰'을 '이티포, 이티폰, 이팁'으로 표현하는 아동에게 '이티폰'으로 일관되게 발음하도록 지도하였다. 언어재활사가 사용한 중재 방법은 무엇인가?

① 아동중심 접근법
② 음운변동 접근법
③ 핵심어휘 접근법
④ 변별자질 접근법
⑤ 다중감각 접근법

70 다음은 기능적 조음음운장애 아동의 평가보고서이다. 보고서 내용 중 잘못된 부분은 어느 것인가?

언어평가·진단보고서

임상대상자 이름　김○○(남)　　　평가 진단일　2017. 03. 01
생년월일(연령)　2010. 12. 31(6;2)　정보제공자　모

Ⅰ. 배경정보
본 아동은 조음 문제를 주소로 본 기관에 의뢰되었다. 어머니의 보고에 의하면 임신 및 출산에는 별다른 문제가 없었다고 한다. 아동의 발달력을 살펴보면 또래와 비슷한 발달을 보였으며 의미 있는 첫 낱말은 돌경 '엄마'였다고 한다. (생략) 아동은 현재 자신의 말 문제를 인식하고 있다고 한다.
(생 략)

Ⅲ. 평가 결과
　1. 말 평가 결과
　　1) 조음음운
　　　　APAC 검사 결과, ① 원점수 10점, 자음정확도 77.1%였고, 백분위수 1%ile 미만으로 나타났다. 단어검사에서 오류를 보인 말소리를 들려주고 다시 따라 말하게 하였을 때 자극반응도는 없었다. 주로 오류를 보인 자음은 주로 마찰음과 유음이었다. 오류패턴 분석 결과, ② 마찰음의 파열음화가 6회(시소 → [티도]), ③ 비전형적 어중단순화가 3회(옥수수 → [오뚜두]), 마찰음의 파찰음화가 2회(싸워 → [짜워])로 나타났다. 따라 말하기로 문장검사를 실시한 결과, 이해가능도는 98%였고, 자음정확도는 73%로 나타났다. 문장검사에서 오류패턴을 살펴보면 주로 ④ 마찰음의 파열음화(했어요 → [해떠요])와 유음의 단순화(그런데 → [그언데])가 5회, 종성생략(한쪽 → [한쪼])이 2회로 나타났다.
　　2) 음성 및 청력
　　　　모든 검사 시 음성 및 청력을 관찰한 결과, 별다른 문제가 관찰되지 않았다.
　　3) 구강조음기관 구조 및 기능
　　　　⑤ 아동의 조음 능력을 알아보기 위하여 구강조음기관의 기능 선별검사를 실시한 결과, 구강구조 및 기능에 별다른 이상이 관찰되지 않았다.
　2. 언어 평가 결과

PART 02

모의고사 두 번째

1교시
- **제1과목** 신경언어장애
- **제2과목** 유창성장애
- **제3과목** 음성장애

2교시
- **제1과목** 언어발달장애
- **제2과목** 조음음운장애

02 모의고사 두 번째

✱ : 고난이도, 17년 18년 19년 20년 21년 22년 23년 24년 : 기출연도

1교시

제1과목 | **신경언어장애**

01 다음 증상을 보이는 뇌졸중 환자의 특징은?
[24년]

> • 좌측 중추성 안면마비를 보인다.
> • 대화 시 전보식 발화를 보인다.
> • 2~3step 지시 따르기가 60% 가능하다.

① 자곤발화(Jargon Speech)을 보인다.
② 감각성 실어증에 해당된다.
③ 단어 수준의 이해에 어려움을 보인다.
④ 우측 입꼬리가 처지나 이마 주름은 대칭이다.
⑤ 장소, 사람, 시간에 대한 지남력에 어려움을 보인다.

02 구토반사(Gag Reflex)를 유발하기 위하여 혀 뒷부분을 설압자로 자극을 주었으나 구토반사가 이루어지지 않았다면 어느 신경의 문제라고 판단할 수 있겠는가?
[19년]
[20년]

① 5번 삼차신경 ② 7번 안면신경
③ 10번 미주신경 ④ 9번 설인신경
⑤ 12번 설하신경

03 전두엽, 측두엽, 후두엽 모두에 혈액을 공급하는 동맥은?
[23년]

① 후하소뇌동맥 ② 뇌저동맥
③ 전대뇌동맥 ④ 후대뇌동맥
⑤ 중대뇌동맥

04 다음 실어증 검사결과표에 대한 옳은 설명을 고르시오.

하부검사		총 점	점 수
Ⅰ. 스스로 말하기	내용전달	10	2
	유창성	10	6
AQ, LQ, CQ 산출용 : 합계		20	8
Ⅱ. 알아듣기	예-아니요 검사	60	18
	청각적 낱말인지	60	34
	명령이행	80	40
	합 계	200	92
AQ 산출용 : 합계÷20		10	4.6
Ⅲ. 따라 말하기	합 계	100	46
AQ, LQ, CQ 산출용 : 합계÷10		10	4.6
Ⅳ. 이름대기	물건이름대기	60	15
	통제단어연상	20	3
	문장완성	10	6
	문장응답	10	4
	합 계	100	28
AQ, LQ, CQ 산출용 : 합계÷10		10	2.8

① 베르니케 환자의 검사결과표이다.
② 검사 결과 실어증 지수는 25.35점이다.
③ 스스로 말하기 점수는 총 8점으로 정확한 의사표현이 가능하다.
④ 통제단어 점수가 가장 낮으므로 이름대기를 중심으로 치료계획을 한다.
⑤ 언어지수는 알아듣기를 제외한 나머지 하부검사의 합으로 계산한다.

05 실어증 환자의 언어능력을 평가하는 검사도구에 관한 설명이다. 설명으로 옳은 것은?

① K-WAB은 표준화 검사지만 검사자에 따라 결과가 달라진다.
② 심화검사는 인지능력까지 포함하는 검사를 말한다.
③ K-BNT 검사는 언어의 특정 영역 중 이름대기 능력을 평가한다.
④ K-WAB으로는 예후를 판별하긴 어렵지만 심화검사는 예후판별이 가능하다.
⑤ STAND를 통해 읽기, 쓰기, 계산 영역까지 파악이 가능하다.

06 실어증 유형별 언어문제 특징으로 옳은 것은?

① 브로카실어증은 구어능력에 비해 청각적 이해력이 좋은 편이다.
② 명칭실어증은 이름대기 언어능력만 좋은 편이다.
③ 혼합연결피질실어증은 내용전달 능력이 매우 좋다.
④ 전체성 실어증은 읽기/쓰기능력은 정상범주에 속한다.
⑤ 베르니케실어증은 매우 유창하나 실문법증을 보인다.

07 다음은 K-WAB 검사 결과 프로파일이다. 다음 환자에게 적용 가능한 치료는 무엇인가?

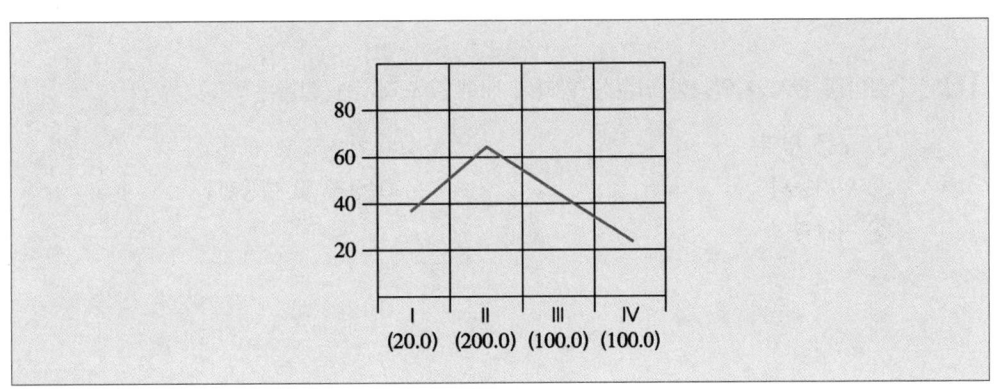

① MIT　　　　　　　　② VAT
③ SPPA　　　　　　　 ④ SFA
⑤ HELPSS

08 다음의 실어증 환자의 발화와 오류로 알맞게 짝지은 것은?

① 장화 → 잘화 : 의미착어　　② 감자 → 과자 : 형식착어
③ 숟가락 → 젓가락 : 신조착어　④ 필통 → 락대 : 음소착어
⑤ 고구마 → 고마구 : 형식착어

09 다음의 특성을 보이는 환자의 초기 치료 목표로 옳은 것은?

> • 1 step 지시 따르기 간헐적으로 가능
> • 사물 – 사물 매칭 가능
> • 이름 대기 어려움
> • 1음절 따라 말하기 가능

① 구조화된 상황에서 판단을 요하는 질문에 대답할 수 있다.
② VAT를 활용한 이해언어증진을 할 수 있다.
③ AAC판을 사용하여 요구를 표현할 수 있다.
④ 간단한 제스처를 사용하여 의도를 전달할 수 있다.
⑤ 익숙한 4어절 이상의 문장을 따라 말할 수 있다.

10 실어증 환자가 외상성 뇌손상 환자에 비해 두드러지는 결함은?

① 구문 영역
② 말속도
③ 인지능력
④ 성격 및 행동변화
⑤ 지남력

11 다음은 두 실어증 환자의 대화 내용이다. 두 환자에게 가장 적절한 치료과제는 무엇인가?

> A : 아니. 소라가 있어야 타고 가지. 소라를 타고 가야 하는데. 소라자는 왜 없어.
> B : 이거 말하는 거예요? 똑바로 말을 해야죠. 소라자가 아니고... 그 뭐야... 아씨. 말이 또 안 나와. 그 뭐야.. 그그... 아. 헬체어, 헬철, 아니... 아... 또 미치겠네. 휠체어! 그래 휠체어. 휠체어 줘요?
> A : 가야 하는데... 병아리 잡으러
> B : 저기요. 이거... 휠...체어... 필요해요?
> A : 병아리 잡으려면 필요하지.

① A – 단어 듣고 그림 선택하기
② B – 노래가사 바꿔서 부르기
③ A – 범주어 찾아 읽기
④ B – 3어절 이상 구 따라 말하기
⑤ A – 그림 보고 이름대기

12 다음과 같은 오류를 보이는 실독증은 무엇인가?

> 비 단 어 : 곱드럼 → 고드름
> 의미단어 : 신발 → 구두

① 주의력 실독증　　② 음운실독증
③ 어휘실독증　　　④ 심층실독증
⑤ 무시실독증

13 낱글자 읽기(Letter By Letter Reading)를 보이는 실독증은?

① 무시실독증　　② 표층실독증
③ 음운실독증　　④ 심층실독증
⑤ 순수실독증

14 초기 진행성 비유창 실어증(Progressive Non-fluent Aphasia) 환자에게서 결함이 두드러지게 나타나는 과제는?

① "1부터 10까지 숫자를 세어주세요."
② "6개의 그림 중 [숟가락]을 찾아주세요."
③ "제가 보여드리는 그림을 설명해 주세요."
④ "성함이 홍길동님이 맞습니까?"
⑤ "숫자만 찾아서 동그라미 해주세요."

15 은유 의미 이해에 어려움을 보이는 우뇌손상 환자에게 적용할 수 있는 과제예시로 옳은 것은?

① 파김치가 되었다.
② 아기의 손은 고사리이다.
③ 세 살 버릇이 여든까지 간다.
④ 눈동냥 귀동냥
⑤ 모두가 입을 모았다.

16 다음과 같은 오류를 보이는 환자군은?

| A : 김영민 씨는 <u>불같아서</u> 모두들 무서워 해.
| B : 김영민 씨는 <u>불을 들고 다니니</u>? |

① 브로카실어증 환자　　② 우뇌손상 환자
③ 명칭실어증 환자　　　④ 말실행증 환자
⑤ 가성치매 환자

17 우뇌손상 환자 읽기능력에 가장 영향을 미치는 요인은?

① 무시증　　② 주제유지
③ 억양　　　④ 분할주의력
⑤ 지남력

18 교통사고 이후 마비로 인한 말장애가 온 환자이다. 다음을 보고 손상이 의심되는 뇌신경은?

- 퍼퍼퍼퍼 → /머머머머/
- 바바바바 → /마마마마/

① 3번 뇌신경　　② 7번 뇌신경
③ 9번 뇌신경　　④ 11번 뇌신경
⑤ 12번 뇌신경

19 외상성 뇌손상 환자의 주의력결핍으로 인하여 생겨날 수 있는 1차적인 언어문제는?

① 간접적으로 제공되는 정보인식의 어려움
② 다른 사람의 관점을 인식하지 못함
③ 청각적 말 또는 시각적 글씨정보에 대한 이해력 저하
④ 충동적이고 부적절한 대인관계
⑤ 문제에 대한 해결능력 저하

20 다음은 외상성 뇌손상 환자들에게 제공하는 보상전략 중 한 가지이다. 보기의 보상전략으로 옳은 것은?

> 자신의 문제를 파악하고 알아차릴 수 있지만 그것을 미리 예측하지는 못하는 자에게 적합

① 내부적 보상(Internal Compensations)
② 외부적 보상(External Compensations)
③ 상황적 보상(Situational Compensations)
④ 예측보상(Anticipatory Compensations)
⑤ 인지보상(Recognition Compensations)

21 손상 시 실조형 마비말장애를 유발하는 뇌혈관은?

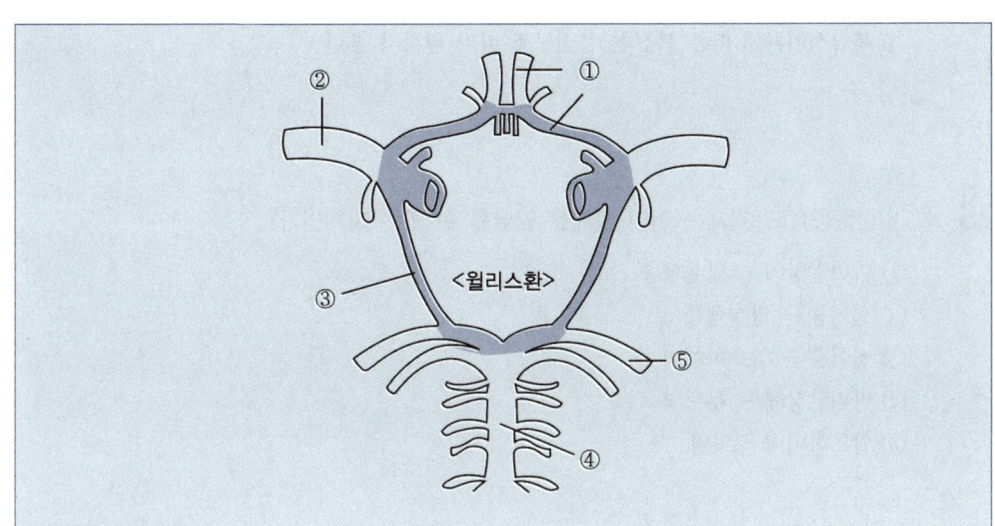

22 알츠하이머병(Alzheimer's Disease)의 초기단계 의사소통 특징으로 옳은 것은?
① 조음이 붕괴되어 명료도가 떨어진다.
② 이름대기 및 초기 대화는 잘 유지된다.
③ 새로운 정보 습득은 유지된다.
④ 문법 사용이 적절하게 유지된다.
⑤ 풍자, 인용, 간접비유와 같은 의미파악이 가능하다.

23 신경언어장애 환자의 비구어적 기억력을 평가하기 위하여 실시할 수 있는 과제로 옳은 것은?

① 뒤집힌 카드 뒤집어 물건 기억하여 짝 맞추기
② 치료사가 들려준 단어 순서대로 말하기
③ 숫자와 한글 번갈아 가며 선 긋기
④ 구구단에 대답하기
⑤ 빈칸에 들어갈 단어 말하기

24 인지능력은 정상 범주이나 말운동 계획 및 프로그래밍 단계에서 손상을 보이는 환자에게 적용 가능한 치료 방법은?

① 의미특성 분석 훈련
② 즉각적이고 빠르게 대답하는 훈련
③ 편안하고 느리게 말하기 훈련
④ 구강 근육의 힘을 키우는 훈련
⑤ 복잡성이론에 따른 복잡한 음절구조 따라 말하기 훈련

25 '일련운동속도' 과제는 어떤 장애를 감별할 수 있는 과제인가?

① 마비말장애 - 말실행증
② 실어증 - 말실행증
③ 실어증 - 알츠하이머
④ 마비말장애 - 무도병
⑤ 알츠하이머 - 픽병

26 다음 설명에 해당하는 뇌영상 촬영기법은?

- 비침습적인 방법으로 뇌혈류의 속도를 측정하는 검사
- 주로 뇌혈관 협착, 뇌동맥 폐색, 혈류의 역학적 변화를 평가하는 데 사용

① 컴퓨터단층촬영(CT)
② 뇌자기공명영상(B-MRI)
③ 기능자기공명영상(fMRI)
④ 자기공명혈관조영(MRA)
⑤ 뇌혈류초음파검사(TCD)

27 왼쪽 신경계의 손상으로 인하여 왼쪽 얼굴에 약증(Weakness)과 처짐 현상이 발생하였으며 구강 내 침고임과 동시에 전반적인 움직임이 감소된 마비말장애 환자의 특징으로 적절한 것은?

① 쥐어짜는 거친 음성이 나타난다.
② 일시적(Transient)인 과대비성이 나타난다.
③ 연장 발성의 길이가 길다.
④ 지속적인 공명문제가 나타난다.
⑤ 휴지 시 진전 증상이 보이며 멈추질 못한다.

[28~29] 다음 환자 약력을 보고 문제에 답하여라.

- 40세 오른손잡이
- MPT : 4.87초
- 단음도, 단강도
- 기식음, 과대비성, 비누출 관찰
- DDK : 느림

28 위 환자의 손상 위치는?

① 하위운동신경
② 상위운동신경
③ 소 뇌
④ 추체외로
⑤ 한측 상위운동신경

29 위 환자의 모음연장발성 훈련에서 주요 목표로 삼는 말산출 체계로 적절한 것은?

① 조음과 발성
② 호흡과 조음
③ 공명과 운율
④ 호흡과 발성
⑤ 조음과 운율

30 다음 실어증 환자와 초기 알츠하이머 환자의 언어적 공통점은 무엇인가?

① 조사사용에 어려움을 먼저 보인다.
② 따라 말하기에 어려움을 보인다.
③ 착어가 나타난다.
④ 음성의 질에 문제가 나타난다.
⑤ 조음에 문제가 생긴다.

| 제2과목 | 유창성장애 |

31 다음은 만 6세 아동의 발화를 전사한 내용이다. 다음을 분석한 내용으로 적절한 것은 무엇인가?

24년

> 아 동 : 오늘은 놀이터에 갔어요. 노 노 노 놀이터에서 음 아니에요.
> 검사자 : 그렇구나. 또 뭐 했어?
> 아 동 : 노 노 노 놀, 아니 책 봤어요.
> 검사자 : 우와, 글씨를 읽을 수 있구나.
> 아 동 : 어제도 읽었어요. 저 저 저 잘 읽어요.
> 검사자 : 한 번 이 책 읽어볼래?
> 아 동 : 노 노 놀이터에는 미끄럼틀, 시소가 있어요. 노 놀이터에서 친구를 만나요. 놀이터에서 친구랑 시소 타요.

① 아동은 자음으로 시작하는 단어보다는 모음으로 시작하는 단어에서 더 더듬을 가능성이 있다.
② 아동은 말더듬에 대해 인식하고 있을 가능성이 있다.
③ 아동은 적응효과가 나타나지 않았다.
④ 아동의 부수행동으로 탈출행동과 부수행동이 모두 나타나고 있다.
⑤ 아동은 특정 단어의 공포가 생기지는 않았다.

32 '말더듬 성인을 위한 자기 효능감 척도'에 대한 분석으로 옳은 것은 무엇인가?

18년
19년
20년

	할 수 있다	자신감
1. 식사 중에 가족과 대화를 나눈다.	×	30
2. 붐비지 않는 백화점에서 도움을 청한다.	×	10
3. 거리를 걸으며 친한 친구와 대화를 나눈다.	×	10
4. 가족들과 전화로 대화를 나눈다.	×	10

① 말더듬 성인을 대상으로 회피, 투쟁, 예상의 정도를 스스로 평가하도록 되어있으며 본 발화를 분석한 결과, 회피가 심할 것으로 예상된다.
② 총 4가지의 영역(일반정보, 말더듬에 대한 반응, 일상적 의사소통, 삶의 질)을 평가하고 있다.
③ 말더듬의 행동, 말더듬에 대한 생각, 감정, 회피, 불이익을 확인하기 위한 종합적인 검사 도구이다.
④ 다양한 말하기 상황에서 유창성을 유지할 수 있는지에 대한 자신감 정도를 측정하는 도구이다. 본 발화를 분석한 결과, 자신감이 높지 않으며 유창성을 유지하기 어려운 것으로 보인다.
⑤ 말에 대한 자신감을 검사하는 검사로 말더듬은 자신이 통제할 수 없는 힘에 의해 결정되는 외재성과 내재성을 나눠 분석한다.

33 다음 말더듬의 발생시기 중 발생빈도가 가장 높은 연령은 무엇인가?

① 12~16세
② 2~6세
③ 군입대 후
④ 20세 이후
⑤ 1~2세

34 다음은 오랫동안 말을 더듬은 성인의 발화를 전사한 내용이다. 이에 대한 설명으로 옳은 것은 무엇인가?

> 요즘 날 날 날 날 날씨가 너무 추워서 (막힘 3초, 입에 힘주기) 밖에 나가기 ㅅㅅㅅ 싫어요. 저는 저는 저는 ㅈ – – – 집에만 있어요.
> (말한 시간 50초)

① 다양한 핵심행동이 나타나지만 탈출행동은 나타나지 않았다.
② 평균 단위반복수는 4이다.
③ 총 음절 비유창지수(%SS)는 15.38(%SS)이다.
④ 핵심행동 중 반복은 음절 반복이 가장 심한 형태이다.
⑤ 회피행동이 다양하게 나타나고 있다.

35 다음 중 비유창성의 자연회복에 관한 설명으로 옳지 않은 것은?

① 말더듬이 중 자연회복이 일어나는 경우가 있다.
② 치료를 받지 않아도 자연히 정상으로 돌아가는 것을 말한다.
③ 정상적인 비유창성이 모두 심한 말더듬이가 되는 것은 아니다.
④ 정상적 비유창성은 대략 2~5세에 나타나는 것으로 그 후에 점차 줄어든다.
⑤ 출현율은 자연회복을 살펴볼 수 있다.

36 다음 말더듬에 대한 이론을 적절하게 설명한 사람끼리 묶인 것은 무엇인가?

> • 지은 : 예상투쟁모델은 스스로 말하는 것이 어렵다고 생각하고 점차 말로 인한 스트레스로 인해 말더듬이 생기는 이론이야.
> • 승철 : 대뇌반구 우세이론은 말을 더듬는 사람들은 양측 뇌의 지배를 받게 되어 구어 산출을 위한 근육들에 신경 충격을 주어 구어를 방해하는 원인이 되어 생긴다고 한 이론이야.
> • 은정 : 사람들은 말을 하기 전에 자신의 말을 확인하고 오류를 발견하게 되면 오류를 제대로 수정하지만 말더듬는 사람은 그 오류를 제대로 수정하지 못한다는 이론이 내적 수정가설이야.

① 지은
② 지은, 승철
③ 승철, 은정
④ 지은, 은정
⑤ 지은, 승철, 은정

37 다음 사례에 대한 이론을 적절하게 설명한 것은 무엇인가?

> 어느 날부터인가 아이가 말을 더듬기 시작했어요. 그게 좀 거슬리더라고요. 그래서 제가 자꾸 고쳐주다 보니까 더 심하게 말을 더듬는 것 같아요. 다른 사람은 다 괜찮아질 거라고 하는데 저는 너무 걱정되어서 미치겠어요.

① 말더듬은 아이의 실수로부터 시작된다고 보았다.
② 말더듬으로 진단받기 전에는 비정상적 비유창을 보인다.
③ 부모가 비유창성을 변화시키려고 노력하면 유창해진다고 본다.
④ 의사소통 실패로 인한 어려움이 쌓이게 되면서 말의 어려움을 예측하게 되어 생기게 된다고 가정한다.
⑤ 이 이론의 치료 방법은 부모의 태도를 변화시키는 부모교육부터 시작된다.

38 다음 말더듬의 유전연구에 관련한 내용 중 옳은 것은 무엇인가?

① 이란성보다 일란성 쌍둥이에서 두 명이 말더듬일 확률이 더 높다.
② 남자에 비해 여자가 말더듬일 확률이 크다.
③ 말을 더듬는 남자의 경우가 여자에 비해 그 가계에서 말을 더듬는 친척들이 더 많았다.
④ 남녀 비율은 1:4이다.
⑤ 말빠름증은 가족력이 없었다.

39 다음은 말더듬 정도 측정검사(SSI-4)의 말하기 과제를 전사한 내용이다. 이에 대한 설명으로 옳은 것은 무엇인가?

> 빠 빠 빠 빨간 모자를 (막힘 4초) 쓴 여자가 ㄱ ㄱ ㄱ ㄱ 걸어가고 있어요. (막힘 5초) 그리고 여기 아저씨가 (막힘 3초) 뛰어가요. 음… (막힘 6초) 또 아이가 ㅅ ㅅ 사탕을 (막힘 2초, 얼굴 표정이 눈에 띄게 일그러짐) 먹고 있어요.

말더듬 길이		점수
순식간	(0.5초 이하)	2점
0.5초	(0.5~0.9초)	4점
1초	(1.0~1.9초)	6점
2초	(2.0~2.9초)	8점
3초	(3.0~4.9초)	10점
5초	(5.0~9.9초)	12점
10초	(10.0~29.9초)	14점
30초	(30.0~59.9초)	16점
1분	(60초 이상)	18점

① 대화샘플을 통해 보았을 때, 주로 보이는 핵심행동은 반복, 연장, 막힘이다.
② 반복은 개별말소리 반복과 음절 반복, 다음절 낱말 일부 반복이 관찰된다.
③ 단위반복수는 총 3회이다.
④ 총 말더듬 길이의 평균은 5초이므로 점수는 12점이다.
⑤ 대화샘플에서는 부수행동이 나타났지만 SSI-4에서는 신체적 부수행동을 평가하지 않으므로 추후 따로 기술한다.

40 심인성 말더듬에 대한 설명으로 옳은 것은 무엇인가?

① 뇌졸중, 파킨슨병 등으로 발생하는 말더듬이다.
② 말더듬에 대한 불안이 적은 편이다.
③ 부수행동이 핵심행동과 상관없이 발생하기도 한다.
④ 말더듬의 적응효과가 없다.
⑤ 자신의 말더듬에 대해 인식하지 못한다.

41 다음은 말더듬 수정법의 어느 단계에 진행하는 치료 방법인가?

- 반향말(따라 말하기) 사용하기
- 거짓 말더듬 사용하기
- 자기 모니터링
- 저항력 키우기 : 더듬을 것 같은 상황에 의도적으로 만들기

① 증상확인 단계
② 둔감화 단계
③ 변형 단계
④ 접근(수정) 단계
⑤ 안정화(유지) 단계

42 다음은 유창성 아동의 발화를 전사한 내용이다. 적절한 것은 무엇인가?

나 나 나 나는 집에 갔다가 지 - - - - - - 이쥐를 봤어. (막힘) 너무 놀라서 비 비 비 비 비명을 질렀어. (막힘) 아빠가 와서 지 - - - - - - 이쥐를 잡았어. (막힘) 너무 놀랐어.

① 반복횟수는 3회이다.
② 평균 단위반복수는 3.5회이다.
③ 말더듬 형태는 반복, 막힘이 나타났다.
④ 말더듬이 예상되는 단어에서 비운율적 발성이 일어나고 있다.
⑤ 회피행동이 2회 나타났다.

43 말더듬 중증도 검사도구-4(SSI-4)에 대한 설명으로 옳은 것은 무엇인가?

① 1학년 이하 수준인 아동은 글을 읽지 못하는 것으로 보고 그림자료를 통해 자발화를 수집한다.
② 말더듬 행동의 빈도, 지속시간 두 가지를 평가한다.
③ 말더듬 빈도는 말더듬 행동이 나타난 음절 수의 백분율로 계산한다.
④ 지속시간은 막힘의 평균 시간을 계산한다.
⑤ 백분위 점수에 따른 중증도에 따라 '말더듬 약함, 말더듬 중간, 심함'의 3단계로 나눠 해석할 수 있다.

44 다음 아동과의 상담내용을 보고 예상되는 말더듬의 진행단계는 무엇인가?

21년
23년
24년

> 아 동 : (막힘, 머리 흔들기) 아주 어릴 때부터 ㅁ ㅁ ㅁ 말을 더듬었어요.
> 검사자 : 힘들었겠구나.
> 아 동 : (막힘) 치 치 치 친구들이 자꾸 놀렸어요. (막힘, 머리 흔들기와 눈깜박임) 그 애들하고 안 놀아요.
> 검사자 : 친구들이 놀릴 때 기분이 어떠니?
> 아 동 : (막힘) 치 치, 그 애들이 놀리면 기분 나 나 나빠요. 안 놀 거예요.

① 정상 비유창성
② 경계선 말더듬
③ 초기 말더듬
④ 중간급 말더듬
⑤ 진전된 말더듬

45 말을 더듬는 초등학생 6학년 아동의 의사소통 태도 및 환경평가로 묶인 것은 무엇인가?

23년

> ㉠ 의사소통 태도검사(CAT-R)
> ㉡ 행동통제소(LCB)
> ㉢ 전반적 말더듬 경험평가(OASES)
> ㉣ 말더듬지각 목록표(PSI)

① ㉠, ㉡
② ㉠, ㉢
③ ㉠, ㉣
④ ㉠, ㉢, ㉣
⑤ ㉡, ㉢

46 말더듬는 아동에게 파라다이스-유창성검사(Paradise-Fluency Assessment, P-FA Ⅱ)를 하였을 때, 다음 분석내용으로 옳은 것은 무엇인가?

18년
19년
20년
21년
22년
23년
24년

> 하---은이가 머리를 머리를 빗고 있어요. (막힘) 하은이가 이거 이거 (막힘)빵을 ㅁ ㅁ ㅁ ㅁ 먹고 있 있 있 있 있 있어요.

① 말더듬 유형으로 비정상적 발성(DP), 비정상적 비유창 반복이 있다.
② 정상적 비유창(ND) 비율은 0이다.
③ 비정상적 비유창(AD)의 합은 7이다.
④ 비정상적 비유창(AD)의 비율은 20이다.
⑤ 비정상적 비유창(AD)의 점수는 20이다.

47 다음 사례의 면담·평가 시 옳지 않은 것은 무엇인가?

> 만 4세 5개월 남아로 어린이집이 갑자기 바뀌고 동생이 생긴 후에 갑자기 말을 더듬기 시작했다.

① 부모에게 현재 말더듬에 대해 인식하고 있는지에 대해 물어본다.
② 부모에게 말더듬 가족력이 있는지에 대해 물어본다.
③ 평가 계획을 파라다이스-유창성검사(P-FA Ⅱ)와 심리 감정 및 태도 검사, 말더듬 지각 목록표를 사용하는 것으로 한다.
④ 부모와 상호작용을 통해 아동의 유창성이 단절된 사항을 알아내야 한다.
⑤ 부모에게 스트레스 받는 상황을 물어보고 구조화하여 아동에게 제공하며, 말더듬을 다양한 상황에서 파악한다.

48 다음은 말더듬 수정법의 '점근(수정)' 단계의 발화이다. 옳은 내용은 무엇인가?

> 학생 : (부드럽게) 집에서 유튜브 바바~아았어요.
>   (ㄱ)   (ㄴ)
>   (충분히 쉬고 부드럽게) 그러다가 웹툰도
>   (ㄷ)
>   ㅂㅂ(잠시 멈췄다가)봐 봐~아았어요.
>   (ㄹ)   (ㅁ)

① (ㄱ) - 빠져나오기
② (ㄴ) - 취소
③ (ㄷ) - 예비책
④ (ㄹ) - 빠져나오기
⑤ (ㅁ) - 예비책

49 다음은 말더듬 아동의 사례정보와 어머니-아동상호작용 시 대화 내용을 전사한 것이다. 다음의 대화에서 아동이 가장 영향을 받았을 것으로 보이는 의사소통 스타일은 무엇인가? (소수점 2번째 자리까지 계산)

배경정보	만 3세 6개월의 아동은 갑작스럽게 말을 더듬기 시작했다. 모는 아동이 언어발달이 늦었으며 갑작스럽게 말이 트이기 시작하면서부터 말을 더듬기 시작했다고 하였다. 또한, 아동은 주로 반복 위주의 말더듬을 보이며 아동 스스로 말더듬에 대한 인식은 하지 못하는 것 같다고 보고하였다.
어머니와 아동의 상호작용	모 : (ㄱ) 서준아, 우리 소방차 할까? 강아지랑 자동차랑 주차장 놀이 많다! 서준이 주차장 놀이 좋아하잖아, 주차장 놀이 할까? (속도 : 15초) 아동 : 나 나 나는 블 블록 놀이 할래. 모 : 서준이가 좋아하는 주차장 놀이 안 할 거야? 아동 : 아 아 아 아니! 블 블 블 블록 놀이 할래. 모 : 블록놀이가 왜 좋아? 아동 : ..... 모 : 서준아, 동물원 만들어봐. 동물원 어떻게 만드는 거야? 아동 : 도 도 도 동물원? 모 : 동물원해야지. 다시 해 봐. 아동 : 도 도 도 도 도... 휴.. 도 도 도 모 : (끼어들며) 동물원이라고 다시 말해봐. 아동 : 나 나 나 나 다른 거 할래. 모 : 왜 다른 거 하고 싶은데? 아동 : 음... 몰라. 모 : 서준아, 로봇하면 재미있어. 로봇은 어떻게 만드는 거야? 아동 : 몰라. 모 : 로봇 안 할 거야? 아동 : 몰라.

① 끼어들기
② 개방형 질문 사용
③ 엄마의 빠른 말속도(ㄱ)
④ 아이의 말에 적절한 말을 해주지 못함
⑤ 비판적인 말 또는 지적하거나 고쳐주는 말 사용

50 다음은 말더듬이 있는 아동을 치료하는 내용이다. 언어재활사는 아동에게 어떤 기법을 사용하였는가?

20년

> 언어재활사 : 인성아. 선생님도 말을 할 때 힘이 들 때가 있어. 만약에 선생님이 "인 인 인 인 인 성아"라고 말하면 네가 "인은 한 번이에요"라고 말해줄래?
> 아　　동 : 네.
> 언어재활사 : 자동차 가지고 놀까?
> 아　　동 : 아니요. 기차 기차 가지고 놀아요.
> 언어재활사 : 인 인 인 인 인성아 기차 저기 있다.
> 아　　동 : 인은 한 번이에요. 선생님.
> 언어재활사 : 우와~ 인성이 대단하다! 고마워. 도움이 되었어.

① 가벼운 말더듬 시범
② 나잡아라 놀이
③ 말더듬 놀이
④ 의도적 말더듬
⑤ 변형된 말더듬

51 다음 사례에 적절한 치료 목표나 방법은 무엇인가?

22년
23년
24년

> • 초등학교 4학년, 여자
> • P-FA Ⅱ 백분위수 71~80%ile
> • 의사소통 태도 검사 17점

① 인식 여부를 확인하고 속도를 조절하여 비유창성을 수정하도록 유도한다.
② 정상적 비유창성이므로 치료가 필요 없다.
③ 부모의 태도를 변화시켜 아동의 유창성을 증진시킬 수 있다.
④ 아동의 말더듬을 감소시키는 방법뿐만 아니라 가장 효과적인 의사소통을 할 수 있도록 길을 찾아주도록 한다.
⑤ 아동은 의사소통에 대해 긍정적인 생각을 갖고 있으므로 유창성 완성법으로 체계적이고 단계적으로 유창한 말 산출 방법을 새롭게 학습하도록 한다.

52 다음 사례의 말더듬 치료목표로 적절한 것은 무엇인가요?

> • 만 4세, 남아
> • 말이 늘기 시작하면서 간투사나 반복이 간혹 있다고 보고하였음
> • P-FA II 검사 결과, 총점 9.23, '말더듬 약함' 단계로 나타남
> • 부수행동과 회피행동은 전혀 나타나지 않음

① 자신의 말의 일부를 조절하여 유창성을 유지할 수 있도록 한다.
② 눈에 띄지만 그리 심하지 않은 비유창성을 유지할 수 있도록 한다.
③ 노력과 힘을 들여 유창함을 유지할 수 있도록 한다.
④ 말과 언어 자체에는 신경 쓰지 않고, 말의 내용만을 생각하며 말할 수 있도록 한다.
⑤ 말을 의도적으로 감시할 수 있도록 한다.

53 말더듬에 대한 검사 중 행동통제소(Locus of Control of Behavior, LCB)에 대한 설명 중 옳은 것은 무엇인가?

① 행동통제소는 말을 더듬는 성인 대상으로 자신의 행동결과를 통제할 수 있는지에 대한 지각 평가이다.
② 행동통제소는 말더듬는 사람의 감정 및 태도를 검사하며 주로 치료를 시작할 때 사용된다.
③ 행동통제소의 외재성의 점수가 높다는 것은 스스로 통제가 가능하다는 뜻이다.
④ 행동통제소의 내재성은 점수가 낮을수록 내적 통제에 의해 결정된다고 본다.
⑤ 검사척도는 자신의 행동에 대한 책임질 수 있는 능력을 표시하도록 제작하였으며 5점 척도를 사용하여 답하게 하였다.

54 말더듬과 비교하여 말빠름증(속화)에서만 보이는 특징으로 옳은 것은 무엇인가?

① 막힘의 시간이 일관적이다.
② 회피행동이 나타난다.
③ 학습의 어려움을 보인다.
④ 스트레스 상황에서 유창성이 좋아진다.
⑤ 쉼이나 주저가 많다.

55 다음의 보기에서 제시된 치료 방법과 어울리는 사람은 누구인가?

> • 오디오와 비디오 녹화된 것을 함께 보며 말을 확인하고 관찰하기
> • 불명료한 말에 대한 청자 반응 인식하기
> • 고유감각 피드백(Proprioceptive Feedback)과 운동감각 피드백을 증진 시키기
> • 즉각적이고 직접적인 피드백하기

① 동생의 죽음으로 갑자기 말을 더듬게 된 김 씨
② 교통사고로 인해 마비가 생긴 박 씨
③ 어릴 때부터 말을 더듬었던 곽 씨
④ 말이 빠르고 설명하기가 어렵다고 느껴 찾아온 홍 씨
⑤ 친구가 가보라고 해서 찾아왔지만 전혀 말의 문제가 없다고 생각하는 신 씨

제3과목 | 음성장애

56 다음 음성치료 방법을 적용할 수 있는 음성장애군은 무엇인가?
[22년] [24년]

> • 손가락으로 한쪽 갑상연골을 밀기
> • 머리나 턱 위치 조절
> • 음도 상승법

① 후두전적출 환자　　　　　② 편측성 성대마비
③ 연축성 발성장애　　　　　④ 근긴장성 발성장애
⑤ 파킨슨 환자

57 다음 중 청지각적 평가로 짝지어진 것은 무엇인가?
[17년]

① GRBAS, VHI　　　　　② GRBAS, VRQOL
③ GRBAS, CAPE-V　　　④ VHI, VRQOL
⑤ VHI, CAPE-V

58 다음 약물 중 음도에 영향을 미치는 약물은 무엇인가?
[18년]

① 이뇨제　　　　　② 항히스타민제
③ 기침 억제제　　　④ 안드로겐
⑤ 비타민 C

59 차폐기법을 사용하였을 때 좋은 효과가 예상되는 음성장애군은 무엇인가?

① 성대결절
② 양측성 성대마비
③ 근긴장성 발성장애
④ 기능적 실성증
⑤ 후두횡격막

60 다음 중 음성치료 후 음성이 개선된 것은?

① 남성의 기본주파수가 98Hz에서 280Hz로 변경됨
② 주파수변동률이 3.94%로 증가됨
③ 진폭변동률이 6.42%로 증가됨
④ 최장발성지속시간이 8초로 감소됨
⑤ 음성장애지수 점수가 115점에서 30점으로 감소됨

61 삽관육아종의 우선적인 발병원인에 해당되는 것은 무엇인가?

① 속삭이는 발성 사용
② 고음산출
③ 기관내삽관으로 인해 피열연골 점막에 손상
④ 수술 시 신경 손상으로 인해 발병
⑤ 흡연 및 음주

62 본 환자는 37세의 여성으로 15년간 입시학원 강사로 일하고 있으며 퇴근 후 주 2회 헬스트레이닝을 받고 있다. 식사시간은 불규칙하며 아침은 주로 우유나 요거트를 먹고 저녁은 맥주와 간단한 안주를 먹는다고 한다. 환자는 속쓰림과 목의 이물감을 느껴 잦은 헛기침을 하며, 오전에 주로 목쉰소리가 나고 오후가 되면 차츰 목소리가 개선된다고 한다. 하지만 오랜 시간 수업을 하다보면 목에 힘이 들어가 뻐근한 느낌이 들며 음성피로를 느낀다고 한다. 본 환자에게 제시할 수 있는 음성위생 방법으로 적절한 것은 무엇인가?

① 체력 유지를 위해 헬스트레이닝 횟수를 주 3회 이상으로 늘린다.
② 속쓰림을 예방하기 위해 탄산음료나 커피보다는 유제품으로 대체한다.
③ 취침 시 낮은 베개 사용을 권한다.
④ 수업 시간에 마이크를 주로 사용하고, 물을 자주 섭취하도록 한다.
⑤ 잠자기 전 따뜻한 물을 한 컵 먹고 자면 도움이 된다.

63 다음과 같은 환자에게 적용할 수 있는 음성치료 방법은?

[24년]

- 45세 여성, 직업은 초등학교 교사
- 주 호소는 목쉰소리, 기식음성, 목 이물감
- 후두스트로보스코피 검사 시 양측 성대의 앞쪽 1/3 지점에 작은 혹이 관찰됨

① 하품-한숨법
② 리실버만 음성치료법
③ 머리위치변경법
④ 차폐기법
⑤ 손가락조작법

64 다음 중 '폐활량'에 대한 설명으로 적절한 것은?

[20년]

① 최대 호기 후에도 폐에 남아 있는 공기량
② 흡기할 수 있는 최대 공기량
③ 최대 흡기 이후 폐와 기도에 있는 총 공기량
④ 최대 흡기 후에 최대로 호기 할 수 있는 총 공기량
⑤ 일회 호흡주기에서 들이쉬고 내쉬는 공기의 양

65 발성 시 평균호기류율(Mean Airflow Rate, MAFR)이 병적으로 감소하여 나타나는 장애군은 무엇인가?

[17년]
[21년]
[22년]
[24년]

① 편측성 성대마비
② 성대용종
③ 후두암
④ 내전형 연축성 발성장애
⑤ 성대구증

★
66 신경학적 음성장애에 대한 설명 중 옳지 않은 것은 무엇인가?

① 성대마비, 연축성 발성장애, 파킨슨병 등이 신경학적 음성장애군에 해당된다.
② 외상성 성대마비의 경우 일차적으로 수술적 접근을 한 뒤 음성치료를 실시한다.
③ 연축성 발성장애는 외전형, 내전형, 혼합형으로 구분할 수 있다.
④ 성대마비의 경우 제1형 갑상성형술, 연축성 발성장애의 경우 회귀성 후두신경 절제술을 실시할 수 있다.
⑤ 파킨슨 환자는 LSVT를 통해 전반적인 말명료도를 개선시킬 수 있다.

67 음성여성화 환자에게 수술적 방법을 적용한 후 시도할 수 있는 음성치료법은 무엇인가?
[22년]
① 흡기발성
② 성대프라이
③ 손가락 조작법
④ 밀기접근법
⑤ 음도억양조절법

68 '기침하기, 목청 가다듬기'를 치료 방법으로 사용할 수 있는 장애군은 무엇인가?
[17년]
① 성대결절
② 성대폴립
③ 라인케부종
④ 기능적 실성증
⑤ 후두횡격막

69 노인음성과 관련된 설명으로 옳은 것은 무엇인가?
[17년]
[21년]
[23년]
① 남녀 모두 음성 강도에 변화가 없다.
② 여성은 기본주파수가 더욱 상승한다.
③ 남성은 기본주파수가 더욱 상승한다.
④ 노화로 인해 최대발성주파수 범위가 증가된다.
⑤ 말속도가 빨라진다.

★
70 A군은 학교 담임선생님의 저음의 목소리에 매력을 느껴 일상 대화 시 담임선생님을 따라 낮은 음도의 목소리를 지속적으로 산출하였다. 하지만 2개월 후 발화 시 음성피로와 후두의 긴장 및 목쉰음성을 느끼기 시작했다. 본 환자에게 음성재활을 실시하였을 때 잘못된 방법은 무엇인가?

① 상담을 통해 환자에게 적절한 음도 사용의 중요성을 알려준다.
② 환자에게 적절한 최적의 음도를 찾아 일상생활에서 사용할 수 있도록 돕는다.
③ 발성 시 손가락으로 갑상연골을 가볍게 눌러 편안하고 이완된 저음발성 사용을 돕는다.
④ 후두마사지를 통해 후두의 긴장을 이완시켜준다.
⑤ 노래조로 말하는 방법을 통해 성대의 과기능을 줄여준다.

71 성대과소내전(Hypoadduction) 환자군을 위한 음성 접근법으로 짝지어진 것은 무엇인가?

① 밀기접근법, 차폐기법
② 음도확립, 후두마사지
③ 호흡훈련, 하품-한숨 접근법
④ 음도확립, 노래조로 말하기
⑤ 흡기발성, 비음-유음 자극

72 음성평가 결과를 고려하였을 때 음성치료를 종결해도 되는 환자는 누구인가?

① Jitter 값이 5.71%, Shimmer 값이 3.75%로 나타났다.
② MPT가 7sec, MAFR이 100ml/sec으로 나타났다.
③ C/Q 값이 0.3으로 나타났다.
④ MAFR이 80ml/sec, Psub이 6.6CmH$_2$O로 나타났다.
⑤ 잡음 대 배음의 비율이 높게 나타났다.

73 '엄마 안녕, 매미 안녕'을 발화하였을 때, 비성치가 21%로 측정되었다. 이에 해당하는 공명 문제와 적절한 치료법으로 연결된 것은?

① 과다비성 - 허밍하기
② 비누출 - See Scape
③ 맹관공명 - Listening Tube
④ 과소비성 - 음성배치
⑤ 동화비성 - Nasometer

74 '엄마 안녕, 매미 안녕'을 나조미터로 분석한 결과 구강음향에너지 값이 20, 비강음향에너지 값이 80으로 나타났을 때 비음치는 얼마인가?

① 10%
② 20%
③ 40%
④ 50%
⑤ 80%

75
[23년]

다음 사례에 대한 음성장애 진단명과 치료 방법으로 올바르게 연결된 것은?

- 음성증상 : 과도한 애성 및 고음발성이 어려움
- G_2, R_0, B_1, A_2, S_1
- 후두내시경 소견 : 양측 성대의 유리연을 따라 홈이 있음. 음도상승 시 성대점막 파동 정지가 관찰됨. 발성 시 성대의 내연이 궁 모양으로 휘어진 성문폐쇄부전을 보임
- 최대연장발성시간 : 7sec, 평균호기류율 485ml/sec

① 연축성 발성장애 – 하품-한숨접근법
② 근긴장성 발성장애 – 후두마사지
③ 후두육아종 – 음성위생법
④ 성대구증 – 성대내주입술 후 성대기능훈련
⑤ 성대낭종 – 보툴리눔독소 주입술 후 음성휴식

76 ★
[18년]

심도 음성장애 환자의 음성을 평가할 때 신뢰도가 가장 높은 음향지표는 무엇인가?

① 켑스트럼 최고 정점(CPP)   ② 지터(Jitter)
③ 쉬머(Shimmer)   ④ 소음대배음비율(NHR)
⑤ 성문접촉비율(CQ)

77
[24년]

다음과 같은 환자에게 적용할 수 있는 음성치료 방법은?

- 만 10세 남아
- 태권도에 다니며 평상시 크게 고함치며 노는 것을 매우 좋아함
- 발화 시 기식음성 및 음도일탈을 보임
- $G_3 R_1 B_3 A_0 S_1$
- SFF : 214Hz, Jitter : 2.76%, Shimmer : 6.74%, NHR : 0.146
- MPT : 3.2sec

① 속삭이는 음성사용
② 남용제거, 하품-한숨법
③ 리실버만 음성치료
④ 차폐기법
⑤ 인공후두기 사용

78 아래와 같은 음성치료기법을 사용할 수 있는 음성장애군은?

| 머리/턱 조절법, 손가락조작법, 반삼킴법, 보상기전 소거 |

① 본태성 음성진전
② 근긴장성발성장애
③ 연축성발성장애
④ 편측성 성대마비
⑤ 모세혈관확장증

79 성대구증에 대한 치료 방법으로 적절한 것은 무엇인가?
① 갑상성형술 4형
② 지방, 실리콘 등의 성대내주입술
③ 보툴리눔 독소 주입
④ 회귀성 후두신경 절제술
⑤ CO_2 레이저수술

80 MDVP 측정치 중 음성강도 변이 관련측정치에 해당하는 것은 무엇인가?
① NHR(Noise to Harmonic Ratio)
② SPI(Soft Phonation Index)
③ Shim(Shimmer Percent)
④ Jitt(Jitter Percent)
⑤ ATRI(Amplitude Tremor Intensity Index)

제4과목 언어발달장애

01 다음이 설명하는 언어습득 이론은 무엇인가?

- 인간은 타고난 문법적 지식이 있다고 생각
- 선천적 구문적 지식을 통한 문장구조 습득 및 발전

① 의미론적 이론
② 선천적 언어능력
③ 다원적 언어습득 모델
④ 언어행동주의
⑤ 언어정보처리이론

02 다음에서 설명하는 Bloom의 낱말 습득 원리는 무엇인가?

아동이 초기에 학습하는 낱말은 아동의 흥미나 생각하는 것과 관련된다.

① 확장성 원리
② 효율성 원리
③ 변별성 원리
④ 상관성 원리
⑤ 참조 원리

03 다음과 같은 아동의 의사소통 행동이 나타나는 시기는 언제인가?

가인이는 좋아하는 인형을 보면 발성으로 짧고 굵게 표현하며, 앞에 있는 소리 나는 장난감을 반복적으로 흔들기도 한다. 또한 가인이는 자음과 모음이 결합된 소리를 반복하는 등 산출할 수 있는 소리가 점차 다양해지고 있다.

① 초보적 의사소통 행동단계
② 목표지향적인 의사소통 행동단계
③ 언어이전의 의도적 의사소통 행동단계
④ 언어적 의사소통 행동단계
⑤ 도구적 전환기 의사소통 행동단계

04 관습적 몸짓의 예시로 묶인 것은?

> ㄱ. 보여주기　　　　　ㄴ. 가리키기
> ㄷ. 손 흔들기　　　　　ㄹ. 컵으로 마시기
> ㅁ. 고개 끄덕이기

① ㄱ, ㅁ　　　　② ㄴ, ㄹ
③ ㄷ, ㅁ　　　　④ ㄱ, ㄹ
⑤ ㄷ, ㄹ

05 다음 이야기에 대한 설명으로 적절한 것은 무엇인가?

[18년 22년 24년]

> 민이랑 엄마랑 텔레비전 보고 있었어요.
> 텔레비전이 재미없었어요.
> 그래서 밖에 나가 그네를 탔어요.
> 친구가 놀이터에 왔어요.
> 친구가 같이 타자고 했어요.
> 민이랑 친구랑 그네를 탔어요.

① 한 개의 일화가 산출되었다.
② 접속부사와 지시적 대용이 나타난다.
③ T-unit은 6개이다.
④ 관형절이 포함된 문장이 산출되었다.
⑤ 이야기 문법은 배경, 계기사건(1), 시도(1), 계기사건(2), 시도(2), 결과(2)이다.

06 현재 V 음절구조를 읽고 쓸 수 있는 아동에게 글자 지식을 중재하려고 한다. 다음 단계로 가장 적절한 음절구조는 무엇인가?

① 바　　　　② 약
③ 벽　　　　④ 밤
⑤ 와

07 다음이 설명하는 것은 무엇인가?

> '아빠 차, 택시, 버스' 등이 모두 '차'로 불릴 수 있다는 것

① 상호배타성 가정 ② 실현 가능성 전략
③ 확장가능성 원리 ④ 사물 전체 참조 원리
⑤ 관습성 가정

08 지적장애 아동에 대한 설명으로 옳은 것은 무엇인가?

① 조음오류가 일관적이다.
② 구문 구조 발달 순서가 일반 아동과 다르다.
③ 낱말의 뜻을 고정적으로 사용한다.
④ 전제 능력 습득이 빠르다.
⑤ 다른 영역에 비하여 상대적으로 명료화 능력이 좋다.

09 자발화 표본 수집에 대한 설명이다. 옳은 것들로 짝지어진 것은 무엇인가?

> a. 모-아의 발화를 수집하는 것이 가장 좋다.
> b. 자발화 수집 전 아동과의 라포형성은 매우 중요하다.
> c. 개방형 질문보다 폐쇄형 질문으로 아동의 발화를 유도한다.
> d. 발화 간 쉼이 있을 경우 이전 발화에 대한 부가적인 단서를 제공한다.
> e. 아동이 반응할 수 있는 반응시간을 제공해야 한다.
> f. 아동이 말을 하지 않을 때에는 계속적으로 질문을 해 주는 것이 좋다.

① a, c, f ② a, d
③ b, e ④ b, c, e
⑤ a, b, d, f

10 검사도구에 대한 설명으로 옳은 것은 무엇인가?

① KOPLAC 의사소통 조율 대화 상대자 검사 시 1번부터 시작하고 4문항 오반응 시 검사를 중지한다.
② KOLRA 읽기 설문지를 아동에게 제시하여 표시할 수 있도록 한다.
③ REVT 이중 기초선이 나타날 경우에는 낮은 번호를 기초선으로 간주한다.
④ 언어장애가 의심되는 아동에게 SELSI를 진행할 때는 주 양육자에게 검사지를 주고 답하게 한다.
⑤ 구문의미이해력 검사 시 또래 비교집단은 3개월 또는 6개월 집단에서 선택할 수 있다.

11

다음 발화 중 사용되지 않은 중재 방법은 무엇인가?

> 아 동 : 코~코~
> 언어재활사 : 코~코~
> 아 동 : (발화 없이 침대에 아기 인형을 눕힌다)
> 언어재활사 : (아기 인형을 눕히며) 아기 자요.
> 아 동 : 아기 자.
> 언어재활사 : 아기가 자.
> 아 동 : 아가 우유
> 언어재활사 : 아가 우유 줘. 아가 우유 먹어.

① 확 대
② 혼잣말 기법
③ 분리 및 합성
④ 확 장
⑤ 모 방

[12~13] 다음의 예시를 보고 물음에 답하시오.

> 엄마랑 약국에 갔어요.
> 마스크 쓰고 갔어요.
> 약국에 사람이 많았어요.
> 마스크랑 약 샀어요.

12

다음 발화의 평균 낱말 길이(MLUw)는 무엇인가?

① 3.75
② 4
③ 4.25
④ 4.8
⑤ 5.2

13

다음 발화의 평균 형태소 길이(MLUm)는 무엇인가?

① 6.4
② 6.5
③ 6.8
④ 7
⑤ 7.4

14 다음 아동에게 실시할 수 있는 훈련에 대한 설명으로 옳은 것은 무엇인가?

> A 아동은 단어를 쉽게 잊어버리고, 단어가 잘 생각나지 않아 발화에 간투사 사용이 많고, 단어를 생각하기 위해 반복하거나 대치하는 오류가 빈번하게 나타난다.

① 문단글을 읽고 이해 과제를 사용할 수 있다.
② 활동 시 다양한 상황보다 제한된 상황을 활용하는 것이 좋다.
③ 기억 인출 및 확장 과제를 사용할 수 있다.
④ 어려운 낱말을 우선순위로 하여 활동 목표 낱말을 선정한다.
⑤ 연령이나 선호도는 훈련 낱말 선정에 도움이 되지 않는다.

★ 15 다음 아동의 발화에 대한 설명으로 옳은 것은 무엇인가?

> 언어재활사 : 너는 축구 좋아해?
> 아　　　동 : 아니요. 피구 좋아하는데요.
> 언어재활사 : 우와~ 그렇구나. 선생님은 피구를 한 번도 안 해봤어. 피구는 어떠..
> 아　　　동 : 못해도 해야 돼.
> 언어재활사 : 나는 한 번도 안 해봤어. 피구는 어떻게 해?
> 아　　　동 : 피구를 하는 방법은 맞추면 여기 골대 여기서는 거야.
> 언어재활사 : 그렇구나.
> 아　　　동 : 공을 던지면 꼭 피해야 돼. 여기 팔에 맞으면 '으악! 맞았다!' 아웃이야.
> 언어재활사 : 그렇게 하는 거였구나. 그러면 피구 공을 잡으면 어떻게 해?
> 아　　　동 : 그건 축구 축구에요. 그거 차다가 잡으면 안돼요.

① 발화 중첩이 2회 나타난다.
② 주제 간 이동이 관찰된다.
③ 규칙에 대한 주관적 진술이 가능하다.
④ 어려운 의문사 질문에 적절하게 반응한다.
⑤ 고유특성에 대한 객관적 언급이 가능하다.

16 다음 초등학교 1학년 아동에 대한 설명으로 옳지 않은 것은 무엇인가?

21년

- 지능 정상, 언어발달능력 또래와 비슷한 수준을 보임
- 해독 1%ile 미만, 읽기 이해 9%ile, 읽기 유창성 7%ile, 듣기 이해 29%ile
- 자소 음소 일치형, 불일치형 낱말 읽기에 어려움
- 대부분의 음운규칙 오류 보이며 종성 생략 및 대치오류가 종종 나타남
- 음운처리능력에 어려움
- 읽기 쓰기 자신감 저하

① 자소-음소 일치형 낱말 해독을 향상시켜야 한다.
② 중재 시 교과서 고빈도 어휘를 이용하는 것이 좋다.
③ 음운처리능력은 해독, 읽기 유창성과 관련이 있다.
④ 자소-음소 일치형 중재 후에 불일치형 낱말 해독을 향상시키는 것이 좋다.
⑤ 네 가지 핵심 검사에서 모두 어려움을 보인다.

17 다음은 어떤 언어 기능을 이끌어 내기 위한 비언어적 맥락인가?

- 그림에 나온 순서에 따라 샌드위치 만들기
- 선생님 역할 해보기

① 정보 요청하기
② 도움 요청하기
③ 지시 따르기, 지시하기
④ 부정, 저항하기
⑤ 물건, 행동 요구하기

18 보완대체의사소통(AAC)의 상징에 대한 설명으로 옳은 것은 무엇인가?

① 수화, 제스처는 도구적 상징에 해당한다.
② 도구적 상징은 어느 상황이든 항상 사용할 수 있어서 편리하다.
③ 그림이나 사진은 유형 상징에 포함된다.
④ 도구적 상징, 비도구적 상징, 연합(복합) 상징이 있다.
⑤ 사물이나 모형은 표상 상징에 포함된다.

19 다음 아동 발화 중 종속적 연결어미가 사용된 문장은 무엇인가?

① 형은 학교에 가고 동생은 놀이터에서 논다.
② 아무리 시험이 어렵더라도 문제없다.
③ 산으로 가든지 바다로 가든지 결정합시다.
④ 언니는 머리가 길지만 나는 짧다.
⑤ 나는 아침에 자전거를 탔다.

20 다음 중 언표내적 단계에 나타나는 아동의 행동은 무엇인가?

20년
22년
23년
24년

① 아동이 엄마에게 '물'이라고 말한다.
② 아동이 컵에 손을 뻗는 것을 보고 엄마가 컵을 준다.
③ 아동이 엄마를 쳐다보며 '컵'이라고 말한다.
④ 아동이 엄마를 쳐다보면서 컵을 가리킨다.
⑤ 자동차로 손을 뻗는 아동을 보고 아빠가 자동차를 주었다.

21 다음 A 아동에게 관찰되는 언어 영역의 결함은 무엇인가?

24년

> A : 나 어제 동물원 갔었다?
> B : 어! 나도 어제 갔었는데! 너 어디로 갔었어?
> A : 이것 봐. 엄청 예쁘지? 내가 찍은 동물들이야.
> B : 잘 찍었다. 근데 어디 동물원 갔...
> A : 그리고 나 엄마가 머리띠도 사줬다? 곰 머리띠야. 너무 예쁘지? 내가 골랐어.
> B : (얼굴을 찡그리며) 그랬구나~ 예쁘다.
> A : 그치? 사자도 사고 싶었는데 다음에 사기로 했어.

① 의미　　　　② 구문
③ 화용　　　　④ 형태
⑤ 음운

22 모성어(Motherese)에 대한 특성으로 옳은 것은 무엇인가?

① 다양한 어휘 사용　　　② 단조로운 억양
③ 낮은 음도　　　　　　④ 짧고 복잡한 발화
⑤ 느린 말

23 다음의 사례를 읽고 아동에게 실시해야 할 중재 목표가 아닌 것은 무엇인가?

22년

> 만 2세 5개월의 남아이다. 아동의 제한된 수행으로 인해 SELSI를 제외한 공식검사는 실시 불가하였다. SELSI 검사 결과 또래에 비해 낮은 언어수준을 보이는 것으로 나타났다. 관찰 시 의사소통 의도가 관찰되지 않으며, 언어재활사와의 눈맞춤이 이루어지지 않았다. 또한 사물을 제공하였을 때 입으로 가져가는 행동이 나타났으며 간혹 V, CV, CVCV 발성이 관찰되었다.

① Joint Attention을 할 수 있다.
② 의사소통 수단을 향상시킨다.
③ 두 낱말 조합의 문장을 모방하여 표현할 수 있다.
④ 의사소통 기능을 향상시킨다.
⑤ Eye-contact을 할 수 있다.

24 첫 낱말 단계에 있는 만 3세 아동의 치료목표 설정 시 적절한 것은 무엇인가?

① 동사보다 형용사를 먼저 훈련한다.
② 치료목표 설정 시 고빈도의 의미관계를 활용한다.
③ 직접 만지는 것보다 시각적인 것을 더 활용한다.
④ 문법형태소의 발달단계에 익숙한 것을 먼저 훈련한다.
⑤ 자연스럽게 상호작용하며 4~5어 조합 표현을 들려준다.

25 학령기 아동의 비공식 평가 중 의미와 관련된 항목은 무엇인가?

① 명료화 요구하기
② 문법 오류 판단하기
③ 문법 오류 수정하기
④ 비유 언어 이해하기
⑤ 주제 유지하기

26
다음 대화에서 주로 나타나는 아동의 대화 기능은 무엇인가?

> 아　　　동 : 선생님 그거 뭐예요?
> 언어재활사 : 이거는 선생님 필통이야.
> 아　　　동 : 네? 뭐라고요?
> 언어재활사 : 볼펜, 연필, 지우개 이런 것 넣는 필통이야.
> 아　　　동 : 뭐를 넣어요?
> 언어재활사 : 볼펜이랑 연필이랑 지우개.

① 예-아니요 질문　　　　　　② 명료화 질문
③ 확인 질문　　　　　　　　　④ 사물요구
⑤ 허락요구

27
다음 아동의 상징행동 이후에 나타나는 상징행동을 순서대로 나열한 것은 무엇인가?

> 최근 가인이는 전화기를 귀에 가져가는 행동을 보인다.
> ㄱ. 아가 인형이 웃는 것처럼 소리를 내며 가장한다.
> ㄴ. 아빠가 책을 읽는 흉내를 낸다.
> ㄷ. 빈 컵으로 마시는 흉내를 낸다.
> ㄹ. 아빠 인형, 엄마 인형, 아가 인형에게 순서대로 우유를 주는 흉내를 낸다.
> ㅁ. 빗을 빗자루처럼 사용한다.

① ㄷ → ㄴ → ㄹ → ㅁ → ㄱ　　　② ㄴ → ㄷ → ㄹ → ㄱ → ㅁ
③ ㄷ → ㄹ → ㄴ → ㄱ → ㅁ　　　④ ㄷ → ㄴ → ㄹ → ㅁ, ㄱ
⑤ ㄷ → ㄴ, ㄹ → ㅁ → ㄱ

28
다음의 초등학교 3학년 아동의 읽기 예시에 대한 설명으로 옳지 않은 것은 무엇인가?

조개[조개]	전철[전철]	찌배[찌배]	달만[달만]
굳이[굳이]	닫혀[단해]	말내[말니]	빵은[빵으]
넗운[너훈]	놓다[노한]	떻다[떠한]	딥합[딤합]

① 음운규칙이 적용되는 낱말 읽기에 어려움을 보인다.
② 종성 첨가, 생략 오류가 관찰된다.
③ 구개음화와 설측음화 음운규칙을 먼저 중재하는 것이 좋다.
④ 자소-음소 일치형 낱말은 모두 정반응하였다.
⑤ 구개음화, 설측음화, ㅎ탈락, 기식음화 음운규칙 오류가 나타났다.

29 다음은 초등학교 1학년 아동의 읽기·쓰기 평가에 대한 보고서 내용으로 알맞은 것은 무엇인가?

> 읽기 검사 결과, 낱말 해독 측면에서 총점은 35점으로 표준점수 66, 백분위수 1%ile로 나타났다. 구체적으로 살펴보면 자소-음소 일치 낱말 원점수 29점, 백분위수 5~10%ile, 자소-음소 불일치 낱말 원점수 6점, 백분위수 5%ile 미만으로 나타났다. ① 아동은 낱말 해독 측면에서 자소-음소 일치 낱말은 또래 수준이나 자소-음소 불일치 낱말에서 어려움이 나타났다. ② 듣기이해 측면에서 문단글 읽기 결과, 3,6음절 읽기가 가능하였고, 표준점수 60, 백분위수 1%ile 미만으로 나타났다. ③ 정확도 및 속도 모두 또래와 비슷하게 발달하는 것으로 나타났다. 쓰기 검사 결과, 받아쓰기 원점수는 1점, 백분위수 5%ile 미만으로 나타났다. ④ 아동은 내용 및 형식 측면에서의 어려움은 관찰되지 않았으나 ⑤ 자소-음소 일치 및 불일치 낱말을 모두 정확하게 쓰는데 어려움을 보였다.

30 다음은 중재 상황이다. 아동의 반응을 보았을 때 어떤 부분에서 어려움이 관찰되는가?

[24년]

> 경미 : 치마 찢어졌대요~ 치마 찢어졌대요~
> 재희 : 경미야 놀리지마!
> 경미 : 치마 찢어졌대요~ 찢어졌대요~
> 재희 : 야! 그만해 놀리지 말라고 했잖아. 아휴 진짜 내 입만 아프지.

> 아동 반응 : 입도 다쳤었나? 선생님! 입이 아프면 병원에 가야 해요.

① 의사소통조율　　　② 간접표현
③ 관용어　　　　　　④ 직 유
⑤ 반 어

31 다음 아동의 이야기에서 잘못 표기된 이야기 문법은 무엇인가?

[19년] [24년]

> ① 아이가 자는데/개구리가 도망갔어요(배경, 계기사건).
> ② 개구리가 없어서 '개구리야 어디 있니' 했는데/개구리가 없었어요(계기사건, 시도, 계기사건).
> ③ 강아지랑 밖에 나와서 찾아요(시도).
> ④ 돌멩이에 올라가서 개구리야(시도).
> ⑤ 무슨 소리가 들려서/나무 뒤에 봤더니/개구리를 찾았어요(계기사건, 시도, 결과).

[32~33] 다음 사례를 보고 물음에 답하시오.

- 만 2세 7개월 여아
- 언어가 느리다는 주소로 내원
- 임신 및 출산에 별다른 문제 없음
- 신체 발달 정상
- 현재 산출 가능한 낱말은 '음마(엄마), 압빠(아빠), 우(우유), 맘마, 남남(냠냠), 무(물), 타(차)' 등 20개 미만. 이외 의미 있는 언어표현 제한

32 다음 아동을 볼 때 예상할 수 있는 진단 범주는 무엇인가?

① 단순언어장애
② 지적장애를 동반한 언어발달장애
③ 언어발달지체
④ 말 늦은 아동
⑤ 자폐스펙트럼장애

33 다음 아동에게 실시할 수 있는 언어평가는 무엇인가?

① K M-B CDI, SELSI, 관찰
② K-BNT-C, SELSI, 모-아 상호작용 평가
③ SELSI, EASIC, K-BNT-C
④ REVT, AEPS, 모-아 상호작용 평가
⑤ K M-B CDI, SELSI, REVT

34 보완대체의사소통(AAC) 중재 시 사용하는 어휘와 관련된 설명 중 옳은 것은 무엇인가?

① 상황어휘는 중기 AAC 사용자에게 유용하다.
② 많은 사람들에게 자주 사용되는 어휘를 발달어휘라 한다.
③ 발달어휘는 연령 및 상황에 따라 달라진다.
④ 핵심어휘에는 AAC 사용자가 좋아하는 주제와 관련된 어휘도 포함된다.
⑤ 발달어휘보다 상황어휘가 더 기능적이다.

35 만 15세 8개월 여학생의 현행수준과 자발화이다. 이 학생의 중재 방법으로 옳지 않은 것은 무엇인가?

PRES	수용 원점수 17점, 등가연령 32개월 표현 원점수 11점, 등가연령 29개월 전체 원점수 28점, 등가연령 31개월
REVT	수용 원점수 30점, 등가연령 2세 6~8개월(10%ile 미만) 표현 원점수 30점, 등가연령 2세 6개월 미만(10%ile 미만)
자발화	학 생 : 오빠 주세요. 언어재활사 : (오빠가 아닌 아빠 인형을 줌) 학 생 : 아니. (아빠 인형을 보고) 아빠 주세요. 언어재활사 : 오빠 줘, 아빠 줘? 학 생 : 아빠 주세요. 언어재활사 : OO아 어디야? 학 생 : (한참 있다가) 미용실 가요. 언어재활사 : 응? 학 생 : 아니, 미용실 주세요. 언어재활사 : (미용실이 아닌 다른 사물을 줌) 학 생 : 아니.. 미용실 아니에요. 언어재활사 : 미용실 아니야~ 여기! 미용실 누가 가? 학 생 : 엄마 미용실 주세요. 언어재활사 : 미용실 줬어. 엄마가 미용실 간대. (움직이지 않고 보기만 해서) 안 가? 학 생 : 엄마 가요. 언어재활사 : 어디? 학 생 : 엄마 미용실 가요.

① 일상생활에서 자주 사용될 법한 스크립트를 구성하여 중재한다.
② 아동이 주로 생활하는 상황과 관련된 어휘리스트를 선정하여 중재해야 한다.
③ 자주 사용되는 간단한 의문사에 반응하도록 중재한다.
④ 자주 사용되는 구문을 이해할 수 있도록 중재한다.
⑤ 다양한 에피소드가 포함된 이야기를 자발적으로 산출할 수 있도록 중재한다.

제5과목 | 조음음운장애

36 자음 발달에 대한 설명으로 적절한 것은 무엇인가?

① 비음·파찰음 → 파열음 → 유음·마찰음 순으로 발달한다.
② 유음은 탄설음이 먼저 발달한다.
③ 마찰음은 /ㅣ/모음 앞에서 먼저 습득한다.
④ 파열음은 평음, 경음보다 격음이 더 빨리 습득된다.
⑤ 종성에서 장애음이 공명음보다 먼저 발달한다.

37 조음 중재를 결정하는 요소로 묶인 것은 무엇인가?

ㄱ. 말명료도	ㄴ. 이해 가능도
ㄷ. 자음정확도	ㄹ. 자극반응도
ㅁ. 발달상 적절성	

① ㄱ, ㄷ
② ㄱ, ㄴ, ㄷ
③ ㄱ, ㄷ, ㄹ
④ ㄴ, ㄷ, ㄹ
⑤ ㄱ, ㄷ, ㄹ, ㅁ

38 다음 보기 중 '온도계'의 음절구조는 무엇인가?
[22년]

① VCCVCGV
② VCCVCCV
③ VCCVCV
④ CVCVGV
⑤ CVCVCVC

39 다음 중 음성기호 표기가 옳은 것은 무엇인가?
[18년]

① 성문파열음[ʔ]
② 기식음[ɦ]
③ 비누출[˜]
④ 유성 양순 마찰음[ɸ]
⑤ 비음[˜]

40 다음 아동에게 적용 가능한 상위음운지식을 이용한 중재 방법으로 옳은 것은 무엇인가?

> • 가방 → [다방], 거북이 → [더부디], 고기 → [도디], 가위 → [다위]
> • 연구개음의 전설음화 오류 빈번

① /ㄱ/를 산출시키기 위해 가글링 연습을 한다.
② /ㄱ/와 /ㄷ/ 소리의 특성을 인식할 수 있도록 모델링을 제공한다.
③ /ㄱ/와 모음이 결합된 1음절 단어를 연습한다.
④ /ㄱ/와 /ㄷ/가 포함된 단어를 주기적으로 연습시킨다.
⑤ /ㄱ/와 /ㄷ/가 산출되는 위치를 그림으로 반복하여 보여준다.

41 다음 단어를 IPA 기호로 적절하게 전사한 것은 무엇인가?

① 입[ip]
② 콜라[kʰorla]
③ 피자[pʰidza]
④ 바다[pata]
⑤ 흙[ɸɯk̚]

42 아동의 오류를 변별자질로 분석한 것 중 옳은 것은?

> 가방 → [다방], 고기 → [도디], 그네 → [드네]

① [+Coronal] → [−Coronal]
② [+Tense] → [−Tense]
③ [−Aspirated] → [+Aspirated]
④ [−Anterior] → [+Anterior]
⑤ [+Continuant] → [−Continuant]

43 다음의 설명 중 옳지 않은 것은?

> 겨울 → [겨울], 눈 → [눈], 장갑 → [당갑], 동찬 → [동탄],
> 눈사람 → [눈따람], 그랬어요 → [그래떠요], 주셨어요 → [두뎌더요]

① 전체 단어 정확도(PWC)는 0.29이다.
② 평균 음운 길이(PMLU)는 8.71이다.
③ 전체 단어 근접도(PWP)는 0.83이다.
④ 마찰음, 파찰음에 오류를 보인다.
⑤ 마찰음의 파열음화, 파찰음의 파열음화, 이완음화 오류패턴이 나타난다.

44 한국어 자음의 출현빈도를 적절하게 나열한 것은 무엇인가?

> ㄱ. 양순음　　　　　　　ㄴ. 후두음
> ㄷ. 치경음　　　　　　　ㄹ. 연구개음
> ㅁ. 치경경구개음

① ㄱ > ㄷ > ㄹ > ㅁ > ㄴ　　② ㄷ > ㄹ > ㄱ > ㅁ > ㄴ
③ ㄱ > ㅁ > ㄷ > ㄹ > ㄴ　　④ ㄱ > ㄹ > ㄷ > ㅁ > ㄴ
⑤ ㄷ > ㄹ > ㅁ > ㄱ > ㄴ

45 다음은 조음 평가 보고서의 일부이다. 바르게 작성한 부분은 무엇인가?

> 아동의 발음을 평가하기 위하여 APAC을 실시하였다. ① 단어검사 자음정확도 35.7%로 나타났다. ② 아동이 오류를 보인 단어를 보여주고 다시 말해보도록 하였을 때, 자극반응도는 없었다. ③ 아동의 조음 방법별 원점수를 살펴보았을 때, 파열음 10점(< -2.0), 비음 13점(< -2.0), 파찰음 6점(< -2.0), 유음 7점(< -2.0), 마찰음 9점(-1.5)으로 나타나 또래와 비슷한 발달을 보인다. 오류패턴으로는 ④ 마찰음의 파열음화(예 사탕 → [타탕]), 어말종성 생략(예 뱀 → [배])이 각 9회, 전형적 어준단순화(예 없어 → [어써])가 8회, ⑤ 파찰음의 파열음화(예 색종이 → [태똥이]) 7회, 비전형적 어중단순화(예 침대 → [친대]) 5회, 어두초성생략 4회, 반복·자음조화 3회, 유음의 단순화와 첨가 각 2회, 도치·이동, 긴장음화·탈기식음화, 유음의 파열음화, 이완음화, 성문음화가 각 1회씩 나타났다.

46 가장 빠르게 발달되는 음운인식 과제는 무엇인가?

① '소'에서 [ㅅ]를 빼면 무슨 소리가 남지?
② '곰'에서 [ㅁ]을 빼면 무슨 소리가 남지?
③ '고래'에서 '고'를 빼면 무슨 소리가 남지?
④ '딸기'랑 '우유'를 합하면 무슨 소리가 되지?
⑤ /ㅅ/에 /ㅏ/에 /ㄴ/을 더하면 무슨 소리가 되지?

47 최소대립자질로 이루어진 낱말은 무엇인가?

① 감-참　　　　　　② 살-발
③ 자-차　　　　　　④ 잔-산
⑤ 솜-곰

48 다음 아동의 자음정확도(Percentage of Correct Consonant, PCC)는 무엇인가?

| 이빨이 썩어서 치과에 갔어요. |
| [이빠리 서거더 치꽈에 가떠요] |

① 55.67% ② 66.67%
③ 77.81% ④ 75%
⑤ 60%

49 다음은 어떤 음소의 조음지시법인가?

- 혀의 앞부분을 누르고 발음한다.
- 시각적 피드백, 가글링이나 기침을 통해 조음점을 알려줄 수 있다.

① 치경마찰음 ② 탄설음
③ 설측음 ④ 경구개 파찰음
⑤ 연구개 파열음

50 아동이 다음과 같이 발음하였다. 이를 설명한 것으로 옳지 않은 것은 무엇인가?

옥수수 → [오뚜두], 이빨 → [이빠j], 색종이 → [택똥이], 싸워요 → [따워요]

① 전형적 어중단순화, 파찰음의 파열음화가 각각 1회 나타났다.
② 유음의 단순화가 1회 나타났다.
③ 주로 보이는 음운변동은 파열음화이다.
④ 마찰음의 파열음화가 3회 나타났다.
⑤ 기식음화가 1회 나타났다.

51 4세 아동의 발화이다. 지체된 오류패턴은 무엇인가?

> 호랑이 → [호라이], 없어요 → [업씨ㅓ요], 책 → [채],
> 색종이 → [택똥이], 싸워요 → [짜워요]

① 경구개음화
② 어말종성생략
③ 전형적 어중단순화
④ 마찰음의 파찰음화
⑤ 마찰음의 파열음화

52 다음 아동의 발화를 보고 적절하게 설명한 것은 무엇인가?

> [아쁘], [아머], [머], [빠], [엄마], [으따]

① VCV 구조의 음절형태는 2번 나타났다.
② 자음은 양순음의 경음만 나타났다.
③ [+전방성], [+긴장성] 자질을 포함한 음소는 3번 나타났다.
④ 주로 산출하는 음절형태는 VCCV이다.
⑤ 전설모음은 2번 나타났다.

53 다음 중 말명료도가 가장 낮을 것으로 사료되는 아동은 누구인가?

> A : 왜곡 오류가 많은 아동
> B : 마찰음에서만 파열음화 오류를 보이는 아동
> C : 탈락 오류가 많은 아동
> D : /ㄱ/를 /ㄷ/로 대치시키는 아동
> E : 이중모음을 단모음화 시키는 아동

① A
② B
③ C
④ D
⑤ E

54 다음 아동 발화의 전체 단어 근접도(PWP)는 무엇인가?

> 언어재활사 : 우와 이게 뭐야?
> 아　　동 : 선물 받았어요. [턴물 바다떠요]
> 언어재활사 : 무슨 선물?
> 아　　동 : 팔찌[팔띠]

① 25/28　　　　② 25/29
③ 26/29　　　　④ 26/30
⑤ 27/30

55 다음의 설명에 해당하는 일반화는 무엇인가?

> ㄱ. 초성 /가/를 연습했는데 종성 /ㄱ/에서도 정조음을 보인다.
> ㄴ. /자/를 연습했는데 /짜, 차/에서도 정조음을 보인다.

	(ㄱ)	(ㄴ)
①	자극 일반화	말소리/변별자질 일반화
②	위치 일반화	말소리/변별자질 일반화
③	문맥 일반화	언어학적 단위 일반화
④	자극일반화	언어학적 단위 일반화
⑤	언어학적 단위 일반화	말소리/변별자질 일반화

56 다음은 4세 아동의 발화이다. 옳지 않은 것은 무엇인가?

> 사탕 → [하탕], 색종이 → [핵쭝이], 우산 → [우한], 화장실 → [화당힐],
> 꽃 → [똗], 바퀴 → [바티], 거북이 → [더부지], 찢어 → [띠더]

① 이 아동에게 연구개음의 전설음화는 지체된 오류패턴이다.
② 파열음화가 2회 나타났다.
③ 이 아동에게 성문음화는 특이한 오류패턴이다.
④ 아동의 평균 음운 길이(PMLU)는 6.75이다.
⑤ 아동의 자음정확도는 52.17%이다.

57 다음은 어떤 치료기법을 사용하는 것인가?

> (집 놀이를 하는 중에 질문을 통해 목표로 정한 음소의 정확한 발음을 산출할 수 있도록 한다)
> 언어재활사 : 이거 뭐야?
> 아　　동 : /집/

① Drill
② Drill Play
③ Structured Play
④ Practiced Play
⑤ Play

58 다음 중 전형적 어중단순화 변동 오류로 묶인 것은 무엇인가?

> ㄱ. 호랑이 → [호라이]
> ㄴ. 우비 → [무비]
> ㄷ. 옥수수 → [오쑤수]
> ㄹ. 침대 → [침매]
> ㅁ. 바지 → [아지]

① ㄱ, ㄴ
② ㄱ, ㄷ
③ ㄷ, ㄹ
④ ㄱ, ㄹ
⑤ ㄱ, ㄷ, ㄹ

59 최소대립자질 치료법에 대한 설명으로 옳은 것은 무엇인가?

① 두 개 이상의 자질에서 차이가 나는 낱말 쌍을 선택한다.
② 오류 형태가 생략과 왜곡인 아동에게 실시할 수 있다.
③ 중재 시 자극반응도가 없는 소리를 우선적인 목표로 둔다.
④ 모방 → 변별 → 자발적 산출 단계로 연습한다.
⑤ 발달 연령이 빠른 음소를 우선적으로 중재한다.

60 다음은 어떤 중재 방법인가?

> 언어재활사 : 선생님이 말하는 문장에서 처음 위치에 'ㄹ' 소리가 몇 번 나오는지 들어봐~ "라면 사요."
> 아   동 : 한 번이요!
> 언어재활사 : 맞았어!

① 말소리 수정법
② 감각운동기법
③ 청감각-지각 훈련
④ 주기법
⑤ 청각적 자극/모방

61 다음은 아동이 산출한 발화이다. 음절 단위 말 명료도는?

> 아동 : 턴댕니미 텅무 저떠여. (선생님이 선물 줬어요.)
> 엄마 : 선생님이 선물 주셨어~ 뭐야?
> 아동 : 떼이양 티티카. (젤리랑 스티커)
> 엄마 : *** 스티커?

① 11/14×100
② 12/14×100
③ 12/15×100
④ 13/15×100
⑤ 14/16×100

62 다음 아동의 모음정확도로 적절한 것은 무엇인가?

> 사과 먹고 싶은데 딸 수가 없어서 되게 슬퍼요.
> [사가 먹꾸 시픈데 뗄 쑤가 업써서 디기 슬퍼요]

① 72.22%
② 66.67%
③ 76.47%
④ 70.6%
⑤ 63.2%

63 다음 아동이 비일관적으로 산출한 단어는 무엇인가?

① 목도리 : /목또리, 목도리, 목도리, 목도리/
② 싸움 : /싸움, 싸움, 따움, 따움/
③ 냉장고 : /낸잔고, 낸잔고, 냉장고, 내자꼬/
④ 로봇 : /로본, 로봇, 로보, 로봇/
⑤ 해바라기 : /해바라기, 해발라기, 해발라기, 해바라기/

64 정적 검사와 역동적 검사에 대한 설명으로 옳은 것은 무엇인가?

① 정적 검사는 유동적인 진행 절차를 따른다.
② 역동적 검사는 사전-교수활동-사후검사 절차로 이루어진다.
③ 역동적 검사는 표준화된 절차에 따라 검사를 진행한다.
④ 정적 검사 시 검사자는 피검자와 함께 검사에 참여할 수 있다.
⑤ 역동적 검사는 어떤 부분에 결함이 있는지 확인할 수 있다.

65 다음 아동에게 가장 먼저 중재해야 하는 말소리는 무엇인가?

| 저번에 형이랑 같이 눈사람 만들어 봤어요.
[더버네 엉이양 다치 눈따얌 만더어 봐떠요] |

① /ㄹ/   ② /ㄱ/
③ /ㅅ/   ④ /ㅎ/
⑤ /ㅈ/

66 다음 낱말 중 어두초성이 [+전방성(Anterior)], [−설정성(Coronal)], [+긴장성(Tense)] 자질을 가지고 있는 것은 무엇인가?

① 빼빼로   ② 다리미
③ 싸워요   ④ 노란색
⑤ 라이터

67 농(Deaf) 아동에게 나타나는 오류패턴으로 적절하지 않은 것은 무엇인가?

① 모든 문맥에서 /ㅅ/가 생략된다.
② 유성자음을 무성음으로 대치하는 모습을 보인다.
③ 모음산출 시 과대비성을 보인다.
④ 자음 사이에 불필요한 모음이 첨가되기도 한다.
⑤ 구강자음을 비음으로 대치한다.

68 다음 아동에 대한 설명으로 가장 적절한 것은 무엇인가?

- 같은 단어를 다르게 산출하며 단어에 비하여 문장에서의 오류가 많음
- 발음 시 입을 옴싹 거리는 모습을 보임
- 치료사의 모델링을 듣고 모방하는 데 어려움이 나타나며 명료도가 저하됨

① 본 아동은 마비말장애의 특징을 보인다.
② 숫자나 요일을 빠르게 말할 수 있도록 연습시킨다.
③ 본 아동은 표현언어에 비하여 수용언어 지체가 심각할 것이다.
④ 3음절 단어, 구 → 2음절 단어, 구 → 1음절 단어 순으로 치료를 진행한다.
⑤ 아동이 자주 사용하는 기능적 어휘를 명료하게 표현할 수 있도록 유도한다.

69 다음 아동의 음절구조 확장을 위한 우선적인 목표 단어로 가장 적절한 것은 무엇인가?

- 만 3세 표현 언어 지체 남아
- 주로 V, CV로 산출
- 독립분석 결과, 산출 가능한 모음 /아, 으, 이, 에/, 산출 가능한 자음 /ㅃ, ㄸ/

① 빠빠, 띠띠
② 빠빠빠, 따따따
③ 티비[띠삐], 빨대[빠때]
④ 아빠, 있다[이따]
⑤ 좋아[또아], 싫어[띠어]

70 조음 중재를 지속적으로 받아왔으나 마찰음 왜곡이 지속되는 13세 남아에게 실시할 수 있는 접근법은 무엇인가?

① 다중감각 접근법
② 음향적 바이오피드백
③ 감각운동 기법
④ 음운적 치료 접근법
⑤ 생리적 바이오피드백

PART 03

모의고사 세 번째

1교시
- 제1과목 신경언어장애
- 제2과목 유창성장애
- 제3과목 음성장애

2교시
- 제1과목 언어발달장애
- 제2과목 조음음운장애

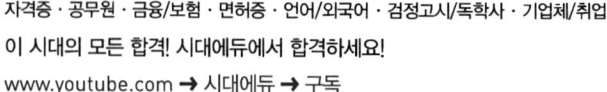

03 모의고사 세 번째

✱ : 고난이도, 17년 18년 19년 20년 21년 22년 23년 24년 : 기출연도

1교시

제1과목 신경언어장애

01 다음 위치의 손상에 따른 증상으로 옳은 것은?
24년

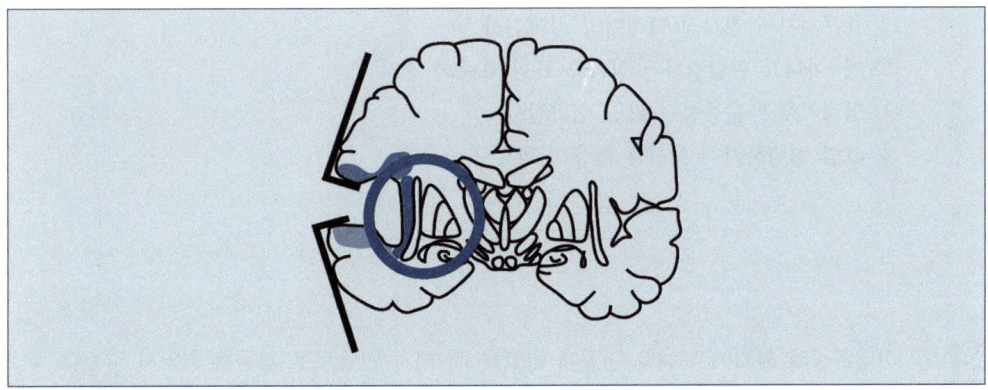

① 말실행증이 나타날 수 있다.
② 언어 이해력보다 산출 능력이 상대적으로 더 보존된다.
③ 실어증과는 관련 없으며, 언어기능에 영향을 미치지 않는다.
④ 따라 말하기보다 자발적인 말 산출에 더 어려움을 보인다.
⑤ 말속도가 빨라지고 문법적으로 오류가 증가하는 경향이 있다.

02 CN VII(7번 안면신경)의 손상으로 옳은 것을 모두 고르시오.

> ㄱ. 축삭 전체 손상의 경우 동측(Ipsilateral) 안면 전체 마비가 온다.
> ㄴ. 안면신경핵 자체의 손상은 동측(Ipsilateral) 안면 아랫부분만 마비가 온다.
> ㄷ. 말초성 안면마비는 대측(Contralateral) 전체 마비가 온다.
> ㄹ. 중추성 안면마비는 대측(Contralateral) 아랫부분만 마비가 온다.

① ㄱ, ㄴ
② ㄱ, ㄹ
③ ㄴ, ㄷ
④ ㄱ, ㄴ, ㄹ
⑤ ㄴ, ㄷ, ㄹ

03 다음 중 평가하고자 하는 검사와 목적이 올바르게 짝지어진 것은?

① 보스턴 이름대기 검사 - 이름대기 능력의 선별검사
② 토큰검사 - 청각적 이해력의 심화검사
③ 예-아니요 판단검사 - 실어증 표현 표준화 검사
④ 명령이행 - 운동능력 확인 심화검사
⑤ 그림 설명하기 - 시지각 협응 심화검사

04 마비말장애 환자에게 혀를 내밀게 하였을 때 혀가 한쪽으로 치우쳐 휘어져 나왔다. 어느 신경의 문제인가?

① 5번
② 7번
③ 10번
④ 9번
⑤ 12번

05 다음은 어떤 실어증 유형에 대한 설명인가?

> • 유창하나 내용이 없는 발화
> • 앵무새처럼 따라 말함
> • 질문에 엉뚱한 대답을 함

① 혼합피질운동실어증
② 베르니케실어증
③ 연결피질감각실어증
④ 전도실어증
⑤ 명칭실어증

06 [18년]

다음은 K-WAB 검사를 통하여 얻을 수 있는 검사 결과들이다. 결과 도출을 위해 바르게 묶인 것은 무엇인가?

- 스스로 말하기
- 따라 말하기
- 읽기
- 동작
- 알아듣기
- 이름대기
- 쓰기
- 구성/시공간/계산

① 실어증 지수는 스스로 말하기 중 유창성 부분만 포함된다.
② 실어증 지수 항목에 읽기, 쓰기까지 포함되면 언어지수를 산출할 수 있다.
③ 읽기, 쓰기, 동작, 구성/시공간/계산으로 피질지수를 산출할 수 있다.
④ 언어지수에는 동작수행까지 포함된다.
⑤ 피질지수에서 언어지수를 **빼면** 실어증 지수가 나온다.

07 [24년]

다음은 실어증 환자가 언어평가에서 보인 반응이다. 이 환자의 실어증 유형과 치료법이 옳게 묶인 것은?

치료사 : (모자를 보여주며) 이거 이름이 뭐에요?
환　자 : 이거... 그.. 이렇게 (모자 쓰는 흉내) 이렇게 하는거.. 머리.. 여기 이렇게..
치료사 : 양말을 신은 다음에 구두를 신나요?
환　자 : 아.. 아니요.
치료사 : 새가 벌레한테 잡아 먹히나요?
환　자 : (고개를 저으며) 아니오.
치료사 : 제 말 따라 해 보세요. 코
환　자 : 코
치료사 : 해바라기
환　자 : 해.. 해.. 바 아니 하.. 해 해 바.. 기이..
치료사 : 글씨 쓸 때 뭐로 쓰세요?
환　자 : 이.. 이거 (치료사의 볼펜을 가리킴)

① 전반실어증 - VAT
② 전도성실어증 - 매핑치료기법
③ 베르니케실어증 - 통제유발치료법
④ 브로카실어증 - 의미자질 분석
⑤ 명칭실어증 - 실어증 문장산출 프로그램

[08~09] 다음은 무학, 75세 실어증 환자의 발화이다. 이를 보고 물음에 답하시오.

> 환　　자 : 내가 고로스케로 갔는데, 병아라는 아니고 여기는 아니에요. 내가 가고 싶어요.
> 언어재활사 : 여기는 행복 병원입니다. 여기가 어디라구요?
> 환　　자 : 해.병아아라기 갔는데.. 아.. 그.. 그거 뭐야... 코소흐게. 그거 내가 한다니까..
> 언어재활사 : 제가 하는 말 똑같이 따라 해볼께요. "행복"
> 환　　자 : 행..행복? 아이 참.. 말을 못하겠어요.
> 언어재활사 : 행복병원
> 환　　자 : 해로보고라자..에이
> 언어재활사 : (시계를 가리키며)이게 뭐에요?
> 환　　자 : 뭐?? 아이참.. 내가 한다니까..
> 언어재활사 : 이게 뭐에요? 시..........?
> 환　　자 : 시? 시시시라보라자나.. 시라보. 시라보 맞구만
> 언어재활사 : 시간 볼 때 쓰는거에요.
> 환　　자 : 그래~ 시라보.. 시라보가 한다니까. 이게 시라보야
> 언어재활사 : 숫자 세 볼께요~ 일, 이, 삼..
> 환　　자 : (언어재활사와 동시에) 일, 이, 삼..
> 환　　자 : 사, 오, 유, 칠, 팔, 십
> 언어재활사 : 다시 세볼께요~ 일~
> 환　　자 : 일, 이, 삼, 삼, 사, 오, 유, 칠, 팔, 구, 십

08 다음 환자의 발화를 보고 유추한 것으로 옳은 것은?

① 2단계 이상의 지시 따르기가 가능하다.
② 비유창성 실어증에 속한다.
③ 따라 말하기 능력이 떨어진다.
④ 전반실어증일 가능성이 높다.
⑤ 이름대기 능력은 좋다.

09 위 실어증 환자에게 자동구어 산출과제로 적절한 것은?
[19년]
① 토끼와 거북이 이야기
② 구구단
③ 요일세기 : 월화수목금토일
④ 속담 : 지렁이도 밟으면 꿈틀한다.
⑤ 유행하는 CM송

10 다음 특성을 보이는 환자의 마비말장애 유형은?

- 근육의 움직임을 정확하게 조절하지 못해 목표보다 과하거나 부족하게 움직임
- 반복적인 움직임이나 연속적인 동작 수행 시 속도와 리듬이 일정하지 않음
- 근긴장도가 낮거나 일정하지 않아 자세 유지와 균형에 어려움

① 과소운동형 ② 과대운동형
③ 이완형   ④ 경직형
⑤ 실조형

11 다음은 보호자와의 상담 내용을 적은 것이다. 아래와 같은 실어증 증상을 보이는 환자에게 적절하게 사용할 수 있는 치료법으로 옳은 것은?

KOO(M/75)
주변 사람들과의 대화가 전혀 이루어지지 않으며 의미 있는 구어 산출이 없다. 사람은 알아보는 듯하나 나머지 사물, 장소 등에 대해서는 전혀 모르는 아기같다. 입을 벌려 보라고 해도 못하고 숟가락을 어떻게 사용하는 지도 모르는 것 같다. 가끔 TV에서 나오는 노래 부분적으로 따라 부르지만 혼자서는 어려워한다.

① SFA   ② MIT
③ HELPSS ④ SPPA
⑤ PACE

12 어휘실서증에서 보이는 음운적 적절오류의 예로 올바른 것은?

① 신라 → 실라   ② 도둠 → 도둑
③ 소세지 → ㅅㅗㅅㅈㅣ ④ 시소 → 그네
⑤ 숟가락 → 젓가락

13 읽기오류 중 이동오류(Transposition Error)를 보이는 실독증 유형은?

① 무시실독증   ② 표층실독증
③ 주의력 실독증 ④ 심층실독증
⑤ 음운실독증

14 읽기 오류와 실독증 유형이 바르게 묶인 것은?

① 도서관 → 관 : 주의력 실독증
② 고양이 → 강아지 : 시각적 실독증
③ 학교 → 하..교 : 공간 실독증
④ 전화기 → 전화부 : 순수 실독증
⑤ 심부름 → 심부림 : 음운 실독증

15 우뇌손상 환자의 이해력 검사와 그 설명으로 옳은 것은?

① 유머이해 검사 - 농담을 듣고 함축된 의미를 넣어 설명하는 과제
② 은유읽기 검사 - 은유적 표현을 보고 세 개의 문장 중 옳은 의미를 선택하는 과제
③ 유추의미 검사 - 짧은 이야기를 읽고 전반적인 이야기를 축약하여 요약하는 과제
④ 어휘의미 검사 - 단어를 넣어 짧은 글을 만드는 과제
⑤ 은유그림 검사 - 은유적 표현을 듣고 그림을 그리는 과제

16 다음 우뇌손상 환자의 평가 중 목적이 다른 하위검사는?

20년

① 단어의 이중적 의미
② 숫자 외우기
③ 속담 설명하기
④ 유사점과 차이점
⑤ 원인과 결과

17 초기 원발성 진행성 실어증의 특징은?

① 초기엔 언어문제보다 기억력 문제가 두드러진다.
② 말운동 장애를 동반하지 않는다.
③ 성격 및 행동 변화가 심하다.
④ 일화기억은 보존되지만 언어문제가 두드러진다.
⑤ 이름대기 및 서술기억은 보존된다.

18 교통사고로 들어온 뇌손상 환자에 대한 설명으로 옳은 것은?

① 선형가속손상의 주요 특징은 반충손상(Contrecoup)이다.
② 뇌진탕은 뇌의 격렬한 진동으로 인해 발생하는 뇌의 일시적인 기능장애이다.
③ 주로 외상성 뇌손상에서 뇌의 압력이 증가하여 뇌의 혈류 장애가 발생한다.
④ 개방성 뇌손상은 두개골이 파열되어 뇌가 외부와 직접 접촉하는 경우이다.
⑤ 대뇌의 두피와 두개골 사이에 출혈이 발생하는 두개외 출혈이 주로 발생한다.

19 외상성 뇌손상 환자가 뇌손상 직후에 발생한 사건에 대한 기억을 상실하는 것을 무엇이라고 하는가?

① 전향기억장애
② 후향기억장애
③ 좌향기억장애
④ 우향기억장애
⑤ 주의기억장애

20 외상성 뇌손상 환자에게 다음과 같은 과제를 제공하였다. 평가하고자 하는 바는 무엇인가?

- '연필'과 '볼펜' 비교하기
- 속담 듣고 숨은 의미 설명하기
- RCPM(레이븐 색채 매트릭스)

① 기억력
② 이름대기 능력
③ 청각적 주의 집중력
④ 언어문제 해결력
⑤ 추론능력

21 다음 설명에 해당하는 치매의 유형은?

- 미세글씨증
- 균형장애
- 근육의 경축
- 약한 음성
- 안정 시 떨림

① 픽 병
② 헌팅턴병
③ 파킨슨병
④ 진상핵마비
⑤ 알츠하이머

22 뇌질환 환자의 뇌영상 촬영에 대한 설명으로 옳은 것은?

① 컴퓨터단층촬영(CT)은 MRI보다 더 선명한 구조적 영상을 제공한다.
② 컴퓨터단층촬영(CT)은 뇌손상 직후의 출혈을 탐지하는 데 좋다.
③ 자기공명영상(MRI)은 매우 국소적 뇌손상 파악을 하는 데 좋다.
④ 자기공명영상(MRI)은 CT와 마찬가지로 방사선을 이용하여 검사하는 방법이다.
⑤ 자기공명혈관조영술(MRA)은 혈관조형술이라 혈관을 보기 위하여 조영제가 필요하다.

23 Mini-Mental State Examination(MMSE)에 대한 설명으로 옳은 것은?

① 치매의 중증도를 평가하기 위한 표준화된 검사이다.
② 지남력 검사에는 시간, 장소, 사람 3항목을 검사한다.
③ 무학, 문맹인 경우 시행점수 4점을 제공한다.
④ 기억력 검사에서는 5가지 항목을 기억하는 검사이다.
⑤ MMSE 검사에는 언어능력이 포함되어 있지 않다.

24 다음의 특징을 포함한 신경의사소통 장애는 무엇인가?

- 주로 조음과 운율에서 문제를 보인다.
- 자동발화와 명제발화의 수행에 차이를 보인다.
- 단어군 따라 말하기에서 현저한 수행저하를 보인다.
- 신체적 마비, 경직을 동반하기도 한다.

① 베르니케실어증   ② 마비말장애
③ 말실행증   ④ 전도실어증
⑤ 심인성 말더듬

25 말실행증 환자에게 멜로디억양치료(MIT)를 적용할 때, 가장 이상적인 대상자는?

① 스스로 자발적 오류를 인지하지 못하는 자
② 정서적으로 불안정한 자
③ 말산출이 심하게 손상되어 발성이 나오지 않는 자
④ 상투적인 동일한 발화를 명확하게 말하는 자
⑤ 주의력은 양호하나 청각적 이해력이 떨어지는 자

26 심각한 마비말장애 환자를 위한 보완대체의사소통(AAC)선택 시 고려할 점으로 옳은 것은?

① 쓰기능력
② 개인의 선호도
③ 사회적 지위
④ 활동보조 시간
⑤ 말속도

27 마비말장애 환자에 대한 말평가의 목적으로 옳은 것은?

① 치료기간을 측정하기 위해
② 지시사항 이해 정도를 판단하기 위해
③ 해부학적 병변을 찾기 위해
④ 환자의 표현언어능력을 측정하기 위해
⑤ 말이 정상적인지 비정상적인지 판단하기 위해

28 다음 중 하부운동신경의 병리로 인하여 발생하는 마비말장애 유형은?

17년

① 강직형(Spastic)
② 실조형(Ataxic)
③ 이완형(Flaccid)
④ 과다운동형(Hyperkinetic)
⑤ 과소운동형(Hypokinetic)

29 다음 설명에 해당하는 질환으로 옳은 것은?

23년

- 상부운동신경세포와 하부운동신경세포가 서서히 퇴행 진행됨
- 혼합된 마비말장애 유형을 주로 보임
- 느린 구어 속도를 보임

① 파킨슨병
② 무도병
③ 다발경화증
④ 알츠하이머
⑤ 루게릭병

30 말실행증에 대한 설명으로 옳은 것은?

① 말 산출과 관련 근육의 신경손상은 없다.
② 전반적으로 말속도가 빠르거나 정상적이다.
③ 자신의 말문제에 대해 인식하지 못한다.
④ 명제발화보다 자동발화에서 어려움을 보인다.
⑤ 문장 끝 부분에서 조음기관의 모색행동이 빈번히 발생한다.

제2과목 | 유창성장애

31 다음 말더듬의 초기 발생 시기에 말더듬과 정상 비유창성의 구분에 있어 유의한 차이가 없는 것은 무엇인가?

> 간투사, 말소리/음절 반복, 낱말 반복, 구 반복, 수정, 미완성 구, 말소리 연장

① 간투사, 말소리/음절 반복, 낱말 반복
② 말소리/음절 반복, 낱말 반복, 미완성 구
③ 간투사, 수정, 미완성 구
④ 수정, 구 반복, 말소리 연장
⑤ 간투사, 수정, 말소리/음절 반복

32 다음 말더듬의 부수행동 중 탈출행동은 무엇인가?

① 말을 더듬을 것 같아서 말을 하지 않았다.
② 말을 더듬는 것을 빠져나오기 위해 박수를 쳤다.
③ 말을 더듬을 것 같을 때, 갑자기 기침을 하였다.
④ 말을 더듬을 것을 들키지 않기 위해 '몰라요'라고만 대답했다.
⑤ 말을 더듬을 것 같아서 '집'을 '거기'라고 바꿔 말했다.

33 다음 대상자에게 나타나는 특성으로 옳은 것은 무엇인가?

> • 만 3세 남자
> • 언어발달이 늦었다.
> • 부는 말이 빠르다.
> • 모는 아동에게 말에 대한 지적이나 고쳐주는 말이 빈번하다.
> • 말을 더듬기 시작한 지는 한 달 정도 되었다.

① 말더듬에 대한 인식할 가능성이 없다.
② 다양한 탈출행동이 나타난다.
③ 간투사나 단어 전체 반복, 수정, 미완성 구가 빈번하게 나타난다.
④ 말속도가 매우 불규칙하다.
⑤ 다양한 회피행동이 나타난다.

34 다음 발화의 반복횟수, 개별말소리 평균단위반복수는 무엇인가?

17년
18년
19년
20년
22년
23년

> ㄴ ㄴ ㄴ 나는 강 강 강에 가서 오 오 오 오 오 오늘 수 수 수 수영을 열심히 열심히 ㅎ ㅎ ㅎ 했어.

① 반복횟수 6, 개별말소리 평균단위반복수 3.3
② 반복횟수 5, 개별말소리 평균단위반복수 3
③ 반복횟수 6, 개별말소리 평균단위반복수 2.83
④ 반복횟수 5, 개별말소리 평균단위반복수 2.83
⑤ 반복횟수 6, 개별말소리 평균단위반복수 3

35 다음 발화 중 자연회복이 가장 어려울 것으로 보이는 아동은 누구인가?

21년

① 안녕, 안녕하세요. 저는 저는 저는 재희입니다.
② 음 저는 음 아홉 살인데, 그 학교 다닙니다.
③ 어… 어제 엄마랑 어… 집에 있었어요.
④ 배가 아파서 아니 고파서 **빵** 먹었어요.
⑤ 어… 말하기 싫은데, 자자꾸 말 말 말 시키지 마세요.

36 다음 발화 중 진성 유창성의 총 빈도는 무엇인가?

23년

> 어 안녕 어 나는 그러니까 나는 음악을 좋아해. (막힘) 그래서 나나나나는 으-----ㅁ악을 자주 들어. (막힘) 그리고 운동가, 운동이 좋V아.

① 3   ② 4
③ 5   ④ 6
⑤ 7

37 예상투쟁모델(예기투쟁가설)을 설명하는 내용은 무엇인가?

21년

① 우리 아이는 말할 때마다 말더듬이 생길 것이라는 확신이 있는 것 같아요. 그래서 엄청 스트레스 받아요.
② 어느 날 우리 아이가 '엄마이가'라고 해서 한 번 지적했더니 그때부터 계속 말을 더듬는 것 같아요.
③ 우리 아이는 둘째 동생이 생긴 후로부터 말을 더듬었어요.
④ 말이 좀 늦은 편이었는데, 요즘 긴 문장을 말할 때마다 말을 더듬는 것 같아요.
⑤ 우리 아이는 영어 말하기 대회에 나갔는데, 엄청 긴장하더니 잘 못했거든요. 그 이후로부터 발표 때마다 말을 더듬게 되었어요.

★ 38 다음은 학령전기 아동의 평가 결과와 상담 내용이다. 이후 부모와의 상담 내용으로 적절한 것은 무엇인가?

24년

- 파라다이스-유창성 검사 II 필수 과제 : 약함
- KiddyCAT : 4점
- 아동의 말더듬 인식 : 인식하고 있지 않다고 보고

언어재활사 : 말이 가끔 나오지 않거나 힘든 적 있어?
아   동 : 네. 나나나나 가끔 말을 ㄷ더듬어요.
언어재활사 : 그렇구나. 언제 가장 심하게 더듬는 것 같아?
아   동 : 모모르겠어요.
언어재활사 : 그렇구나. 말을 더듬을 때마다 어떤 기분이야?
아   동 : 음... 잘 모르겠어요.

① 아동은 말더듬에 대해 인식하고 있으나 크게 신경쓰고 있지 않아요. 따라서 환경 및 가족의 의사소통 스타일을 바꿔야 해요.
② 아동은 말에 대한 부담감이 매우 심하므로 심리치료를 먼저 받아보셔야 해요.
③ 아동은 말더듬에 대해 인식하고 있으므로 아동의 말더듬을 직접적으로 언급하지 마세요.
④ 아동의 말더듬 정도가 약하지만 말더듬에 대해 인식하므로 간접치료와 직접치료를 병행해야 해요.
⑤ 아이가 학령전기이고 말더듬이 약하므로 자연회복 가능성이 높아요.

39 다음 중 파라다이스-유창성검사(Paradise-Fluency Assessment, P-FA II)를 분석한 내용이다. 다음 중 적절하게 분석한 것은 무엇인가?

- ㅎ----학교에서 치치치친구들이 놀려요.
  (가)R2   (나)R1
- 그래서 그래서 음... (막힘)ㄱ기분이 나빠요.
  (다) R1a   (라)H   (마)DP+R2

① 가
② 나
③ 다
④ 라
⑤ 마

40 다음 핵심행동 중에서 가장 말더듬이 심한 것은 무엇인가?

① 내가 내가 내가 승호를 봤어.
② 어제 집에서 어제 집에서 잠을 잤어.
③ 어 음 그러니까 어제 승호가 왔어.
④ 그 그 그 그 그 저께 꿈에서 승호를 봤어.
⑤ ㅂ ㅂ ㅂ ㅂ 바 바 밤에 승호를 봤어.

41 다음은 Guitar(1988)의 분류 중 어느 단계에 속하는가?

- 긴장된 막힘 출현, 반복 매우 빠름
- 막힘에서 벗어나기 위해 눈 깜빡임 등의 행동을 일시적으로 보이기도 함
- 소리 반복이나 음절 반복이 증가
- '어, 음' 하는 삽입어도 많아짐

① 경계선급 말더듬
② 초기 말더듬
③ 중간급 말더듬
④ 진전된 말더듬
⑤ 병리적 말더듬

42

다음 발화를 파라다이스-유창성검사(Paradise-Fluency Assessment, P-FA II)로 분석했을 때, 적절하게 분석한 것은 무엇인가?

우 우 우리는 코로나 음 ㅂ ㅂ 바이러스
　　　① R1
(막힘)때문에, 어.. 이이이(막힘)이번 연도에는 학교에
　　　　　　　② R2
(막힘) 자주 가지 못했어. ㅈ------어엉말 아쉬워

ND						AD							
H	I	UR	RI	ND 합	ND 점수	Ha	Ia	URa	R1a	R2	DP	AD 합	AD 비율	AD 점수
					③ 2.94								④ 17.64	⑤ 30.89

43

다음은 성인의 말더듬을 평가한 결과이다. 이 결과로 예상되는 발화는 어떤 것인가?

- 파라다이스-유창성 검사 II
  - 필수과제 81~90%ile
  - 부수행동 4점
  - Erickson 의사소통 태도 검사 : 23점
- 행동통제소(LCB) : 외재성 점수 높음

① (막힘)그러니까 (막힘)그 모릅니다. ㄱ---그냥 (눈 찡긋)말하기 (막힘)시시시싫어요.
② 어릴 때부터 더더더더더듬었어요.
③ 음... 저... 많~이 좋아지기는 했지만 (막힘)가끔 이렇게 막혀요.
④ 말을 다시 더듬을까봐 사--실 항상 걱정돼요.
⑤ 나나나는 말을 말을 말을 더듬고 더—더듬고 싶지 않아요.

44 다음 말더듬에 대해 분석이 옳지 않은 것은 무엇인가?

> 오늘 오늘 오늘 밥을 먹고 밥을 먹고 (막힘 4초) 잤어. (막힘 6초) 그래서 ㅍ ㅍ ㅍ ㅍ 피곤하지 않아. (막힘 5초) 그런데 ㅂ----------(목소리에 힘을 주고 기침을 하기 시작)애가 (막힘 3초) 고파. 뭐 뭐 뭐 뭐 먹을래?

① 위 아동은 현재 탈출행동을 보이고 있다.
② 위 아동의 반복횟수는 4회다.
③ 위 아동의 평균 막힘 시간은 4.5초이다.
④ 위 아동은 말소리에서부터 다양한 반복이 나타났다.
⑤ 위 아동은 현재 회피행동은 나타나지 않았다.

45 말을 더듬는 사람들의 감정 및 의사소통 태도를 살펴보는 검사 도구 중 유창성 유지에 대한 자신감을 측정하고 의사소통 상황의 참여 빈도를 측정하는 검사는 무엇인가?

① 말더듬 성인/청소년을 위한 자기효능감 척도
② 전반적 말더듬 경험평가
③ 말더듬 지각 목록표
④ 만성화 예측 체크리스트
⑤ 성인/아동 행동검사

46 다음 발화의 말더듬 음절 비율(%SS)로 옳은 것은 무엇인가?

> ㅅ ㅅ ㅅ선생님 있잖아요, 저저저저 진짜진짜 (막힘)학교 음 ㄱ------ㅏ 기 ㅅ싫어요.

① 29.41%SS
② 38.46%SS
③ 46.15%SS
④ 53.85%SS
⑤ 55.12%SS

47 다음 사례에서 가장 먼저 시도해볼 치료 방법으로 적절한 것은 무엇인가?

22년

- 만 3세, 남아
- 동생이 태어나면서 말을 더듬기 시작함
- 핵심행동은 '막힘', 부수행동은 눈 깜박임, 몸에 힘주기 등이 나타남
- 말을 하다가 한숨을 쉬기도 하며 말을 하다가 포기하기도 함

① Palin 센터 부모 아동 상호작용
② 행동 인지 말더듬 치료
③ AAF(Altered Auditory Feedback)
④ 말더듬 수정법
⑤ 유창성 완성법

48 말더듬 치료 중 말더듬 아동들이 언어의 복잡성으로 인해 말을 더듬기보다는 말의 창의성으로 인해 말을 더듬는 것이라고 보고 치료 중재를 하는 것은 무엇인가?

① 리드콤(Lidcombe) 프로그램
② 스토커 프로브 테크닉
③ 말더듬 수정법
④ 행동인지 말더듬 치료
⑤ 말더듬 이야기 접근법

49 다음 발화를 파라다이스-유창성검사(Paradise-Fluency Assessment, P-FA II)로 검사하였다. 다음 중 분석한 내용으로 옳은 것은 무엇인가?

17년
18년
19년
20년
21년
22년
23년
24년

최 최 최 최근에 본 (막힘 4초) 영화 중에 가장… 음 (긴장 나타남) 재미있었던 영화 영화 영화 (막힘 4초) 영화는 어 강철비였어요.

① 정상적 비유창(ND)의 합은 1, 비정상적 비유창(AD)의 합은 5이다.
② 정상적 비유창(ND)의 합은 2, 비정상적 비유창(AD)의 합은 4이다.
③ 정상적 비유창(ND)의 합은 3, 비정상적 비유창(AD)의 합은 3이다.
④ 정상적 비유창(ND)은 반복만 있다.
⑤ 비정상적 비유창(AD) 점수는 18.75이다.

50

다음은 어머니와 말더듬 아동의 대화를 전사한 내용이다. 이 내용을 통해 아동의 어머니에게 보고할 내용으로 적절하지 않은 것은 무엇인가?

모 : 오늘 뭐했어?
아동 : 오 오 오 오늘 어린이집 가서 친 친 친 친구랑 놀았어.
모 : 어떤 놀이를 했어?
아동 : 싸 싸 싸 움 놀이
모 : 싸움 놀이 하지마. 위험하잖아. 다칠 수 있으니까 싸움 놀이 하지마.
아동 : 응... 싸 싸 싸 움 놀이 재미있는데...
모 : 오늘 공부는 뭐했어?
아동 : ...
모 : 공부 뭐했냐니까?
아동 : 글 글 그 그 (막힘) 글자 공부해...
모 : 아휴... 글자 공부했구나?
아동 : 응. 나 나 나 나
모 : 몇 점 맞았어?
아동 : ... 80점...
모 : 공부 잘해야 좋은 대학에 가고 좋은 직장 얻을 수 있어.

- 모의 발화 속도 : 180SPM
- 어린이의 말에 끼어들거나 방해하는 행동 : 1초 미만의 경우가 50% 이상

① 모의 발화 속도는 평균이므로 적절한 편이다.
② 모가 말에 끼어들거나 방해는 행동이 1초 미만이므로 중재해 주어야 한다.
③ 모의 폐쇄적인 질문에 비해 개방적인 질문이 많은 편으로 이 부분은 중재하지 않아도 된다.
④ 모는 아동의 말에 반응하지 않는 경우가 나타나므로 중재해주어야 한다.
⑤ 모는 아동의 말 수준보다 높은 말을 사용하며 잘못을 지적해주는 말을 사용하므로 이 부분을 중재해 주어야 한다.

51

언어재활사가 말더듬는 성인에게 말을 더듬을 때 다음과 같이 말더듬을 변형하도록 하였다. 다음은 어떤 방법으로 말더듬을 변형시켰는가?

> 나는 학교에 갔다가 마 마 마 마 - - - - (부드럽게) 트에 갔어.

① 예비책
② 빠져나오기
③ 취소
④ 얼어붙기
⑤ 반복하기

52

말더듬이 간헐적으로 나타나거나 상황의존적이고 한두 번의 행동치료로 빠르고 우호적인 반응을 보이는 말더듬을 무엇이라고 하는가?

① 신경학적 말더듬
② 심인성 말더듬
③ 말빠름증
④ 발달성 말더듬
⑤ 거짓(꾀병)말더듬

53

다음 말빠름증의 특징으로 바르게 짝지어져 있는 것은 무엇인가?

> 가. 문법적 세부 단위에 부주의함
> 나. 말과 언어 발달의 지체됨
> 다. 말에 대한 부담감이 큼
> 라. 말명료도가 좋지 않음
> 마. 심해지면 부수행동이 동반됨
> 바. 읽고 이해하는 능력의 부족함

① 가, 나, 다, 라
② 가, 나, 라, 마
③ 가, 나, 라, 바
④ 가, 다, 라, 마
⑤ 가, 라, 마, 바

54 다음 사례를 읽고 적절한 평가 및 중재 방법은 무엇인가?

배경정보	만 5세 6개월의 여아로 말더듬이 나타나 본원에 방문하였다. 가계력이 있으며 왼손잡이라고 한다. 언어발달력은 또래보다 느린 편이었으나 어느 날 갑자기 말문이 트여 현재는 또래와 비슷한 언어능력인 것 같다고 보고하였다. 말더듬은 두 낱말 조합 표현할 때 삽입이나 반복위주로 나타나다가 현재 막힘이 주로 나타난다고 한다. 또한 말더듬에 대해 인식하고 있으며 말을 회피한다고 한다. 상담 시, 부모의 말투가 빠른 편이며 아동이 말을 회피하거나 반응하지 않고 거부하면 말을 대신 해주는 편이었다.

① 아동의 나이가 어리므로 직접치료를 시행하지 않고 가정을 변화시키는 것이 좋다.
② 말더듬에 대해 인식하고 있으므로 간접치료를 진행한다.
③ 말더듬의 중증도를 평가하기 위해 말더듬 중증도 검사(SSI-4)나 파라다이스-유창성검사(P-FA Ⅱ)를 시행하며, 말더듬에 대한 감정 및 태도 검사를 위해 의사소통 태도 평가(S-24)를 진행한다.
④ 검사 시 부모와 아동의 상호작용, 놀이, 스트레스 받는 상황에서 놀이 등을 통해 유창성 단절 특징을 파악하고 말에 대한 불안 수준을 파악해야 한다.
⑤ 가족력이 있고 말더듬의 형태가 막힘이므로 말더듬 목표는 '자발유창성'이나 '조절유창성'이어야 한다.

55 다음 사례의 치료 방법에 대한 설명으로 적절한 것은 무엇인가?

- 65세, 남자
- 1년 전 뇌졸중으로 수술받았다고 함
- 언어 표현의 어려움뿐만 아니라 말을 더듬음. 핵심행동은 연장과 막힘

① 대상자의 동기와 상관없이 치료한다.
② 말더듬에 대한 신념을 바꿔주는 것이 예후가 좋다.
③ 주변의 가까운 사람들이 피드백, 수정, 강화를 제공하는 데 중요한 역할을 수행하도록 한다.
④ 정신과적 치료를 받는 것이 필수적이다.
⑤ 약물, 지연청각반응, 바이오 피드백 등을 이용해볼 수 있다.

제3과목 | 음성장애

56 진성대와 관련된 설명으로 적절한 것은 무엇인가?
① 상피층을 라인케공간이라고 부르며 점액분비를 촉진한다.
② 성대의 고유층은 천층, 중간층, 심층으로 구분된다.
③ 성대의 5개 층은 서로 같은 성질로 구성되어 있다.
④ Hirano의 Body-cover 이론에 따르면 천층, 중간층, 심층, 성대근이 Body에 해당된다.
⑤ 성대인대에 해당되는 부분은 심층과 근육층이다.

57 다음 중 음향학적 평가의 측정항목에 해당하는 것은?
① 평균호기류율
② 성문접촉비율
③ 주파수변동률
④ 폐쇄대개방비
⑤ 성문하압

58 인유두종바이러스(Human Papilloma Virus, HPV) 감염이 원인으로 목쉰음성이 심한 아동에게 적용할 수 있는 치료법은 무엇인가?
① 항생제 복용과 함께 음성재활 실시
② 후두전적출 후 기관식도발성 사용
③ 레이저절제술 후 음성재활 실시
④ 보톡스 주입 후 음성휴식을 취함
⑤ 갑상성형술 후 성대접촉을 유도하는 음성재활 실시

59 다음 중 최대연장발성시간(Maximum Phonation Time, MPT)이 가장 짧을 것으로 예측되는 장애군은 무엇인가?
① 급성후두염
② 연축성 발성장애
③ 편측성 성대마비
④ 변성발성장애
⑤ 성대부종

60 연령 및 성별에 따른 후두 변화에 대한 설명 중 옳지 않은 것은 무엇인가?

① 출생 시 후두는 C2 정도에 위치하지만 사춘기 이후로 C6 정도에 위치한다.
② 신생아의 성대 길이는 약 2.5mm이며, 여성은 약 13mm, 남성은 약 18mm이다.
③ 신생아 시기에는 성대인대가 없으나, 1~4세 사이에 성대인대가 발달한다.
④ 영아의 후두는 성인보다 골화되어 단단하다.
⑤ 변성기 이후 남성은 Adam's Apple의 각도가 90도, 여성은 120도가 된다.

61 다음 중 PAS 검사를 통해 측정할 수 있는 항목은 무엇인가?

① 성문폐쇄율, 기본주파수
② 주파수변동률, 진폭변동률
③ 최장발성지속시간, 주파수변동률
④ 폐쇄대개방비율, 성문하압
⑤ 평균호기류율, 성문하압

62 다음에 해당하는 음성장애군은?

- 후두의 지속적인 오·남용으로 인해 발생함
- 주로 성대 가장자리에 흰색의 돌기들이 양측으로 발생
- 여성과 남자아동에게 많이 발생함
- 성대 앞쪽 1/3 위치에 발생

① 성대결절   ② 성대폴립
③ 변성발성장애   ④ 기능적 실성증
⑤ 라인케부종

63 다음 중 직접적인 음성재활을 꼭 실시하지 않아도 되는 환자군으로 짝지어진 것은 무엇인가?

① 사춘기적 변화(변성기), 급성후두염
② 사춘기적 변화(변성기), 기능적 실성증
③ 변성발성장애, 만성후두염
④ 변성발성장애, 기능적 실성증
⑤ 변성발성장애, 인후두역류

64 다음 중 후두스트로보스코프 검사를 통해 관찰할 수 있는 항목이 아닌 것은 무엇인가?

22년

① 성문폐쇄 양상
② 양측 성대의 대칭성
③ 성대진동의 규칙성
④ 발성 시 가성대의 움직임
⑤ 성문폐쇄율

65 다음 사례를 읽고 예측되는 음성문제 및 치료 방법으로 올바른 것은 무엇인가?

17년
23년

> 만 45세의 여성으로 학원 원장으로 일하고 있는 B양은 일 년 전 갑상선 제거술 후에 대화 중 조이는 듯한 목소리가 산출되며 발화 도중 일시적으로 실성증(Aphonia) 증상을 보인다고 한다. 후두 내시경 소견으로 발성 시 과한 성대내전과 동시에 불규칙적인 성대진동을 보였으며, 발성 도중 일시적인 성대의 외전도 관찰되었다.

① 근긴장성 발성장애, 후두마사지
② 근무력증, 하품-한숨 발성
③ 연축성 발성장애, BTX-A 주입 후 이완발성 연습
④ 본태성진전, BTX-A 주입 후 이완발성 연습
⑤ 편측성 성대마비, 후두마사지와 함께 하품-한숨 발성

66 인후두역류, 과도한 저음산출, 과도한 기침으로 발생할 수 있는 음성장애군은 무엇인가?

22년

① 연축성 발성장애
② 기능적 실성증
③ 접촉성 후두육아종
④ 후두유두종
⑤ 성대위축증

67 다음 중 제1형 갑상성형술 후 손가락 조작법을 통해 음성개선 효과를 볼 수 있는 장애군은 무엇인가?

17년
18년

① 후두적출자
② 편측성 성대마비 환자
③ 양측성 성대마비 환자
④ 외전형 연축성 발성장애
⑤ 트랜스젠더

68 스펙트로그램 분석 시 4,000Hz 대역에서 마찰소음구간이 관찰되었다면 예상되는 말소리는?
[23년]
① /나/
② /하/
③ /다/
④ /아/
⑤ /사/

69 음성치료 시 음도나 강도를 수정하기 위해 시각적 피드백으로 주로 사용할 수 있는 프로그램은 무엇인가?
[18년]
① MDVP
② PAS
③ EGG
④ Nasometer
⑤ Real-Time Pitch

70 다음 중 주기(Period)가 가장 짧은 주파수는 무엇인가?
[19년] [20년]
① 110Hz
② 215Hz
③ 50Hz
④ 318Hz
⑤ 417Hz

71 흡기 시 성대가 부적절하게 내전되는 현상을 보이는 장애로 흡기 및 호기 시 성대가 정상적으로 외전 및 내전 되는 것을 알려주었을 때 음성이 개선되는 경우에 해당하는 것은?
[21년]
① 역행성 성대운동
② 성대구증
③ 후두횡격막
④ 후두육아종
⑤ 모세혈관 확장증

72 다음 사례에 해당하는 음성장애 및 치료 방법이 적절히 연결된 것은 무엇인가?

21년
24년

> 본 환자는 52세 여성이며 발화 시 쪼이는 듯한 음성사용을 보였고 간헐적으로 음성의 멈춤이 관찰되었다. 후두스트로보스코피 소견으로 성대는 외관상 문제가 없었으나, 발성 시 성대의 불규칙적인 떨림과 갑작스러운 성대운동 멈춤이 관찰되었다. 청지각적 평가 결과 G_3, R_2, B_1, A_0, S_3, 공기역학적 평가 시 평균호기류율(MAFR)값이 42ml/sec으로 나타났다.

① 역행성 성대움직임 - 흡기발성
② 성대구증 - 보톡스 주입
③ 연축성 발성장애 - 보톡스 주입
④ 성대마비 - 하품-한숨법
⑤ 성대폴립 - 하품-한숨법

73 발성구조에 대한 설명으로 옳지 않은 것은 무엇인가?

18년

① 성대외근은 후두를 지탱하는 역할을 하고 내근은 성대의 내전과 외전 운동의 역할을 담당한다.
② 후두개와 갑상연골, 윤상연골은 독립적 구조이며, 피열연골은 한 쌍의 구조이다.
③ 후윤상피열근은 음도조절을 담당한다.
④ 측윤상피열근과 후윤상피열근은 길항근이다.
⑤ 후두구조는 미주신경의 지배를 받는다.

74 갑상선 수술 후에 실성증으로 인해 이비인후과를 방문하여 검사를 하였다. 후두스트로보스코피 소견으로 성대내전 시 큰 성문틈이 관찰되었다면 예측해 볼 수 있는 장애군과 치료 방법은 무엇인가?

21년

① 파킨슨 음성 - LSVT
② 성대폴립 - 음성위생법
③ 연축성 발성장애 - 보톡스 주입
④ 백반증 - 후두마사지
⑤ 편측성 성대마비 - 제1형 갑상성형술

75 A양은 갑상선 수술 이후 음도조절의 어려움을 호소하였다. A양이 수술 시 손상받았을 것으로 예상되는 신경은 무엇인가?

17년

① 회귀성 후두신경
② 상후두신경
③ 설하신경
④ 설인신경
⑤ 안면신경

76 후두는 연하운동 시에 상부기도를 폐쇄하여 하기도를 보호하는 역할을 한다. 이 중 가장 하부에 해당하는 위치는 무엇인가?
18년
19년
① 식 도
② 피열후두개주름
③ 가성대
④ 진성대
⑤ 기 도

77 인후두역류증이 있는 교사에게 권할 수 있는 사항은 무엇인가?
22년
23년
24년
① 녹차 많이 마시기
② 수면 시 낮은 베개를 사용하여 머리를 복부보다 낮추기
③ 쉬는 시간에 견과류나 요거트 섭취하기
④ 잠자기 전 물 한 컵 마시고 자기
⑤ 꽉 끼는 옷 입지 않기

78 전기성문파형검사 결과 CQ값이 68%로 나타났다면 예상되는 장애명과 적절한 치료 방법에 해당되는 것은 무엇인가?
24년
① 내전형 연축성 발성장애, 반폐쇄기법운동
② 성대구증, 손가락 조작법
③ 성대마비, 기침하기
④ 성대위축증, 흡기발성
⑤ 기능적 실성증, 차폐

79 후두암으로 인해 후두전적출술을 시행하면서 기도와 식도 사이에 발성 보철기구(Voice Prosthesis)를 삽입하였다. 이 환자에게 적용할 수 있는 음성치료기법은 무엇인가?
18년
22년
23년
① 식도발성
② 기관식도발성
③ 총체적 음성치료
④ 수 화
⑤ 반폐쇄 성도운동

80 근긴장성 발성장애를 동반한 성대결절 환자에게 적용할 수 있는 음성재활 방법은 무엇인가?
20년
① 하품-한숨 발성, 후두마사지
② 밀기접근법, 리실버만 음성치료
③ 차폐, 머리위치 변경
④ 손가락 조작법, 머리위치 변경
⑤ 밀기접근법, 저작하기

2교시

제4과목 | 언어발달장애

01 다음 아동의 발화는 어느 시기의 발화인가?

> • 아가 씻으는 거 어디 있어요?
> • 민수가 다리 아프다고 했어요.
> • 동생이 나 아프게 했어.

① 첫 낱말기 ② 낱말 조합기
③ 기본 문법 탐색기 ④ 기본 문법 세련기
⑤ 고급 문법기

02 단순언어장애(SLI) 판별 조건에 대한 설명으로 옳은 것은 무엇인가?

① 표준화 검사 시 -1SD 이하 ② 비언어성 IQ 70 이상
③ 사회적 상호작용에 어려움 ④ 신경학적 이상 없음
⑤ 구강구조, 기능에서의 어려움 나타남

03 한 낱말을 표현하기 시작하는 아동의 중재 시 목표 어휘 선정 방법으로 옳은 것은 무엇인가?

① 고밀도 낱말을 선정하는 것이 좋다.
② 동사 보다는 형용사를 먼저 훈련한다.
③ 관계 낱말을 훈련한다.
④ 빈도가 높은 낱말을 선정한다.
⑤ 발음이 어려운 어휘도 함께 훈련시키는 것이 좋다.

04 역동적-상호작용적 평가에 대한 설명으로 옳은 것은 무엇인가?

① 단기학습-검사 순서로 평가한다.
② 상호작용 평가 시 정해진 장난감을 사용한다.
③ 구조화된 상황에서 진행된다.
④ 훈련된 임상가가 실시해야 한다.
⑤ 다양한 단서나 촉진으로 정반응이 나타난 아동은 즉각적 학습잠재력이 있다고 볼 수 있다.

05 다음은 무엇에 대한 설명인가?

> • 효과적 의사소통을 위한 화용적 능력을 말함
> • 듣는 사람에게 필요한 정보가 무엇인지를 아는 능력
> • 상대방에 따라 말하는 방법, 말의 내용을 수정하는 능력

① 주제운용 능력　　　　　　② 전제 능력
③ 내재적 언어 능력　　　　　④ 이야기 능력
⑤ 사회적 능력

06 다음에서 사용된 중재 방법끼리 묶인 것은 무엇인가?

> 아　동 : 동생 엄마한테 혼났어요.
> 선생님 : 엄마가 동생 혼냈어?
> 아　동 : 네.
> 선생님 : 왜?
> 아　동 : 동생이 색연필을 벽을 낙서해서요.
> 선생님 : 벽에 낙서했구나. 색연필로 낙서했구나. 동생이 색연필로 벽에 낙서했구나.

① 확대, 확장
② 반복 요청하기, 선반응 요구-후 시범 기법
③ 문장의 재구성, 분리 및 합성
④ 자기교정 요청하기, 확장 요청하기
⑤ 분리 및 합성, 모방

07 다음은 3세 아동의 발화에서 나타난 의미관계를 보고 더 확장시킬 수 있는 문장은 무엇인가?

> • 이거 넣어.
> • 사과 먹었어요.
> • 종이 잘라.

① 이거는 색연필이야.　　　　② 나 안 해.
③ 빵 칼로 잘라.　　　　　　　④ 추울 때 장갑 껴.
⑤ 언니 정말 좋아.

08 다음 아동 발화의 평균 형태소 길이(MLUm)는 무엇인가?

17년
18년
19년
20년
21년
22년
23년
24년

> 언어재활사 : 주말에 뭐했어?
> 아   동 : 바다 갔어요.
> 언어재활사 : 누구랑?
> 아   동 : 엄마, 아빠, 언니랑요.
> 언어재활사 : 우와~ 뭐했는데?
> 아   동 : 바다 구경
> 언어재활사 : 재미있었겠다.
> 아   동 : 갈매기가 많이 없었어요.
> 언어재활사 : 정말?
> 아   동 : 아쉽다.

① 3.4　　　　　　　　② 3.6
③ 3.8　　　　　　　　④ 4
⑤ 4.75

09 다음이 설명하는 것은 무엇인가?

> • 목표 : 전반적인 언어 기술
> • 아동이 선호하는 상황에서 치료목표를 달성할 수 있도록 유도
> • 일반화 단계 시 효과적
> • 개별중재보다 그룹중재를 강조

① 환경중심 언어중재　　　② 활동중심 중재
③ 기능적 언어중재　　　　④ 스크립트 중재
⑤ 참조적 의사소통 중재

10 이야기 결속장치에 포함되지 않는 것은 무엇인가?

① 지 시　　　　　　　　② 대 치
③ 이야기 문법　　　　　 ④ 어휘적 결속
⑤ 접 속

11 가장 늦은 시기에 나타나는 연결어미는 무엇인가?

① -고　　　　　　　　　② -다가
③ -니까　　　　　　　　④ -(으)면서
⑤ -는데

12 다음 아동에 대한 설명으로 옳지 않은 것은 무엇인가?

- 만 2세 10개월 여아
- 의사소통 의도는 있으나 기능 제한됨
- 산출 가능한 표현 : 엄마, 아빠, 맘마, 까까, 줘, 싫어
- 면담 결과 모-아 상호작용이 어렵고 아동과 어떻게 놀이를 해야 하는지 모름

① 언어중재 시 아동뿐만 아니라 부모교육도 필요하다.
② 의사소통 기능 향상을 목표로 선정할 수 있다.
③ 기능적 어휘를 선정하여 이해 및 표현을 증진시킬 필요가 있다.
④ 아동이 산출 가능한 표현으로 두 낱말 조합을 실시해야 한다.
⑤ SELSI, K M-B CDI, PRES, 관찰 등의 평가를 실시할 수 있다.

13 언어 이전기의 기능적 접근법으로 묶인 것은 무엇인가?

a. 시 범	b. 의사소통 수단 확대
c. 공동주목	d. 수정요청
e. 대치요청	f. 공동활동

① a, b, d
② b, c, d
③ a, c, f
④ b, c, f
⑤ a, b, f

14 Halliday(1975)의 언어 기능 중 조정적 기능에 해당하는 것은 무엇인가?

① 까까 줘.
② 나랑 놀아.
③ 이거 뭐예요?
④ 여기 넣으면 안돼.
⑤ 나 이거 좋아해.

15 기능적 중재 방법에 대한 설명으로 옳은 것은 무엇인가?

① 중재는 언어재활사 중심으로 진행하는 것이 좋다.
② 구조적인 상황에서 중재해야 한다.
③ 구어적 맥락을 사용하여 중재한다.
④ 일반화를 유도하기 위하여 물질적 강화를 제공한다.
⑤ 중재 계획 시 정상 언어발달을 고려해야 한다.

16 다음은 초등학교 5학년 아동의 KOLRA 검사 결과이다. 바르게 해석한 것은 무엇인가?

검사명	해 독	읽기이해	문단글 읽기 유창성	듣기이해
원점수	38	1	9	4
표준점수	39	53	35	50
백분위	1%ile 미만	1%ile 미만	1%ile 미만	1%ile 미만

- 해독 하위 점수 : 의미 원점수 20점, < 5%ile /무의미 원점수 18점, < 5%ile/일치 원점수 31점, < 5%ile/불일치 원점수 7점, < 5%ile
- 음운인식 : 원점수 22점, 10~25%ile
- 빠른이름대기 : 원점수 54점, < 5%ile
- 음운기억 : 원점수 44점, < 5%ile
- 받아쓰기 : 원점수 12점, < 5%ile
- 주제글쓰기 : 원점수 1점, < 5%il

① 음운 회상이 느리다.
② 해독에서의 어려움이 가장 두드러지게 나타난다.
③ 아동은 의미 일치형 단어 보다 무의미 일치형 낱말 읽기에서의 정반응 빈도가 높았다.
④ 음운처리능력 중 음운인식 능력이 강점을 보이나 이는 해독과 연관이 되지 않는다.
⑤ 아동은 주제글 쓰기를 수행하지 못하였다.

17 다음 이야기 문법이 잘못 분석된 것은 무엇인가?

순이랑 돌이랑 공놀이를 했어요.	① 배 경
순이가 공을 차도로 던졌어요.	② 계기사건
돌이가 차도로 나갔어요.	③ 시 도
자전거 아저씨랑 부딪쳐서 넘어지고 다리에 피 났어요.	④ 결 과
아저씨가 병원에 가자고 해서 같이 병원에 갔어요.	⑤ 시도, 결과

18 다음은 아동의 진전보고서 중 일부이다. 바르게 작성된 부분은 무엇인가?

장기목표 1. 구조화된 상황에서 의문사가 포함된 질문에 주어진 기회 중 80% 이상 적절하게 이해하여 표현할 수 있다.

단기목표	치료 전	진전 상황
1-1. ① 구조화된 상황에서 '누구' 의문사가 포함된 질문에 적절하게 이해하여 표현할 수 있다.	1-1. '엄마, 아빠' 이외에 반응하지 못하였다.	1-1. 가족(엄마, 아빠, 언니, 나, 할머니, 할아버지 등), 동물(강아지, 고양이, 새, 고래, 사자, 돼지 등) 이름을 주어진 기회 중 60% 정도 표현하였다.
1-2. ② '어디' 의문사가 포함된 질문에 주어진 기회 중 80% 이상 적절하게 이해하여 표현할 수 있다.	1-2. 구어 산출 보다는 가리키기로 표현하였다.	1-2. ④ 장소를 말할 수 있다.
1-3. ③ 구조화된 상황에서 다양한 의문사(누구, 어디, 무엇, 언제, 어떻게)가 포함된 문장을 주어진 기회 중 80% 이상 표현할 수 있다.	1-3. 반응하지 못하였다.	1-3. ⑤ 회기에 도입하지 못하였다.

19 다음은 어떤 설명담화 중재 방법을 사용하였는가?

우리나라에는 유명한 아이돌 가수들이 많아. 남자 아이돌 가수는 방탄소년단(BTS), 세븐틴, 엑소 등이 있고 여자 아이돌 가수는 블랙핑크, 에스파, 아이브 등이 있어.

① 정 의
② 예 시
③ 과 정
④ 인 과
⑤ 비교/대조

20 AAC 아동에게 무엇을 중재하려고 하는지 고르시오.
24년

식 당
• 밥, 물, 반찬, 숟가락, 젓가락, 포크, 컵, 그릇, 휴지
• 싫어요, 좋아요, 먹어요, 그만 먹어요, 주세요, 더 주세요, 맛있어요, 고맙습니다.

① 발달어휘
② 상황어휘
③ 정보어휘
④ 부수어휘
⑤ 놀이어휘

21 다음 아동의 반응을 보았을 때 어떤 부분에서 어려움이 관찰되는가?

> 선생님 : 조별로 어떤 씨앗을 심을지 나와서 발표해 보세요.
> 은　정 : 저희는 토마토를 심기로 했습니다. 왜냐하면 토마토는 건강에 좋기 때문입니다.
> 재　희 : 우리는 해바라기 심을거야~

> 1. 어떤 상황일까요?
>   아동 : 조별로 무엇을 심을지 발표하는 상황이요.
> 2. 재희는 상황에 적절하게 말했나요? 적절하게 표현하지 않았다면 그 이유는 무엇일까요?
>   아동 : 잘 말했는데요? 나도 재희처럼 말할건데.

① 의사소통조율
② 간접표현
③ 관용어
④ 직 유
⑤ 반 어

22 다음은 스크립트 상황의 일부이다. 기능 분석이 잘못된 것은 무엇인가?

스크립트	유도상황/발화	아동 발화	기 능
빵 만들기	건전지가 빠진 오븐을 아동에게 제공한다.	건전지 주세요. 선생님 해 주세요.	① 부르기, 사물/행동 요구하기
	언어재활사가 건전지를 끼운 후 오븐만 아동에게 제공한 후 빵은 꺼내 놓지 않는다.	선생님, 선생님 빵 주세요.	② 부르기, 사물 요구하기
	빵을 꺼내며 "선생님이 만들까?"	내가 만들래요.	③ 사물 요구하기
	언어재활사는 빵과 다른 사물을 들고 빵을 보여주며 "이거 줄까?"	응, 네	④ 예/아니요 반응하기
	아동이 반응을 보이면 빵이 아닌 다른 사물을 준다.	아니, 싫어	⑤ 거부하기

23 다음 아동에게 실시할 수 없는 언어 평가는 무엇인가?

- 만 6세 5개월 여아로 이해력과 표현력이 부족하다는 주소로 의뢰됨
- 임신 및 출산에는 별다른 이상은 없었음
- 신체발달력 정상, 의미 있는 첫 낱말은 '엄마'로 정확한 시기는 기억나지 않으나 또래와 비슷하게 산출하였다고 함
- 현재 언어 표현은 많이 하나 새로운 단어를 알려주었을 때 습득하는 속도가 느린 것 같다고 보고함
- 유치원 생활 질문 시 엉뚱한 대답을 하는 모습을 보인다고 함
- 유치원에서 한글을 배워서 조금씩 읽는 모습을 보이지만 또래에 비하여 습득 속도가 느린 것 같다고 함

① PRES
② KOLRA
③ 구문의미이해력 검사
④ 언어문제해결력 검사
⑤ REVT

24 Chall의 읽기발달단계 중 낱말재인 능력 발달 이후에 나타나는 것은 무엇인가?

① 문해 사회화 ② 유창하게 읽기
③ 분절 및 합성 ④ 다른 관점 인식
⑤ 비판적 사고

25 다음 중 생활연령이 만 4세 7개월인 아동에게 실시할 수 있는 검사로 짝지어진 것은 무엇인가?

① 영·유아 언어발달검사(SELSI), 취학 전 아동의 수용언어 및 표현언어 발달 척도(PRES), 언어문제해결력 검사
② 취학 전 아동의 수용언어 및 표현언어 발달 척도(PRES), 구문의미이해력 검사, 언어문제해결력 검사
③ 영·유아 언어발달검사(SELSI), 취학 전 아동의 수용언어 및 표현언어 발달 척도(PRES), 구문의미이해력 검사
④ 취학 전 아동의 수용언어 및 표현언어 발달 척도(PRES), 구문의미이해력 검사, 우리말 조음·음운 평가(U-TAP)
⑤ 취학 전 아동의 수용언어 및 표현언어 발달 척도(PRES), K M-B CDI

26 두 아동에게 나타나는 상징행동으로 옳은 것은 무엇인가?

> 보람 : 엄마의 앞치마를 입고 요리를 한다고 한다.
> 지은 : 손에 아무것도 없는데 칼로 음식을 자르는 시늉을 한다.

	보 람	지 은
①	대행자놀이	물건대치 상징행동
②	두 가지 사회적 역할 놀이	복합 상징행동 조합
③	단순 상징행동	복합 상징행동 조합
④	대행자놀이	단순 상징행동
⑤	자동적 상징행동	물건대치 상징행동

27 다음 A와 B 아동의 의사소통 의도를 분석한 것으로 옳은 것은?

> A 아동 : (고래 그림을 가리키며) 선생님 이거 고래죠?
> B 아동 : (태엽 타요 자동차를 보며) 이거 여기 돌리는 거야.

	A	B
①	정보요구	객관적 언급
②	반응	설명하기
③	정보요구	주장하기
④	사물요구	설명하기
⑤	반응	객관적 언급

28 다음은 어떤 장애에 대한 설명인가?

[19년]

> 이 장애의 화용적 특성으로는 대화 주제를 주도하려고 하며 과도하고 부적절한 정보를 제공한다. 장황하고 불필요한 표현이 많으며 주제 유지에 어려움을 보인다.

① 사회적 의사소통 장애 ② 지적장애
③ 자폐스펙트럼장애 ④ 읽기장애
⑤ 단순언어장애

29 이야기 산출 및 회상에 어려움을 보이는 아동을 중재하려고 한다. 치료 진행 절차로 적절한 것은 무엇인가?

> ㄱ. 선정된 이야기를 들려준다.
> ㄴ. Retelling 과제를 실시한다.
> ㄷ. 이야기 문법 중재, 이야기 중심 내용 파악하기 등의 활동을 제공하여 표현능력을 촉진시킨다.
> ㄹ. 이야기 제목이나 그림을 보며 내용을 생각해본다.
> ㅁ. 아동의 연령, 언어능력에 따른 이야기를 선정한다.
> ㅂ. 사실적 정보, 추론, 문제해결 등의 과제를 통해 이야기 이해를 촉진시킨다.

① ㅁ-ㄱ-ㄹ-ㄴ-ㄷ-ㅂ   ② ㅁ-ㄹ-ㄱ-ㅂ-ㄴ-ㄷ
③ ㅁ-ㄱ-ㄹ-ㅂ-ㄷ-ㄴ   ④ ㅁ-ㄹ-ㄱ-ㄴ-ㅂ-ㄷ
⑤ ㅁ-ㄱ-ㄹ-ㄷ-ㅂ-ㄴ

[30-31번] 다음 물음에 답하시오.

영역 구분	하위검사	환산점수의 합	언어지수	백분위
전체언어	전체 하위검사 (11. 제외)	57	72	3.1

언어지수			영역별 지수			보조검사
전체언어	수용언어	표현언어	의 미	문 법	화용/담화	청각기억
72	74	73	82	60	90	70

수용언어					표현언어					
1. 상위개념 이해	5. 구문이해	6. 비유문장 이해	7. 문법오류 판단	10. 단락듣기 이해	2. 상위어 표현	3. 반의어 표현	4. 동의어 표현	8. 문법오류 수정	9. 복문산출	11. 문장 따라 말하기 (보조검사)
8	8	6	1	8	8	8	5	1	4	4

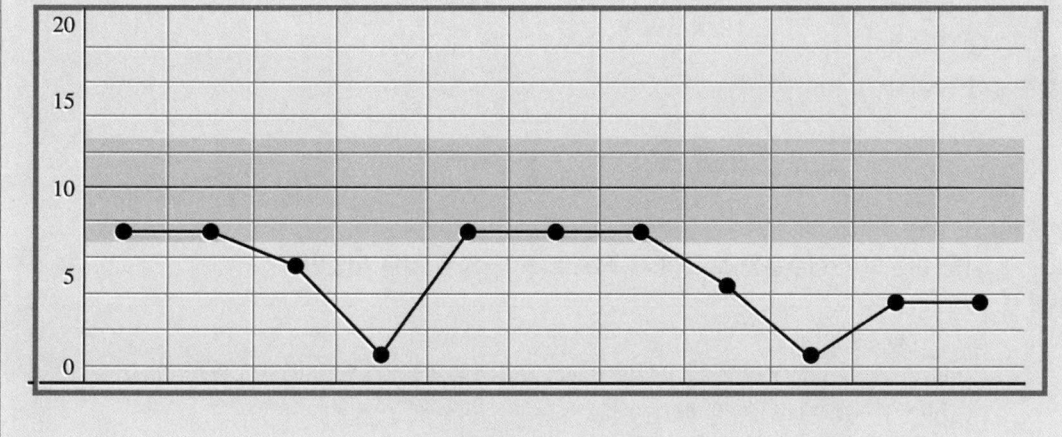

30 다음은 만 13세 ID 아동의 LSSC 결과이다. 결과 해석에 대한 설명으로 옳은 것은 무엇인가?

① 전체언어지수를 확인하였을 때 아동은 언어능력이 평균 하 수준이다.
② 수용언어가 표현언어에 비해 낮은 수행을 보인다.
③ 문법형태소에 대한 지식이 부족하다.
④ 담화/화용은 또래와 비슷한 수준이다.
⑤ 문장 따라 말하기에서는 문제를 보이지 않는다.

31 다음 아동의 우선적인 언어중재 목표로 적절한 것은 무엇인가?

① 관용적 표현이 포함된 문장 이해하기
② 이야기 글을 읽고 글의 내용 이해하기
③ 교과서 고빈도 어휘 이해 및 표현하기
④ 다양한 문법형태소가 포함된 문장을 이해하고 표현하기
⑤ 듣기 이해 능력 증진시키기

32 다음 목표달성 전략은 무엇인가?

> 1-1. 에피소드 1개가 포함된 이야기를 읽고 이해하여 5개 중 4개의 이야기를 에피소드 구조를 갖추어 연속된 3회기 중 2회기 이상 다시 말할 수 있다.
> 1-2. 에피소드 2개가 포함된 이야기를 읽고 이해하여 5개 중 4개의 이야기를 에피소드 구조를 갖추어 연속된 3회기 중 2회기 이상 다시 말할 수 있다.

① 수평적 ② 절충법
③ 기능적 ④ 수직적
⑤ 주기적

33 다음 아동의 현행수준을 보고 중재 목표로 옳지 않은 것은 무엇인가?

> - 만 7세 3개월 여아
> - REVT : 수용 원점수 60점, 등가연령 5;6~5;11개월, 백분위수 10%ile 미만, 표현 원점수 74점, 등가연령 7;0~7;5개월, 백분위수 10%ile
> - 구문의미이해력 : 연령 및 학령규준 정상 범주에 속함
> - 언어문제해결력 : 또래와 비슷한 수준을 보임
> - 이야기 : 사건을 단순 나열하는 모습을 보임. 완전한 에피소드는 산출되지 않으며 조사, 연결어미 등 문법형태소 오류가 빈번하게 나타남
> - 대화 : 자신의 관심사가 아니면 상대방의 말을 잘 듣지 않는 모습을 보임. 주제 운용력 측면에서 부적절한 주제변경으로 인해 대화 주제유지가 적절하게 되지 않는 모습을 보임

① 구조화된 상황에서 일상생활(학교, 사회)과 관련된 어휘를 80% 이상 정확하게 이해하여 표현할 수 있다.
② 구조화된 상황에서 다양한 문법형태소를 알맞게 사용하여 문장을 완성할 수 있다.
③ 언어재활사와 대화하는 상황에서 부적절한 주제변경을 보이지 않고 대화를 유지할 수 있다.
④ 에피소드가 포함된 이야기 그림 또는 글 자료를 보는 상황에서 에피소드 구조를 갖추어 다시 말할 수 있다.
⑤ 구조화된 상황에서 문제해결능력을 향상시킬 수 있는 질문에 적절하게 이해하여 대답할 수 있다.

34 그림교환 의사소통 프로그램(PECS)에 대한 내용으로 옳은 것은?

① 단순언어장애의 의사소통 기술 촉진을 위한 프로그램이다.
② 5단계로 구성되어 있다.
③ 실시 전, 의사소통 의도나 상호작용 기술 등에 대한 평가가 필요하다.
④ 1단계에서는 그림카드를 변별할 수 있는 연습을 진행한다.
⑤ 3단계에서는 "사물+주세요" 문장 구성을 중재한다.

35 다음 중 아동 발화의 의미 분석이 잘못 된 것은 무엇인가?

① 보람 : 언니가 코피 나요. [경험자-상태서술]
② 지연 : 칼로 빵 잘라. [도구-대상-행위]
③ 경미 : 아가가 안 해. [행위자-부정-행위]
④ 은정 : 나 그거 좋아. [경험자-실체-상태서술]
⑤ 영미 : 이건 수박이야. [대상-실체서술]

제5과목 | 조음음운장애

---

36 만 3세 아동이 오류를 보일 것으로 예상되는 단어는 무엇인가?

① 밤 빵　　② 포 비
③ 파 티　　④ 코끼리
⑤ 팬 티

37 다음은 5세 9개월 아동의 평가 결과이다. 평가 결과에 따른 조음중재 방법으로 적절한 것은?

- 공식평가 자음정확도 : 75.7%
- 조음음운오류
  색종이 → /택똥이/, 찢어 → /띠더/, 사탕 → /타탕/, 모자 → /모다/

① 아동의 나이에서 나타날 수 있는 발달적 오류로 6개월 뒤 재평가한다.
② 동화현상 소거를 가장 첫 목표로 한다.
③ 조음위치오류를 수정하기 위해 혀를 전방화 할 수 있는 과제로 구성한다.
④ 음소첨가는 비발달적인 오류로 가장 첫 목표로 정한다.
⑤ 파열음화가 주 오류패턴이므로 마찰기류를 조절할 수 있도록 중재한다.

38 /podo/를 /p*odo/라고 발음하였을 때 구분할 수 있는 변별자질은 무엇인가?

① 전방성
② 기식성
③ 긴장성
④ 지속성
⑤ 지연개방성

39 다음 중 설정성을 습득하지 못한 경우에 해당되는 것은 무엇인가?

① sɑthɑŋ˥ → [thɑthɑŋ˥]
② pʰodo → [podo]
③ nabi → [abi]
④ kʌmi → [tʌmi]
⑤ kabaŋ → [tabaŋ]

40 다음 보기 중 '계란국'의 음절구조는?

① CGVCVVCCV
② VGVCVCCVC
③ CGVCVCCVC
④ GVCVCVVC
⑤ CGVVCCCVC

41 '사슴, 시골, 수건'을 과제로 조음치료 후 '씨름, 산타할아버지'에서도 정조음을 보였을 경우 해당되는 일반화 단계는 무엇인가?

① 위치 일반화
② 문맥 일반화
③ 말소리/변별자질 일반화
④ 언어학적 단위 일반화
⑤ 상황 일반화

42 다음 중 동화에 의한 변동에 해당하는 것은?

① 사과 → [아과]
② 가방 → [바방]
③ 오리 → [보리]
④ 치타 → [치라]
⑤ 카드 → [파브]

43 다음 중 /바둑이/를 적절하게 전사한 것은?

① [patagi]   ② [pataki]
③ [badugi]   ④ [padugi]
⑤ [baduki]

44 우리나라 아동의 자음 발달과 관련된 설명으로 적절한 것은?

① 파찰음이 가장 늦게 발달한다.
② 대부분 '시계'의 /ㅅ/보다 '옥수수'의 /ㅅ/이 일찍 습득된다.
③ 유음은 다른 자음과는 달리 종성이 먼저 발달한 뒤 나중에 초성이 발달한다.
④ 초성에서는 어중초성 → 어두초성, 종성에서는 어중종성 → 어말종성 순으로 발달한다.
⑤ 자음은 음절과 어절 내의 위치에 따라 같은 발달양상을 보인다.

45 다음 보기 중 전방화의 예로만 짝지어진 것은?

① '자전거' → [자던거], '모자' → [보자]
② '의자' → [의다], '컴퓨터' → [컨퓨터]
③ '꽃' → [또], '과자' → [가자]
④ '장미' → [잔미], '햄버거' → [햄버더]
⑤ '손' → [돈], '유치원' → [유키워]

46 다음 보기의 과제는 음운인식 평가 방법 중 어떤 것에 해당하는가?

> '지구', '지도', '두부' 중에서 앞소리가 다른 하나는?

① 음절 분리
② 음절 변별
③ 음소 변별
④ 음소 합성
⑤ 단어 변별

47 다음 중 발성유형이 변화되어 나타난 오류는 무엇인가?

① 땅콩 → [깡콩]
② 고래 → [코래]
③ 코끼리 → [토띠이]
④ 머리 → [너리]
⑤ 파도 → [파보]

48 보기의 오류 시 포먼트 변화에 대한 설명으로 옳은 것은 무엇인가?

> katɕi → [kitɕi], ap*a → [ip*i]

① F1이 높아지고 F2도 높아짐
② F1은 낮아지고 F2는 높아짐
③ F1은 낮아지고 F2도 낮아짐
④ F1은 높아지고 F2는 낮아짐
⑤ F1은 같지만 F2가 낮아짐

49 다음 보기는 어떤 검사에 대한 설명인가?

> 오류음소에 대해 시각적, 청각적, 촉각적 단서를 제공했을 때 오류음소를 바르게 산출할 수 있는 능력을 평가한다. 이 검사는 치료계획을 세울 때 중요하다.

① 표준화 검사
② 문맥 검사
③ 음소목록 검사
④ 자음정확도 검사
⑤ 자극반응도 검사

50 아동이 다음과 같이 발화하였을 때 자음정확도는?

김치는 맵고 계란은 안 매워 → [기치느 앱꼬 계야는 앙 매워]

① 7/12×100
② 8/13×100
③ 8/14×100
④ 6/14×100
⑤ 9/14×100

51 보기 중 [+긴장성], [-설정성], [-전방성]의 음운자질을 가지고 있는 음소로 묶여 있는 것은?

① /ㅃ, ㅍ/
② /ㄲ, ㅋ/
③ /ㄸ, ㅌ/
④ /ㅍ, ㅌ/
⑤ /ㅃ, ㄸ/

52 다음 아동의 대화를 분석하여 자음정확도를 구하시오.

〈내 용〉
엄마가 이마트에서 엘리펀닌자랑 스테고닌자 사준다고 했어.

〈발 화〉
엄마가 이마뜨에더 에디펀닌다앙 트테고닌다 타두다구 해떠.

① 57.1%
② 53.7%
③ 62.8%
④ 59.2%
⑤ 68.9%

53 청각장애인의 말 특성에 대한 설명으로 적절한 것은 무엇인가?

① 과비성 또는 비누출과 같은 오류를 보일 수 있다.
② 연구개파열음보다 양순음에서 오류가 더 많다.
③ 모음은 정확하게 발음할 수 있다.
④ 종성보다 초성에서 오류가 많다.
⑤ 발성오류는 거의 없는 편이다.

54 최소대립쌍으로 이루어진 낱말쌍은?

① 김 : 빔 ② 손 : 돈
③ 품 : 춤 ④ 맘 : 담
⑤ 방 : 뱀

55 조음정확도와 자음정확도가 바르게 짝지어진 것은?

> 검사 문장 : 아빠가 아이스크림을 사다주셨어요.
> 아동 발화 : [아빠가 아이뜨크이므 따다두이어요]

① 조음정확도 19/27×100, 자음정확도 5/12×100
② 조음정확도 18/29×100, 자음정확도 7/14×100
③ 조음정확도 20/27×100, 자음정확도 7/12×100
④ 조음정확도 20/29×100, 자음정확도 5/12×100
⑤ 조음정확도 20/29×100, 자음정확도 8/14×100

56 다음 아동을 중재하려고 한다. 가장 적절한 음운인식과제에 해당하는 것은?

> • 생활연령: 4세 2개월
> • 조음음운오류
>   바지 → /아디/, 포도 → /오도/, 그네 → /으네/, 사탕 → /아탕/

① '바'와 '지'를 합쳐 말하기
② '포도'에서 '포'를 빼고 말하기
③ '아기, 악어, 바지' 중 '바다'와 첫소리가 같은 것을 고르기
④ '그네'에서 /ㅡ/를 /ㅣ/로 바꾸기
⑤ '바지, 포도, 그네' 중에 '파도'와 두 번째 소리가 같은 것을 고르기

57 청각장애 아동이 가장 변별하기 쉬운 과제는 무엇인가?

① /바/ : /차/ ② /마/ : /나/
③ /바/ : /다/ ④ /사/ : /자/
⑤ /가/ : /카/

58 다음과 같은 오류를 보이는 아동에게 제시할 수 있는 초기 낱말과제는 무엇인가?

> (내 용)
> 꿀벌이 발을 물어서 울었어. 그런데 엄마가 약을 발라줬어요.
> (아동발화)
> 꾸버이 바으 무어터 우얻떠. 그언데 엄마가 야그 바아줘떠여.

① 라일락
② 리모컨
③ 호랑이
④ 할아버지
⑤ 할머니

59 아동이 다음과 같이 발음하였다. 이를 적절히 설명한 것은?

> '사슴' → [사즘], '포도' → [포토], '단추' → [당추]

① 전방화가 2번 나타났다.
② 기식음화가 2번 나타났다.
③ 후방화는 일어나지 않았다.
④ 파열음화가 2번 나타났다.
⑤ 파찰음화가 1번 나타났다.

60 다음과 같이 발음하였다면 자음정확도는?

> '눈사람' → [우따얌], '색종이' → [애쪼이], '옥수수' → [오쑤수]

① 4/10×100
② 5/10×100
③ 5/11×100
④ 4/12×100
⑤ 5/12×100

61 다음 보기는 어떤 음소의 조음지시법을 설명하는 것인가?

- 혀끝의 뒷부분이 치조에 접촉하게 되고 혀는 세로로 좁힘
- 혀의 측면 가장자리는 이완된 상태에서 공기를 내보내어 산출하도록 함

① 유음(설측음) ② 유음(탄설음)
③ 치경마찰음 ④ 연구개파열음
⑤ 경구개파찰음

62 다음 중 음절구조 변동 오류에 해당하는 것은 무엇인가?

① 고양이 → [도양이] ② 강아지 → [망아지]
③ 원숭이 → [원쭝이] ④ 코끼리 → [토띠이]
⑤ 캥거루 → [탱더두]

63 다음 보기 중 독립분석에 해당하는 것으로 묶인 것은?

㉠ 음소목록을 분석하여 기술한다.
㉡ 오류패턴을 분석하여 기술한다.
㉢ 성인의 목표형태와 비교하여 기술한다.
㉣ 음절구조를 분석하여 기술한다.

① ㉠, ㉡ ② ㉠, ㉢
③ ㉡, ㉢ ④ ㉢, ㉣
⑤ ㉠, ㉣

64 기능적으로 맹관공명을 보이는 아동에게 제시할 수 있는 낱말 과제로 적절한 것은?

① 가방 ② 공주
③ 비밀 ④ 꼬마곰
⑤ 구름빵

65 다음 오류패턴을 보이는 아동에게 적용할 수 있는 조음치료 방법은?

> 개구리 → /대두이/, 고양이 → /도야이/, 코끼리 → /토띠이/

① 고모음 환경에서 연구개음을 유도한다.
② 설압자를 사용하여 혓날이 치경에 붙는 것을 소거하고 후설의 움직임을 유도한다.
③ 경구개에 혓등을 대고 기류를 유도한다.
④ 입술을 다물고 코울림을 유도한다.
⑤ 불기활동을 통해 구강압을 높인다.

66 다음 중 F1과 F2의 차이가 큰 단어는 무엇인가?

① 베 개 ② 바 다
③ 소 고 ④ 우 주
⑤ 시 비

67 아동의 발화 분석 예시를 보고 음절구조를 확장하기 위해 적절한 과제는 무엇인가?
[23년]

> 우유/우우/, 빵빵/빠/, 이모/임모/, 과자/아따/

① 아 빠 ② 우 유
③ 아 니 ④ 빠 빠
⑤ 오 리

68 말실행증 아동을 치료하기 위한 기본적인 원리에 대한 설명으로 적절하지 않은 것은?

① 운동계획결함에 초점을 맞춰 치료한다.
② 다양한 감각을 이용하여 치료한다.
③ 음운적 접근법에 기초하여 치료한다.
④ 완벽하게 정상적인 말보다는 명료도의 향상에 중점을 둔다.
⑤ 구강 실행증을 동반하면, 치료 시 비구어 구강운동을 함께 치료해야 한다.

69 보기는 청감각-지각 훈련에서 어떤 단계를 설명하는 것인가?

> 목표음과 오류음을 듣고 같은지 다른지를 판별할 수 있도록 한다.

① 확인(Identification)
② 고립(Isolation)
③ 자극(Stimulation)
④ 변별(Discrimination)
⑤ 이해(Comprehension)

70 어중초성 위치에서 /ㅂ/을 평가할 수 있는 문장은 무엇인가?

① 고맙습니다.
② 밥을 먹어요.
③ 답답해요.
④ 보물을 찾아요.
⑤ 급해서 뛰어요.

PART 04

모의고사 네 번째

1교시
- **제1과목** 신경언어장애
- **제2과목** 유창성장애
- **제3과목** 음성장애

2교시
- **제1과목** 언어발달장애
- **제2과목** 조음음운장애

04 모의고사 네 번째

✹ : 고난이도, 17년 18년 19년 20년 21년 22년 23년 24년 : 기출연도

1교시

제1과목 | 신경언어장애

01 혀끝에 설압자를 대었을 때 감각을 느끼지 못하였다면 어느 신경에 문제인가?
17년
18년
19년
① 5번 삼차신경 ② 7번 안면신경
③ 10번 미주신경 ④ 9번 설인신경
⑤ 12번 설하신경

02 다음 ㄱ, ㄴ에 들어갈 알맞은 것으로 고르시오.
20년

- (ㄱ)신경의 손상으로 인하여 발성기능에 어려움 발생
- (ㄴ)신경의 손상으로 인하여 저작기능에 어려움 발생

	ㄱ	ㄴ
①	설인(CN IX)	미주(CN X)
②	미주(CN X)	삼차(CN V)
③	설하(CN XII)	설인(CN IX)
④	삼차(CN V)	안면(CN VII)
⑤	안면(CN VII)	설하(CN XII)

03 실어증의 원인 중 하나로 혈액 속 이물질 덩어리가 좁아진 혈관을 막아 발생하는 뇌혈관 사고는?
18년
① 뇌출혈 ② 관류저하
③ 혈전성 뇌졸중 ④ 외 상
⑤ 색전성 뇌졸중

04 손상 시 과다운동형 마비말장애가 유발될 수 있는 뇌영역으로 적절한 것은?
20년
① 상위전두엽(Superior Frontal Lobe)
② 4번 뇌실(4th Ventricle)
③ 뇌섬(Insula)
④ 연수(Medulla)
⑤ 기저핵(Basal Ganglia)

05 다음 영역에 손상을 입은 경도 실어증 환자의 구어표현으로 옳은 것은?
24년

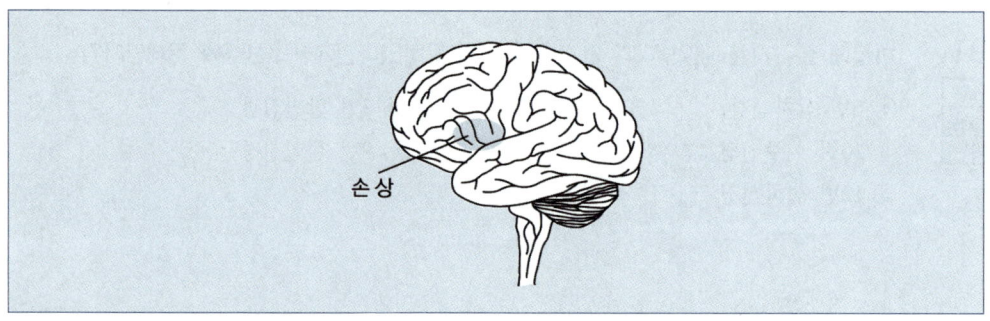

① 내가 병이라 보다 2살이 더 많은데..
② 음.... (한숨)... ㄱ...ㄱ..ㄱ...고....공
③ !●)・*$・(%&(・%(・%*・)....
④ 이거.. 하고요. 하고... 저기.. 사..상? 아니.. 산! 산 있다.
⑤ 이런 거 처음 봐요. 이게 뭐더라.. 아니 내가 이런 걸 안해봐서.. 다 아는데... 잘 모르겠네.

06 다음 설명에 해당하는 뇌 영역으로 옳은 것은?
23년

- 뇌신경핵이 위치함
- 중뇌, 교뇌, 연수로 구성
- 호흡, 맥박, 혈압 등 생명유지에 필수적인 기능을 함

① 간 뇌　　　　　　　　　② 소 뇌
③ 뇌 간　　　　　　　　　④ 기저핵
⑤ 변연계

07 심도 브로카실어증(Severe Broca's Aphasia) 환자의 설명으로 옳은 것은?

① 3단계 지시사항을 이해하는 데 어려움이 있을 수 있다.
② 물건 사용법을 인지하지 못한다.
③ 이름대기는 다른 능력에 비해 좋은 편이다.
④ 3어절 이상 문장 따라 말하기는 가능하다.
⑤ 그림 설명은 완벽하게 할 수 있다.

08 다음 수행력을 읽고, 실어증 유형과 치료목표로 알맞게 짝지어진 것을 고르시오.

> SLP : 성함이 어떻게 되세요?
> 환자 : 나? 성함? 근데 여기가 핸조라고 하는거 아니야?
> SLP : 핸조가 뭐예요?
> 환자 : 핸조가 ......? 아니. 그게 아니고... 핸조라면인데 고기보다 빠른데? 그걸 왜 몰라.
> SLP : (카드 보여주며) 여기 전화기 있어요?
> 환자 : 전화기? 아니 근데... 여기서 뭘 하라고?
> SLP : 전화기. 전화기 찾아보세요.
> 환자 : 전화기를... 뭐라고? 아이... 고기
> SLP : 여기에 전화기 있어요?
> 환자 : 여기에 있어... 응? 핸조보다는 더 빠른데...

① 전도실어증 – 문장수준에서 따라 말하기
② 브로카실어증 – 범주단어 연상하기
③ 베르니케실어증 – 사물 듣고 선택하기
④ 연결피질감각실어증 – 2단계 이상 지시 따르기
⑤ 명칭실어증 – 사물이름대기

09 다음은 실어증 환자의 구어표현이다. 가장 많이 나타난 오류는 무엇인가?

> 환자 : 저기 그... 제가 사는 곳에 가야 하는데요. 우리나라 수도! 하하... 말이 안 나오네...
> 시민 : 서울이요?
> 환자 : 네! 그 큰 차 있잖아요. 서울까지 가는 큰 차를 타는 곳... 그러니까... 아! 터터터미널 맞죠? 거기 가려고 하면 어떻게 가나요?
> 시민 : 저기서 택시타고 터미널에 가자고 하시면 됩니다.

① 착어 ② 대치
③ 에둘러 말하기 ④ 빈구어
⑤ 반향어

10 다음 영상검사와 영상검사의 목적으로 옳은 것은?
24년
① 자기공명영상(MRI) - 뇌혈관 확인
② 컴퓨터 단층 촬영술(CT) - 뇌기능 활성화 확인
③ 자기공명조영술(MRA) - 뇌 구조 확인
④ 기능 자기공명영상(fMRI) - 뇌손상 유무 확인
⑤ 양전자 단층 촬영술(PET) - 혈액의 변화를 통한 뇌의 활동 확인

11 다음 마비말장애 환자의 치료 목표로 옳은 것은?
24년

> 치료사 : 이거 읽어보세요. (글자 카드 : 아빠가 방에 들어가신다.)
> 환　자 : 아...빠가방...에... 들어가...신다.
> 치료사 : 띄어읽는 부분에 제가 이렇게 (v) 표시를 해두었어요. 그 부분에서 멈추었다가 다시 읽으실게요.

① 호 흡　　　　　　　　　② 발 성
③ 조 음　　　　　　　　　④ 운 율
⑤ 공 명

12 다음은 실독증 환자의 읽기를 전사한 것이다. 다음 환자가 보이는 실독증의 유형은 무엇인가?
18년
23년

> • 구두 → 구두　　　　• 곰조 → 골....
> • 칫솔 → 치약　　　　• 족무 → 조조
> • 뉴스 → 신문　　　　• 가하 → 가다

① 심층실독증　　　　　　② 음운실독증
③ 어휘(표층)실독증　　　④ 주의력 실독증
⑤ 무시실독증

[13~14] 다음은 마비말장애 환자의 평가 요약지이다. 이를 보고 물음에 답하시오.

* 손OO(F / 81)
- 안면(Face) : 우측 이마부터 입술까지 우측 근육의 약화와 마비증상 관찰
- 최대발성시간(MPT) : 6.12초
- 발성 : 음량이 작고 음성떨림이 심함
- 음성 : 쉰 목소리
- 조음 : 입술 움직임 범위 감소, 혀 휨 관찰되지 않았으나 운동 범위가 좁아짐, 혀 근력저하
- 말 : 말속도가 빠르며 운율이 단조로움
- 교호운동 : 말이 뭉개져 평가 불가
- 기타 : 걷는 것을 어려워하며 소자증이 관찰

13 위 환자의 마비 증상으로 볼 때 예상할 수 있는 것으로 옳은 것은?

23년

① 축삭 전체 손상으로 의심된다.
② 좌반구쪽 손상으로 의심된다.
③ 안면신경핵 자체의 손상으로 의심된다.
④ 중추성 안면마비로 의심된다.
⑤ 단일측 상위운동신경원의 손상으로 의심된다.

14 위 환자의 마비말장애 유형과 치료 접근법이 바르게 연결된 것은?

22년

① 과소운동형 - 리실버만 음성치료
② 이완형 - 교합저지기 치료
③ 실조형 - 차폐법 치료
④ 과소운동형 - 보툴리눔 독소 주입 치료
⑤ 이완형 - 하품-한숨법 치료

15 다음은 실어증 환자의 치료 계획서의 일부이다. 2-2에 들어갈 목표로 적절한 것은?

> 2-1. 치료실 상황에서 실물카드에 언어재활사가 제시하는 1음절 단서를 듣고 90% 이상 정확하게 이름대기를 할 수 있다.
> 2-2. _____.
> 2-3. 치료실 상황에서 실물카드에 아무런 단서 없이 90% 이상 정확하게 이름대기를 할 수 있다.

① 치료실 상황에서 실물카드에 언어재활사가 제시하는 2음절 단서를 듣고 90% 이상 정확하게 이름대기를 할 수 있다.
② 치료실 상황에서 실물카드에 언어재활사가 제시하는 1음절 단서를 듣고 100% 이상 정확하게 이름대기를 할 수 있다.
③ 치료실 상황에서 실물카드에 언어재활사가 제시하는 의미단서를 듣고 90% 이상 정확하게 이름대기를 할 수 있다.
④ 치료실 상황에서 실물카드에 언어재활사가 제시하는 의미단서를 듣고 100% 이상 정확하게 이름대기를 할 수 있다.
⑤ 치료실 상황에서 실물에 언어재활사가 제시하는 1음절 단서를 듣고 90% 이상 정확하게 이름대기를 할 수 있다.

16 우반구손상으로 인하여 무시증(Neglect)을 보이는 환자에게 제시할 경우 정확하게 인지하지 못할 것으로 예상되는 그림은 무엇인가?

①
②
③
④
⑤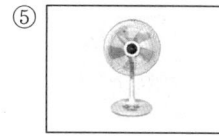

17 다음 증상을 보이는 환자의 주요 치료 목표와 도구로 옳게 묶인 것은?

• 휴직 시 떨림	• 느린 움직임
• 말 뭉침	• 근육 경직
• 강도 감소	• 자세 불안정
• 무표정한 얼굴	

① 과다비성 감소 - 구개 거상기
② 입술 근육 강화 - 구강 유압계
③ 연인두폐쇄 강화 - 양압기
④ 턱 움직임 감소 - 바이트 블록
⑤ 말속도 감소 - 메트로놈

18 근육을 반복하여 사용하면 근육 수축이 점진적으로 감소하지만, 휴식을 취하면 빠르게 회복되는 환자에게 나타나는 특징으로 적절한 것은?

① 말뭉침(Festination in Speech)
② 약증(Fatigue)
③ 쥐어짜는 음성(Strained Voice)
④ 급변하는 음성강도(Fluctuating Vocal Intensity)
⑤ 비자발적 근육경련(Involuntary Muscle Spasm)

19 60대 오른손잡이 우뇌손상 환자가 이해하기 어려운 문장으로 적절한 것은?

① 친구가 불같이 화를 냈다.
② 저 분은 의사선생님입니다.
③ 종이를 저에게 주세요.
④ 오늘 날씨는 매우 춥습니다.
⑤ 웃으니 아름다우시네요.

20 치매에 대한 설명으로 옳은 것은?

① 모든 치매는 초기에 언어장애가 발생한다.
② 65세 이상의 노인인구에게만 치매가 적용된다.
③ 대부분의 치매는 호전이 어려우나 호전이 가능한 치매도 있다.
④ 알츠하이머치매는 계단식 진행을 보이며 악화된다.
⑤ 뇌졸중으로 인하여 혈관성치매가 가장 많은 비중을 차지한다.

21 다음은 치매 환자에 대한 언어적인 소견이다. 어떤 치매와 비슷한 양상을 보이는가?

> 70세 김OO 할머니는 2023년도에 서울병원에서 전두엽과 측두엽에 병리적 문제가 발생하여 나타나는 퇴행성 치매 진단을 받았음. 현재 신변처리, 기억력에는 크게 문제를 보이지 않고 복지원에 적응 중임. 하지만 구어표현이 서툴고 알아듣기 어려울 정도의 짧고 단순한 표현을 사용함
> 2024. 03. 22. 사회복지사 김ㅁㅁ 작성

① 진행비유창성실어증
② 알츠하이머치매
③ 파킨슨병치매
④ 혈관성치매
⑤ 가성치매

22 치매 환자의 치료기법 중 성질이 다른 한 치료법은 무엇인가?

① Montessori-based Intervention(MBI)
② FOCUSED Caregiver Training
③ Spaced-retrieval Training(SRT)
④ Reality Orientation Therapy(ROT)
⑤ Validation Therapy(VT)

23 알츠하이머치매(Alzheimer's Disease, AD)에 대한 설명으로 옳은 것은?

① 일상생활능력은 잘 보존된다.
② 원발진행실어증에 비해 기억력 장애가 두드러진다.
③ 경도인지 장애 환자는 대부분 알츠하이머치매로 진단된다.
④ 화용적인 문제 외엔 언어적 문제가 관찰되지 않는다.
⑤ MMSE 검사로 빠르게 진단된다.

24 다음이 설명하는 말실행증 치료법은 무엇인가?

> 말산출을 직접적인 치료 목표로 삼지 않고 구강운동구조에 대한 촉각, 운동 감각, 반사 등을 통하여 조음목표를 조절하는 방법

① 보안대체의사소통(AAC)
② 모델링기법
③ 속도-리듬제어접근법
④ 조음지시법
⑤ 구강근육자극기법(PROMPTS)

25 다음은 실행증 환자에게 제공하는 Rosenbek(1973)의 8단계 단서 과정이다. 순서대로 나열한 것은?

> 언어재활사가 목표어를 말하는 동안에 환자가 함께 목표어를 표현한다.
> ㉠ 역할놀이를 통해 환자가 연습한 목표어를 활용할 수 있도록 한다.
> ㉡ 언어재활사가 목표어를 말한 뒤, 환자는 아무런 단서 없이 목표어를 표현한다.
> ㉢ 언어재활사가 목표어를 말한 뒤, 환자는 아무런 단서 없이 목표어를 반복 표현한다.
> ㉣ 언어재활사는 질문에 대한 답을 미리 알려주고, 환자는 답과 연관된 질문을 한다.
> ㉤ 목표어 카드를 잠깐 본 후, 카드가 없는 상태에서 반복 표현한다.
> ㉥ 목표어 카드를 읽는다(단, 다른 단서는 제공하지 않는다).
> ㉦ 언어재활사가 목표어를 말한 뒤, 언어재활사의 입모양 제시에 환자가 목표어를 표현한다.

① ㉠ - ㉢ - ㉤ - ㉥ - ㉣ - ㉡ - ㉦
② ㉤ - ㉣ - ㉡ - ㉢ - ㉥ - ㉦ - ㉠
③ ㉦ - ㉡ - ㉢ - ㉥ - ㉤ - ㉣ - ㉠
④ ㉣ - ㉦ - ㉡ - ㉢ - ㉤ - ㉥ - ㉠
⑤ ㉠ - ㉣ - ㉤ - ㉥ - ㉢ - ㉡ - ㉦

26 발성실행증에 대한 설명으로 옳은 것은?

① 대부분 2주 이내에 회복이 되는 일시적인 증상이다.
② 실행증 중에 가장 흔하게 나타난다.
③ 노래를 시키면 문제없이 발성이 나타난다.
④ 모든 상황에서 전혀 목소리를 내지 못한다.
⑤ 인두실행증이라고도 한다.

27 다음은 뇌손상 환자의 글래스고우 혼수척도 검사 결과이다. 의식상태로 옳은 것은?

> - E4V5M6

① 눈뜨기 반응은 4점으로 둔감 상태이다.
② 운동반응은 Max 점수로 약화는 없을 것으로 추측된다.
③ 구어반응은 5점으로 의사소통이 간헐적으로 가능하다.
④ GCS 15점으로 GCS 최고 점수이며 각성상태이다.
⑤ GCS는 구어반응(V)과 운동반응(M)만으로 평가한다.

28 (ㄱ) 경직형 마비말장애와 (ㄴ) 이완형 마비말장애의 손상부위를 알맞게 제시한 것은?

	(ㄱ)	(ㄴ)
①	상부운동신경세포	하부운동신경세포
②	하부운동신경세포	편측 상부운동신경세포
③	경동맥의 전뇌동맥	경동맥의 중뇌동맥
④	궁상속	방사관
⑤	피질척수로	피질뇌간로

29 말실행증 환자들에게 가장 어려운 과제는?

① '바닷가' 단어 반복 표현과제
② '바' 일음절 반복 표현과제
③ '아~' 연장발성 과제
④ '월, 화, 수, 목, 금, 토, 일' 요일 표현 과제
⑤ '산토끼' 노래 부르기 과제

30 아동기 말실행증 평가단계를 순서대로 나열하시오.

ㄱ. 인지평가
ㄴ. 말근육 집행 평가
ㄷ. 언어·음운평가
ㄹ. 말(조음) 프로그래밍 평가

① ㄱ → ㄴ → ㄷ → ㄹ
② ㄱ → ㄷ → ㄹ → ㄴ
③ ㄷ → ㄱ → ㄹ → ㄴ
④ ㄴ → ㄹ → ㄷ → ㄱ
⑤ ㄷ → ㄹ → ㄴ → ㄱ

제2과목 | 유창성장애

31. 파라다이스-유창성검사(Paradise-Fluency Assessment, P-FA II)에 대한 설명 중 옳은 것은?

① 초등학생부터 중학생 이상의 성인까지 검사를 진행할 수 있다.
② 검사 과제는 개인 내 변이성을 파악하는 데 어려움이 있다.
③ 필수과제와 선택과제 두 가지로 구성되어 있다.
④ 이 검사는 언어/인지적 부담을 가중시켜 검사를 하도록 제작하였다.
⑤ 검사과제는 연령별로 필수과제와 선택과제가 있는데 고등학생의 필수과제로는 '문장그림, 말하기 그림, 대화, 읽기'가 있다.

32. 다음 발화분석을 보고 옳게 설명한 것은 무엇인가?

> 저 저 저는 어 여행을 거기 아니 거기로 가고 싶었어요. (주저 2초) 어 음 최근 티비 프로그램을 보니 어 너무 음.. 흥미로운 것 같아요. (긴장, 주저 3초) 그것도 할 수 있고 어 어 다양한 동물들도 구경하고요. 너 너 너무 이색적인 곳일 것 같아요. 아니, 제 이야기는 끝이에요. 어 지금 이야기할 때 정말 긴장했어요. (주저 2초) 어 제 말을 음 정말 신경 쓰게 돼요.
> (발화 : 100음절)

① 핵심행동 중 반복측면에서 살펴보았을 때, 반복횟수가 10회 이상이므로 병리적 비유창으로 보인다.
② 단위반복수가 1~2회 나타나기는 했으나 긴장을 동반한 주저, 간투사, 반복의 종류가 개별말소리인 것으로 보아 병리적 비유창으로 분석 가능하다.
③ 주로 보이는 비정상적인 비유창은 반복과 간투사이다.
④ 본 환자는 여행이야기를 하다가 긴장하고 있다고 말을 끝내버리는 것과 단어를 대용어로 바꾸어 말하기 등을 통해 회피행동이 다양할 것으로 보인다.
⑤ 심인성 말더듬으로 예상되며 정신과 상담을 꼭 진행한다.

33. 신경생리학적 이론에 근거한 연구로 양쪽 귀에 서로 다른 말 신호를 동시에 들려주고 피험자들이 자극을 기억하게 하는 과제를 통해 말더듬이 있는 사람과 아닌 사람에 대한 차이를 알아보려고 한 연구 방법은 무엇인가?

① 이분청취(Diachotic Listening)
② Wada Test
③ 뇌파검사 연구
④ 신경연상 기법 연구
⑤ Monster Studies

34 Guitar(1988)의 말더듬 진전경로에서 가장 마지막에 나타나는 부정적인 정서는 무엇인가?
① 당 황
② 수치심
③ 죄의식
④ 분 노
⑤ 무서움

35 다음의 대화에서 A에게 나타나는 회피행동의 양상은 무엇인가?

19년
20년
21년
23년
24년

> A : 그 그것 좀 갖다 줘라.
> B : 뭐?
> A : 걔가 가져온 거 말이야.
> B : 걔가 누군데?
> A : 승호. 그 그거 있잖아!

① 전보식 표현 사용
② 대용어 사용
③ 에두르기
④ 특이한 방법 사용
⑤ 연기책

36 다음의 SSI-4에서 '말하기 과제'를 실시하였을 때, 말더듬 길이 점수는 몇 점인가?

17년
18년
19년
21년
24년

> • 모모모모모모**도 나오고 (막힘 3.2초) 안 배운 거 안 배운 거 이거 (막힘 2.1초) 싹 푸푸푸푸푸풀라고 그래요. 다 좋아요.
> • 제제제제일은 아니에요.
> • 숨을 많이 쉬면서 달려요.
> • (막힘 2.6초) 그 그때는 교과서가 (막힘 1.8초) 다 재미있었는데, (막힘 4.4초) 2학기가 되니깐 재미없어졌어요.

말더듬 길이 점수		
순식간	(0.5초 이하)	2점
0.5초	(0.5~0.9초)	4점
1초	(1.0~1.9초)	6점
2초	(2.0~2.9초)	8점
3초	(3.0~4.9초)	10점
5초	(5.0~9.9초)	12점
10초	(10.0~29.9초)	14점
30초	(30.0~59.9초)	16점
1분	(60초 이상)	18점

① 4점
② 6점
③ 8점
④ 10점
⑤ 12점

37 다음 발화를 파라다이스-유창성검사(Paradise-Fluency Assessment, P-FA II)로 분석한 결과가 옳은 것은 무엇인가?

> ㅊ ㅊ ㅊ 친구랑 방학에 방학에 (막힘)못 만나서 음 저는 저는 시시싫어요.

① 정상적 비유창성(ND)의 비율은 10이다.
② 비정상적 비유창성(AD)의 비율은 20이다.
③ 비정상적 비유창성(AD)의 점수는 20이다.
④ 비정상적 비유창성(AD)의 빈도는 4이다.
⑤ 정상적 비유창성(ND)의 빈도는 2이다.

38 다음의 대화 내용을 살펴보았을 때 가장 가까운 말더듬 이론은 무엇인가?

> 언어재활사 : 언제부터 말을 더듬었나요?
> 내 담 자 : 어릴 때 어떤 단어가 갑자기 떠오르지 않을 때부터였던 것 같아요. 아직도 그 단어를 기억해요. 하지만 말할 수 없어요.
> 언어재활사 : 그랬군요. 왜 말을 할 수 없나요?
> 내 담 자 : 음... 말하면 더듬을 것만 같아요.
> 언어재활사 : 그래요. 친구와 자주 만나나요?
> 내 담 자 : 네.
> 언어재활사 : 친구와 주로 어떤 대화를 하나요?
> 내 담 자 : 대화하는 게 어려워요. 말하는 게 굉장히 두려워요. 저는 주로 듣기만 해요.

① 진단착오이론
② 이원이론
③ 억압욕망이론
④ 예상투쟁모델
⑤ 접근회피갈등이론

39 다음은 초등학교 1학년 남자 아동의 평가 결과이다. 평가 결과 해석으로 옳은 것은 무엇인가?

- 배경정보
  말이 느렸고 발음도 정확하지 않았음. 발음치료를 받다가 7세쯤에 말더듬이 나타났음
- 한국 아동 말더듬 검사(KOCS)
  - 핵심행동 : 11~20%ile
  - 부수행동 : 1%ile
- P-FA 의사소통 태도 검사 : 7점

① 아동은 다양한 부수행동을 보인다.
② 아동은 의사소통에 대한 부담감이 높다.
③ 아동은 말더듬 지속 가능성이 높다.
④ 아동의 말더듬 경로는 Ⅱ이다.
⑤ 아동은 중간급 말더듬이다.

40 다음 유창성 기법 중 '말더듬 놀이'를 유도하는 표현은 무엇인가?

① 말이 어렵네. 그래도 천천히 말해봐야지.
② 선생님이 '가가가가방'하면 네가 '가는 한 번이에요.'라고 말해줄 수 있을까?
③ 선생님 '가가가가가' 빠르게 할 수 있다? 너도 해볼래?
④ 아~ 느린 속도로 말을 하기가 어렵네. 네가 한 번 보여 줄 수 있을까?
⑤ 내가 말이 자꾸 막히네, 그래도 괜찮아!

41 다음은 Guitar(1988)의 말더듬 5단계 중 어느 단계에 속하는가?

오늘 오늘 어 엄마랑 놀이터에 갔어요. ㅊ-친구랑 만 만났어요. 친구랑 그 그네도 타고 미끄럼틀도 탔어요. 그런데 그런데 타다가, 아 미끄럼틀 어 타다가 다 다 다쳤어요. 피 피도 나고 나는 우 울었어요. 배 밴드 했어요.

① 정상적 비유창성   ② 경계선 말더듬
③ 초기 말더듬   ④ 중간급 말더듬
⑤ 진전된 말더듬

42 다음 진성 비유창성(SLD)의 단위반복수는 총 몇회인가?

> 선 선생님이 오늘 오늘 ㅊㅊ칭찬해주셨어. 음 어 그 그래서 (막힘)기분이 좋았어 기분이 좋았어.

① 1회　　　　　　　　　② 2회
③ 3회　　　　　　　　　④ 4회
⑤ 5회

43 다음 발화의 평균단위반복수는 무엇인가?

> 학 학 학 학교에서 ㅅ------우욱제 숙 숙 숙제를 하지 않아서 호 호 호 호 호 혼이 났어. 다 다 다 다 다음부터 수 수 수 수 수 숙제를 (막힘) 꼭 해야겠어.

① 3회　　　　　　　　　② 3.6회
③ 4회　　　　　　　　　④ 4.6회
⑤ 5회

44 다음 평가에 대한 설명으로 적절한 것은 무엇인가?

> • 말을 하면서 머뭇거림을 자주 나타낸다.
> • 말을 할 때 힘겹게 숨을 쉰다.
> • 말을 더듬을 때 입술을 벌리거나 오므리면서 말한다.
> • 의도했던 단어 대신 다른 단어로 말한다.
> • 나는 발표하는 것을 회피한다.

① 회피, 투쟁, 예기 등을 파악할 수 있으며 자신의 문제를 보다 객관적으로 살펴보게 하고 치료 목표를 설정하게 한다.
② 자신의 행동을 스스로 통제할 수 있는지 내적/외적에 대한 믿음 정도를 측정할 수 있다.
③ 다양한 상황에서 유창성 정도를 유지할 수 있는지에 대해 대상자의 생각을 평가할 수 있다.
④ 다양한 과제를 통해 말더듬의 심한 정도 측정할 수 있다.
⑤ 지속성을 예측할 수 있다.

45 유창성 치료를 위한 방법 중 말더듬 아동들이 언어의 복잡성으로 인해 말을 더듬기보다는 말의 창의성으로 인해 말을 더듬는 것이라고 보고 5가지 질문 혹은 요구하는 것으로 창의성을 조절하여 치료하는 방법은 무엇인가?

18년

① 리드콤 프로그램
② Speech Easy
③ 행동인지 말더듬 치료
④ 스토커 프로브 테크닉
⑤ 발살바 말더듬 치료

46 말더듬의 간접치료와 직접치료에 대한 설명 중 적절한 것은 무엇인가?

① 말더듬에 대해 인식한 경우 간접치료를 실시한다.
② 간접치료는 가족들의 상호작용, 유창성에 대한 태도와 행동의 변화 등을 목표로 한다.
③ 직접치료 후 아동의 말이 유창해지지 않을 경우 간접치료를 한다.
④ 직접치료의 대표적인 프로그램으로는 리드콤 프로그램이 있다.
⑤ 간접치료에는 '말더듬의 변형'이 있다.

47 만 16세 남자 학생이 어릴 때부터 말을 더듬었다고 한다. 현재는 말을 하지 못하는 척한다고 한다. 또한 학교에서는 따돌림을 받고 있고 이로 인해 최근 심리상담도 받고 있다고 한다. 이 학생에게서 평가할 수 있는 것끼리 묶인 것은 무엇인가?

20년
22년
23년

(ㄱ) 파라다이스-유창성검사(P-FA II)
(ㄴ) 말더듬 인터뷰
(ㄷ) Erickson 의사소통 태도 평가(S-24)
(ㄹ) 말더듬 예측검사(SPI)
(ㅁ) 자기평가 및 말더듬에 대한 기대감 확인

① ㄱ, ㄴ, ㄷ
② ㄴ, ㄷ, ㄹ
③ ㄷ, ㄹ, ㅁ
④ ㄱ, ㄴ, ㄷ, ㄹ
⑤ ㄴ, ㄷ, ㄹ, ㅁ

48 다음 아동을 면담할 때 적절하지 않은 질문은 무엇인가?

> 만 6세 8개월 아동으로 자신의 말에 대한 인식을 하지 않고 있다고 한다. 말더듬은 5세경에 영어비디오를 보여주기 시작하였을 때부터 말더듬 증상이 반복적으로 나타났다고 한다. 그 이후로 비디오를 보여주거나 부담이 되는 학습을 거의 하지 않았고, 현재 초등학교에 입학하면서 새로운 변화로 인해 말더듬이 심각해졌다고 한다.

① 선생님한테 혼난 적 있어? 있으면 그 이야기 좀 해줘.
② 친구들하고 싸운 적 있어? 있다면 그 이야기 좀 해줘.
③ 말은 언제부터 더듬었던 거야?
④ 오늘 학교에서 어떤 일이 있었어?
⑤ 가장 즐거웠던 적은 언제야? 그 이야기 좀 해줘.

49 다음은 말더듬 수정법의 어떤 단계에 대한 설명인가?

> 언어재활사 : 오늘 뭐했어요?
> 학　　　생 : 친 친 친 친구(아무 소리도 내지 않고 1초간 쉼) 친(부드럽게 연장하며)구랑 같이 놀았어요.
> 언어재활사 : 잘 했어요. 친구랑 뭐 하면서요?
> 학　　　생 : 영화도 보고 ㅂ ㅂ ㅂ 바 밥.(아무 소리도 내지 않고 2초간 쉼) 밥(느리게 연장하며)도 먹었어요.

① 변형(Variation)　　　　　　　② 예비책(Preparatory Set)
③ 빠져나오기(Pull-over)　　　　 ④ 취소(Cancellation)
⑤ 안정화(Stabilization)

★ 50 다음의 사례를 읽고 적절한 치료 방법은 무엇인가?

> • 30세 남성. 초등학교 때 친구들에게 왕따를 당하면서 말을 더듬기 시작했다고 함. 말더듬이 습관 같다고 함
> • P-FA Ⅱ 백분위수 31~40%ile
> • 부수행동 점수 0점
> • 의사소통 태도 검사 1~10%ile

① 심리치료를 통한 말더듬 중재
② 말더듬 수정법
③ 인지적 재구성
④ 유창성 완성법
⑤ 점진적 발화 및 복잡성 증가

51 다음 말더듬의 내면적 특성을 검사하기 위한 검사내용 중 옳은 설명은 무엇인가?

① 말하기 상황에서 어느 정도 유창할 수 있는지에 대해 자신감을 측정한 검사도구로 자아효능감 척도가 있다. 이것은 성인용 대상으로 의사소통 상황의 참여빈도, 유창성 유지에 대해 측정한다.
② Erickson 의사소통 태도 평가는 말하기 상황에서 태도를 평가하는 것으로 이분법적인 채점방식을 이용한다. 이것은 점수가 높을수록 의사소통 태도가 긍정적인 것이다.
③ 말더듬 지각검사로 청소년과 성인을 대상으로 회피, 부수행동, 말더듬을 예상하는 정도를 측정하는 검사이며 자가 평가한다. 이 검사는 체크리스트로 5점 척도를 이용한다.
④ 주관적 말더듬 중증도 선별검사(SSS)는 말더듬을 회피하는 경험이나 말더듬에 대한 지각빈도, 말더듬에 대한 부수행동에 대해 평가한다.
⑤ A-19 검사는 선별검사로 성인을 대상으로 언어재활사가 상담을 통해 평가한다.

52 말더듬 진전의 변수 중 '대상자의 나이'에 관련된 내용 중 적절하지 않은 것은 무엇인가?

① 아동은 직접 및 간접 치료에서 큰 효과를 얻을 수 있다.
② 청소년은 말더듬에 대한 동기가 매우 강하여 아동에 비해 큰 효과를 받을 수 있다.
③ 청소년은 언어재활사와의 관계, 언어재활사와 대화 주제, 말더듬을 줄일 수 있는 기술의 관심에 따라 달라질 수 있다.
④ 중년층은 이제 막 치료를 시작한 젊은 말더듬 성인보다 말더듬 중증도와 자기평가 점수가 좋은 편이다.
⑤ 중년층은 말더듬과 관련된 핸디캡이 나이가 들면서 줄어들었는지에 대해 대부분 줄어들었다고 보고하고 있다.

53 다음 말더듬의 감정 및 태도 검사 해석하는 방법에 대한 설명 중 옳은 것은 무엇인가?

① 행동통제소(LCB)는 점수가 낮을수록 내재성(내적 통제에 의해 결정)이 낮다고 본다.
② 의사소통 태도 평가(Erickson, S-24)는 점수가 높을수록 의사소통 태도는 부정적이다.
③ 자아효능감 검사는 자신감을 표시할 때, 점수가 높을수록 자신감 정도가 낮다.
④ 전반적 말더듬 경험 평가(OASES)는 말을 더듬는 사람의 의사소통, 관계, 자신감 및 삶의 질에 얼마나 영향을 미치는지에 관한 정보로 인터뷰를 통해 검사한다.
⑤ 말더듬 지각 검사(PSI)는 점수가 높을수록 적게 지각한다고 본다.

54 다음 사례에 적절한 치료 방법은 무엇인가?

> • 15세, 여자
> • 말속도가 매우 빠르고 간투사가 많음
> • 대치가 많으며 문법적 실수가 많음
> • 자신의 말속도가 빠르다고 생각하지 않음

① 자기 스스로 말속도를 의식하지 않도록 해야 한다.
② 의사소통의 문제점을 간접적으로 피드백해야 한다.
③ 자신의 말에 대한 오디오 자료, 비디오 자료를 분석하여 언어재활사에게 반복, 오조음, 수정, 간투사 등을 설명하여 강의하게 할 수 있다.
④ 다른 단어나 음절의 강세, 억양을 일정하게 하여 구를 읽게 한다.
⑤ 평균 300SPM으로 책 읽기를 한다.

55 다음 중 신경학적 말더듬과 심인성 말더듬에 대한 내용으로 옳은 것은 무엇인가?

① 신경학적 말더듬은 증상이 나타났을 때 바로 중재하는 것이 효과적이다.
② 심인성 말더듬인 경우 말더듬에 대한 잘못된 신념을 수정시켜 주는 것이 예후에 좋다.
③ 신경학적 말더듬이나 심인성 말더듬 모두 심리적인 불안이 동반된다.
④ 신경학적 말더듬인 경우 심리 상담은 필수적이다.
⑤ 심인성 말더듬에 비해 신경학적 말더듬의 진전이 가장 **빠르다**.

제3과목 | **음성장애**

---

56 /네모/, /매미/, /누나/를 스펙트럼으로 분석하였을 때 공통적으로 관찰되는 음향학적 특징은?

① 마찰소음구간
② 반공명(Antiresonance)
③ 파열잡음구간
④ 기식구간
⑤ 넓은 주파수 대역의 소음성분

57 후두적출 환자의 음성재활에 관한 설명으로 옳지 않은 것은 무엇인가?

① 수술 전/후 보호자 및 환자에게 수술로 인한 구조의 변화 및 의사소통을 위한 재활 방법 등을 자세히 설명한다.
② 수술 시 발성 보철기구(Voice Prosthesis)를 삽입하지 않은 경우 인공후두기를 사용하여 의사소통을 할 수 있다.
③ 식도발성은 기문을 손 또는 단방향 밸브로 막아 발성을 한다.
④ 기식도발성은 발화 시 충분히 진동할 수 있는 인두식도부위(Pharyngoesophageal, PE)가 우선되어야 한다.
⑤ 인공후두기는 학습은 쉬우나 항상 휴대해야 하는 번거로움과 발화 시 단조로운 기계음이 산출된다는 단점이 있다.

58 노인성 음성장애의 원인과 음성특징에 대한 설명으로 옳지 않은 것은 무엇인가?

① 후두의 위치에 변화가 생길 수 있다.
② 여성은 나이가 들며 점차 음도가 낮아지며, 남성은 음도가 높아지는 특성이 있다.
③ 성대의 근육 및 점막의 질량 감소 등으로 인해 궁형성대(Bowing)를 보이기도 한다.
④ 성대위축증 등으로 인해 목쉰소리, 기식음성, 약한 음성 등의 특징을 보일 수 있다.
⑤ 후두의 연골구조가 더 연해져 음성의 문제를 일으킨다.

59 아데노이드 비대증 환자가 보이는 주요 음성문제는 무엇인가?

① 목의 이물감　　② 목쉰소리
③ 과소비성　　　④ 과다비성
⑤ 비누출

60 비성치가 가장 높은 문장은?

① 바닷가에 거북이가 기어가요.
② 학교에 가서 축구를 해요.
③ 나무에 매미가 많아요.
④ 크레파스로 색칠해요.
⑤ 크리스마스 트리를 꾸며요.

61 성문의 기류 양을 측정하기 위해 타당한 도구는 무엇인가?

① EGG
② Nasometer
③ PAS
④ Dr. Speech
⑤ Stroboscopy

62 다음 중 주관적 평가에 해당되는 것으로 짝지어진 것은 무엇인가?

① GRBAS, Stroboscopy
② GRBAS, MDVP
③ GRBAS, PAS
④ CAPE-V, Nasometer
⑤ CAPE-V, EGG

63 음성평가에 사용되는 설문지에 대한 설명으로 옳지 않은 것은 무엇인가?

① 임상에서 주로 사용하는 음성 설문지는 VHI, VRQOL이 있다.
② VHI는 신체적, 기능적, 정서적 항목으로 구분되어 있다.
③ VRQOL의 평가영역은 신체영역과 기능적인 영역으로 구분되어 있다.
④ VHI, VRQOL 모두 5점 척도이다.
⑤ 아동을 위한 p-VHI에는 시각적 아날로그 척도(Visual Analogue Scale)가 포함되어 있다.

64 편측성 성대마비 환자를 대상으로 CAPE-V를 실시하였을 때 가장 높게 평정되는 항목은?

① 거친소리
② 바람새는 소리
③ 쥐어짜는 소리
④ 음 도
⑤ 공 명

65 다음 중 Mean Airflow Rate(MAFR)의 값이 (A) 비정상적으로 증가하는 경우와 (B) 비정상적으로 감소하는 경우로 짝지어진 것은 무엇인가?

	(A)	(B)
①	근긴장성 발성장애	연축성 발성장애
②	성대폴립	편측성 성대마비
③	기능적 실성증	성대구증
④	성대부종	근긴장성 발성장애
⑤	편측성 성대마비	연축성 발성장애

66 아래의 MDVP 결과의 해석으로 적절한 것은?

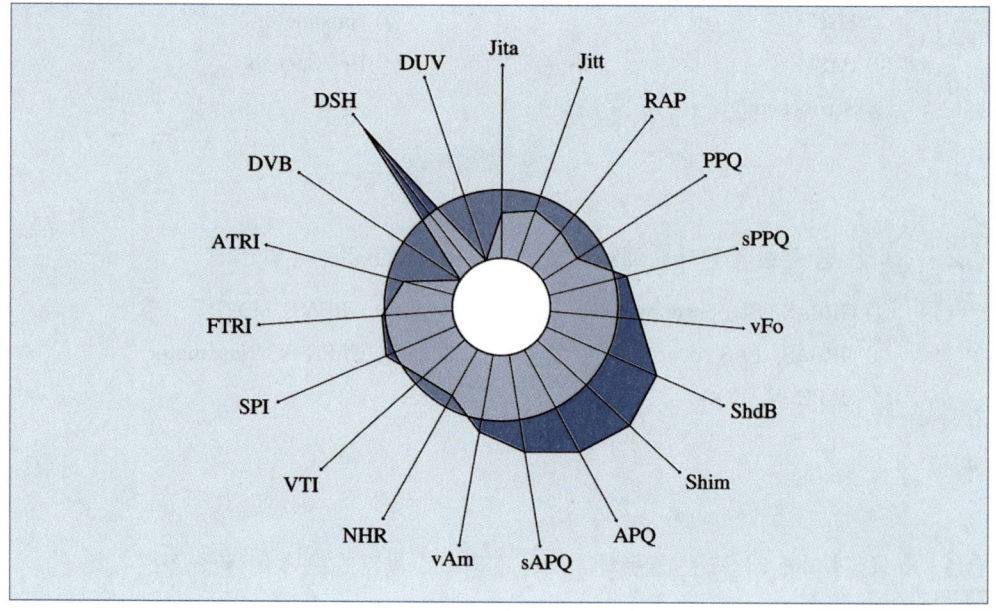

① 음성 일탈이 있다.
② 저조파(Sub-harmonics)가 있다.
③ 음성의 불규칙성이 있다.
④ 음성의 잡음이 매우 심한 편이다.
⑤ 정상적인 음성이다.

67 성대가 정중선에 고정되어 있어서 심각한 호흡문제를 일으키며, 기관절개술이 필요한 장애군은 무엇인가?

① 양측 외전근 성대마비
② 양측 내전근 성대마비
③ 편측성 성대마비
④ 외전형 연축성 발성장애
⑤ 내전형 연축성 발성장애

68 미영이가 'XX!!'라고 말한 것을 스펙트로그램으로 분석하였을 때 무음구간(Silent Gap)이 관찰되었다. 미영이가 한 말은 무엇인가?

① 언 니
② 미 안
③ 아 파
④ 싫 어
⑤ 이 모

69 성대 마사지 효과와 부드러운 성대 진동을 유도하는 방법으로 물이 담긴 물컵에 실리콘튜브를 넣고 물거품을 만들면서 /우/ 발성하는 치료법은 무엇인가?

① 하품-한숨 발성 ② LaxVox 기법
③ 시각적 피드백 ④ 비음-유음 자극
⑤ 노래조로 말하기

70 편측성 성대마비 환자나 흡인 등의 연하기능에 문제가 있는 환자에게 적용할 수 있는 치료기법은 무엇인가?

① 머리 위치 변경 ② 손가락 조작법
③ 흡기발성 ④ 계층적 분석
⑤ 혀 전방화

71 호흡, 발성, 조음, 몸동작, 언어와의 협응을 최대화시켜 병리적 증상을 개선시키는 데 목적을 두고 있으며, 복부-횡격막 호흡, 신체와 팔의 움직임, 강세를 넣은 리듬감 있는 모음 발성 활동과 후속적인 자음 발성 활동을 사용하는 치료 방법은 무엇인가?

① 악센트 기법 ② 성대기능훈련
③ 리실버만 음성훈련 ④ 공명음성치료법
⑤ 노래조로 말하기

72 다음 중 '역행성 성대운동'에 해당하는 증상은 무엇인가?

① 발성 시 한쪽 성대만 움직이며 기식음성이 심하다.
② 흡기 시 성대가 부적절하게 내전되며, 천식과 같은 만성적 기침 증상을 보인다.
③ 강한 후두 내전을 보이며, 거친 음성을 산출한다.
④ 발성 중 순간적으로 성대의 외전을 보인다.
⑤ 양측 성대가 정중선에 고정되어 있다.

73 변성발성장애에 대한 설명으로 적절한 것은 무엇인가?

① 성별과 연령에 부적절한 고음이 특징이다.
② 주로 변성기 이전의 남아에게 많이 발병한다.
③ 주로 변성기 이후의 여성에게 많이 발병한다.
④ 긴장되고 떨리는 음성이 특징이다.
⑤ 성장기 때 후두의 구조적 미발달이 원인이다.

74 다음을 읽고 빈칸에 들어갈 알맞은 말을 연결한 것을 고르시오.

> 성대는 5개의 층으로 구분되며 각 층은 고유한 진동방식이 있어서 성대 개폐 시 수직 위상차가 나타난다. 5개의 층 중 '천층(Superficial Layer), 중간층(Intermediate Layer), 심층(Deep Layer)'을 A : _____(이)라고 부르며, 천층은 B : _____(이)라고 부르기도 한다. 성대는 성대 덮개(Cover)에 해당되는 C : _____, D : _____와, 성대인대(Vocal Ligament)에 해당되는 E : _____, F : _____, 그리고 근육층(Muscular Layer)의 3개 층으로 구분할 수도 있다.

① A : 덮개, B : 몸체, C : 천층, D : 중간층, E : 심층, F : 상피
② A : 덮개, B : 몸체, C : 상피, D : 천층, E : 심층, F : 중간층
③ A : 덮개, B : 몸체, C : 상피, D : 중간층, E : 천층, F : 고유층
④ A : 고유층, B : 라인케 공간, C : 상피, D : 천층, E : 중간층, F : 심층
⑤ A : 고유층, B : 덮개, C : 상피, D : 중간층, E : 라인케 공간, F : 천층

75 다음 중 '흡기'와 관련이 없는 것은 무엇인가?

① 횡격막의 수축으로 인한 횡격막 하강
② 폐 내부의 공기밀도가 대기의 공기밀도보다 높음
③ 외늑간근(External Intercostals)의 수축
④ 늑골의 상승으로 인해 흉곽이 수직적으로 증가
⑤ 복부의 장기들이 압박되어 배가 나오는 현상

76 다음 중 음성과 관련된 삶의 질(V-RQOL) 평가와 관련 있는 것은?

① 객관적인 평가이다.
② 0~120점까지 산출되며 점수가 높을수록 정상음성에 가깝다.
③ 3점 척도 검사이다.
④ 사회-심리영역과 신체영역으로 구분되어 있다.
⑤ 언어재활사가 환자의 음성을 듣고 측정한다.

77 다음 중 육아종(Granuloma)의 원인에 해당되지 않는 것은 무엇인가?

① 인후두역류
② 기관내삽관
③ 저음산출로 인한 지나친 피열연골의 접촉
④ 인유두종바이러스(HPV)의 감염
⑤ 지나친 기침과 목청 가다듬기

78 다음 사례를 읽고 물음에 답하시오.

> 본 환자는 만 35세의 남성으로 대화 시 거친 음성과 목쉰소리가 나며, 목에 이물감과 잦은 헛기침을 호소하였다. 후두 내시경 소견으로 성대의 앞쪽에서 1/2 지점에 우측 성대폴립이 관찰되었으며, 발성 시 가성대가 내측으로 수축하는 소견을 보였다. 청지각적 음성평가 결과 G_3, R_3, B_2, 음향학적 음성평가 결과 F_0=92 Hz, Jitter=3.15% Shimmer=5.18%, NHR=0.18로 산출되었다.

위의 사례에 적용할 수 있는 치료 방법으로 옳지 않은 것은 무엇인가?

① 환자의 평상시 생활습관을 고려하여 음성위생 프로그램도 함께 진행한다.
② 흡기발성 등의 이완 방법을 사용하여 가성대를 이완하여 성대발성을 돕는다.
③ Accent Method나 Vocal Function Exercise를 통해 적절한 호흡과 발성을 유도한다.
④ 환기나 습도조절 등을 통해 환자의 주변 환경을 청결하게 유지할 수 있도록 안내한다.
⑤ 음성평가 결과를 고려하였을 때 수술적 접근을 우선으로 해야 한다.

79 다음 사례에 적용할 수 있는 음성재활 방법은 무엇인가?

> 고등학교 2학년에 재학 중인 남학생으로 부적절한 고음사용과 목쉰소리를 주소로 방문했다. 음성평가 결과 기본주파수가 207Hz, 최장발성지속시간이 6sec으로 나타났다.

① 성대근에 보톡스를 주입하여 낮은 음도를 유도한다.
② 손가락으로 갑상연골 앞쪽을 눌러 낮은 음도를 유도한다.
③ 밀기접근법을 사용해 강한 성대 접촉을 유도한다.
④ 저작하기 방법을 사용하여 전반적인 발성 기관을 이완한다.
⑤ 리실버만 음성치료법을 사용하여 음성 강도를 증진시킨다.

80 인후두역류질환을 동반한 근긴장성발성장애 환자에게 적용할 수 있는 치료법은 무엇인가?

① 수면 시 낮은 베개를 사용하며, 하품-한숨 발성으로 성대를 이완시킴
② 꽉 조이는 옷을 피하고 잠자기 전 물을 포함한 음료 섭취를 금함. 또한 후두마사지로 근긴장을 이완시킴
③ 야식을 줄이고 금주 및 금연을 권함. 동시에 보톡스 주입으로 후두근긴장을 이완시킴
④ 속삭이는 음성 사용을 권하며, 후두마사지로 근긴장을 이완시킴
⑤ 유제품 섭취를 권하며, 주기적인 스트레칭을 권함

2교시

제4과목 | **언어발달장애**

01 다음은 어떤 의사소통 행동에 대한 설명인가?
[22년] [24년]

> 아동이 멀리 있는 자동차 장난감을 잡으려고 손을 뻗으며 V, VV 발성을 산출한다.

① 언표외적 행위
② 목표지향적 행위
③ 언표적 행위
④ 언표내적 행위
⑤ 초보적 의사소통 행위

02 읽기 발달에서 중요한 소리와 음운구조에 대한 상위언어능력으로 읽기 발달에서 중요한 능력을 무엇이라고 하는가?

① 읽기 유창성
② 읽기 이해능력
③ 음운처리능력
④ 듣기 이해능력
⑤ 음운인식능력

03 다음은 어떤 아동에게 나타날 수 있는 특징인가?

> 만 4세 여아로 언어발달이 느리다는 것을 주소로 의뢰되었다. 지능은 정상이나 어휘를 습득하는 데 어려움을 보이며, 낱말 찾기에 어려움을 보인다. 또한 표현 시 문장 구성요소가 생략되며, 문법형태소 오류가 빈번하게 관찰되었다.

① 지적장애
② 단순언어장애
③ 사회적 의사소통 장애
④ 읽기장애
⑤ 아스퍼거증후군

04 아동이 리모컨을 전화기처럼 사용하며 엄마와 노는 모습을 보인다. 어떤 시기에 나타나는 상징행동인가?
[19년] [24년]

① 14~15개월
② 16~17개월
③ 18~19개월
④ 20~23개월
⑤ 24~35개월

05 다음의 언어재활사가 사용한 중재 방법은 무엇인가?

아   동 : (사과를 자름)
언어재활사 : (사과를 자르며) 사과 잘라요.
아   동 : 딸기 잘라.
언어재활사 : 딸기를 잘라요.
아   동 : 이거! (접시를 가리킴)
언어재활사 : (접시를 주며) 접시 주세요.

① 모방, 확대, 평행적 발화 기법
② 혼잣말 기법, 확대, 평행적 발화 기법
③ 혼잣말 기법, 확장, 평행적 발화 기법
④ 확장, 혼잣말 기법, 주제 확대하기
⑤ 확대, 확장, 문장의 재구성

06 다음 아동 발화를 분석한 것으로 옳은 것은?

아   동 : 선생님, 저것 봐요.
언어재활사 : 뭐?
아   동 : 주사위요. 빨강, 노랑, 초록, 파랑, 핑크, 보라색이에요.
언어재활사 : 그렇네. 주사위 해볼까?
아   동 : 네. 이거는 던져서 굴리는 거야.

① 언어재활사의 질문에 대한 반응은 관찰되지 않는다.
② 주관적 진술이 2회 나타난다.
③ 의례적인 반응이 산출된다.
④ 시간과 관련된 객관적 언급이 나타난다.
⑤ 아동의 발화에서 객관적 언급은 3회 나타난다.

07 다음 아동 발화의 평균 형태소 길이(MLUm)는 무엇인가? (*반올림하여 소수 둘째 자리까지 표시)

아동 : 오늘 이거 하자.
언니 : 그럼 너는 누구 할 거야?
아동 : 나는 의사하고 언니는 환자.
언니 : 의사 선생님~ 배가 아파요.
아동 : 엉덩이에 주사 맞아요.

① 4
② 4.66
③ 5
④ 5.67
⑤ 6

08 보완대체의사소통(Augmentative and Alternative Communication, AAC) 중 비도구적 상징에 포함되는 것끼리 묶은 것은 무엇인가?

ㄱ. 수 화	ㄴ. 선 화
ㄷ. 몸 짓	ㄹ. 점 자
ㅁ. 블리스심볼	ㅂ. 그 림

① ㄱ, ㄴ
② ㄱ, ㄷ, ㄹ
③ ㄴ, ㄷ, ㅁ
④ ㄱ, ㄷ
⑤ ㄷ, ㅁ, ㅂ

09 직접 선택이 어려운 아동에게 사용할 수 있는 AAC 기법은 무엇인가?
① 신체 부위를 사용하여 선택하기
② 헤드스틱
③ 마우스스틱
④ 스캐닝
⑤ 핸드그립

10 다음 아동에 대한 설명으로 옳지 않은 것은 무엇인가?

- 만 3세 여아
- SELSI 수용 원점수 9점, 표현 원점수 3점
- 의사소통 기능 평가 시 요구하기 및 거부하기가 관찰되나 빈도가 적고 울음 혹은 짜증으로 표현하며 양순음 발성이 관찰되었다.

① 초보적인 의사소통 행동을 보인다.
② 의사소통 의도 및 수단을 확대시켜야 한다.
③ 발달적으로 많이 나타나는 어휘 이해 및 표현 능력을 증진시켜야 한다.
④ 음소 및 음절구조 평가가 필요하다.
⑤ 어휘 선정 시 아동의 환경을 고려해야 한다.

11 다음 스크립트 중재 설정 과정을 순서대로 나열한 것은 무엇인가?

> ㄱ. 친숙한 활동 선택
> ㄴ. 하위 행동에 따른 세부 계획 설정
> ㄷ. 목표 언어 계획
> ㄹ. 중재 실시
> ㅁ. 쓸데없거나 부적절한 하위 행동 제외
> ㅂ. 목표 언어 유도를 위한 하위 행동 결정
> ㅅ. 목표 언어를 이끌기 위한 환경 및 언어 표현 계획

① ㄷ - ㄱ - ㄴ - ㅂ - ㅅ - ㅁ - ㄹ
② ㄷ - ㅁ - ㄱ - ㅂ - ㄴ - ㅅ - ㄹ
③ ㄷ - ㄱ - ㅅ - ㄴ - ㅁ - ㅂ - ㄹ
④ ㄷ - ㄱ - ㅂ - ㄴ - ㅁ - ㅅ - ㄹ
⑤ ㄷ - ㄱ - ㄴ - ㅅ - ㅂ - ㅁ - ㄹ

12 다음 이야기에서 이야기 문법이 바르게 연결되지 않은 것은 무엇인가?

> 유치원에서 현우랑 나는 소꿉놀이를 했어요. - ① 배경
> 그런데 나는 소꿉놀이가 재미없었어요. - ② 결과
> 그래서 현우에게 놀이터에 가서 놀자고 했어요. - ③ 시도
> 그래서 우리는 놀이터로 갔어요. - ④ 결과
> 그런데 진혁이가 놀이터에 놀러왔어요. - ⑤ 계기사건

13 다음 중 가장 먼저 발달하는 격조사는 무엇인가?

① 장소격 ② 목적격
③ 도구격 ④ 공존격
⑤ 주 격

14 다음의 사례를 읽고 물음에 답하시오.

> 만 11세 7개월의 남아로 지적장애를 동반한 언어발달장애 아동이다. 이해 어휘 수준은 8;0~8;5개월, 표현 어휘 수준은 6;0~6;5개월로 또래보다 낮은 수준을 보인다. 구문 측면에서 나열, 관형절, 복잡한 문장구조에 어려움을 보이며 문제해결능력에도 어려움을 보인다. 문장 표현 시 대부분 단문으로 표현하며 문법형태소 오류가 빈번하게 나타난다. 또한 대화 기술이 부족하여 부적절한 표현이 빈번하게 관찰된다.

위의 아동에게 적용할 수 있는 언어 중재 목표로 옳지 않은 것은 무엇인가?

① 문법형태소를 이해하고 표현할 수 있다.
② 문제해결 능력을 향상을 위한 '왜, 어떻게' 질문에 적절하게 대답할 수 있다.
③ 교과서 고빈도 어휘를 적절하게 이해하고 표현할 수 있다.
④ 대화 기술을 향상시킨다.
⑤ 에피소드가 포함된 이야기를 읽고 에피소드 구조를 갖추어 다시 말할 수 있다.

15 이야기 평가 및 분석 방법에 대한 설명으로 옳은 것은 무엇인가?

① 이야기의 내용, 구성, 전반적 질 측면은 미시적 구조에 해당한다.
② 문법적 복잡성은 T-unit이나 C-unit으로 분석할 수 있다.
③ 개구리 이야기 분석 시 이야기 구성, 결속표지, 구문 및 문법형태소를 분석한다.
④ 하나의 에피소드에는 배경, 계기사건, 결과가 포함된다.
⑤ 이야기 결속장치에는 지시, 접속이 포함된다.

16 다음 예시는 어떤 중재 방법을 사용하고 있는 것인가?

> 언어재활사 : 뭐 줄까?
> 아   동 : (타요 장난감을 찾고 있음)
> 언어재활사 : 타요 주세요.
> 아   동 : 타요 주세요.

① 시간지연기법   ② 아동중심 시범 기법
③ 우발학습   ④ 선반응 요구-후 시범 기법
⑤ 평행적 발화 기법

17 다음 중학교 1학년 아동의 KOPLAC 검사 결과를 바르게 해석한 것은 무엇인가?

전체 결과

총원점수	표준점수	백분위점수
60	23.93	1.00

하위 검사

구 분	의사소통조율		이야기담화	상위언어			전 체
	대화상대자	상황문맥		간접표현	참 조	반어 및 비유	
원점수	11	6	9	18	9	7	60
표준점수	10.4	18.4	33.3	26.5	48.0	12.5	23.93
백분위점수	1.0	1.0	4.8	1.0	42.1	1.0	1.00

① 최고 연령과 비교하였을 때 아동은 화용언어에 어려움이 없다.
② 상위언어 인식 중 참조는 가장 높은 수행을 보인다.
③ 해당 아동은 '많이도 준다'와 같은 표현의 의미를 이해하는 데 어려움을 보이지 않는다.
④ '너 토끼인형 같아'와 같은 간접적인 표현 이해에 어려움이 나타난다.
⑤ 이야기 담화 정보 인식능력은 또래와 비슷한 수준에 해당한다.

18 다음 아동의 발화에서 나타나지 않은 의미유형은 무엇인가?

20년
22년
24년

가위로 잘라요. / 나 안 해요. / 나 토끼인형 좋아요. / 엄마 화장실 가요.

① 도구–행위
② 행위자–부정–행위
③ 대상–행위
④ 경험자–실체–상태서술
⑤ 행위자–장소–행위

19 언어평가에서 부모보고가 지니는 장점은 무엇인가?

① 제한된 환경에서 평가한다.
② 경제적이지만 사용하기 어렵다.
③ 대표성이 있는 자료 수집이 가능하다.
④ 주관적이므로 심화검사에는 별다른 도움이 되지 않는다.
⑤ 다른 평가에 비하여 신뢰도가 높다.

20 KOLRA 검사에 대한 설명으로 옳은 것은 무엇인가?

① 문단글 읽기 유창성은 아동이 1초당 정확하게 읽은 음절수를 계산한다.
② 읽기지수 1은 해독, 읽기이해, 문단글 읽기 유창성이 포함된다.
③ 읽기이해 검사 시 '그런데'를 '그런대'로 오류를 보였을 경우 0점으로 처리한다.
④ 탈락과제에서 3개 연속 오반응 시 음운인식 평가를 중지한다.
⑤ 쓰기 검사는 아동이 한 문장 이상 쓴 경우에만 형식을 채점한다.

21 다음 아동의 읽기검사 결과에 대하여 설명한 것으로 옳은 것은 무엇인가?

입구[입꾸]	종둔[종돈]	닫는[단는]	총성[총성]
냉정[냉정]	벙미[병미]	방팀[방팀]	달만[달마]
빻은[빵은]	닳윤[단윤]	난로[날로]	널니[날리]
굳이[구지]	둔촐[돈출]	놓대[노타]	딥합[디파]

① 의미 낱말 읽기에 어려움을 보인다.
② 모음과 종성을 확인해 줄 필요가 있다.
③ 기식음화, ㅎ탈락, 종성 오류를 보인다.
④ 비슷한 글자로 대치시켜서 읽는 오류가 나타난다.
⑤ 불일치형 낱말보다 일치형 낱말 읽기에서 더 어려움을 보인다.

22 다음은 읽기 유창성 중재 중 어떤 전략을 사용하고 있는가?

> 언어재활사 : 선생님이 글자 짚으면서 먼저 읽을 거야. 그러면 보람이가 따라서 읽어봐.
> 언어재활사 : 이번에는 선생님이 글자 짚어줄 테니까 같이 읽어보자. 그런데 내가 조금 더 빨리, 크게 읽을
>   거니까 따라 읽어봐~

① 끊어 읽기
② 반복 읽기
③ 스스로 읽기
④ 짚어 읽기
⑤ 빨리 읽기

23 다음 대화에 대한 설명으로 옳지 않은 것은 무엇인가?

> 언어재활사 : 이거 줄까요?
> 아 동 : (손 내밀기) 이거 줄까요?
> 언어재활사 : (장난감을 내밀며) 주세요.
> 아 동 : 두데요.
>
> 언어재활사 : 폴리 뭐해?
> 아 동 : 나
> 언어재활사 : 폴리 가요?
> 아 동 : 포이
> 아 동 : (폴리 장난감을 미는 행동을 보임)
> 언어재활사 : (자동차를 밀며) 폴리 밀어
> 아 동 : 포이 미어. 포이. 빵빵.

① 질문에 대한 반응하기에 어려움을 보인다.
② 평행적 발화 기법이 사용되었다.
③ 아동은 주로 단단어로 표현한다.
④ 확장 및 혼잣말 기법이 사용되었다.
⑤ 두 낱말 조합을 위한 중재가 필요하다.

24 Joint Attention이 어려운 아동에게 실시할 수 있는 중재 방법은 무엇인가?

① 아동의 발성이나 행동에 대하여 반응한다.
② 아동의 행동을 따라한다.
③ 아동이 선호하는 활동에 개입해야 한다.
④ 적절한 의사소통 행동에 대하여 시범을 보인다.
⑤ 교대놀이를 활용하는 것이 좋다.

25 다음 설명담화는 어떤 유형인가?

> 시합을 하려면 제일 먼저 팀을 정해야 합니다. 팀을 정하는 방법은 여러 가지가 있습니다. 첫째, 팀의 대표가 가위바위보로 팀원을 뽑을 수 있습니다. 둘째, 제비뽑기를 하거나 번호 순서대로 팀을 정할 수 있습니다. 팀을 다 정하면 정해진 팀대로 시합을 합니다.

① 인 과
② 비 교
③ 대 조
④ 수 집
⑤ 문제해결

26 다음 의사소통 행동 발달을 순서대로 나열한 것은 무엇인가?

> ㄱ. 자음과 모음이 결합된 소리를 산출하며 갖고 싶은 것이 있을 때 칭얼거리는 모습을 보인다.
> ㄴ. 울음, 미소와 같은 반사적인 행동을 보인다.
> ㄷ. 구어적 표현을 하면서 의사소통 목적을 이룬다.
> ㄹ. 높은 곳에 있는 장난감을 꺼내기 위해 손을 뻗어 꺼내려는 행동을 보인다.
> ㅁ. 업어달라고 엄마 등 뒤에 와서 기댄다.

① ㄴ - ㄱ - ㄹ - ㅁ - ㄷ
② ㄴ - ㄱ - ㅁ - ㄹ - ㄷ
③ ㄴ - ㅁ - ㄷ - ㄹ - ㄱ
④ ㄴ - ㅁ - ㄱ - ㄹ - ㄷ
⑤ ㄴ - ㅁ - ㄹ - ㄱ - ㄷ

27 역동적 평가에 대한 설명으로 옳은 것은 무엇인가?

20년
21년

① 초기 평가 시 실시하는 단편적 검사이다.
② 학습잠재력(ZPD)의 유무를 알 수 있다.
③ 언어 중재를 통한 아동의 언어 능력의 향상 유무는 예측하기 어렵다.
④ 역동적 평가 시 이야기 평가를 활용하는 것은 제한적이다.
⑤ 평가 시 정해진 몇 가지 상황 문맥을 활용한다.

28 다음 중 언어 검사 도구에 대한 설명으로 옳은 것은 무엇인가?

① 5~36개월 아동들의 수용 및 표현언어 능력을 조기에 평가할 수 있는 검사는 SELSI로 '정상발달', '언어발달지체'로 결과를 해석할 수 있다.
② PRES 검사로 아동의 수용 및 표현언어의 언어발달연령과 표준편차를 파악할 수 있다.
③ K M-B CDI 검사는 8~36개월 아동에게 실시할 수 있으며 표현 및 이해어휘, 제스처, 놀이 수준을 평가할 수 있다.
④ 문법형태소, 구문구조, 어휘 등을 이해하는 데 어려움을 보이는 8세 아동에게 언어문제해결력 검사를 실시할 수 있다.
⑤ 학령기 아동의 의미, 문법, 화용/담화, 청각적 기억능력을 확인하며 언어능력을 전반적으로 평가할 수 있는 검사 도구는 LSSC이다.

29 다음의 설명 중 옳지 않은 것은 무엇인가?

18년

> 김OO은 35개월 남아로 한국인 아버님과 필리핀 어머님 사이에서 태어난 다문화 가정의 아동이다. 아동은 출생 직후부터 30개월까지 필리핀에서 살았다고 하며, 31개월이 될 때 쯤 한국에 왔다고 한다. 필리핀에서 엄마는 주로 영어를, 아빠는 주로 한국어를 사용하였다고 한다. 현재 주 양육자는 어머님이며 한국어와 영어를 섞어서 사용한다고 한다. 어머님의 보고에 의하면 임신 및 출산에는 별다른 이상이 없었고, 아동의 발달도 특이사항은 없었다고 한다. 현재 아동은 어린이집에 다니고 있으나 또래에 비하여 말이 늦고, 어휘도 많지 않으며, 낱말 조합의 문장이 전혀 나타나지 않는다고 한다.

① 본 아동은 순차적 이중언어 아동이다.
② 본 아동은 동시적 이중언어 아동이다.
③ 말이 늦은 이중언어 아동으로 생각할 수 있다.
④ 두 언어에 대한 평가가 이루어져야 할 것이다.
⑤ 아동이 주로 생활하는 환경에서 한국어와 영어가 어떻게 사용되는지 고려해야 한다.

30 다음 만 11세 남아의 평가 결과를 보고 옳은 것은 무엇인가?

> 수용 어휘력 원점수 82점, 등가연령 8;0~8;5개월, 백분위수 10%ile 미만, 표현 어휘력 원점수 83점, 등가연령 6;0~6;11개월 백분위수 10%ile 미만으로 나타났다. ① 구문의미이해력 검사 결과, 원점수 12점, 연령 및 학년규준 모두 1%ile 미만으로 나타났다. 아동이 수행한 항목 중 오류 문장을 분석하였을 때, ② 의미 측면에서 어려운 어휘가 포함된 문장, 나열문, 관형절의 이해에 어려움을 보였다.
> 언어문제해결력 검사 결과, 원인이유 4점(1%ile 미만), 해결추론 8점(1%ile 미만), 단서추측 5점(2~3%ile 미만), 총 원점수 17점으로 백분위수 1%ile 미만으로 나타났다.
> 자발화 분석 결과, ③ 문법 측면에서 NTW 432개, NDW 162개, TTR 0.38로 나타났다. ④ 의미 측면에서 MLUm 6.03으로 분석되었고 ⑤ 구문 측면에서 MLUw 3.31로 나타났고 전체 발화 중 복문보다 단문의 사용이 많았다.

31 다음 아동의 발화에 대한 설명으로 옳지 않은 것은 무엇인가?

> 언어재활사 : 나 오늘 학교에 갔었어.
> 아   동 : 학교요?
> 언어재활사 : 응. 너는 오늘 학교 끝나고 뭐했어?
> 아   동 : 음..
> 언어재활사 : 나는 학교 끝나고 운동도 했고, 학원도 갔었어. 너는?
> 아   동 : 어... 집에 가 집에서 간식 먹을거고 텔레비전 보고 여기 와요.
> 언어재활사 : 아 그랬구나~ 나 아까 운동도 했는데 너는 좋아하는 운동 있어?
> 아   동 : 음...
> 언어재활사 : 축구 좋아해?
> 아   동 : 농구 좋아하는데요.

① 확인을 위한 명료화 요구하기 기능이 나타난다.
② 대화 시 말차례를 지키는 모습을 보인다.
③ 아동의 발화에서 주제 간 이동이 1회 나타났다.
④ 시제오류가 나타나며 발화를 수정하는 모습을 보인다.
⑤ 아동 발화에서 의미연결 오류는 나타나지 않는다.

★ 32 다음 아동에게 나타난 의사소통 기능에 대한 설명으로 옳은 것은 무엇인가?

> 은정 : 조심해! 그거 밀지마.
> 보람 : 나는 차 타거나 지하철 타고 갈 거야.
> 경미 : 그거 여기에 놔.
> 지연 : 나 유치원에 가서 친구랑 블록 놀이했어.
> 영미 : 여기는 마트야. 알았지?

① 지시, 투사, 해석, 관계적 기능이 나타났다.
② 해석적 기능이 나타난 사람은 보람이다.
③ 은정이와 경미의 발화에서 지시적 기능을 확인할 수 있다.
④ 지연이에게 나타난 의사소통 기능은 투사적 기능이다.
⑤ 자신의 흥미를 표현하는 영미의 발화는 관계적 기능이다.

33 다음의 예시는 어떤 영역의 결함을 나타내는 것인가?

> 아동의 학교생활에서 친구들과의 상호작용 모습을 관찰해보았다. 아동은 또래와의 상호작용을 시도하지만 친구들이 잘 끼워주지 않는 모습을 보였다. 쉬는 시간에 친구들이 놀고 있다가 종이 치자 "시간이 총알 같애"라고 말했다. 그것을 들은 아동은 친구에게 "시간이 왜 총알이냐? 총알은 총에 넣는 건데"라고 반응하였다. 친구들은 아동을 놀리며 자리로 돌아가는 모습을 보였다.

① 의미적 결함 ② 구문적 결함
③ 화용적 결함 ④ 담화적 결함
⑤ 문법적 결함

34 다음은 AAC 기회장벽 중 무엇에 해당하는가?

> A 아동은 학교에서 구입한 AAC 도구를 사용하여 학교에서 의사소통을 한다. 가정에서도 사용하려고 하였으나 학교에서만 사용할 수 있다고 한다.

① 기술장벽 ② 태도장벽
③ 실제장벽 ④ 지식장벽
⑤ 정책장벽

35 다음 언어재활사와 아동의 발화에서 언어재활사가 아동에게 주로 어떤 기능을 유도하고 있는 것인가?

> 〈생일파티〉
> "케이크 어디에 놓을까?" → "여기 올려요."
> "초 꽂을 사람?" → "내가 꽂을래요."
> "이제 촛불 끄자. 누가 끌까?" → "내가 후~ 불게요."
> "선생님이 잘라줄게." → "내가 자를래요. 칼 주세요."

① 요구하기 ② 부정/거부하기
③ 명료화 요구하기 ④ 주장하기
⑤ 서술하기

제5과목 | **조음음운장애**

36 다음 예시에서 주로 관찰되는 조음오류패턴과 가장 적절한 치료 방법으로 짝지어진 것은 무엇인가?

17년

〈내 용〉
어제 아빠랑 자전거를 탔어요. 그런데 아빠랑 이야기 하다가 넘어졌어요. 그래서 상처에 반창고를 붙였어요.

〈발 화〉
어데 아빠랑 다던거를 타떠요. 그런데 아빠랑 이야기 하다가 너머더떠요. 그래저 당터에 반탕꼬를 부텯떠요.

① 파찰음, 마찰음의 파열음화, 다중음소 접근법
② 파찰음, 마찰음의 파열음화, 음소대조를 이용한 접근법
③ 긴장음화, 탈기식음화, 다중음소 접근법
④ 긴장음화, 탈기식음화, 주기법
⑤ 긴장음화, 탈기식음화, 조음점 지시법

37 다음 중 구개음화를 살펴볼 수 없는 문장은 무엇인가?

① 주말에 해돋이를 보러 정동진에 간다.
② 할머니는 밭이랑에 앉아서 일을 하신다.
③ 안방의 문은 미닫이 문이다.
④ 오빠는 우리 집의 맏이이다.
⑤ 그런 일은 굳이 하지 않아도 된다.

38 다음 예시에서 주로 관찰되는 조음오류패턴과 치료 시 초기의 목표단어로 올바르게 설정된 것은 무엇인가?

강아지 → [가아지], 김밥 → [기바], 색종이 → [새또이], 꽃 → [꼬], 달님 → [다니], 손톱 → [초토]

① 종성생략, 목표단어 : 엄마, 감기, 침대
② 종성생략, 목표단어 : 꽃, 돛, 솥
③ 탈비음화, 목표단어 : 엄마, 이모, 감자
④ 탈비음화, 목표단어 : 마술, 나무, 매미
⑤ 탈기식음화, 목표단어 : 산, 차, 토

39 다음은 /ㅈ/을 목표로 치료하는 아동의 발화이다. 다음에 해당되는 반응일반화로 적절한 것은 무엇인가?

〈치료 중기〉
재[자], 자동차[자동타], 지진[지진], 치킨[지킨], 초콜렛[토코엩], 짬뽕[땀뽕], 상장[장장], 짝꿍[딱꿍]
〈치료 후기〉
재[자], 자동차[자동차], 지진[지진], 치킨[치킨], 초콜렛[초코엩], 짬뽕[짬뽕], 상장[창짱], 짝꿍[짜꿍]

① 위치 일반화 ② 문맥 일반화
③ 언어학적 단위 일반화 ④ 말소리/변별자질 일반화
⑤ 상황 일반화

40 /ʨ/, /s/는 조음이 정확하지만 /ʨʰ/, /ʨ*/, /s*/를 평음으로 발음하는 아동에게 학습시켜야 할 자질은 무엇인가?

① 설정성, 전방성 ② 긴장성, 지속성
③ 긴장성, 설정성 ④ 긴장성, 고설성
⑤ 긴장성, 기식성

41 문장 수준에서 종성 /ㅂ/을 평가하고자 할 때 적절한 문장은 무엇인가?
① 삽으로 땅을 파요. ② 집만 있으면 돼요.
③ 컵들이 모두 깨졌어요. ④ 공책에 답을 적어라.
⑤ 김밥을 예쁘게 말아요.

42 설정성(Coronal) 자질을 가지는 자음들로 묶여 있는 것은 무엇인가?
① /ㄷ, ㄸ, ㅅ, ㄹ/ ② /ㅂ, ㅃ, ㅅ, ㄹ/
③ /ㄱ, ㄲ, ㅈ, ㅉ/ ④ /ㅁ, ㅇ, ㄴ, ㄹ/
⑤ /ㄱ, ㄲ, ㅁ, ㄴ/

43 다음 중 /싫어/를 IPA 기호로 적절하게 전사한 것은 무엇인가?
① [siɾʌ] ② [ɕilʌ]
③ [s*iɾʌ] ④ [ɕiɾʌ]
⑤ [s*ilʌ]

44 자음의 조음위치별 사용빈도를 고려하였을 때 우선적으로 치료해야 할 것은?
17년
① 양순음 ② 연구개음
③ 경구개음 ④ 치경음
⑤ 후두음

45 상위음운접근법 중 '형상화 개념' 단계에서 사용할 수 있는 지시로 적절한 것은 무엇인가?
18년
① 물이 똑똑 떨어지는 소리 말고 물이 흐르는 소리를 만들어보자.
② 혀끝을 치조에 대고 가운데 부분에 작은 틈을 만들어봐.
③ 윗니, 아랫니를 다물고 '쯧쯧' 소리를 내보자.
④ '돈'과 '논' 그림을 제시한 뒤 '물건을 살 때 필요한 것은?'이라고 질문함
⑤ 파찰음 중재 시 '나는 ~~가 좋지.'를 사용해 연습함

46 다음 중 비누출 오류에 해당되는 것은 무엇인가?
18년
① a → [ã] ② s → [s̊]
③ p → [ʔ] ④ s → [ʕ]
⑤ s → [sˡ]

47 다음은 만 4세 6개월 아동의 발화이다. 다음 중 발달상 가장 먼저 중재해야 할 것은 무엇인가?
19년
23년
| 가방 → /아방/, 접시 → /덥띠/, 색종이 → /택똥이/, 개구리 → /애우이/ |

① 연구개파열음 ② 치조마찰음
③ 유 음 ④ 파찰음
⑤ 치조파열음

48 보기 중 우리말의 종성 발달에 대한 설명으로 적절하게 묶인 것은 무엇인가?

> ㉠ 오류패턴으로는 생략이나 동화가 빈번하다.
> ㉡ 유음은 초성 다음 종성 순으로 발달한다.
> ㉢ 어중종성보다 어말종성을 먼저 습득한다.

① ㉠
② ㉠, ㉡
③ ㉠, ㉢
④ ㉡, ㉢
⑤ ㉠, ㉡, ㉢

49 분절대치 변동 중 후방화 오류를 보인 예시는 무엇인가?

① 사람[타암]
② 그네[드네]
③ 시소[지조]
④ 공[똥]
⑤ 밥[맙]

50 말소리를 조음방법에 따라 분류하였을 때 사용빈도가 가장 높은 자음은 무엇인가?

① 파찰음
② 마찰음
③ 유 음
④ 비 음
⑤ 파열음

51 음운인식에 대한 설명으로 적절하지 않은 것은 무엇인가?

① 말소리 단위를 인식하고 조절하는 능력을 말한다.
② 분리, 변별, 합성과제를 음소, 음절, 단어 수준에서 제시하여 음운인식 정도를 평가한다.
③ 음소, 음절, 단어 순으로 음운인식이 발달한다.
④ 음운인식은 초기 읽기발달 및 쓰기발달에 영향을 준다.
⑤ '[ㅋ]와 [ㅗ]를 합하면 무슨 소리가 되나요?' 질문은 음소 합성 과제에 해당한다.

52 수용언어연령 16개월, 표현언어연령 13개월, 생활연령 17개월인 아이에게 실시할 수 있는 조음평가 방법은 무엇인가?

① APAC을 보여주며 따라 말하게 시킨다.
② U-TAP을 보여주며 아이가 표현한 것만 기입한다.
③ 부모보고를 통해 공식검사를 실시한다.
④ 자유놀이 상황에서 음소목록을 수집한다.
⑤ 모든 자음과 모음을 모방하게 하여 자극반응도를 관찰한다.

53 설소대단축증(Anklyoglossia)이 심한 아동이 발음하기 가장 어려운 단어는 무엇인가?

① 지 구
② 강아지
③ 노 래
④ 하 마
⑤ 비빔밥

54 다음 중 말명료도가 가장 낮을 것으로 예상되는 것은 무엇인가?

① 치조마찰음의 파열음화를 일관성 있게 보이는 아동
② 파찰음을 일관적으로 대치하는 아동
③ 치조마찰음과 파찰음을 왜곡하는 아동
④ 유음을 생략하는 아동
⑤ 음절을 생략하는 아동

55 제시된 아동 발화와 같은 유형의 오류 형태는 무엇인가?

이마 → [미마], 이불 → [미불]

① 파도 → [빠도]
② 인형 → [니녕]
③ 두더지 → [구거디]
④ 토끼 → [호끼]
⑤ 양말 → [얌말]

56 다음 중 과다비성을 평가할 과제로 적절한 것은 무엇인가?

① 나무에 포도가 주렁주렁 열렸다.
② 엄마랑 손잡고 시장에 가요.
③ 아빠거북이와 아기거북이가 차에 타요.
④ 다 같이 손잡고 노래해요.
⑤ 살랑살랑 봄바람이 불어와요.

57 아래 제시된 발화의 조음정확도로 올바른 것은 무엇인가?

〈내 용〉
효준이 어제 기차 탔어요. 랄라뿡뿡이 기차 타요.

〈발 화〉
호주이 어데 기타 타떠오. 알라뿌뿌이 기타 타오.

① (26/37)×100   ② (27/37)×100
③ (25/39)×100   ④ (28/39)×100
⑤ (24/40)×100

58 '싸다, 써요, 쏘다'를 중재하였을 때 위치 일반화를 확인할 수 있는 과제는 무엇인가?

① 싸 움   ② 가 시
③ 했 어   ④ 소 식
⑤ 생 선

59 다음 중 비누출을 관찰할 수 있는 것은 무엇인가?

① 소세지   ② 나 무
③ 아 이   ④ 나 라
⑤ 레 몬

60 다음 중 음절구조를 변화시키는 오류는 무엇인가?

① 소라 → [초라]
② 이모 → [니모]
③ 김밥 → [김빱]
④ 당근 → [땅금]
⑤ 스마트폰 → [트마트퐁]

61 3세 아동이 정확한 조음을 할 수 있는 과제는?

① 눈썰매
② 할아버지
③ 포 비
④ 코끼리
⑤ 생 선

62 다음 중 '축약' 오류에 해당되는 것은 무엇인가?

① 할아버지[하버지]
② 세모[세오]
③ 미키마우스[미카우스]
④ 아이패드[아이드패]
⑤ 피카츄[킥카츄]

63 /ㅅ/ 중재를 위해 /시/ 소리를 먼저 연습하였다. 그 후 문맥 일반화가 나타났다고 볼 수 있는 것은 무엇인가?

① 시골, 시계, 식탁을 정조음함
② 시소, 사과, 서랍, 소리를 정조음함
③ 씨앗, 씨름을 정조음함
④ 갔다, 탔다, 줬다를 정조음함
⑤ 집에서도 /시/를 정확하게 발음함

64 다음 중 최소대립자질 과제로 가장 적절하지 않은 것은 무엇인가?

① 빵 : 방
② 가위 : 바위
③ 씨 : 시
④ 니모 : 미모
⑤ 통 : 똥

65 아동의 오류낱말 분석 결과 '잠자리 → [잡자리], 감기 → [가기], 김밥 → [깁빱]'과 같은 오류가 많이 관찰되었다. 본 아동을 치료하는 방법으로 적절한 것은 무엇인가?

① 아동이 언어재활사의 코를 살짝 만지게 하면서 동시에 '잠 : 잡'의 소리를 내며 코 울림을 느끼게 해 준다.
② 코 밑에 종이를 대어 시각적 자극을 제시한다.
③ /ㄱ/이 포함된 낱말로 연습한다.
④ 초기연습단어로 '이모' 등의 단어를 선택한다.
⑤ 최대한 입을 크게 벌려서 말하게 한다.

66 치조마찰음을 치료할 때 초기 목표낱말로 적절한 것은 무엇인가?

① 우 산
② 지우개
③ 시 계
④ 수 박
⑤ 솜사탕

67 다음 중 '위치 일반화'를 위한 과제로 적절한 것은 무엇인가?

① 나, 나비, 나라
② 마술, 미술, 만두, 머리
③ 전화상황에서 /ㄴ/을 연습함
④ 냄비, 냄새, 네모
⑤ 나라, 분홍, 반납

68 음운인식 과제 중 음절 탈락에 해당하는 것은?
24년
① '사'와 '과'를 더하면 무슨 소리가 되지?
② '초코'와 '쿠키'를 더하면 무슨 소리가 되지?
③ '피자'에서 '피'를 빼면 무슨 소리가 남지?
④ '초코쿠키'에서 '쿠키'를 빼면 무슨 소리가 남지?
⑤ /파/에서 /ㅍ/를 빼면 무슨 소리가 남지?

69 평가 시 독립분석이 필요한 경우는 무엇인가?
17년
24년
① 치조마찰음을 파찰음화 하는 경우
② 말소리 목록이 제한적인 경우
③ 종성 생략 오류가 주로 관찰되는 경우
④ 마찰음에서 인두마찰음화를 보이는 경우
⑤ 모음이나 구강자음에서 과비성이 관찰되는 경우

70 아래 제시된 아동의 발화에 대한 치조마찰음의 정확도에 해당하는 것은?
17년
22년
24년

• 목표발화 : 선생님이 썰매를 타고 쌩쌩 달렸어요.
• 아동발화 : 선생니미 떠매으 타고 땡땡 다여떠여.

① 0/4 × 100   ② 2/4 × 100
③ 0/6 × 100   ④ 2/6 × 100
⑤ 2/5 × 100

PART 05

모의고사 다섯 번째

1교시
- **제1과목** 신경언어장애
- **제2과목** 유창성장애
- **제3과목** 음성장애

2교시
- **제1과목** 언어발달장애
- **제2과목** 조음음운장애

 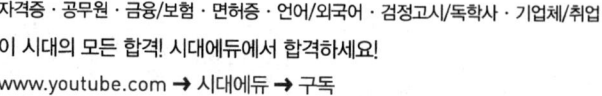 

05 모의고사 다섯 번째

✱ : 고난이도, 17년 18년 19년 20년 21년 22년 23년 24년 : 기출연도

1교시

제1과목 | **신경언어장애**

---

01 말산출을 위한 혀 운동과 가장 관련이 깊은 뇌신경은?

18년
19년
20년
23년

① CN III ② CN IV
③ CN VII ④ CN XI
⑤ CN XII

02 다음 환자가 보이는 기억장애는 무엇인가?

21년

> 선생님, 제가 어제 저녁을 먹었는지 안 먹었는지, 세수를 했는지 안 했는지 기억이 나질 않아요.

① 일화기억 ② 의미기억
③ 절차기억 ④ 비서술기억
⑤ 암묵기억

03 추체로에 관한 설명으로 옳은 것은?

23년

① 간접적이고 비활성화 경로이다.
② 신경신호를 말초로 전달하는 운동신경로이다.
③ 뇌간에서 시작하는 감각신경로이다.
④ 불수의적 운동에 관여한다.
⑤ 망상척수로와 적핵척수로로 구성된다.

04 다음 중 손상되었을 때 실어증이 가장 발현하기 쉬운 뇌동맥은 무엇인가?

① 좌측 중뇌동맥(Lt. Middle Cerebral Artery)
② 우측 중뇌동맥(Rt. Middle Cerebral Artery)
③ 좌측 후뇌동맥(Lt. Posterior Cerebral Artery)
④ 우측 후뇌동맥(Rt. Posterior Cerebral Artery)
⑤ 좌측 척추동맥(Lt. Vertebral Artery)

05 56세 오른손잡이 남성 환자가 뇌경색으로 인하여 좌반신마비와 언어장애가 나타났다. K-WAB 검사 결과, 알아듣기는 가능하였으나 자발적으로 스스로 말하는 것과 따라 말하기, 이름대기에서는 어려움을 보였다. 어떤 실어증 유형인가?

① 전도실어증(Conduction Aphasia)
② 유창성실어증(Fluency Aphasia)
③ 베르니케실어증(Wernicke's Aphasia)
④ 교차실어증(Crossed Aphasia)
⑤ 명칭실어증(Anomic Aphasia)

06 실어증 평가도구에 대한 설명으로 옳은 것은?

① 보스턴 실어증 진단검사(Boston Diagnostic Aphasia Examination)는 실어증 지수를 제공한다.
② 웨스턴 실어증 검사(Western Aphasia Test)는 실어증 유형을 나누는 데 적합하지 않다.
③ Porch Index of Communication Ability(PICA)는 여러 등급으로 나눈 점수표를 사용하여 점수를 환산한다.
④ Minnesota Test for Differential Diagnosis of Aphasia(MTDDA)는 미네소타에서만 통용되는 실어증 진단검사이다.
⑤ 한국 실어증 감별진단검사(Korean Test of Differential Diagnosis of Aphasia)는 실어증의 유무와 중증도는 알 수 있으나 유형을 판단하기는 어렵다.

07 좌측 상지 약화를 동반한 외손상 환자의 평가 수행한 결과 보고서이다. 추가적으로 수행할 수 있는 평가과제로 옳은 것은?

- 55세 남성분으로 교육수준은 대졸
- 그림 설명하기 과제 시 우측 사물에 대한 설명만 가능하였음
- 그림 선택하기 시 카드를 돌려가며 사물을 찾으려고 노력하심
- 망치 그림을 보고 나무 막대기로 오류 보임

① 선 이등분 하기 과제
② 청각적 이해력 과제
③ 자동구어 발산과제
④ 따라 말하기 과제
⑤ 단어유창성 과제

08 다음 결과를 보이는 환자의 실어증 유형과 치료 목표가 바르게 묶인 것은?

[PK-WAB-R]
- 스스로 말하기(유창성 + 내용전달) = 3 + 5 = 8점 / 20점
- 알아듣기 : 108점 / 200점
- 따라 말하기 : 8점 / 100점
- 이름대기 : 4점 / 100점

① 전반실어증 - 행동 모방하기
② 베르니케실어증 - 단단어 따라 말하기
③ 브로카실어증 - 2step 지시 따르기
④ 베르니케실어증 - 의문사 질문에 대답하기
⑤ 브로카실어증 - 상황그림카드 보고 3어절 문장형식으로 설명하기

09 다음은 실어증 치료기법 설명이다. 설명하는 치료법은 무엇인가?

- 기능적인 언어치료 방법 중 하나이다.
- 언어재활사와 환자가 대화상황에서 동등한 대화 참여자가 된다.
- 반드시 구어(Verbal)를 사용하지 않아도 된다.
- 제스처를 사용한 의사소통을 활용한다.

① Promoting Aphasic's Communicative Effectiveness(PACE)
② Helm Elicited Program for Syntax Stimulation(HELPSS)
③ Constraint Induced Therapy(CIT)
④ Visual Action Therapy(VAT)
⑤ Semantic Production Program for Aphasia(SPPA)

10 다음과 같은 증상을 보이는 환자에게 적절한 치료 방법은?

- 의도 진전(Intention Tremor)을 보임
- 보행 시 보폭이 넓고 비틀거림
- 말속도, 음도, 강도의 변동 폭이 큼
- 말속도가 빨라지며 말이 뭉게지고 어눌해짐

① 강한 성문 접촉 훈련 ② 대조 강세 훈련
③ 리실버만 훈련 ④ 청지각피드백 훈련
⑤ 호흡 조절 훈련

11 다음은 베르니케실어증(Wernicke's Aphasia) 환자의 구어표현이다. 그중 착어의 설명으로 옳은 것을 고르시오.

내가 어제 신발(신발)을 샀는데, 병아리가 개반하여 갔지.
그래서 내가 오리(소리)를 질렀는데 개가 넘어진거야.
그걸 못 하냐고 개가 소리를 질렀는데 남개냥으로 가서 살았지.
큰일날뻔 했어. 이젠 도저히 양말 아니… 양말(신발) 신고는 못가겠는데?

① 의미착어가 2회 나타났다. ② 신조착어가 0회 나타났다.
③ 형식착어는 1회 나타났다. ④ 음소착어는 3회 나타났다.
⑤ 자곤착어는 2회 나타났다.

12 다음 실어증 유형과 언어치료의 방향이 적절하게 연결된 것은?

① 브로카실어증 – 노래형식으로 멜로디와 함께 구어를 조합하여 표현하도록 한다.
② 연결피질운동실어증 – 단어에서부터 시작하여 2어 조합의 구문을 따라 말하게 한다.
③ 베르니케실어증 – 이해력을 높이기 위해 사설을 읽고 요약하여 설명하게 한다.
④ 전반실어증 – 전반적인 문제를 보이므로 가장 쉬운 이름대기부터 시작한다.
⑤ 연결피질감각실어증 – 전보식 구어표현을 보이므로 조사사용을 중점으로 치료한다.

13 읽기장애와 가장 관련이 깊은 손상부위는 어디인가?

① 상위전두엽(Superior Frontal Lobe) ② 시상(Thalamus)
③ 기저핵(Basal Ganglia) ④ 4번 뇌실(4th Ventricle)
⑤ 각이랑(Angular Gyrus)

14 다음을 읽고 괄호넣기 과제에서 아래와 같은 오류를 보이는 환자는 누구인가?

> • 단어 읽기
>   - 사과 → 반응 : 사과
>   - 헬리콥터 → 반응 : 헬리콥터
> • 읽고 빈칸 채우기
>   - 나비가 (   ). → 반응 : 비가 내린다.
>   - 가방에 (   ). → 반응 : 방에 들어갔다.

① 브로카실어증 환자
② 베르니케실어증 환자
③ 무시실독증 환자
④ 표층실독증 환자
⑤ 어휘실독증 환자

15 다음 실서증 오류 중에서 다른 형태를 고르시오.

① 고구마 → 감자
② 나폴(비단어) → 나물
③ 낡은 옷 → 날근 온
④ 날씨가 좋다 → 좋다
⑤ 머리 빗 → 머리 빛

16 뇌손상 환자에게 가운데에 가로 실선(20cm)이 그려진 A4 용지를 제공하고 실선의 가운데를 이등분하라고 하였더니 왼쪽은 14cm, 오른쪽은 6cm인 길이로 이등분하였다. 다음 환자가 보일 수 있는 문제는 무엇인가?

① 대화 시 상대방의 말에 귀 기울이지 못한다.
② 조사가 생략된 전보식 구어표현이 나타난다.
③ 발산과제보다 수렴과제에서 더 어려움을 보인다.
④ 좌측 시야가 넓어져 과도한 집착을 보인다.
⑤ 단단어 따라 말하기에 어려움을 보인다.

17 다음은 외상성 뇌손상 환자의 치료 활동이다. 다음 치료의 목표로 옳은 것은?

24년

- 가족사진 보고 가족 이름과 매칭하기
- 스케줄표 작성하기
- 쇼핑 리스트 작성하고 기억하여 말하기
- 요리 레시피 보고 순서대로 레시피 카드 배열하기

① 문제해결능력 향상 ② 기억력 향상
③ 유추능력 향상 ④ 상호작용능력 향상
⑤ 표현언어능력 향상

18 다음 증상을 보이는 우뇌손상 환자의 치료 방법으로 적절한 것은?

24년

- 질병불각증
- 제시된 단어나 문장의 오른쪽 부분만 읽거나 가리킴
- 매우 산만함
- 주제 유지가 어렵고 장황하게 말을 함

① 주제 유지를 위하여 주제를 따라 말하게 한다.
② 담화능력을 위해 기도문을 외우게 한다.
③ 본인 스스로 문제를 인식하도록 치료 활동을 비디오로 녹화하여 함께 본다.
④ 좌측으로 주의를 유도하기 위해 모든 자극을 좌측으로 제공한다.
⑤ 산만함을 줄이기 위해 선 이등분 과제를 제공한다.

19 치매에 대한 전반적 설명 중 옳은 것은?

① Benson(1992)에 따르면 치매는 5가지 인지기능장애 중 적어도 2개 이상에서 기능저하가 생기는 경우이다.
② 치매는 무조건 기억장애부터 시작된다.
③ 치매는 다발성 인지기능장애이다.
④ 혈관성치매는 뇌졸중으로 인한 치매유형으로 치매 중 비율이 가장 높다.
⑤ 65세 이전에 발생한 치매를 피질성치매라고 한다.

20 다음 설명과 같은 말장애를 보이는 질환은 무엇인가?

> 60세 여성 환자가 3년 전부터 서서히 말이 어눌해지기 시작했으며 주변 지인들은 로봇이 말하는 것 같다고 병원에 가 보라고 했다고 한다. 현재는 목소리가 크게 잘 나오지 않고 한 번 말을 시작하면 말속도가 빨라진다고 한다고 한다.

① 루게릭병
② 전두측두엽변성
③ 근무력증
④ 파킨슨씨병
⑤ 다발성 뇌경색

21 다음과 같은 기억장애를 보이는 치매환자에게 적용할 수 있는 치료법은?

> - 지속적으로 같은 정보를 묻는 질문을 반복함
> - 자신이 해야 할 일 또는 약속을 잊어버림
> - 본인 기억문제에 대해 인지하며 부정적인 생각을 함

① 통제유발치료
② 시간차 회상훈련
③ 의미자질 분석
④ 다중 자극 음소치료
⑤ 멜로디억양치료법

22 임상치매등급(CDR) 3에 해당하는 치매환자에게 적절한 중재는?

① 고도의 지적활동을 요구하는 작업 제공하기
② 약물 치료에 의존하여 다른 중재를 배제하기
③ 모든 결정을 환자에게 맡기기
④ 하루 일과에 변화 없이 똑같은 반복만 주기
⑤ 단순한 일상 행동 목록과 구조화된 환경제공하기

23 다음이 설명하는 치매 치료법은 무엇인가?

> 환자가 과거에 즐거웠거나 행복했던 상황에 대해 보호자들이 녹음을 하여 환자에게 들려줌으로써 환자로 하여금 그때의 상황을 회상하면서 긍정적인 감성을 이끌어내게 하는 치료법이다.

① Validation Therapy
② FOCUSED Caregiver Training Program
③ Simulated Presence Therapy(SimPres)
④ Reality Orientation Therapy
⑤ Montessori-based Intervention

24 다음 설명하고 있는 환자의 실행증은 무엇인가?

> 치료회기에 뇌손상 환자에게 컵을 주고 물을 마시라고 하자 전혀 알아볼 수 없는 행위를 하였다. 이 환자는 컵이 무엇인지 정확하게 알고 있었고 손에 마비도 없었다. 몇 시간 후, 침상에서 쉬던 환자는 목이 마르다며 컵에 물을 따라 자연스럽게 마셨다.

① 구조적 실행증(Constructional Apraxia)
② 구어실행증(Oral Apraxia)
③ 뇌량실행증(Callosal Apraxia)
④ 관념실행증(Ideational Apraxia)
⑤ 관념운동성실행증(Ideomotor Apraxia)

25 말실행증에 대한 설명으로 옳은 것은?

① 주요 손상부위는 일차운동피질이다.
② 중추신경계의 손상으로 발생한다.
③ 근육운동 집행단계의 손상으로 발생한다.
④ 감각장애로 인하여 생기는 문제이다.
⑤ 단어의 중간 또는 마지막 음절에서만 모색행동이 나타난다.

26 심도 말실행증 환자의 치료기법으로 적절한 것은?

① 보완대체의사소통(AAC)
② 멜로디억양치료법
③ 전동후두기
④ 대조적 강세훈련법
⑤ 시각구성요소자극법

27 이완형 마비말장애 환자 중 교대운동 /ta/를 반복하게 하였을 때, 속도상에 어려움을 보였다면 이 환자가 손상입은 뇌신경은?
[19년]

① CN Ⅲ
② CN Ⅳ
③ CN Ⅶ
④ CN Ⅺ
⑤ CN Ⅻ

[28~29] 다음은 40세 교통사고 환자의 발화이다. 이를 보고 물음에 답하시오.

```
언어재활사 : 여기가 어디에요?
환    자 : 병언.. 아니.. 병,원.. 이게 발음이 발음이 잘 안되요.
언어재활사 : 오늘이 몇 년도 몇월, 며칠이에요?
환    자 : 모르에써요. 모르겠어요. 병언..원! 원!병원에 계속 있어서..
언어재활사 : 옆에 계신분은 누구세요?
환    자 : 간벼..간벼..간병인
언어재활사 : 이건(연필) 뭐예요?
환    자 : 여피일
언어재활사 : 제가 여러 색상의 글자를 보여드릴 건데, 글자를 읽지 마시고 글자의 색상을 말씀해 주세요.
환    자 : 노란, 파라앙, 초러, 빠알간색
언어재활사 : 자~ 아까랑 똑같은 걸 할 텐데 종소리가 들리면 하다가 박수를 쳐주세요.
                            (수행 중)
언어재활사 : 제가 하는 말 따라 해 보세요. 사과, 포도, 딸기
환    자 : 사과, 포토, 딸키
```

28 위 환자가 수행하고 있는 검사를 모두 고르시오.

> ㄱ. 지남력 검사
> ㄴ. 기호잇기 검사
> ㄷ. 배분적 주의력 검사
> ㄹ. 기호 소거 검사
> ㅁ. 스트룹 검사

① ㄱ, ㄴ, ㅁ   ② ㄱ, ㄷ, ㅁ
③ ㄱ, ㄷ, ㄹ   ④ ㄴ, ㄷ, ㄹ
⑤ ㄴ, ㄷ, ㅁ

29 위 환자에게 추가적으로 실시할 수 있는 검사로 가장 적절한 것은?

① 사물이름대기   ② 속담과 관용어이해
③ 최대발성시간   ④ 조음검사
⑤ 숫자 계산

30 마비말장애와 말실행증에 관한 설명으로 옳은 것은?
[23년]
① 말실행증 환자는 자가수정을 자주 시도한다.
② 마비말장애 환자는 모색행동을 자주 보인다.
③ 말실행증 환자는 주로 발성에 문제를 보인다.
④ 마비말장애 환자는 비일관적인 오류를 보인다.
⑤ 말실행증 환자는 일관적인 오류를 보인다.

제2과목 | 유창성장애

31 다음 중 병리적 비유창을 모두 고르시오.

ㄱ. 나는 (주저 2초) 집에 가고 싶다.
ㄴ. 집에 가면 음 고양이 고양이가 어 기 어 기다리고 어 있어.
ㄷ. 나는 나는 나는 나는 고양이와 함께 함께 함께 아니 같이 있는 게 좋아.
ㄹ. 고양이는 내 ㄱ------ㅏ 가족 같은 ㅈ ㅈ ㅈ 존재야.
ㅁ. 고양이가 제일 제일 좋아.

① ㄱ, ㄴ
② ㄱ, ㄴ, ㄷ
③ ㄴ, ㄷ, ㅁ
④ ㄴ, ㄹ, ㅁ
⑤ ㄴ, ㄷ, ㄹ

32 다음은 말더듬이 있는 대학생의 읽기 발화샘플이다. 말더듬의 형태 중 가장 심하지 않은 부분은 무엇인가?

날이 좋아서 ① <u>나 나 나 나 ─ ─</u> 날이 좋지 ② <u>(막힘)</u> 않아서 ③ <u>나────나리,</u> 날이 좋지 않아서 ④ <u>음 어...</u> 날이 적당해서 ⑤ <u>(고개를 갑자기 숙이며)</u> 모든 모든 모든 날이 좋았다.

33 다음은 말더듬이 있는 초등학교 2학년인 남자 학생의 발화샘플이다. 총 단위반복수와 말더듬 평균 지속 시간으로 적절한 것은 무엇인가?

아   동 : 친 친 친구들이랑 (막힘 3초) 놀았어요.
언어재활사 : 뭐하고?
아   동 : 보 보 보 보드 게임하고요. (막힘 4초) 그런데 (막힘 5초) 게임에서 이 이 이겼어요.
언어재활사 : 우와~ 좋았겠다.
아   동 : 그 그 그 친구가 (막힘 2초) 음... 우-----울었어요. 다 다 다음에 이기라고 어... 했어요.

① 총 단위반복수 12회, 말더듬 평균 지속 시간 3.5
② 총 단위반복수 17회, 말더듬 평균 지속 시간 4
③ 총 단위반복수 18회, 말더듬 평균 지속 시간 3.5
④ 총 단위반복수 12회, 말더듬 평균 지속 시간 4
⑤ 총 단위반복수 17회, 말더듬 평균 지속 시간 3.5

34
[20년] [21년]

다음 부모와의 상담 내용 중 자연회복이 가장 빠를 것으로 보이는 아동의 부모는 누구인가?

① 경미의 부모 : 저희 아이가 말더듬이 1년이 넘었어요. 예전에는 단어만 반복하는 것 같더니 지금은 약간 말이 막히는 것 같기도 해요.
② 지연의 부모 : 아빠가 원래 말을 더듬었대요. 그래서 우리 지연이가 언어도 느리고 말도 더듬는 것 같아요.
③ 보람의 부모 : 우리 아이 어떻게요? 말을 많이 더듬는 것 같아요. 최근에는 더듬을 때 막 머리를 흔들거나 눈을 깜박이기도 해요. 말더듬 빈도도 문장당 2~3회 되는 것 같아요.
④ 지은의 부모 : 저희 아이는 만 3세쯤에 말을 더듬었거든요. 언어발달은 다른 아이들보다는 빠른 것 같아요. 그런데 단어나 문장을 계속 여러 번 말하는 것 같아요.
⑤ 재희의 부모 : 왜 그런지 모르겠는데, 만 5세 때 갑자기 말을 더듬기 시작했어요. 친척 중에 말더듬는 언니가 있는데, 지금도 가끔 말을 더듬더라고요. 그 언니는 괜찮다고 하는데 좀 걱정이 돼요.

35
[19년] [21년] [23년]

다음은 초등학교 1학년의 남자아동의 발화샘플이다. 다음을 분석한 내용으로 적절한 것은 무엇인가?

> 아 아 아빠랑 어… 음 엄마랑 같이 바 바 바 바다에 놀러갔어요. (발을 갑자기 구르더니) ㄱ ㄱ 갈매기도 보고 (막힘) 음… 바 바 바 바다에 있는 것도 주-----웠어요.

① 본 아동의 주로 나타나는 핵심행동은 막힘이다.
② 탈출행동만 나타난다.
③ 반복횟수는 3회이다.
④ 총 단위반복수는 총 10회이다.
⑤ 반복의 형태는 개별말소리 반복, 음절 반복, 1음절 반복이 나타났다.

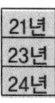
36
[21년] [23년] [24년]

다음 발화를 분석한 내용으로 옳은 것은 무엇인가?

> 재재재희가 나랑 나랑 (막힘)놀아주지 않아서 음… ㅅ-----을퍼요.

① 단어 간 비유창성은 2회, 단어 내 비유창성은 2회 나타났다.
② 음절 비유창성 지수는 13.33%SS이다.
③ 진성 말더듬은 3회, 가성 비유창성은 1회 나타났다.
④ 정상적 비유창은 2회, 병리적 비유창성은 3회 나타났다.
⑤ 반복의 종류는 개별말소리 반복, 1음절 낱말 반복이 나타났다.

37 다음 아동과 성인을 위한 중증도 검사(SSI-4)에 대한 설명으로 옳은 것은 무엇인가?

20년

① 지속시간을 말더듬이 가장 긴 막힘의 시간을 척도 변환한다.
② 각각의 부수행동은 3점 척도로 평정하고 합산한다.
③ 비유창성 빈도는 말더듬 행동이 나타난 음절 수의 백분율로 계산하여 척도 변환한다.
④ 성인은 연속적인 그림 자료를 보여주면서 구어 표본을 수집한다.
⑤ 전체 점수에 따른 중증도는 3가지(약함, 중간, 심각함)로 나눌 수 있다.

38 다음 '행동인지 말더듬 치료'에 대한 설명 중 옳은 것은 무엇인가?

① 말더듬인들은 말을 조절하기 어렵다고 보고 본인의 말에 대한 책임감을 높여야 말더듬을 유창하게 만든다고 보았다.
② 행동인지 말더듬 치료는 총 3단계로 구성된다.
③ 진단평가에서는 정보수집을 중요하게 생각하지 않고 말에 대한 효능감을 중요하게 생각한다.
④ 유창성 형성에서는 말을 과도한 연장을 통해 유창성을 조절하며 자신이 유창하다고 믿게 한다.
⑤ 상담·태도 변화에서는 말을 더듬었던 사람이 자신을 긍정적인 화자로 생각할 수 있도록 한다.

39 다음 중 P-FA II 검사의 '그림설명'을 전사하여 분석한 내용으로 적절하지 않은 것은 무엇인가?

17년
18년
19년
20년
21년
23년
24년

> 어떤 어떤 남녀 커 커 커 커 커플은 배드민턴을 (막힘) 재미있게 치고 있고, 어 할아버지는 살이 너----무 쪄서 살을 빼시려고 열심히 어 조깅을 해요.

① 핵심행동으로 반복, 연장이나 막힘이 나타나고 있다.
② 정상적 비유창성 합은 3점이다.
③ 비정상 비유창성 합은 3점이다.
④ 정상적 비유창성 점수는 6.66이다.
⑤ 비정상 비유창성 점수는 6.66이다.

40 말더듬이 자주 일어나는 자리에 대한 설명이 적절한 사람끼리 묶인 것은 무엇인가?

> 지은 : 같은 읽기자료를 계속해서 읽으면 말더듬이 매우 줄어들어요.
> 승철 : 문장 안에서 시작하는 부분에서 종종 말을 더듬어요.
> 민영 : 길이가 긴 문장에 비해 짧은 문장으로 이야기할 때 더 더듬는 것 같아요.
> 하은 : 평소 대화할 때는 괜찮은 것 같은데, 영어나 새로운 단어를 말하려고 할 때 긴장되는지 더 더듬어요.
> 은영 : 소설과 신문 중에 자주 읽었던 소설을 읽을 때 더 더듬었어요.

① 지은, 승철, 민영
② 승철, 민영, 하은
③ 지은, 승철, 하은
④ 지은, 민영, 은영
⑤ 민영, 하은, 은영

41 [23년] 말더듬은 순간적으로 정서반응성과 정서 조절의 어려움으로 말더듬이 악화된다는 말더듬이론은 무엇인가?

① 의사소통-정서 말더듬 모델
② 예상투쟁모델(예기투쟁가설)
③ 이원이론
④ 내적 수정 가설
⑤ 요구용량 이론

42 말더듬 청소년이나 성인 치료 대상자와 상담을 할 때 기본적으로 제공해야 하는 부분이 아닌 것은 무엇인가?

① 대상자에게 수많은 사람들은 말을 더듬고 있고 그 사람들도 의사소통을 하려고 할 때 당신과 같이 비슷한 어려움을 겪고 있다고 말해줄 수 있다.
② 대상자에게 지금보다는 좀 더 나아질 수 있다는 의지를 갖는 것이 중요하다고 말해줄 수 있다.
③ 언어재활사는 지속적으로 다양한 전략과 기법을 사용하여 삶의 질을 향상시킬 수 있도록 도와줄 것이라고 말해줄 수 있다.
④ 현재 치료를 받게 된 이유나 치료 대상자의 동기, 변화를 향한 준비 등에 대한 이야기를 나눠볼 수 있다.
⑤ 말더듬은 무엇인지 자세히 설명해주고 즉각적으로 말더듬이 줄어들 수 있는 방법에 대해 간단히 말해줄 수 있다.

43 다음 발화로 예측할 수 있는 검사 결과로 옳은 것은 무엇인가?

> 저저저저는 (막힘)말을 할 때, 제제제가 아닌 것 같아요. 저──정말 미미치겠어요. 마─말 때문에 (막힘)모─든 생활이 마망했어요.

① 상황별 말더듬 자기 평가(SOS) - 점수 낮음
② Erickson의 의사소통 태도 검사 - 점수 낮음
③ 말더듬 성인용 자아효능감 검사(SESAS) - 접근 확신 낮음
④ 전반적 말더듬 경험 평가(OASES) - 점수 낮음
⑤ A-19 - 점수 낮음

44 다음은 한국 아동용 말더듬 검사(KOCS)로 분석한 내용이다. 적절하게 분석한 것은 무엇인가?

문항	자극문장	목표문장	말더듬		
		아동문장	반복	연장	막힘
10	오빠는 그네를 밀어주나요?	언니가 그네를 밀어주나요?			
		(막힘)언니가 그────네를 (막힘)밀어주나요?		① 2	2
11	누나가 목욕을 하나요?	누나가 수영을 하나요?			
		누누나가 있있있잖아요, (막힘)수영을 하──나요?	② 2		③ 3
12	우리는 산에 가나요?	우리는 바다에 가나요?			
		우리는 산 산 산 아니, 바다에 (막힘)가나요?	④ 2		1
소계			4	⑤ 2	6

45 유창성 완성법에 대한 설명으로 옳은 것은 무엇인가?

① 의사소통 태도나 심리를 중요시한다.
② 체계적이고 단계적으로 유창한 말 산출 방법을 새롭게 학습하는 방법이다.
③ 치료 단계는 동기부여, 증상확인, 둔감화, 변형, 점근, 안정화 단계로 진행된다.
④ 말더듬으로 인해 공포나 회피가 생긴다고 생각한다.
⑤ 스스로 통제할 수 있는 수용말더듬을 목표로 한다.

46 다음은 학령전기아동의 발화를 전사한 내용이다. 이에 대한 설명으로 옳은 것은 무엇인가?

17년
18년
19년
20년
21년
24년

> 동 동 동 동 동물들을 키우는 노 노 노 농장인 것 같아요. 음 하지만 (막힘 4초) 이상해요. (막힘 6초) 발레 (막힘 5초) 옷을 이 이 이 이 입고 (막힘 2초) 닭에게 바-----압을 주고 염 염 염 염소가 지붕 위에 오 오 오 올라가 있어요.
>
> (목표음절 수 47음절)
> (말한 시간 90초)

말더듬 길이 점수		
순식간	(0.5초 이하)	2점
30초	(0.5~0.9초)	4점
1초	(1.0~1.9초)	6점
2초	(2.0~2.9초)	8점
3초	(3.0~4.9초)	10점
5초	(5.0~9.9초)	12점
10초	(10.0~29.9초)	14점
30초	(30.0~59.9초)	16점
1분	(60초 이상)	18점

*소수점 2개에서 올림

① 반복횟수는 총 5회이며, 반복의 종류로는 다음절 낱말 일부 반복, 음절 반복이 나타났다.
② 비유창지수(%SS)는 15.79(%SS)이다.
③ SSI-4 검사 시, 총 말더듬 길이 평균은 4.25로 10점이다.
④ 반복의 단위반복수의 평균은 5회이다.
⑤ 핵심행동별 비유창지수(%SS) 중 막힘 비유창지수의 점수가 가장 높다.

47 다음 아동은 만 3세 5개월의 남자 아동으로 최근 무슨 이유인지 모르지만 말을 더듬기 시작했다고 한다. 이 아동에게 적합한 치료 접근법은 무엇이 있는가?

17년
18년
19년
20년
21년
23년

① 아동이 어리고 최근에 더듬었기 때문에 간접치료보다는 언어재활사가 개입하는 직접치료를 해야 한다.
② 아동의 나이가 어리기 때문에 '말더듬수용'을 치료 목표로 접근해야 한다.
③ 모의 발화속도, 모의 언어자극유형, 대화패턴을 분석하여 아동에게 접근해야 한다.
④ 아동의 심리적인 문제로 말을 더듬을 수 있으니 반드시 놀이치료를 권고해야 한다.
⑤ 아동에게 말에 대해 인식시키고 천천히 말할 수 있도록 한다.

48 다음 설명은 어떤 말더듬 치료 방법을 설명한 것인가?

> 이 치료 방법은 아동보다는 성인에게 적절한 치료 방법이다. 이 방법은 '느리게 말하기'를 이용한다. 부정적인 태도를 긍정적 태도로 바꾸도록 유도한다. 이 치료 방법은 신체적 및 심리적 수준 두 가지 모두에서 반응을 완전히 재프로그램하도록 요구한다.

① 행동인지 말더듬 치료(BCST)
② 발살바 말더듬 치료
③ 스토커 프로브 테크닉
④ 리드콤 프로그램
⑤ 점진적 발화 및 복잡성 증가(GILCU)

49 다음 사례의 재순 씨에게 우선적으로 필요한 치료 접근법은 무엇인가?

> 재순 씨는 회사를 다니다가 말더듬으로 인해 스트레스를 받아 최근에 회사를 그만두었다고 하며, 이렇게 말더듬 때문에 회사를 그만둔 지 벌써 4번째라고 한다. 또한 재순 씨는 초등학교 때부터 말을 더듬기 시작했는데 그 당시 말을 더듬을 때 누군가 자신을 비웃는 것 같아 더 더듬게 된 것 같다고 보고하였다. 상담 시, 재순 씨의 말더듬 형태는 주로 '막힘'을 보였으나 빈도가 많은 편은 아니었다. 하지만 말할 때마다 매우 긴장된다고 보고하였으며, 막힐 때마다 온몸에 힘을 주어 빠져나오려고 노력한다고 했다.

① 가족들에게 천천히 말해 달라고 부탁한다.
② 음절을 연장하여 부드럽게 발음하도록 한다.
③ 말을 느리게 하도록 한다.
④ DAF를 통한 적절한 지연시간으로 훈련시킨다.
⑤ 언어재활사와의 신뢰형성을 위해 대상자의 말더듬 증상에 참여하고, 말더듬에 대해 이해시킨다.

50 다음 사례의 내용을 보고 말더듬 치료 후 재발 증후로 적절한 것은 무엇인가요?

> • 18세, 남아
> • 1년 전 말더듬 치료를 받았다고 함. 그런데 최근 다시 말을 더듬을까 봐 불안하다고 보고함
> • P-FA II 백분위수 10%ile 미만
> • 의사소통 태도 61~70%ile

① 구어 조절력 증가
② 회피와 두려움 감소
③ 핵심행동의 긴장 정도 증가
④ 말더듬에 대한 자기 조절 증가
⑤ 불안 수준의 상승

51
24년

최근 말을 더듬기 시작한 만 4세 2개월의 아동을 위한 간접치료를 진행 중이다. 다음 부와 아동이 대화한 내용을 전사한 것이다. 이때, 언어재활사가 부에게 할 수 있는 말로 적절한 것은 무엇인가?

> 아 동 : 아아아빠 자동차 있어요.
> 아버님 : 아빠라고 해야지. 다시 해봐.
> 아 동 : (힘주며)아! 빠!
> 아버님 : 잘했어. 갖고 놀아.
> 아 동 : 네!
> 아버님 : 재밌어?
> 아 동 : 네. 이거 사사주세요.
> 아버님 : 이게 뭔데?
> 아 동 : ㅈ---자동차요!
> 아버님 : 덤프트럭이야. 덤프트럭이라고 말해야 해.
> 아 동 : ㄷ-----프 트럭.

① 아버님, 말더듬을 고쳐주는 말을 빈번하게 사용하지 말아주세요.
② 아버님, 질문에 끈기 있게 대답해 주세요!
③ 아버님, 아동의 언어수준에 비해 어려운 말과 복잡한 수준을 사용하여 언어적인 자극을 주세요.
④ 아버님, 개방형 질문보다는 폐쇄형 질문을 사용하여 아동에게 언어적 부담을 조금 줄여주세요.
⑤ 아버님, 평소 말속도를 느리게 해주세요.

52
21년

다음은 담임선생님께 보낼 협력의뢰서이다. 협력의뢰서 작성 시 적절하지 않은 것은 무엇인가?

> ○○ 선생님께.
> 안녕하세요. ○○는 말더듬을 고치기 위해 수개월 동안 본 센터에 다니고 있습니다. ○○를 위해... (중략)
>
> ① 모든 말하기 활동에서 ○○이 참여하도록 격려해주길 부탁드립니다.
> ② 말을 더듬기는 하지만 점차 감소하는 것을 볼 수 있을 것입니다. 이것은 말더듬에서 빠져나오기 위해 ○○이 노력하고 있는 것이랍니다. 끝까지 지켜보시고 평소처럼(괜찮다) 대해주시길 바랍니다.
> ③ ○○이 매우 심하게 말을 더듬을 때, 갑자기 말소리를 느리게 하거나 말이 정상적으로 들리지 않을 수 있습니다. 이 순간 그렇게 행동하는 것을 중간에 멈출 수 있도록 도와주세요.
> ④ 또한 ○○은 센터에서 배워온 방식대로 연습할 것입니다. 이때, 아동의 능력을 인정해주시고 긍정적인 반응을 보여주시면 매우 도움이 됩니다.
> ⑤ 아동의 말더듬이나 말더듬에서 빠져나오기 위한 행동을 지적해주시면 말더듬이 더욱 심해질 수 있습니다.

53 다음은 학령기 말더듬 평가보고서 중 일부이다. 평가보고서의 제언으로 적절한 것은 무엇인가?

> 곽OO은 만 8세 1개월의 여아로 말더듬 주소로 본원에 내원하였다. P-FA Ⅱ 검사 결과, 필수과제에서 말더듬 정도 '중간', 선택과제에서 '약함~중간 정도'의 말더듬을 보였다. 주된 핵심행동은 비운율적 발성 (DP)(50%), 막힘을 동반한 반복(22%), 반복(21%), 간투사(7%)로 나타났다. 부수행동은 얼굴 찌푸리기, 고개 뒤로 젖히기, 흡기 발성 등이 관찰되었다. 의사소통 태도 검사 결과, 말더듬 '중간'으로 나타났다.

① 간접 치료 권고
② 부모교육 필요
③ 학교 적응에 대한 심화 평가 및 상담 필요
④ Pailin 센터 부모 아동 상호작용 프로그램 권고
⑤ 심화 평가로 자아효능감 척도(SESAS) 평가

54 다음은 언어재활사와 말더듬는 아동과의 대화 내용이다. 말더듬 수정 방법 단계 중 어느 단계인가?

> 아　　동 : 도 도 도 돌고래
> 언어재활사 : 말할 때 긴장이 느껴지니? 이제 더듬는 동안 숨이 차면 숨을 쉬고, 긴장을 풀어봐.
> 아　　동 : 도오오오올고래를 봤어요.
> 언어재활사 : 좋아, 이제 혼자 할 수 있겠어?
> 아　　동 : 네.
> 언어재활사 : 동물원에 갔을 때를 이야기해 보자.
> 아　　동 : 동물원에서 도올고래를 봤어요. 그리고 기, (쉬고)ㄱ-기린도 봤어요.
> 언어재활사 : 좋아, 아주 잘했어~ 다시 한 번 해볼까?

① 증상확인　　　　　　　② 둔감화
③ 변 형　　　　　　　　④ 점 근
⑤ 안정화

55 말빠름증(속화)을 치료하는 방법으로 무엇이 있는가?

① 부모와 주위에 가까운 사람들을 이용한 간접치료를 한다.
② 말빠름 인식을 피할 수 있도록 간접치료를 한다.
③ 말한 후, 단어를 적어보도록 한다.
④ 다양한 상황에서 말을 멈추는 연습을 해본다.
⑤ 둔감화를 위해 불안을 느끼는 상황에서 말하도록 한다.

제3과목 | 음성장애

56 /사자/를 말했을 때 Listening Tube에서 바람소리가 감지되었다면 예측되는 문제는?
[23년]
① 과소비성
② 동화비성
③ 비누출
④ 맹관공명
⑤ 기식음성

57 음향학적 측정치의 증가가 음성개선을 의미하는 항목은?
[17년]
[20년]
[21년]
[22년]
[24년]
① 소음대배음비
② 켑스트럼 최고정점
③ 기본주파수
④ 주파수변동률
⑤ 진폭변동률

58 후두내근 중 진성대에 해당되는 근육은 무엇인가?
[19년]
① 윤상갑상근
② 갑상피열근
③ 후윤상피열근
④ 외측윤상피열근
⑤ 피열간근

59 청지각적 평가에 대한 설명으로 옳지 않은 것은 무엇인가?
[17년]
[18년]
[21년]
[22년]
① 청지각적 평가에는 GRBAS Scale과 CAPE-V가 있다.
② CAPE-V는 음성의 여섯 가지 측면을 100mm의 연속선상에 표시한다.
③ CAPE-V는 공명 및 다른 특징에 대해 기술할 수 있다.
④ GRBAS Scale은 4점 간격 평정법(EAI)을 사용하였다.
⑤ CAPE-V는 조조성, 기식성, 무력성 세 가지를 기본으로 측정한다.

60 성대 수술 환자에게 안내해야 할 내용으로 옳지 않은 것은 무엇인가?

① 수술 이후 금연과 금주를 권한다.
② 수술 후 2~3일 정도 완전한 음성휴식(Perfect Voice Rest) 후 점진적으로 음성 사용량을 증가하도록 한다.
③ 무거운 물건을 드는 것을 금지한다.
④ 수술 후 바로 미지근한 물을 섭취하게 한다.
⑤ 자극적인 음식을 피하게 한다.

61 다음 중 변성발성장애 환자에게 사용할 수 있는 음성치료 방법은 무엇인가?

① 흡기발성, 후두마사지
② 흡기발성, 계층적 접근법
③ 성대프라이, 머리위치 변경법
④ 성대프라이, 구강개방 접근법
⑤ 성대프라이, 손가락 조작법

62 다음은 7세 여아의 나조미터 평가 결과이다. 예상되는 공명문제의 원인은?

- /학교에서 아이들이 뛰어가/ → 비성치 17%
- /맴맴 우는 매미와 음매 우는 양/ → 비성치 25%

① 구순구개열
② 아데노이드비대증
③ 구개천공
④ 연인두기능부전증
⑤ 역행성성대움직임

63 소리를 시각화 할 수 있는 파형, 스펙트럼, 스펙트로그램에 대한 설명으로 옳지 않은 것은 무엇인가?

① 파형(Wave Form)은 음향신호를 시간에 따른 진폭의 변화로 나타낸다.
② 스펙트럼은 음향신호를 3차원적으로 분석한다.
③ 스펙트로그램을 통해 소리의 강도를 비교할 수 있다.
④ 스펙트로그램의 x축은 시간, y축은 주파수이다.
⑤ 스펙트럼은 주파수에 따른 진폭의 변화를 나타낸다.

64 차폐효과 중 'Lombard Effect' 치료 방법이 가장 효과적인 장애군은 무엇인가?
17년
① 청각장애 ② 연축성 발성장애
③ 기능적 실성증 ④ 성대낭종
⑤ 변성발성장애

65 다음 중 리실버만 음성치료(LSVT)를 적용할 수 있는 사례는?
23년
① 발성 시 가성대 접촉이 관찰됨
② 호흡과 발성이 약하며 한 호흡 당 음절수가 짧음
③ 습관적인 성대 오·남용을 보이는 환자
④ 발성 시 쥐어짜는 듯한 긴장된 발성을 사용하는 환자
⑤ 후두암으로 인해 후두전적출술을 한 환자

66 후두근전도(LEMG)를 사용하여 성대의 운동장애를 확인할 수 있는 질환으로 알맞게 짝지어진 것은?

A. 성대결절   B. 성대마비   C. 육아종   D. 연축성 발성장애

① C, D ② B, D
③ A, B ④ A, D
⑤ B, C

67 성악가들의 발성훈련기법을 적용한 음성치료 방법으로, 초기에는 /i/ 모음을 사용하여 성대를 워
17년 밍업한 뒤, 활강(Gliding)훈련을 통해 낮은 음도 → 높은 음도, 높은 음도 → 낮은 음도로 연습을
18년 한다. 이 훈련은 아침, 저녁으로 하루에 2번씩 실시한다. 이것은 어떤 음성치료기법인가?
20년
21년 ① LSVT ② 공명음성치료
③ 계층적 분석 ④ 음성기능훈련
⑤ 새로운 음도의 확립

68 다음 환자에게 권고사항으로 부적절한 것은 무엇인가?

> 만 26세의 여성으로 초등학교 교사이며, 하루 6시간 수업을 진행한다. 아침에 목소리가 주로 잠기며 오후 수업이 되면 차츰 좋아진다. 하지만 말할 때 간혹 음성일탈이 나타나며 목에 이물감이 심하다. 6교시 정도 되면 목소리가 다시 허스키해진다. 또한 말할 때 목에 힘이 들어가며 오랫동안 말하면 목이 아프다고 한다.

① 수업시간에 마이크 사용을 권한다.
② 자주 수분을 섭취하며, 집에서 습포를 할 수 있도록 권한다.
③ 쉬는 시간에 스트레칭이나 후두마사지 등을 하며 휴식을 취하도록 한다.
④ 수업 전 유제품 섭취를 금지한다.
⑤ 커피 대신 홍차, 녹차 등을 섭취하게 한다.

69 음성장애와 그에 해당되는 치료 방법으로 부적절하게 짝지어진 것은 무엇인가?

① 근긴장성 발성장애 → 후두마사지, 하품-한숨 발성법
② 가성대 발성장애 → 흡기발성, 음도 상승법
③ 성대구증 → 후두마사지, 성대기능훈련
④ 변성발성장애 → Vocal Fry, 흡기발성
⑤ 편측성 성대마비 → 손가락 조작법, 머리위치 변경법

70 다음 환자에게 실시할 수 있는 음성치료 방법으로 가장 적절한 것은 무엇인가?

> 43세 여성으로 가정주부이며, 성가대와 합창단 활동을 하고 있다. 환자는 6개월 전부터 대화 시 목쉰음성 또는 바람 새는 소리가 난다고 하였으며, 음도도 낮아졌다고 한다. 또한 목에 지속적인 이물감으로 인해 잦은 헛기침을 한다고 하였다. 후두내시경 소견으로는 양측성 성대결절과 모세혈관확장증이 관찰되었다.

① 1~2주 동안 음성휴식, 하품-한숨 발성법
② 밀기 접근법, 손가락 조작법
③ 1~2주 동안 음성휴식, 흡기발성법
④ 머리 위치 변경, 후두마사지
⑤ 하품-한숨 발성법, 발성변경법

71 연축성(경련성) 발성장애와 근긴장성 발성장애의 특징으로 올바른 것은?

① 연축성 발성장애는 과제별 특이성을 보인다.
② 연축성 발성장애는 음성문맥에 따라 음성 단절의 정도의 차이를 보이지 않는다.
③ 근긴장성 발성장애의 경우 보툴리눔 독소를 주입 후 음성치료를 하는 것이 일반적이다.
④ 연축성 발성장애는 웃기, 속삭이기, 하품하기 등과 같은 발성에서 음성 단절 및 음성떨림이 더 심하게 나타난다.
⑤ 근긴장성 발성장애가 연축성 발성장애에 비해 음성 단절의 빈도와 기간에서 더 심한 양상을 보인다.

72 다음 중 성대외전과 관련된 것으로 짝지어진 것은 무엇인가?

① 성문상압보다 높은 성문하압, 후윤상피열근 수축
② 성문상압보다 낮은 성문하압, 측윤상피열근 수축
③ 성문상압보다 높은 성문하압, 윤상갑상근 수축
④ 베르누이효과, 후윤상피열근 수축
⑤ 베르누이효과, 측윤상피열근 수축

73 고도의 청각장애 환자에게 실시할 수 있는 음성치료는 무엇인가?

① 롬바르드효과를 이용하여 강도변경을 한다.
② 나조미터를 사용하여 비성 정도를 실시간으로 시각적 피드백을 제공할 수 있다.
③ 차폐를 하여 음도를 조절할 수 있다.
④ LSVT를 사용하여 음성 강도를 크게한다.
⑤ 흡기발성을 사용하여 음도를 낮춘다.

74 성대 과기능 환자에게 적용할 수 있는 치료법은?

① 벽을 밀며 힘주어 발성하기
② 리실버만 음성치료
③ 손가락으로 갑상연골 옆면을 눌러 성대내전을 돕기
④ 머리 위치를 변경하여 성대내전을 돕기
⑤ 성대의 부적절한 보상기전을 소거하고 성대기능훈련으로 정상음성사용 유도

75 트랜스젠더의 음성재활로 옳은 것은 무엇인가?

① 제1형 갑상성형술 실시, 새로운 음도 확립
② 제1형 갑상성형술 실시, Vocal Fry
③ 제4형 갑상성형술 실시, 흡기발성
④ 제4형 갑상성형술 실시, 억양 및 음도 변화
⑤ 에스트로겐 복용, 손가락 조작법

76 기계적 음성평가 시 잘못된 것은 무엇인가?

① PAS 평가 시 튜브(Intra-oral Tube)는 새것으로 교체한다.
② EGG 평가 시 CSL 본체의 VRP 버튼을 켜고, EGG의 전원을 켠다.
③ Nasometer 평가 전 헤드셋을 본체에 장착한 뒤 Calibration을 한다.
④ MDVP 평가 시 A창의 음성파형(Captured Signal Waveform)이 빨간색으로 나타나면 안 된다.
⑤ MDVP 평가 시 Scope Window 창이 반응하도록 음성샘플을 수집해야 한다.

77 다음 사례를 읽고, 아동에 대한 치료 접근법으로 올바른 것은 무엇인지 고르시오.

> 만 5세 남아로 유치원과 태권도를 다닌다. 형과 자주 싸우며 소리를 많이 지르고 말이 많은 편이다. 최근 목쉰소리와 기식음 및 발성일탈로 이비인후과에 내원하였으며, 후두내시경 소견으로 모래시계 유형의 성문틈이 관찰되었다. 음향학적 평가 결과 기본주파수 175Hz, Jitter 2.75%, Shimmer 5.1%로 나타났다.

① 일주일간의 완전한 음성휴식만으로 음성이 개선되므로 별도의 음성치료는 실시하지 않는다.
② 성대수술을 통해 성대병변 제거 후 2~3주 동안 음성휴식을 시킨다.
③ 유치원과 사교육을 더욱 늘려 형과 마주칠 기회를 줄인다.
④ 부모상담을 통해 태권도를 잠시 중단시키고, 음성위생 프로그램을 진행한다.
⑤ 자연적으로 음성이 좋아질 수도 있으므로 부모에게 최대한 신경 쓰지 않을 것을 권한다.

78 양측 후윤상피열근마비 환자에게 적용할 수 있는 의료적 방법은 무엇인가?
17년
① 제1형 갑상성형술
② 제3형 갑상성형술
③ 회귀성후두신경 절제술
④ 기관절개술
⑤ BTX-A 주입술

79 성대진동원리 중 성문 틈으로 공기가 빠르게 지나가면서 압력이 감소하여 성대가 내전되는 원리
20년 는 설명하는 이론은 무엇인가?
① 보일의 법칙
② 덮개-몸체 이론
③ Talbot 법칙
④ 롬바르드효과
⑤ 베르누이효과

80 후두의 기능에 대한 설명으로 옳지 않은 것은 무엇인가?
18년
① 후두의 일차적 기능은 호흡 및 기도를 보호하는 것이다.
② 후두개주름, 전정주름, 갑상피열근이 밸빙작용을 하여 흡인을 방지한다.
③ 삼킴 시 후두가 하강하여 흡인을 방지한다.
④ 발성은 후두의 이차적 기능이다.
⑤ 음성은 화자의 정서 상태를 전달한다.

제4과목 언어발달장애

01 다음 아동의 의사소통 행동은 어떤 단계에 해당하는가?

> 치료실에서 나가면서 언어재활사에게 손을 흔들어서 인사하고, 거부 상황에서는 싫다고 하며 양손을 뻗어 흔드는 모습을 보인다.

① 초보적 의사소통 행동
② 목표지향적 의사소통 행동
③ 도구적 전환기 행동
④ 의도적 의사소통 행동
⑤ 언어적 의사소통 행동

02 다음 아동의 어휘다양도(TTR)을 구하시오.

> 기차 타요.
> 기차 타고 바다에 가요.
> 나는 바다가 좋아요.

① 8/11
② 9/12
③ 9/13
④ 10/14
⑤ 10/15

03 다음은 그림교환 의사소통 프로그램(PECS) 단계 중 어떤 단계에 해당하는 것인가?

> 아동이 원하는 그림과 '주세요' 그림으로 문장을 완성할 수 있도록 한다.

① 1단계
② 2단계
③ 3단계
④ 4단계
⑤ 5단계

04 다음 아동에게 실시할 수 없는 언어검사는 무엇인가?

> 만 2세 7개월 남아로 언어발달이 느리다는 증상으로 의뢰되었다. 주 양육자인 어머니의 보고에 의하면 현재 아동은 '엄마' 이외의 의미 있는 구어표현은 전혀 나타나지 않으며 간혹 /V/ 발성을 산출한다고 한다. 아동은 엄마의 손을 이끌며 표현하는 모습을 보이지만 빈도가 현저히 적으며 엄마의 모델링에도 거의 반응하지 않는다고 한다. 또한 부모님과의 상호작용 기회가 적었던 것으로 보고되었다.

① SELSI
② K M-B CDI
③ 모-아 상호작용
④ 의사소통 행동 평가
⑤ PRES

05 다음 두 아동의 상징행동은 어느 시기에 나타나는 것인가?
[17년] [20년]

> A 아동 : 엄마가 청소하는 흉내를 낸다.
> B 아동 : (손에 아무 것도 없는데) 손으로 그림을 그리는 척한다.

① A 아동 : 14~15개월, B 아동 : 18~19개월
② A 아동 : 16~17개월, B 아동 : 24~35개월
③ A 아동 : 18~19개월, B 아동 : 20~23개월
④ A 아동 : 11~13개월, B 아동 : 16~17개월
⑤ A 아동 : 14~15개월, B 아동 : 24~35개월

06 다음 (a)와 (b)에 사용된 중재 방법은 무엇인가?
[20년] [21년] [22년]

> 아　　　동 : (뽀로로를 가리키며) 이거 이거
> 언어재활사 : (a) (뽀로로를 주며) 뽀로로 주세요.
> 아　　　동 : 뽀오오 두데요.
> 언어재활사 : (자동차를 가져온다) 빵빵
> 아　　　동 : (언어재활사를 쳐다 봄)
> 언어재활사 : (b) (자동차를 밀며) 빵빵 가.

	(a)	(b)
①	혼잣말 기법	평행적 발화 기법
②	평행적 발화 기법	혼잣말 기법
③	확 장	혼잣말 기법
④	수정모델 후 재시도 요청	평행적 발화 기법
⑤	확 대	혼잣말 기법

07 3세 이전의 동시적 이중언어 아동 평가 시 고려할 점으로 옳은 것은?

① L1에 대한 자료 수집만 해도 된다.
② 평가 시 아동의 생활연령을 고려해야 한다.
③ L2에 노출된 연령은 중요하지 않다.
④ 아동의 언어 환경은 크게 고려하지 않아도 된다.
⑤ 두 언어 각각의 언어연령을 고려해야 한다.

08 다음이 설명하는 것은 무엇인가?

- 친숙한 상황에서의 언어 사용 증진
- 친숙하고 일상과 관련된 일련의 사건이나 경험을 이용하는 중재 방법

① 아동 중심법　　　　　② 스크립트 중재
③ 치료사 중심법　　　　④ 기능적 중재 방법
⑤ 활동 중심 중재

09 다음에서 설명하는 것은 무엇인가?

- 듣는 사람에게 필요한 정보가 무엇인지 아는 능력
- 상대방에 따라 말하는 방법, 말의 내용을 수정하는 능력

① 전 제　　　　　　　② 참조적 의사소통
③ 실행기능　　　　　　④ 관습적 가정
⑤ 변별성 원리

10 다음은 어떤 중재 방법을 사용하는 것인가?

21년

> (아동에게 과자가 든 통을 보여주고 통을 아동의 손에 닿지 않는 곳에 올려 놓는다)
> 아   동 : (아동이 과자 통을 쳐다본다)
> (언어재활사는 5초 정도 기다린다)
> 아   동 : (과자 통을 보기만 하고 아무 반응을 보이지 않는다)
> 언어재활사 : 뭐가 먹고 싶어요?
> 아   동 : (과자 통을 가리킨다)

① 아동중심 시범 기법
② 선반응 요구-후 시범 기법
③ 우발학습
④ 시간지연기법
⑤ 평행적 발화 기법

11 다음 아동에 대한 설명으로 옳은 것은 무엇인가?

18년
21년

> 만 4세 남아로 한국인 아버지와 필리핀 어머니 사이에서 출생한 다문화 가정의 아동이다. 어머님은 현재 영어 학원 선생님으로 근무하고 계시며 한국어는 능숙하게 사용하지 못하여 가족뿐만 아니라 대부분의 한국어 사용자들과의 의사소통에 어려움을 겪고 있다고 한다. 아동은 첫 낱말이 또래에 비하여 늦었다고 하며 현재 아동의 주 언어는 한국어이고 가끔씩 쉬운 단어들을 영어로 표현한다고 한다. 유치원에서는 친구들에 대하여 관심은 있지만 언어적 어려움으로 인해 또래 관계 실패 경험이 많아 대부분 혼자 논다고 한다. 언어발달 검사 결과 이해 및 표현 능력이 또래에 비해 2년 이상 지연되는 모습을 보이며 발화 길이가 짧고 구문 오류가 빈번하게 나타나는 모습을 보인다.

① 위 아동은 순차적 이중언어장애 아동에 속한다.
② 엄마와 아동의 주 언어가 달라 아동이 혼동될 수 있으므로 엄마와 분리시켜 주는 것이 도움이 된다.
③ 개별언어 중재 이후에 그룹치료는 병행하는 것이 좋다.
④ 아동의 우세언어에 대한 정보를 자세하게 파악해야 한다.
⑤ 부모교육은 다른 전문가에게 의뢰한다.

12 자발화 수집과 관련된 설명으로 옳은 것은 무엇인가?

① 발화 수집 시 직접적인 질문으로 시작한다.
② 발화 간 쉼이 생긴다면 질문을 통해 발화를 유도한다.
③ 대화의 주제를 검사자가 미리 선정한다.
④ 검사자의 말은 아동의 발화 수준에 따라 조절한다.
⑤ 직접적인 질문을 자주 사용하여 많은 발화를 수집한다.

13 다음의 설명은 Chall(1983)의 읽기 발달 단계 중 어느 단계에 해당하는가?

24년

- 만 5~7세 아동들의 읽기
- 낱말재인 능력이 발달함
- 음운분석, 단단어 분절 및 합성이 가능함
- 초기 읽기 학습을 위한 중요한 시기

① 0단계
② 1단계
③ 2단계
④ 3단계
⑤ 4단계

14 다음은 어느 시기 아동에게 나타나는 발화인가?

언어재활사 : 뭐해?
아   동 : 이거 딸르구이떠.
언어재활사 : 우와~ 맛있겠다. 나도 할래.
아   동 : 시어. 선생님이가 아니야.
언어재활사 : 같이 하자.
아   동 : 시어. 선생님이가 시어.
언어재활사 : 그럼 나는 이거 먹어야지. 맛있다. 너도 먹어봐.
아   동 : 안 다 먹어.

① 첫 낱말기
② 낱말 조합기
③ 기본 문법 탐색기
④ 기본 문법 세련기
⑤ 고급 문법기

15 다음 아동의 발화에서 나타나지 않은 기능은 무엇인가?

언어재활사 : 뭐가 필요해? 뭐 줄까?
아   동 : 색연필 주세요.
언어재활사 : 빨간색으로 할 거야, 파란색으로 할 거야?
아   동 : 빨간색으로 할래요.
언어재활사 : (고래, 강아지 그림을 보며) 뭐 색칠할까~. 나는 고래 해야지.
아   동 : 내가 고래 할래요. 강아지 안 해요.
언어재활사 : 바꿀까?
아   동 : 네. 바꿔요.

① 주장하기
② 사물 요구하기
③ 거부하기
④ 언급하기
⑤ 반응하기

16 다음은 만 6세 아동의 발화샘플이다. 이 발화에 대한 설명으로 옳은 것은 무엇인가?

> 엄마 : (자동차 그림을 가리키며) 이거 뭐야?
> 아동 : 이거... 음... 몰라
> 엄마 : 타는 거야. 엄마랑 버스 타자.
> 아동 : 엄마이가 타?
> 엄마 : 엄마가~ 엄마가 타?
> 아동 : 응, 어디가?
> 엄마 : 마트에 갈 거야.
> 아동 : 나 딸기집 가.
> 엄마 : 마트에서 사올게.
> (마트를 다녀온 후)
> 엄마 : 여기 딸기.
> 아동 : 마트에서 사요? 딸기?
> 엄마 : 응. 마트에서 딸기 사왔어.
> 아동 : 엄마 먹어. (엄마가 먹자) 아니, 아니.
> 엄마 : 아~ 엄마가 먹여줘?
> 아동 : 네.

① 은정 : 조사 사용에는 별다른 어려움은 없는 것 같아.
② 경미 ; 사동사 사용도 괜찮아.
③ 지연 : 어휘는 괜찮은데 구문 길이가 너무 짧아.
④ 영미 : 시제 오류가 나타나네.
⑤ 보람 : 의사소통 기능이 거부하기 말고는 나타나지 않아.

17 다음 아동 발화에서 나타나지 않은 의미관계는 무엇인가?

> 언어재활사 : 이거 뭐야?
> 아　　동 : 이거 아가야.
> 언어재활사 : 아가가 뭐해?
> 아　　동 : 아가 우유 먹어.
> 언어재활사 : 맛있겠다.
> 아　　동 : 선생님 먹어요.
> 언어재활사 : 고마워, 너도 먹어.
> 아　　동 : 안 먹을래요.

① 실체-실체서술　　　　② 행위자-행위
③ 행위자-대상-행위　　④ 부정-행위
⑤ 경험자-상태서술

18 다음은 아동의 개구리 이야기 중 일부이다. T-unit과 MLTm을 적절하게 분석한 것은 무엇인가?

> 개구리 소리가 났어요.
> 철수는 죽은 나무 뒤로 갔어요.
> 나무 뒤에 엄마 개구리랑 아기 개구리가 앉아 있었어요.
> 철수는 아기 개구리를 데리고 집으로 갔어요.

① 4, 10.5　　　　　　　② 5, 10.75
③ 6, 8.4　　　　　　　 ④ 7, 8.8
⑤ 8, 10

19 다음은 초등학교 5학년 아동의 읽기 검사 자료이다. 다음을 분석한 것으로 옳은 것은 무엇인가?

입구[입구]	작문[장문]	봄비[봄비]	논리[논니]
좋은[존은]	같이[갇이]	둗출[둗출]	말내[말내]
박사[박사]	넙대[넙다]	젊은[젇은]	숲이[숟이]

우리들은 항상 의상을 입고 지내며 어떤 의상을 선택 ·········· 있으며 국가, 직업, 쓰임새에
　　　　　　　　　　　　　　　　　　　　　　　　　　　　　　　국가
따라서 분류해볼 수 있습니다. ··········· 화려한 장식이 수놓아진 치마에 상의는
　　분뉴　　수 읻슴니다
목까지 ········ 다음으로 직업으로 분류해보자면 요리사, 소방관 ·········· 방해를 받지 않으려고
　　　　　　　　　　　　　　　　　분뉴　　　　　　　　　　　　　　　　받지 안흐려고
수영복을 ················· 활동하기 위해 우비를 입습니다. ········· 연결되어 있어 뗄 수 없으며 우리는
　　　　　　　　　활동　　　　　　　　입습니다　　　　　　　　　　　　수
상황에 맞는 의상을 선택해서 입어야 합니다.

① 아동은 된소리, 비음화, 구개음화 오류가 나타난다.
② 의미단어보다 무의미단어 읽기에 어려움을 보인다.
③ 자소-음소 일치형 낱말 읽기가 어렵다.
④ 종성 생략 오류가 2회 나타난다.
⑤ 된소리되기를 먼저 중재해야 한다.

20 다음은 무엇을 중재하기 위한 활동인가?

> 언어재활사 : 우리 초성게임 할 거야. 이거 보고 단어를 생각해서 말해보자!
>
> | ㄱㅁ | ㅅㄹ |
> |---|---|
> | ㅇㄱ | ㅍㄷ |
> | ㅂㄹ | ㄱㅊ |
>
> 아   동 : 거미! 개미! 고모! 소라! 사랑!………

① 음운인식 ② 철자인식
③ 음운인출 ④ 음운작업기억
⑤ 음소인식

21 다음은 모-아 상호작용 관찰 후 전사한 발화이다. 다음 설명 중 옳은 것은 무엇인가?

> 엄마 : (기차 장난감을 들고) 이거 뭐야?
> 아동 : 이거 기차야.
> 엄마 : 기차야~ 기차는 어디 가?
> 아동 : 집.
> 엄마 : 그렇구나. ○○이도 기차 타 본 적 있지?
> 아동 : 응.
> 엄마 : 맞아~ 우리 기차타고 바다에 가지.
> 아동 : (반응하지 않고 다른 곳으로 감)
> 엄마 : (먹는 시늉을 하며) ○○아, 엄마 봐봐. 엄마 뭐해?
> 아동 : 엄마 먹어.
> 엄마 : 뭐 먹어?
> 아동 : 주스.
> 엄마 : 맞아~ 엄마 주스 먹는다~ ○○이는 주스 좋아?
> 아동 : (반응하지 않음)
> 엄마 : 대답해야지. 주스 좋아?
> 아동 : 주스 좋아.

① 엄마는 아동의 주도를 따라 간다.
② 아동은 실체-실체서술, 행위자-행위 의미관계를 사용한다.
③ 아동은 요구반응을 산출하고 있다.
④ 엄마는 폐쇄형 질문보다 개방형 질문을 많이 한다.
⑤ 아동의 발화에서 반응, 주관적 진술이 관찰된다.

22 다음의 만 3세 아동의 검사 결과를 통해 권고 및 제언을 하려고 한다. 적절하지 않은 내용은 무엇인가?

> • Language
> - 전체 언어(SELSI) : 통합연령 11개월 수준으로 나타났다.
> - 의미 : 다양한 어휘를 이해하고 표현하는 데 제한적이었다. 상호작용 시, 단어 표현이 관찰되지 않았고 무의미하게 '부부, 부~' 등의 양순음 동반 발성이 자주 관찰되었다.
> - Communication : 주 의사소통 수단은 '제스처'이며 의사소통 의도가 적다. 의사소통 기능으로 요구하기, 행동 요구하기가 간헐적으로 나타났으며 그 밖의 다양한 의사소통 기능은 제한되었다.
>
> 이상의 결과로 보았을 때
> ① <u>아동의 언어 능력은 또래에 비해 매우 지체된 것으로 보인다.</u> ② 또한 <u>아동은 의사소통 의도 및 수단이 제한되어 있다.</u> 따라서 본 아동은 ③ '<u>의사소통 의도/기능증진, 기능적인 지시 이해, 단단어 - 2어조합 확대 등</u>'의 목표로 ④ <u>주 2회 언어치료가 필요할 것으로 사료되며</u>, ⑤ <u>가정 내 일반화를 위해 부모교육도 필요할 것으로 사료된다.</u>

23 다음 만 8세 아동의 검사 결과에 대한 해석으로 옳은 것은 무엇인가?

> 자발화 평가 결과, ① <u>평균 낱말 길이(MLUw)는 9.0으로 나타났고 조사, 연결어미, 선어말어미, 전성어미 등이 나타났다.</u> ② <u>평균 형태소 길이(MLUm)는 4.7로 주로 4-5 낱말 조합의 문장을 산출하였다.</u> 발화 시 ③ '<u>그런데 누나는 피아노 갔어요.</u>'와 같은 복문을 산출하였다. ④ <u>화용 측면에서 아동이 주로 사용한 의사소통 기능은 대답하기, 설명하기, 서술하기였으며</u> 한 가지 주제로 주제 유지가 잘 이루어지는 모습을 보였으나 정보를 생략하여 말하거나 조리 있게 말하는 데 어려움을 보였다. ⑤ <u>개구리 이야기 평가 결과 이야기 구성, 결속표지, 구문 및 문법형태소 모두 -2SD 이하, T-unit당 비유창성율은 +2SD로 나타나 전반적으로 어려움이 있는 것으로 나타났다.</u>

24 다음의 아동에게 실시해야 할 중재 목표가 아닌 것은 무엇인가?

> 만 2세 5개월의 남아로 언어가 느리다는 것을 주소로 내원하였다. SELSI 검사 결과 또래에 비해 낮은 언어수준을 보였다. 아동은 언어재활사 또는 엄마의 팔을 잡아당기며 요구하는 모습을 보였고 거부 시 물건을 던지거나 우는 모습이 관찰되었다. 아동은 주로 V, VV, CV, VC 발성을 산출하였다.

① 기능적인 어휘 이해 및 표현 증진
② 다양한 의사소통 기능 확대를 위한 중재
③ 다양한 음성 모방 및 자발적 산출
④ 의사소통 수단 향상
⑤ 두 낱말 의미관계 이해 및 표현

25 다음 개별시도훈련에서 언어재활사가 사용하지 않는 전략은 무엇인가?

> 3세 ASD 남아로 단단어로 의도를 표현하지만 제한적이며, 요구하기가 나타나지만 먹을 것을 요구할 때만 산출되고 이외 의사소통 기능 산출이 제한적이다. 지시 따르기가 잘 되지 않으며 치료실 입실 시 바닥에만 누워있으려고 하는 모습을 보인다.

> 언어재활사 : 앉아요.
> 아   동 : (반응하지 않음)
> 언어재활사 : (아동의 손을 잡고 앉을 수 있도록 유도)
>
> 언어재활사 : 앉아요.
> 아   동 : (반응하지 않음)
> 언어재활사 : (손짓으로 알려줌)
> 아   동 : (앉음)
>
> 언어재활사 : 앉아요.
> 아   동 : (앉음)
> 언어재활사 : 우와~ 잘했어(아동이 좋아하는 젤리 제공).

① 신체적 촉구
② 사회적 강화
③ 큐(Que)
④ 시간지연
⑤ 물질적 강화

26 다음 대화에서 아동에게 나타나지 않은 대화기술은 무엇인가?

언어재활사	아 동
주말에 뭐했어?	주말에 토요일은 어린이대공원 산책 갔고 일요일은 그냥 집에 있었어요.
그랬구나. 나는 주말에 재미있는 거 했는데.	뭐요?
나 게임했지.	어떤 게임인데요?
닌텐도! 진짜 재미있었어.	…
…	…
너무 재미있게 했는데 기분이 별로 좋지 않았어.	왜요?
응?	왜 기분이 안 좋았냐구요.
아니 게임을 하는데 ***하는 거야.	네?

① 질문에 대한 반응
② 정보요청하기
③ 발화 수정
④ 명료화 요구하기
⑤ 언급하기

27 다음 아동에 대한 설명으로 옳은 것은?

> 33개월 아동
> MLUm : 3.79
> MLUw : 2.66

① 또래와 비교하였을 때 발화 길이가 길다.
② 구문 발달이 또래보다 지체된다.
③ 또래와 비교하였을 때 낱말 길이가 짧다.
④ 단단어 수준의 아동으로 낱말 조합의 문장은 사용하지 못한다.
⑤ 평균 낱말 길이를 보았을 때 약간 지체되는 수준이다.

28 다음 언어재활사가 아동에게 유도하고 있는 의사소통 기능으로 옳은 것은?

> 언어재활사 : (새로 사 온 장난감을 책상에 꺼낸다) 우와~.
> 아   동 : (관심을 보이며 장난감을 빼앗으려고 한다)
> 언어재활사 : (반응을 보이지 않으며 장난감을 흥미롭게 쳐다본다) 우와~. 좋다~.
> 아   동 : 이거 뭐야?
> 언어재활사 : 이거 자판기야~.

① 주고 받기
② 정보 요청하기
③ 도움 요청하기
④ 정보 제공하기
⑤ 지시 따르기

29 환경중심 언어중재에 대한 설명으로 옳은 것끼리 묶인 것은 무엇인가?

> ㄱ. 구조화된 환경에서 아동의 흥미나 주도에 따라 중재하는 것을 말한다.
> ㄴ. 아동의 언어적 반응을 기다리는 것은 시간지연기법(Time-delay)에 해당한다.
> ㄷ. 자극-반응 방법으로 중재한다.
> ㄹ. 선반응 요구-후 시범 기법은 훈련자나 부모의 개입이 중요하다.
> ㅁ. 우연히 일어나는 상황에서 훈련하는 것은 우발학습이다.

① ㄱ, ㄹ
② ㄴ, ㅁ
③ ㄴ, ㄷ, ㄹ
④ ㄱ, ㄴ, ㄷ
⑤ ㄴ, ㄹ, ㅁ

30 장단기 목표 수립에 대한 설명으로 옳은 것은 무엇인가?

① 장기계획과 단기계획은 동시에 세운다.
② 목표 설정 시 주 양육자의 의견은 반영하지 않는다.
③ 장기계획에 상황, 목표행동, 목표 준거를 구체적으로 명시한다.
④ 'A/O 상황에서 누구/무엇/어디 의문사 질문에 80% 이상 정확하게 대답할 수 있다'에서 목표 준거는 '누구/무엇/어디 의문사 질문에'이다.
⑤ 장단기 계획은 평가 결과에 기초하여 수립하며 목표를 수립한 근거가 명확해야 한다.

31 다음 A 아동에게 나타나는 언어 결함은 무엇인가?

> A : B야, 밥 먹으러 가자.
> B : (다른 친구랑 먹기로 했는데...) 나 숙제 다 하고 먹을게. 먼저 먹어.
> A : 숙제? 그럼 같이 하자.
>
> A : 이것 좀 도와줘.
> B : 이게 물통이라고 해봐. 그러면 여기에 물을 반 정도 채워...
> A : 야! 이게 왜 물통이냐? 내 필통이지.

① 의 미　　　　　　　　② 구 문
③ 화 용　　　　　　　　④ 화용, 의미
⑤ 화용, 형태

32. 다음 아동에게 적용할 수 있는 언어 중재 목표로 적절하지 않은 것은 무엇인가?

- 만 12세(여)
- 지적장애를 동반한 언어발달장애
- REVT : 수용 7;0~7;6개월, 표현 5;0~5;5개월
- 구문의미이해력 : 1%ile 미만
- 언어문제해결력 : 세 영역 모두 1%ile 미만
- 이야기 : 완전한 에피소드 산출되지 않음. 그림에 보이는 것을 단순 나열하여 말하는 모습을 보이며 이야기 문법의 종류가 다양하지 않고 결속표지는 산출되지 않음
- 자발화
 (의미) NTW 207, NDW 102, TTR 0.49, 한 낱말, 단문＞복문
 (구문) MLUw 2.15, MLUm 4.24
- 대 화
 언어재활사 : 오늘 뭐 했어?
 아　　동 : 학교 갔어.
 언어재활사 : 선생님은 카페에 갔어.
 아　　동 : 누구랑 갔어요?
 언어재활사 : 친구랑 카페에 갔어.
 아　　동 : 뭐 먹었어요?
 언어재활사 : 커피랑 빵이랑 먹었어.
 아　　동 : 맛있겠다. 나도 사 줘요.

① 교과서 고빈도 어휘를 이해하고 표현할 수 있다.
② 문제해결과 관련된 추론적 질문에 적절하게 이해하고 표현할 수 있다.
③ 이야기 산출 능력을 향상시킨다.
④ 문법형태소가 포함된 문장을 이해하고 적절하게 표현할 수 있다.
⑤ 대화기술 전략 중 정보요청 전략을 적절하게 표현할 수 있다.

33 AAC 기회장벽에 대한 설명으로 옳은 것은 무엇인가?

① 기회장벽에는 네 가지가 포함된다.
② 정책장벽은 일반적 절차, 관습으로 인한 장벽이다.
③ 정보 부족 및 신념, 태도로 인한 장벽을 기술장벽이라고 한다.
④ 실제장벽은 규정, 법률로 인해 발생한다.
⑤ 도움을 제공하는 사람들의 AAC 기법, 전략 사용의 어려움으로 인한 장벽은 기술장벽이다.

[34~35] 다음은 초등학교 5학년 아동의 한국어 읽기 검사(KOLRA) 결과 요약지이다. 이를 보고 물음에 답하시오.

> **KOLRA**
> - 읽기지수 1 표준점수 29점, 읽기지수 2 표준점수 17점(1학년 평균 미도달), 읽기·언어지수 1 표준점수 39점, 읽기·언어지수 2 표준점수 33(1학년 평균 미도달)
> - 핵심검사 결과 : 해독 원점수 38점, 백분위 <1%ile(의미, 무의미 백분위수 <5%ile, 일치, 불일치 백분위수 <5%ile), 읽기이해 원점수 1점, 백분위 <1%ile, 문단글 읽기 유창성 원점수 3.5, 백분위 <1%ile, 듣기이해 원점수 9점, 백분위 6%ile
> - 상세검사 결과 : 음운인식 원점수 22점, 백분위 10~25%ile, 빠른 이름대기 원점수 54점, 백분위 <5%ile, 음운기억 원점수 44점, 백분위 <5%ile, 받아쓰기 원점수 12점, 백분위 <5%ile, 주제 글쓰기 원점수 1점, 백분위 <5%ile

34 다음 아동의 결과를 보고 바르게 해석한 사람은 누구인가?

> 경미 : 이 아이에게 듣기이해는 강점이니 중재하지 않아도 괜찮겠다.
> 은정 : 표준점수가 모두 70점 이하니까 이 친구는 읽기부진에 해당하는 것 같아.
> 영미 : 읽기 촉진만 해줘도 될 것 같아.
> 지연 : 읽기와 관련된 영역 모두에서 또래 아동보다 어려움을 보여.
> 보람 : 이 친구는 해독형 난독증일 가능성이 높은 것 같아.

① 경 미
② 은 정
③ 영 미
④ 지 연
⑤ 보 람

35 다음 아동에게 가장 우선적으로 실시할 수 있는 중재목표는 무엇인가?

① 에피소드가 포함된 이야기를 듣고 질문에 대답하기
② 자소-음소 일치 및 불일치 낱말 정확하게 읽기
③ 음운규칙이 포함된 설명글 정확하고 빠르게 읽기
④ 설명글을 정확하게 읽고 질문에 대답하기
⑤ 에피소드가 포함된 짧은 글 작문하기

| 제5과목 | 조음음운장애 |

36 다음 말소리 산출 능력의 발달에 관한 내용 중 옳은 것은 무엇인가?

① 0~1세는 옹알이 시기로 비언어적 발성단계로 말과 비슷한 발성형태를 제외한다.
② 1~2세에는 대부분 통낱말로 습득하며 자신의 능력에 맞게 단어를 줄여서 말하기도 한다.
③ 2~6세에는 다양한 말소리를 모두 산출할 수 있으며 가장 늦게 습득되는 자음은 파찰음과 탄설음이 있다.
④ 모든 음소는 초성이 먼저 발달하고 종성이 발달한다.
⑤ 4세 아동에게 고빈도로 나타나는 음운변동으로는 유음생략, 유음의 활음화, 마찰음의 파열음화가 있다.

37 다음 발화에서 어려움을 보인 음소의 공통적 자질은 무엇인가?

방 /pa/, 밥 /pap̚/, 잎 /ip̚/, 동 /top̚/, 칸 /ka/

① 공명성−
② 설정성+
③ 지속성−
④ 긴장성+
⑤ 전방성−

★ 38 다음은 모음사각도이다. ★에 해당되는 모음의 분류자질로 알맞은 것은 무엇인가?

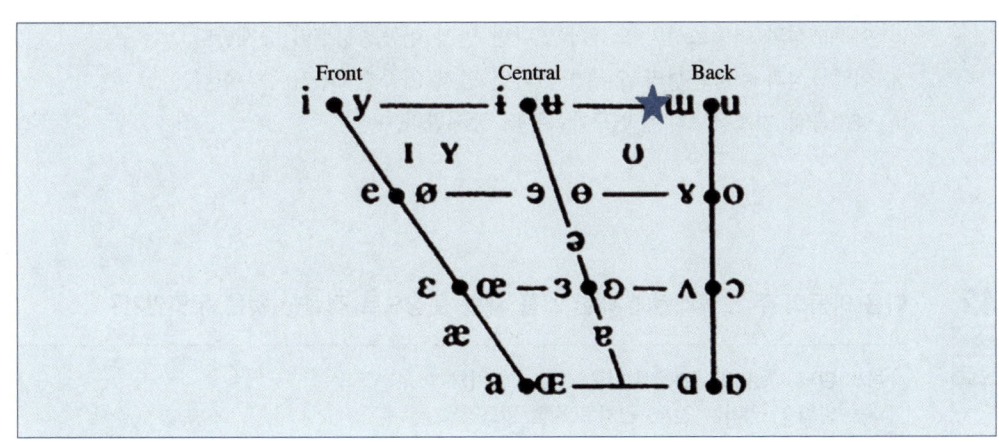

① 공명성−
② 설정성+
③ 설정성−
④ 성절성−
⑤ 후설성−

39 '굵어요' 말소리의 음절구조는 무엇인가?

① CVCCVGV　　② CVCCVV
③ CVCCCV　　④ CGVV
⑤ CGVCV

40 다음 중 IPA를 적절하게 쓴 사람은 누구인가?

경미 : 고래 좋아[koɾɛ tɕoa]
보람 : 밥 빨리[pap̚ p*alli]
은정 : 딸기 구두[t*aɾgi kudu]
지연 : 소리 싫어[soɾi ɕiɾʌ]
영미 : 라디오 들어[ladio tɯlʌ]

① 경미, 보람, 은정　　② 보람, 은정, 영미
③ 경미, 보람, 지연　　④ 경미, 보람, 영미
⑤ 은정, 지연, 영미

41 다음은 만 4세 아동의 조음음운 목표를 설정할 때, 적절한 목표는 무엇인가?

① 유음의 경우 어두초성부터 중재한다.
② 마찰음 /ㅅ, ㅆ/의 경우, 모음 /ㅣ/부터 중재한다.
③ 어두초성과 어중초성의 오류가 있다면 먼저 어중초성부터 중재한다.
④ 어말종성과 어중종성의 오류가 있다면 먼저 어중종성부터 중재한다.
⑤ 양순음과 치조음보다는 연구개음부터 중재한다.

42 다음 아동의 주 오류패턴에 대한 조음 재활 문장으로 적절한 것은 무엇인가?

목표 발화 : 엄마가 감자, 김치로 김밥 만들어요.
아동 발화 : /엉마가 간자, 긴치로 깅빱 만드러요./

① 잼을 발라요.　　② 댐이 무너졌어요.
③ 감기로 밥맛이 없어요.　　④ 구름이 많아요.
⑤ 빗물이 떨어져요.

43 다음 발화를 분석한 내용으로 옳은 것은 무엇인가?

> 맘마[마맘] 아빠[빠빠]
> 까까[까까] 우유[우뮤] 오이[오미]

① 파열음 3개가 관찰되었다.
② 음절구조 중 가장 복잡한 음절구조는 GV이다.
③ 모음 정확도는 100%이다.
④ 대부분 대치오류를 보인다.
⑤ 양순음 산출의 어려움이 있다.

44 다음 중 청각장애 아동에게 보이기 어려운 조음 오류패턴은 무엇인가?

① 모든 문맥에서 /s/ 생략
② 무성자음을 유성음으로 대치
③ 부정확하게 모음을 조음
④ 명료도 낮음
⑤ 문법형태소 생략

★ 45 다음 중 바이오피드백을 이용한 접근법으로 옳은 것은 무엇인가?

① 바이오피드백은 오류가 많고 명료도가 낮은 아동들에게 사용한다.
② 생리적 바이오피드백으로 '스피치미러(클루 소프트, 2012)' 등이 있다.
③ 바이오피드백은 잔존오류나 삼킴장애 치료에 주로 사용한다.
④ 음향적 바이오피드백의 나조미터를 사용하여 비강기류신호를 보여주고 들려주어 수정하도록 할 수 있다.
⑤ 바이오피드백을 이용한 접근법은 애매하게 알고 있는 목표 반응을 정확하게 알게 하는 데 효과가 없다.

46 말소리 장애 진단 평가에 대한 설명으로 옳은 것은 무엇인가?

① 배경정보를 수집하는 과정에서 청각장애 관련 진단 내용이 없다면, 검사하기 전에 중이검사를 진행해야 한다.
② 조음음운구조 및 기능 검사는 치과의사나 재활의학과 의사에게 의뢰한다.
③ 그림자음검사, 우리말 조음음운평가(U-TAP), 아동용 발음평가(APAC), 한국어 표준조음음운검사(KS-PAPT)를 모두 검사하여 반응의 변이성을 살피고, 오류패턴을 분석해야 한다.
④ 표준화된 검사도구 시행 후, 오조음된 음소에 대하여 모방 등 다양한 자극을 통해 정조음을 유도하여 자극반응도를 확인해야 한다.
⑤ 아동의 자유스러운 대화상황에서 문맥검사를 통해 말명료도, 음운변동을 분석할 수 있다.

47 다음 보기의 자음정확도로 적절한 것은 무엇인가? (단, 소수점 둘째자리까지 계산한다)

승철이와 재순이는 공놀이하다가 싸웠어요.
[승터이와 대수니는 공노이하다가 싸워떠요]

① 58.89% ② 60.24%
③ 68.59% ④ 72.22%
⑤ 76.19%

48 다음 보기의 조음정확도로 적절한 것은 무엇인가? (단, 소수점 둘째자리까지 계산한다)

경미는 공부하다가 코피가 났어요.
[엄미는 옹부하다아 오피가 나써요]

① 16.67% ② 57.47%
③ 66.67% ④ 80.00%
⑤ 83.33%

49 다음 중 말명료도에 영향을 미치는 요인으로 보기 어려운 것은 무엇인가?

① 말소리 오류의 종류 중 첨가, 탈락부분이 많을 때 말명료도가 낮다.
② 오류 말소리가 일관적일 때 말명료도가 낮다.
③ 오류 말소리가 고빈도 말소리일 때, 말명료도가 낮다.
④ 화자의 운율적 요소는 말명료도에 영향을 준다.
⑤ 친숙도는 말명료도에 영향을 준다.

50 한 아동의 발화를 듣고 전사한 것이다. 낱말의 명료도를 구하면 무엇인가?

목표 단어 : 산타할아버지, 눈사람, 눈싸움, 루돌프, 트리
적은 단어 : ****버지, 눈**, 눈**, 루돌프, 트*

① 20% ② 40%
③ 60% ④ 65%
⑤ 70%

51 다음 발화에 대한 조음음운분석으로 부적절한 것은 무엇인가?

- 목표문장 : 산에 가서 나무랑 나비랑 봤어요.
- 아동이 읽은 문장 : 타네 가더 마무랑 바비랑 봐떠요.
- 아동이 따라한 문장 : 타네 가더 나무랑 나비랑 봐떠요.

① 모음정확도는 100%로 측정된다.
② 자음정확도는 64.29%로 측정되어 중등도-중도 조음음운장애로 보인다.
③ 조음오류패턴은 마찰음의 파열음화, 순행동화가 있다.
④ 조음정확도는 약 81.48%로 측정된다.
⑤ 자극반응도를 살펴보았을 때, 동화현상에 자극반응도가 있는 것으로 보인다.

52 다음 아동의 전체 단어 근접도(Proportion of Whole word Proximity, PWP)로 적절한 것은 무엇인가?

목표발화 : 친구가 밀었어.
아동발화 : 틴구아 미더떠.

① 0.65　　　　　　　　　　　② 0.7
③ 0.75　　　　　　　　　　　④ 0.8
⑤ 0.85

53 다음 조음음운 검사 결과에 대한 내용으로 적절한 것은 무엇인가?

- 생활연령 : 만 3세 10개월
- 최근 설소대 수술 시행하였음
- U-TAP 2
  - 단어 자음정확도 79.17%, 백분위수 15~20%ile, 표준편차 -0.17SD
  - 문장 자음정확도 63.16%, 백분위수 4%ile, 표준편차 -2.5SD 미만
- 아동 발화 예시

목표발화 : 김밥	국짜	냉장고	가방	짹짹	책상
아동발화 : [김담]	[국따]	[냉당고]	[가당]	[땍땍]	[택당]

목표발화 : 풀밭에 돗자리를 쭉 깔았어요.
아동발화 : [풀가떼 도따이을 뚝 까아떠요.]

① 아동의 단어 자음정확도 조음음운장애 정도는 '중도' 수준이다.
② 아동은 단어 자음정확도에 비해 문장 자음정확도가 낮으므로 문장부터 중재해야 한다.
③ 아동은 비발달적인 오류가 보이지 않고 아직 어리므로 좀 더 지켜보아야 한다.
④ 아동은 다양한 음소에서 오류를 보이고 있으므로 수직적 접근법으로 진행하며 파찰음부터 중재한다.
⑤ 아동은 단어 및 문장 수준의 어중 초성 파열음을 중재해야 한다.

54 아래 단어를 통해 아동의 오류패턴을 바르게 해석한 것은 무엇인가?

바지 → [바디], 바다 → [다다], 구멍 → [무멍], 주방 → [부방], 보조개 → [보도개]

① '바지'를 [바디]로 산출한 것으로 보아 파찰음을 마찰음화하였다.
② '바다'를 [다다]로 '구멍'을 [무멍]으로 산출한 것으로 보아 순행동화하였다.
③ '바다'를 [다다]로 산출한 것으로 보아 양순음을 치조음화한 것이다.
④ '보조개'를 [보도개]로 산출한 것으로 보아 경구개음 동화가 일어났다.
⑤ '주방'을 [부방], '바다'를 [다다]로 산출한 것과 '구멍'을 [무멍]으로 산출한 것을 보아 파찰음의 오류와 동화현상이 동시에 일어난 것으로 해석할 수 있다.

55

다음 대화샘플과 관련된 음운인식 과제에 대한 설명 중 적절한 것은 무엇인가?

> 언어재활사 : '솜, 발, 손' 중 첫 소리가 다른 것은?
> 아   동 : 음... /손/이요.
> 언어재활사 : '사'하고 받침 [ㄴ]을 더하면?
> 아   동 : 음... /산/이요.
> 언어재활사 : 살에서 [ㄹ]를 빼면?
> 아   동 : /사/요.

① 이 아동의 경우 음운인식 과제 중 변별, 합성을 정반응하였다.
② 이 아동의 경우 음운인식 과제 중 분리과제를 오반응하였다.
③ 이 아동의 경우 음운인식 과제 중 변별과제를 오반응하였다.
④ 이 아동의 경우 음운인식 과제 중 합성과제를 오반응하였다.
⑤ 이 아동의 경우 음운인식 과제 중 모두 정반응하였다.

56

다음 발화샘플을 분석한 것으로 적절하지 않은 것은 무엇인가?

> 고래 공연 보려고 의자에 앉았어요.
> [고애 고여 보여고 의쟈에 아자어요]

① 자음정확도는 50%이다.
② 조음정확도는 63.08%이다.
③ 모음정확도는 92.86%이다.
④ /ㄹ/를 모두 생략하였다.
⑤ 종성을 모두 생략하였다.

57

다음 중 만 2세 8개월 아동의 자발화를 IPA로 분석한 내용으로 적절한 것은 무엇인가?

> /kogi k*oi k*ʌjo/
> /k*ʌp̚ nʌʌ/

① 아동은 연구개음을 모두 정조음할 수 있다.
② 아동은 동화현상을 보이고 있다.
③ 아동은 유음을 생략하였고 이 시기에 주로 나타나는 음운변동 패턴이다.
④ 아동의 모음정확도는 90%이다.
⑤ 아동의 낱말 조음정확도는 53.85%이다.

58 3세 아동의 조음 오류 중 비발달적 오류패턴은 무엇인가?

① 수박 → [두바] ② 거지 → [더지]
③ 라면 → [아면] ④ 다리 → [아이]
⑤ 구름 → [우늠]

59 다음 한국의 공식평가에 대한 설명 중 적절한 것은 무엇인가?

① 아동용 발음평가(APAC)와 우리말 조음음운평가(U-TAP)만 있다.
② 구강조음기관의 기능검사를 통해 조음기관의 중증도를 평가하는 데 중요하다.
③ 아동용 발음평가(APAC)는 단어, 연결발화검사로 이루어져 있다.
④ 우리말 조음음운평가(U-TAP)는 문장검사는 읽기검사를 통해 해야 하므로 만 7세 이상의 아동에게 적합하다.
⑤ 구강조음기관의 기능검사는 성인을 대상으로 한다.

60 다음 아동의 발화를 보고 적절하게 분석한 것은 무엇인가?

> kabaŋ, tiʣa, tiriŋ, kawi, kʌi, æmi

① 아동은 종성을 모두 생략하였다.
② 아동은 음소 중 /ㄱ/ 음소만 오조음하였다.
③ 아동은 /ㄱ/ 음소에서 전설모음 앞에서만 오조음하였다.
④ 아동은 /ㄱ/ 음소에서 고모음에서만 오조음하였다.
⑤ 아동은 모음 중 이중모음을 오조음하였다.

61 다음 조음음운평가서 내용 중 적절하지 않은 것은 무엇인가?

① 아동용 발음평가 결과(APAC) 원점수 17점, 자음정확도 75.7%, 백분위수 1%ile 미만으로 나타났다. 아동이 주로 보이는 오류패턴은 연구개음의 전설음화 4회, 파찰음·마찰음의 파열음화 4회였다. ② 예를 들어, 연구개음 /ㄲ, ㄱ/를 /ㅎ/로 대치하였는데 예로 /딸기/ → /딸히/, /토끼/ → /토히/를 관찰할 수 있었다. ③ 파찰음·마찰음의 파열음화의 예로는 /색종이/ → /색똥이/, /싸워요/ → /따워요/를 관찰할 수 있었다. 연결발화 분석 결과, 아동은 자음정확도 71.35%로 나타나 단어 검사보다는 더 낮게 나타났다. 가장 많이 나타난 것은 파찰음·마찰음의 파열음화로 총 23회였고, 마찰음의 파열음화가 13회, 파찰음의 파열음화는 10회 관찰할 수 있었다. ④ 두 번째로 빈번하게 오류를 보인 패턴은 연구개음의 전설음화로 22회, 유음의 단순화(예 /리본/ → /이본/ 등) 6회로 관찰되었다. 오류패턴에서는 단어 검사와 비슷한 수준으로 나타났다. ⑤ 자극반응도를 살펴보기 위해 아동에게 오류음소가 포함된 단어 10개('딸기, 토끼' 등)를 따라 말하게 했을 때 70% 정도 정확하게 따라 말할 수 있었다.

62 다음 중 조음치료를 당장하지 않아도 되는 아동은 누구인가?

① 은정 : 말명료도 30% 정도로 매우 낮은 만 7세
② 영미 : 오랫동안 /ㅅ, ㅆ/의 말소리 오류를 보였던 만 9세
③ 지은 : 구개열 문제로 말소리 오류가 보이는 만 3세
④ 하은 : 청각의 문제로 말소리 오류를 보이는 만 4세
⑤ 보람 : /ㅅ, ㅆ/를 치간음화하는 만 5세

63 다음은 만 6세 아동의 배경정보 및 간단한 평가요약서이다. 이 아동에게 가장 적절하게 이용할 치료방법으로 무엇이 있는가?

- U-TAP 검사 결과, 단어자음정확도 43%, −2SD 이하
- /ㄱ, ㄲ, ㅋ/, /ㅈ, ㅉ, ㅊ/, /ㅅ, ㅆ/, /ㄹ/ 등 다양한 자음에서 생략
- 말명료도가 매우 낮음

① 상위 음운지식을 이용한 접근법
② 최소대립을 이용한 접근법
③ 주기법
④ 짝자극기법
⑤ 조음지시법

64 다음 자발화 분석한 것 중 적절한 것은 무엇인가?

목표	아동반응	탈유음화				탈마찰음화		동화		기타
		유음탈락	활음화	비음화	파열음화	파열음화	파찰음화	순행동화	역행동화	
① 선생님	턴탠님					1		1		
② 시작칼께	치차칼께					1				
③ 쓰러져써	스여져떠		1			1				이완음화
④ 다룽거	다잉거			1						모음오류
⑤ 여기에서	녀기에터							1		음소첨가

65

다음 아동은 만 6세 3개월의 남아로 '발음의 부정확'으로 인해 평가를 받았다. 치료 초기에 이 아동에게 적절한 조음치료목표 단어로 무엇이 있는가?

> 조음음운능력 평가를 위한 U-TAP 검사 시, 낱말 자음정확도 86.05%로 표준편차 -2SD에 속하였다. 모음정확도는 100%로 나타났다. 오류패턴을 살펴보면, 연구개음의 전설음화(전방화)(코끼리 → [토띠리], 땅콩 → [땅통], 그네 → [드네])가 있었다. 문장 자음정확도 86.05%로 측정되었고 오류패턴도 연구개음을 전설음화하였다. 자극반응도를 살펴보았을 때, 검사자의 자극으로 /ㅣ/ 모음 앞에서 /ㄱ/을 정조음할 수 있었다. 하지만 다른 모음 음소에서는 자극반응도가 나타나지 않았으며 명료도 또한 낮은 편이었다.

① 고무장갑, 장난감, 공장
② 기지사경, 기진맥진, 기취여란
③ 기차, 기린, 기타
④ 가게, 가지, 가방
⑤ 구멍, 구름, 고기

66

다음 아동에게 조음중재 시, 언어재활사가 가장 먼저 시도해야 할 목표는 무엇인가?

> • 만 3세 6개월 아동
> • 언어 및 의사소통 능력이 또래에 비해 지체
> • 대부분 몸짓으로 의사표현을 활발하게 하는 편임
> • 모음 중 간헐적으로 /ㅏ/ 산출

① 아동에게 호흡하는 방법을 중재한다.
② 아동에게 비눗방울 불기, 촛불 끄기와 같은 불기를 중재한다.
③ 아동이 의도적인 발성 빈도를 증진시킨다.
④ 아동의 말소리 발달을 고려하여 /ㅂ, ㅃ, ㅍ/부터 중재한다.
⑤ 아동에게 기능적 단어 /엄마/부터 중재한다.

67 /ㅅ/ 발음의 오류가 있는 아동에게 음운적 치료 접근법 중 최소대립을 이용하여 치료하려고 한다. 다음 중 최소대립단어로 이루어진 단어는 무엇인가?

① 시 – 씨
② 산 – 짠
③ 솜 – 봄
④ 신 – 손
⑤ 새 – 개

68 만 5세 아동이 /ㅈ, ㅉ, ㅊ/의 말소리 오류가 있어 치료실에 내원하였다. 다음 아동의 대화샘플을 통해 알 수 있는 일반화의 종류는?

① 위치 일반화
② 문맥 일반화
③ 언어학적 단위일반화
④ 말소리 변별자질 일반화
⑤ 상황 일반화

69 다음 언어재활사와 아동의 조음치료 내용을 보고 적절하게 분석한 것은 무엇인가?

> (게임을 하며)
> 언어재활사 : '칼'
> 아   동 : '칼'
> 언어재활사 : '물'
> 아   동 : '물'
> 언어재활사 : 잘했어! 이번엔 '잘라'
> 아   동 : '잘라'
> 언어재활사 : 오! 잘했어. '빨대'
> 아   동 : '빠대'
> 언어재활사 : 다시 한 번! (약간 느리게) '빨대'
> 아   동 : '빠대'
> 언어재활사 : 이번엔 '빨개'
> 아   동 : '빠개'

① 아동에게 문맥활용 접근법을 통해 종성 유음의 탄설음을 중재하는 것이다.
② 아동은 종성 유음의 설측음을 모두 정조음하였다.
③ 아동은 종성 유음의 탄설음을 모두 오조음하였다.
④ 아동의 목표단어는 '썰매, 볼펜, 물개, 글자, 일기' 등이 있다.
⑤ 아동의 목표단어는 '콜라, 눌러, 헬리, 벨, 일' 등이 있다.

70 다음은 조음 중재 중 일부이다. 이를 통해 알 수 있는 목표음소는 무엇인가?

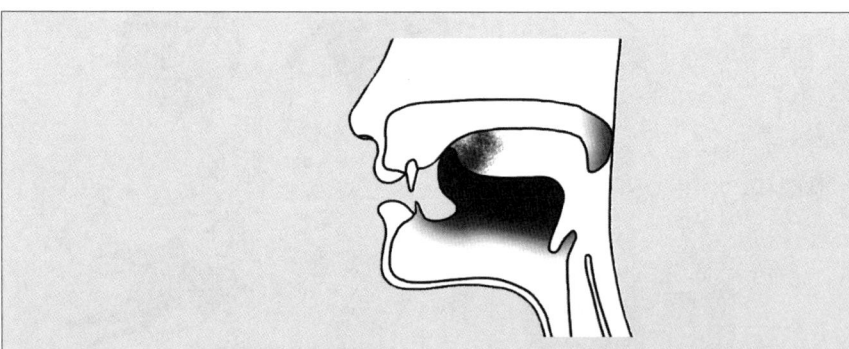

언어재활사 : 이 그림처럼 혀 끝의 뒷부분을 이(치아) 뒤 부분 튀어나온 입천장이나 좀 더 뒤쪽 입천장에 빠르게 대었다가 내려야 해.

[그림출처 : 발음이(바르미), SLP's HOUSE]

① 치경마찰음 ② 초성유음
③ 종성유음   ④ 경구개파찰음
⑤ 연구개파열음

PART 06

모의고사 기타 과목

- **1·2급 공통** 청각장애
- **1급** 삼킴장애
- **1급** 구개파열장애
- **1급** 언어재활현장실무

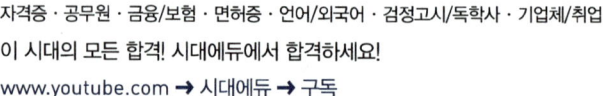

06 모의고사 기타 과목

✱ : 고난이도, 17년 18년 19년 20년 21년 22년 23년 24년 : 기출연도

| 기타 과목 | 청각장애 |

※ 청각장애는 1·2급 공통 시험 출제범위입니다.

01 청각기관과 역할에 대해 부적절하게 설명한 것은 무엇인가?

20년
23년
24년

① 중이 : 공기 중의 음파를 내이액으로 전도시킨다.
② 고막 : 공기의 진동에 비례하여 진동하며 중이의 이소골에 소리를 전달한다.
③ 이개 : 소리를 공명시키고 고주파수대의 음을 증폭시킨다.
④ 외이도 : 모아진 음을 고막 쪽으로 보낸다.
⑤ 이소골 : 소리를 진폭시킨다.

02 소리의 전달과정을 올바르게 연결한 것을 고르시오.

ㄱ. 외이도	ㄴ. 귓바퀴
ㄷ. 달팽이관	ㄹ. 청신경
ㅁ. 고 막	ㅂ. 이소골
ㅅ. 중추신경계	

① ㄴ-ㄱ-ㅁ-ㅂ-ㄷ-ㄹ-ㅅ
② ㄴ-ㄱ-ㄷ-ㅁ-ㅂ-ㄹ-ㅅ
③ ㄴ-ㄱ-ㅁ-ㅂ-ㄷ-ㅅ-ㄹ
④ ㄱ-ㄴ-ㅂ-ㅁ-ㄷ-ㄹ-ㅅ
⑤ ㄱ-ㅂ-ㄴ-ㄷ-ㅁ-ㄹ-ㅅ

03 와우(Cochlea)에서 저주파수(Low Frequency)를 주로 감지하는 부위는 어디인가?

① 기저회전(Basal Turn) ② 일차회전(First Turn)
③ 중간회전(Middle Turn) ④ 이차회전(Second Turn)
⑤ 첨단회전(Apical Turn)

04 다음 중 이소골의 구성으로 바르게 짝지어진 것은 무엇인가?

ㄱ. 고 막	ㄴ. 추 골
ㄷ. 침 골	ㄹ. 등 골
ㅁ. 코르티기관	

① ㄱ, ㄴ, ㄷ ② ㄴ, ㄷ, ㄹ
③ ㄷ, ㄹ, ㅁ ④ ㄱ, ㄹ, ㅁ
⑤ ㄴ, ㄷ, ㅁ

05 다음 중 와우부(달팽이관)에 대한 설명으로 적절하지 않은 것은 무엇인가?

20년
23년

① 와우부는 기저, 중간, 첨단 회전부로 크게 세 부분으로 나뉜다.
② 달팽이관의 특정 부분이 특정 주파수를 담당한다.
③ 이곳에서 에너지 변형이 이루어지기도 한다.
④ 기저부와 첨단부는 각각 다른 역할을 한다.
⑤ 소리를 공명시키고 증폭시킨다.

06 다음 중 귀 안의 달팽이관 기저부가 담당하는 주파수대역인 것은 무엇인가?

18년
19년

① 고주파수 ② 중주파수
③ 저주파수 ④ 250Hz
⑤ 1,000Hz

07 피검자가 검사자의 어음을 듣고 50% 이해할 수 있는 최저가청치를 무엇이라고 하는가?

① 어음청취역치(SRT)
② 어음탐지역치(SDT)
③ 최적가청치(MCL)
④ 최고가청치
⑤ 최저가청치

08 객관적 청력검사로 짝지어진 것은 무엇인가?

> ㄱ. 순음청력검사
> ㄴ. 중이검사
> ㄷ. 이음향방사검사(OAE)
> ㄹ. 어음청력검사
> ㅁ. 뇌간반응유발검사(ABR)
> ㅂ. 청성지속반응검사(ASSR)
> ㅅ. Ling 6 Test

① ㄱ, ㄴ, ㄷ, ㄹ
② ㄴ, ㄷ, ㄹ, ㅁ
③ ㄴ, ㄷ, ㅁ, ㅂ
④ ㄷ, ㄹ, ㅁ, ㅂ
⑤ ㄷ, ㅁ, ㅂ, ㅅ

09 정확한 반응을 할 수 없는 유소아의 대략적인 청력 정도를 알 수 있는 청력검사는 무엇인가?

① Ling 6 Test
② 청성지속반응검사
③ 어음청력검사
④ 순음청력검사
⑤ 중이검사

10 인공와우 수술 소아 대상자 선정 기준이 아닌 것은 무엇인가?

① 12개월 이상의 유소아
② 양측 청력이 50dB 정도의 감각신경성 난청
③ 보청기를 6개월 이상 착용하고도 말 지각에 도움이 되지 않는 경우
④ 귀의 구조에 매우 심한 기형이 없을 경우
⑤ 내과적 또는 방사선 검사에 금기사항이 없는 경우

11 난청의 정도를 구분할 때 Pure Tone Average(PTA)를 사용하는 데 6분법에서 사용되지 않는 주파수는 무엇인가?

① 500Hz
② 1,000Hz
③ 2,000Hz
④ 3,000Hz
⑤ 4,000Hz

12
[23년]

만 3세 6개월의 아동에게 일반 청력검사를 실시할 수가 없었다. 이 아동에게 할 수 있는 검사는 무엇인가?

① 순음청력검사
② 이음향방사검사
③ 전기와우도검사
④ 청성뇌간반응검사
⑤ 어음청력검사

13
[19년]

다음 검사 중 주파수별 대략적인 청력역치를 알 수 있는 검사는 무엇인가?

① 고막운동도검사(Tympanometry)
② 어음청력검사(Speech Audiometry)
③ 전기와우도검사(Electrocochleography, ECochG)
④ 청성뇌간반응검사(Auditory Brainstem Response, ABR)
⑤ 청성지속반응검사(Auditory Steady State Response, ASSR)

14
[19년]
[20년]
[21년]
[23년]
[24년]

다음 청력도의 해석 중 알맞은 것은 무엇인가?

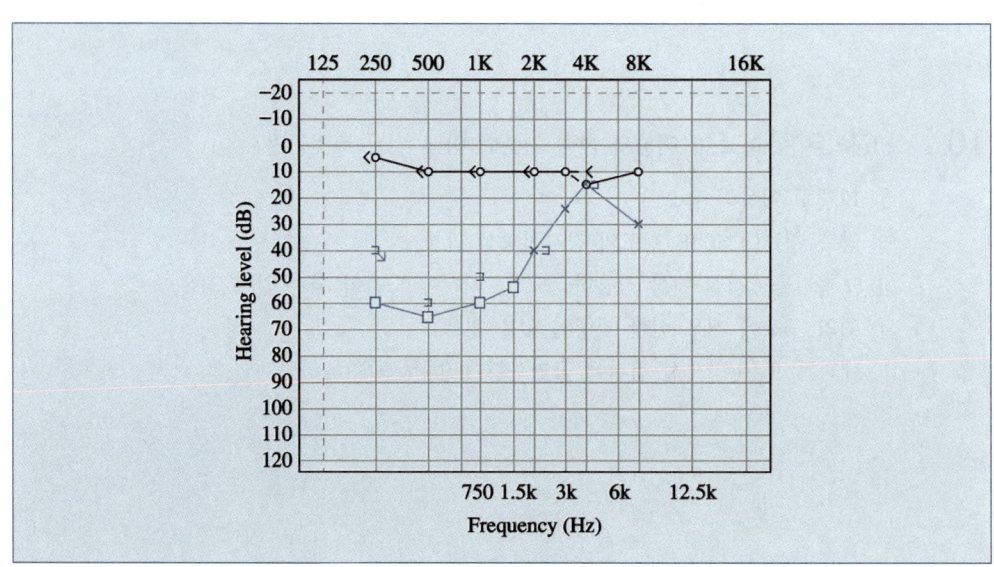

① 우측 청력은 저주파수 대역보다 고주파수 대역 청력이 비교적 나쁘다.
② 좌측 청력의 저주파수 대역이 우측 청력의 저주파수 대역보다 비교적 나쁘다.
③ 'ㅁ'과 'ㅇ'는 검사 시 차폐를 적용한 역치라는 뜻이다.
④ 우측 청력은 경도 난청으로 볼 수 있다.
⑤ '<'은 검사 시 차폐를 적용한 역치를 뜻한다.

15 다음 청력도를 보고 알 수 있는 정보는 무엇인가?

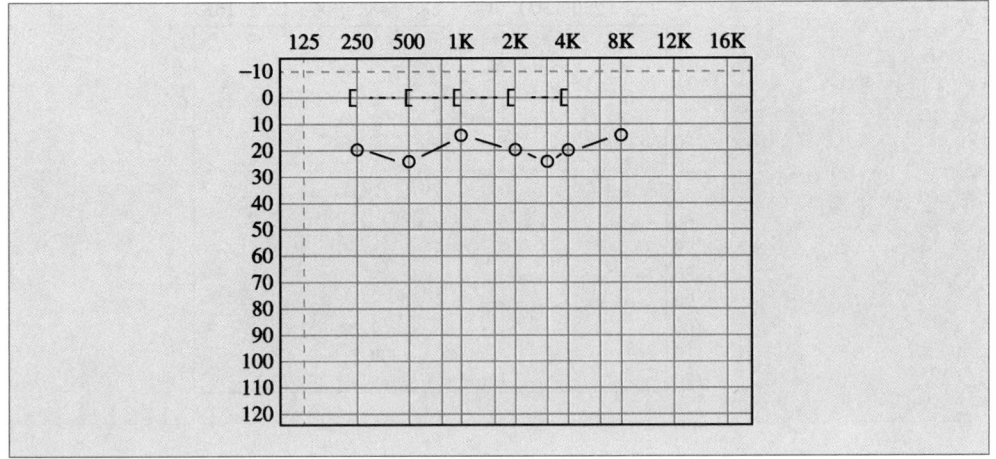

① 중이질환을 앓고 있을 수 있다.
② 내이질환을 앓고 있을 수 있다.
③ 중이와 내이질환을 모두 앓고 있다.
④ 아무 문제가 없는 정상청력이다.
⑤ 양측 모두 전혀 들을 수 없는 농(Deaf)이다.

[16~17] 다음 그림을 보고 물음에 답하시오.

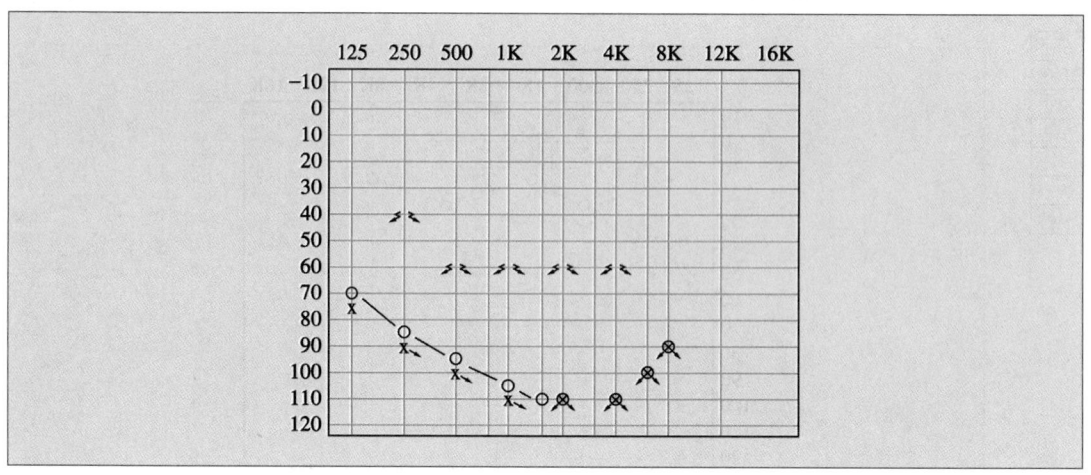

16 앞서 제시된 청력도와 같은 청력을 가진 환자에게 알맞은 청력보장구는 무엇인가?

18년
19년
20년
21년

① 오른쪽 보청기
② 크로스 보청기
③ 중이임플란트
④ 인공와우
⑤ 할 수 있는 것이 없다.

17 앞서 제시된 청력도에 대한 설명으로 알맞은 것은 무엇인가?

18년
19년
20년
21년

① 오른쪽 귀에 기도-골도 차이가 없으므로 전음성난청이다.
② /ㅂ, ㅃ, ㅍ, ㅁ, ㄴ/의 소리를 들을 수 있다.
③ 중고도 난청으로 기도기관 손상으로 주로 나타나는 청력도이다.
④ 위 환자는 농(심도 난청)에 해당된다.
⑤ 보청기를 착용하고 시행한 청력검사 결과이다.

18 다음 청력도에 대한 설명으로 알맞은 것은 무엇인가?

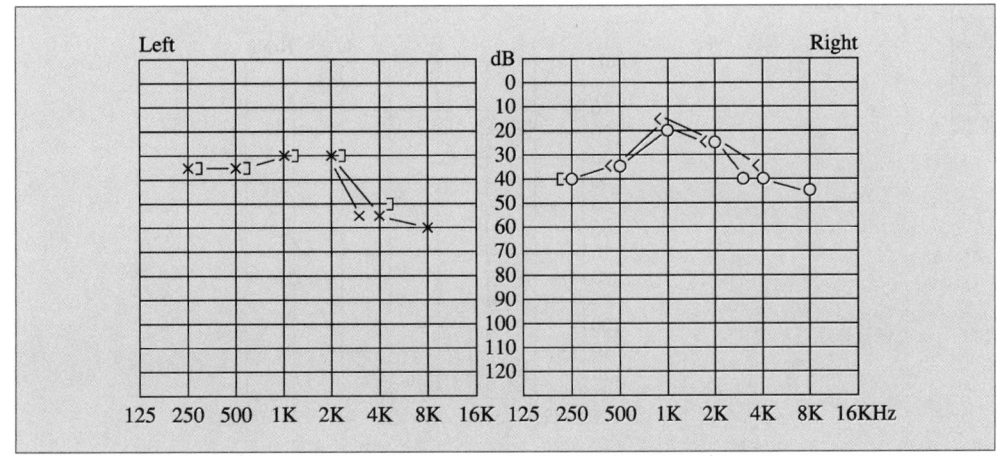

① 양측 모두 기도와 골도 간 역치 차이가 있어 전음성 난청으로 보인다.
② 좌측 청력은 250~2,000Hz까지는 경도 난청, 3,000Hz는 중고도 난청으로 보인다.
③ 우측 청력은 1,000Hz까지는 정상 청력~경도 난청의 경계선급으로 보인다.
④ 우측 청력은 고주파수만 경도 난청으로 보인다.
⑤ 이 청력도에는 인공와우를 착용하고 검사한 결괏값이 표기되어 있다.

19 다음 청력도를 보고 듣기 어려운 소리는 무엇인가?

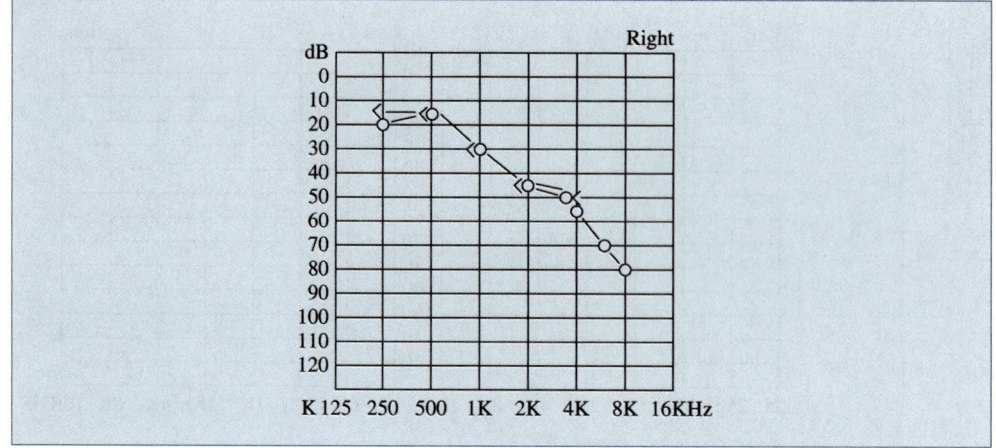

ㄱ. /ㄱ/	ㄴ. /ㄴ/
ㄷ. /ㄷ/	ㄹ. /ㄹ/
ㅁ. /ㅁ, ㅇ/	ㅂ. /ㅂ/
ㅅ. /ㅅ/	ㅇ. /ㅈ, ㅊ/

① ㄱ, ㄴ, ㄷ, ㄹ   ② ㄴ, ㄷ, ㄹ, ㅁ
③ ㅁ, ㅅ, ㅇ   ④ ㄱ, ㅅ, ㅇ
⑤ ㄱ, ㄴ, ㅁ

20 다음 중 청력손실 정도에 따라 난청을 분류했을 때, 중도 난청에 해당하는 것은 무엇인가?
① 0~25dB   ② 26~40dB
③ 41~55dB   ④ 56~70dB
⑤ 71~90dB

21 청각장애인의 말 특성으로 적절하지 않은 것은 무엇인가?
① 청력손실에 따라 조음이 더 부정확한 편이다.
② 청력손실에 따라 말명료도가 점점 낮아진다.
③ 음성 왜곡이 있을 수 있다.
④ 말속도가 느린 편이다.
⑤ 양순음오류가 연구개음오류에 비해 높은 편이다.

22 청각장애로 인한 언어발달의 어려움이 있는 아동들에게서 자주 오류를 보이는 음소는 무엇인가?

18년
19년
20년
23년

① /a/ ② /u/
③ /b/ ④ /i/
⑤ /g/

23 다음 중 구순/구개열 환자의 청각학적 특성은 무엇인가?

18년
19년
21년

① 대부분의 구순/구개열 환자는 감각신경성 난청을 동반한다.
② 구순/구개열 환자는 조음문제만 동반할 뿐 청각학적 문제는 없다.
③ 이관기능의 불량으로 중이염이 반복적으로 나타날 수 있다.
④ 구순/구개열 환자에게서는 혼합성 난청(Mixed Hearing Loss)이 나타나지 않는다.
⑤ 구순/구개열 환자는 대부분 외이도 기형이 동반한다.

24 편측성 난청 아동의 특징이 아닌 것은 무엇인가?

18년
19년
20년

① 한쪽 청력은 비교적 정상이고 다른 한쪽 청력은 농인 경우를 말한다.
② 정상청력에 비해 방향성이 떨어진다.
③ 시끄러운 환경에서 말소리 구분이 어렵다.
④ CROS 보청기로 도움을 받을 수 있다.
⑤ 인공와우 수술을 하기에는 적합하지 않다.

25 다음은 치료사와 우수 보호자의 대화이다. 대화 내용을 통해 알 수 있는 우수가 받은 청력검사는 무엇인가?

24년

> 치료사 : 어제 우수는 병원에서 검사 잘 받았어요?
> 보호자 : 네. 검사할 때 압력을 이용해서 그런지 처음에 많이 울어서 달래느라 좀 힘들었는데, 검사 잘했고 검사 결과 중이염이 있다고 하더라고요.
> 치료사 : 튜브 삽입술을 해야겠네요.
> 보호자 : 네. 구순구개열이 있어 자주 걸리네요.

① 청성뇌간반응검사 ② 전기와우도검사
③ 고막운동도검사   ④ 순음청력검사
⑤ 어음청력검사

26 다음은 치료사와 치호 보호자의 대화이다. 치호가 받은 청력검사는 무엇인가?

> 치료사 : 어머니 오늘 아침에 치호 검사 잘 받았어요?
> 보호자 : 네. 지난번에 받은 검사에서 감각신경성 난청인 것 같다고 해서 이번에도 수면유도제 먹이고 재워서 주파수 별로 청력을 보는 검사를 했는데요.
> 치료사 : 아, 오늘은 저번이랑 다른 검사를 했군요?
> 보호자 : 아, 맞아요. 치호가 고주파수 대역은 잘 못 들어도 저주파수 대역 청력은 0-50유정도 듣는다고 하더라고요.
> 치료사 : 혹시 다음 회기 때, 청력검사 결과지 부탁드릴 수 있을까요?
> 보호자 : 네. 치료하시는 데 도움이 되신다면 당연히 가져다 드릴 수 있죠.

① 이음향방사검사
② 시각반응관찰검사
③ 어음청력검사
④ 청성뇌간반응검사
⑤ 청성지속반응검사

27 다음 음소 중에서 시각적으로 변별하기는 어렵지만 청각적으로는 변별하기 가장 쉬운 음소의 짝으로 구성된 것은 무엇인가?

① ㅁ[m] – ㄴ[n] – ㅍ[p] – ㅎ[h]
② ㅣ[i] – ㅐ[æ] – ㅟ[y] – ㅚ[ø]
③ ㅜ[u] – ㅏ[a] – ㅣ[i] – ㅅ[s]
④ ㅜ[u] – ㅁ[m] – ㄴ[n] – ㅟ[wi]
⑤ ㅋ[kʰ] – ㅍ[pʰ] – ㅌ[tʰ] – ㅊ[tɕʰ]

28 2,000Hz에서 고음급경사난청인에게 잔존청력의 활용만으로 명료한 발음을 훈련하기 힘든 음소들로 구성된 항목은 무엇인가?

① /a/, /m/, /u/
② /u/, /r/, /ei/
③ /ʃ/, /s/, /z/
④ /a/, /r/, /n/
⑤ /m/, /n/, /a/

29 다음 청각언어훈련 시, 변별과제 중 가장 어려운 단어로 묶인 것은 무엇인가?

① 해 – 배
② 차 – 파
③ 살 – 쌀
④ 피 – 띠
⑤ 꽃 – 못

30 청각언어훈련 단계 중 다음은 어떤 단계인가?

> 1음절 단어를 듣고 4개의 그림 중 해당되는 단어를 지적한다.
> - '칼, 말, 발, 밤' 그림 중 '칼' 고르기

① 탐 지
② 변 별
③ 확 인
④ 이 해
⑤ 재 인

31 다음 중 청각언어훈련 방법으로 적절하지 않은 것은 무엇인가?

① 과제 시 입모양을 보지 않은 상태에서 훈련하도록 한다.
② 여러 번 반복하여 들려주고 적절하게 반응할 수 있도록 한다.
③ 변별이나 확인과제에서는 입모양을 반드시 가리고 훈련하도록 한다.
④ 입모양을 보고 듣기 과제를 한 후에는 꼭 입모양을 보지 않고 듣고 반응할 수 있는 기회를 제공한다.
⑤ 청각언어훈련은 '감지(탐지), 변별, 확인, 이해'를 통해 할 수 있다.

32 다음 중 듣기 훈련법의 방법으로 적절하지 않은 것은 무엇인가?

① 청각감지(탐지) : 뒤에서 소리를 들려주고 소리에 대한 반응이 있는지 확인한다.
② 청각변별 : 두 가지 이상의 소리 자극을 주고 여러 가지 방법으로 구분하도록 한다.
③ 청각확인 : 낱말이나 문장 혹은 소리를 골라내어 따라하게 하는 모방과제, 받아쓰기 등이 있다.
④ 청각재인 : 직접적인 혹은 단서를 주어 청력의 의존도를 극대화하여 청각적 인지 및 사고를 활성화시킬 수 있다.
⑤ 청각이해 : 조음의 위치와 방법을 이해시키고 시각적으로 동일한 자음과 다른 자음으로 대비하여 훈련시킬 수 있다.

33 청각장애인의 말 훈련에 있어서 개별 음소들의 발음명료도 못지 않게 중요한 악센트, 억양, 속도, 휴지(Pause) 등의 요소들을 무엇이라고 하는가?

① 음운자질(Phonetic Feature)
② 음향자질(Acoustic Feature)
③ 의미자질(Semantic Feature)
④ 초분절적 자질(Suprasegmental Feature)
⑤ 분절적 자질(Segmental Feature)

34 청각장애 아동 치료 시 고려해야 할 요인으로 적절하지 않은 것은 무엇인가?

① 청력손실 정도
② 청력손실 시기
③ 연 령
④ 언어발달능력
⑤ 가족력

35 다음 배경정보를 보면 이 아동에게 필요한 듣기훈련 방법은 무엇인가?

- 만 4세 9개월 남아
- 2003년 8월(만 1세 4개월) 고열을 동반한 감기를 앓은 후, 소리에 대한 반응이 없어 병원에서 난청진단을 받음
- 만 3세에 CI 수술을 하였으며, 만 4세 5개월에 청능평가를 실시하였는데 CI 착용 후 청력 검사 결과, 주파수 250~8,000Hz 범위에서 40~50dBHL의 반응을 보였다고 함
- 아주 간단한 지시사항은 이해하기 가능함
- 주로 단단어 표현이 가능함

① 에피소드가 1개인 이야기 듣기
② 일상생활에서 자주 듣는 소리(청소기 소리, 전화벨 소리 등) 듣고 반응하기
③ 소음상황에서 단어 듣고 그림 고르기
④ 이해가능한 어휘를 Closed Set 상황에서 듣고 고르기
⑤ 이해가능한 절이 포함된 문장을 Closed Set 상황에서 행동하기

36 독화훈련에 대한 분석적 설명으로 적절하지 않은 것은 무엇인가?

① 시각적으로 동일한 자음과 다른 자음으로 대비하여 훈련할 수 있다.
② 무의미한 음소의 수준에서 의미 있는 단어의 수준으로 단계를 높인다.
③ 가능하면 조음의 위치와 방법을 이해시켜 정확한 독화를 도와줄 수 있다.
④ 화자의 입을 지속적으로 응시하도록 하는 응시훈련을 하도록 한다.
⑤ 시각적인 것에 의존해야 하므로 잔청의 활용을 제한하도록 한다.

기타 과목 | 삼킴장애

※ 삼킴장애는 1급 시험 출제범위입니다.

01 다음 중 삼킴장애에 대한 설명으로 옳은 것은?

① 삼킴장애는 어린 아이들에게서는 나타나지 않는다.
② 삼킴장애는 갑작스럽게 나타나기보다 퇴행성으로 서서히 나타난다.
③ 삼키는 것에 대한 예비행동의 어려움도 삼킴장애이다.
④ 뇌혈관 질환과 같은 후천적 질환에 의해서만 나타난다.
⑤ 삼킴은 입안에서 삼키는 순간부터 위장까지의 단계를 말한다.

02 다음 중 삼킴에 문제가 있다고 생각되는 사람들은 누구인가?

> 재석 : 식사 직후 잦은 기침이 나타남
> 명수 : 밥보단 국을 더 잘 먹음
> 준하 : 이유를 알 수 없는 체중감소
> 동훈 : 식사 후 갸르릉(Gurgly)거리는 음성이 나타남

① 재 석
② 재석, 명수
③ 명수, 준하, 동훈
④ 재석, 준하, 동훈
⑤ 재석, 명수, 준하, 동훈

03 다음 삼킴장애와 관련된 용어의 의미가 바르게 설명된 것은?

① 삼킴 전 흡인(Aspiration Before Swallowing) : 삼키기 전에 음식물이 흘러 내려갔으나 후두부에서 다시 환류된 것
② 침습(Penetration) : 음식물이 기도로 넘어가 진성대 아래까지 내려간 것
③ 잔여물(Residue) : 삼킴 후 인두나 입안에 남아 있는 음식물
④ 환류(Backflow) : 음식이 올바른 경로가 아닌 다른 길로 방향을 바꾸어 식도로 내려간 것
⑤ 삼킴 후 흡인(Aspiration After Swallowing) : 삼킨 후에 반사반응이 너무 빨라 타이밍이 맞지 않아 흡인이 일어남

04 전통적 삼킴 동작을 순서대로 나열한 것은?

> ㄱ. 구강(운반)단계 ㄴ. 식도단계
> ㄷ. 구강준비단계 ㄹ. 인두단계

① ㄱ - ㄷ - ㄹ - ㄴ ② ㄱ - ㄷ - ㄴ - ㄹ
③ ㄷ - ㄱ - ㄴ - ㄹ ④ ㄷ - ㄱ - ㄹ - ㄴ
⑤ ㄷ - ㄹ - ㄱ - ㄹ

05 다음은 구강준비단계와 구강(운반)단계에 대한 설명이다. 설명으로 옳은 것은?

① 구강준비단계 : 입술은 음식물을 입 밖으로 흘러나오지 않게 잘 모아야 한다.
② 구강준비단계 : 음식물이 입안에 들어오기 전에 침을 분포하는 단계이다.
③ 구강(운반)단계 : 1.5~3초 안에 이루어지나 점도가 높을 경우 시간이 증가한다.
④ 구강(운반)단계 : 음식덩이를 연구개의 힘으로 구강 뒤쪽으로 보내는 단계이다.
⑤ 구강(운반)단계 : 입술을 제외한 볼근육, 구개근육의 협응이 필요한 단계이다.

06 삼킴 과정에서 인두기(Pharyngeal Phase)에서 발생할 수 있는 문제로 옳은 것은?

① 저작 기능의 저하로 음식물을 잘게 부수지 못함
② 위식도 역류로 인해 식도 내 음식물이 위로 올라옴
③ 후두폐쇄 기능 저하로 인해 음식물이 기도로 유입됨
④ 혀 움직임이 둔해져 음식물을 구강 내에서 조절하지 못함
⑤ 침을 삼키는 능력은 유지되지만 음식을 삼킬 수 없음

07 성인과 영유아 아동의 삼킴 구조에 대한 설명 중 옳은 것은?

① 영유아들은 삼킴 시 성인에 비해 후두 상승 범위가 넓다.
② 영유아들에 비해 성인의 인두가 짧게 위치한다.
③ 영유아들에 비해 성인의 경우 혀와 입천장 사이의 공간이 좁다.
④ 영유아는 성인에 비해 삼킴 시 인두벽이 덜 앞쪽으로 이동한다.
⑤ 영유아의 후두는 성인보다 위쪽에 있어서 좀 더 자연스럽게 기도를 보호한다.

08 다음이 설명하는 삼킴장애 검사는 무엇인가?

22년

- 구강 구조 확인
- 구강 기능 및 감각자극 반응 확인
- 5ml의 물을 삼키도록 한 후, 환자의 음질 변화를 확인함
- 삼킴 후, 1분 이내에 반사성 기침의 유무를 확인함

① 침상선별검사　　　　　　　② 근전도검사
③ 초음파검사　　　　　　　　④ 비디오투시조영검사
⑤ 광섬유내시경검사

09 다음 그림에서 사용하는 삼킴치료기법에 대한 설명으로 옳은 것은?

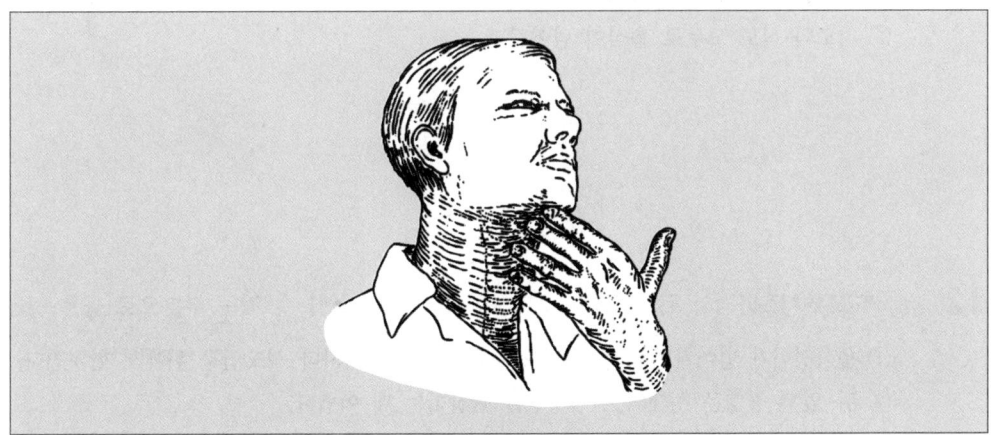

① 혀의 움직임을 직접 강화하기 위한 치료법이다.
② 후두와 설골의 움직임을 감지하고 삼킴반사를 촉진하는 데 사용된다.
③ 주로 식도 단계에서의 연하 장애를 치료하는 데 사용된다.
④ 환자의 손을 이용하여 삼킴을 유도하는 자가 훈련법이다.
⑤ 삼킴 시 발생하는 근긴장도를 완화하기 위한 마사지 기법이다.

10 비디오투시조영검사 검사 결과 인두삼킴이 지연되고 기도 입구 폐쇄가 적절하게 이루어지지 않을 경우 사용할 수 있는 자세수정기법은?

23년

① 똑바로 눕기　　　　　　　② 고개 옆으로 기울이기
③ 고개 한쪽으로 돌리기　　　④ 고개 뒤로 젖히기
⑤ 고개 앞으로 숙이기

11 다음은 비디오투시조영삼킴검사 영상을 그림으로 나타낸 것이다. 음영으로 표시된 부분이 음식물일 때, 이 그림에 대한 설명으로 옳은 것은?

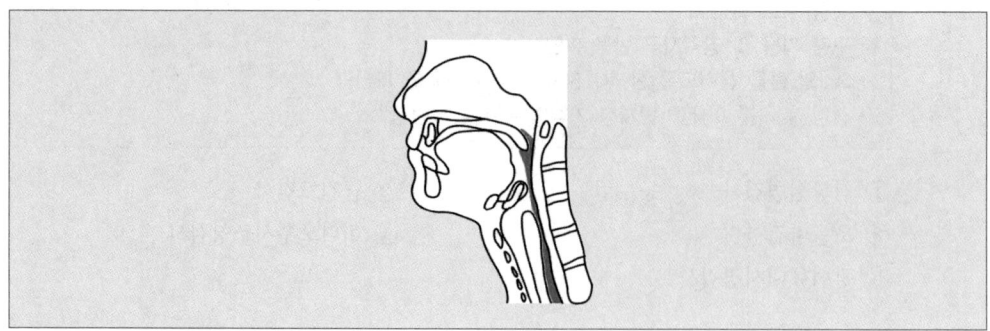

① 환류가 일어났다.
② 흡인이 일어났다.
③ 침습이 일어났다.
④ 잔여물이 전혀 남지 않았다.
⑤ 기도와 식도 모두로 음식이 넘어갔다.

12 비디오투시조영검사 뒤-앞면(P-A Plan) 촬영 시 관찰할 수 있는 부분으로 옳은 것은?

① 음식덩이가 넘어가면서 양 측면으로 나누어져 넘어가다 식도입구 위에서 합쳐진다.
② 뒤-앞면 촬영은 성대의 비대칭성을 관찰하는 데 어렵다.
③ 뒤-앞면 촬영은 인두벽의 비대칭성을 관찰하는 데 도움을 준다.
④ 후두계곡의 잔여물을 확인할 수 있다.
⑤ 뒤-앞면 촬영은 측면 촬영에 비해 음식물 통과 시간과 흡인을 관찰하는 데 어렵다.

13 다음 치료기법들 중 성질이 다른 접근법은 무엇인가?

① 온도촉각 자극법
② 전기자극치료법
③ 맛 자극법
④ 비위관식이법
⑤ 근육기능강화법

14 다음은 투시조영검사에서 관찰된 삼킴장애 환자의 결과서술이다. 다음을 보고 자세수정기법을 적용할 때 가장 적절한 기법은 무엇인가?

> • 왼측 구강에 잔여물이 많이 남음
> • 왼측 인두에 잔여물이 많이 남음

① 머리 젖히기
② 턱 내리기
③ 왼쪽으로 누움
④ 오른쪽으로 머리 기울이기
⑤ 머리 돌리기

15 삼킴장애 치료기법 중 자세수정기법을 적용하는 상황으로 옳은 것은?

① 손상된 쪽으로 고개 돌리기 – 인두의 편마비나 약증이 관찰될 때
② 바닥에 눕기 – 편측 인두벽의 수축이 저하되었을 때
③ 고개 뒤로 젖히기 – 삼킴반사가 지연될 때
④ 손상된 쪽으로 고개 기울이기 – 편측 구강마비가 있을 때
⑤ 고개 앞으로 숙이기 – 입술 닫힘이 저하 될 때

16 다음은 삼킴장애 환자의 삼킴기능 향상을 위한 치료기법 중 하나이다. 어느 기법인가?

> 음식을 제공하기 전에 또는 삼킴을 시도하기 전에 스테인리스 설압자 또는 후두경을 찬물에 수 초간 담가두었다가 앞쪽 구개활(Anterior Faucial Arch) 부분을 자극하는 방법이다.

① 찬 음식덩이 제공법
② 온도-촉각 자극법
③ 구강 압력 자극법
④ 딱딱한 음식덩이 제공법
⑤ 많은 양의 음식덩이 제공법

17 구강감각을 향상시키는 치료법이 효과가 없는 환자는 누구인가?

① 삼킴실행증 환자
② 음식에 대한 촉각실인증 환자
③ 구강 삼킴 시작이 지연된 환자
④ 상부식도 근육 열림이 지연된 환자
⑤ 인두 삼킴의 유발이 지연된 환자

18 인두통과시간에 관한 설명으로 옳은 것은?

① 음식덩이가 하부식도괄약근에서 위까지 도달하는 시간
② 음식덩이가 상부식도에 도달한 순간부터 상부식도괄약근이 열리는 순간까지의 시간
③ 음식덩이가 인두에 머물면서 여러 번 삼킴반사가 일어난 시간
④ 음식덩이가 삼킴반사를 유발한 순간부터 상부식도괄약근을 지나갈때까지의 시간
⑤ 음식덩이가 구강 앞부분에서 삼킴반응이 일어나기까지의 시간

19 다음 증상을 보이는 삼킴장애 환자에게 적절한 음식은?

- 혀의 기저부 및 후방 기능 저하
- 인두벽 수축의 저하
- 상부식도괄약근(UES) 열림 지연
- 흡인 관찰되지 않음

① 생 수
② 빵
③ 삶은 계란
④ 비스킷
⑤ 떡

20 뇌신경 12번 설하신경의 손상으로 인하여 혀 운동에 저하를 보이며 특히 혀 기저부분의 운동성이 저하된 환자에게서 삼킴 문제가 발생하였다. 어떤 삼킴기법이 효과적이겠는가?

① 성문위 삼킴(Supraglottal Swallow)
② 최대성문위 삼킴(Super-supraglottal Swallow)
③ 노력 삼킴(Effortful Swallow)
④ 멘델슨 기법(Mendelsohn Maneuver)
⑤ 마사코 기법(Masako Maneuver)

21 삼킴치료의 시작에 대한 설명으로 옳은 것은?

① 뇌졸중 환자의 경우, 의식이 명료하지 않으나 삼킴에 반응이 관찰되면 치료를 바로 시작해야 한다.
② 후두경부암으로 수술을 받은 경우, 수술 후 어느 정도 회복이 되면 조기 삼킴중재에 들어가야 한다.
③ 비구강식사 튜브는 무조건 제거하고 치료를 시작한다.
④ 기관절개 튜브의 가압대가 있는 경우 공기를 뺀 후 치료를 시작한다.
⑤ 외래환자의 경우, 환자가 원할 때 시작한다.

22 다음 삼킴 중 구강(운반)단계에 영향을 미치는 요소로 옳은 것은?

① 상부식도괄약근 열림 지연
② 인두벽 수축력
③ 식도에서의 음식물 통과 속도
④ 음식을 물고 있는 능력
⑤ 삼킴실행증

★
23 다음의 환자에게 삼킴기법에 대해 설명하고 있다. 다음이 설명하는 삼킴기법은 무엇인가?

> 언어재활사 : 목에 손을 가볍게 댄 후 침을 삼켜 보세요.
> 환　　자 : (침 삼킴)
> 언어재활사 : 침을 삼킬 때 무엇인가 올라가고 내려가는 것을 손으로 느낄 수 있으시겠어요?
> 환　　자 : 네. 여기 목 여기 뼈같은 게 올라갔다 내려왔어요.
> 언어재활사 : 그 부분을 손으로 이렇게(모델링) 살짝 잡고, 삼킬 때 그 뼈가 올라가면 내려오지 못하도록 손에 힘을 주어 2~3초 동안 유지시켜 주세요.

① 성문위 삼킴(Supraglottal Swallow)
② 마사코 기법(Masako Maneuver)
③ 최대성문위 삼킴(Super-supraglottal Swallow)
④ 노력 삼킴(Effortful Swallow)
⑤ 멘델슨 기법(Mendelsohn Maneuver)

24 성문위 후두 절제술을 받은 환자에게 적용하기에 적절한 삼킴기법은 무엇인가?

① 성문위 삼킴(Supraglottal Swallow)
② 마사코 기법(Masako Maneuver)
③ 최대성문위 삼킴(Super-supraglottal Swallow)
④ 노력 삼킴(Effortful Swallow)
⑤ 멘델슨 기법(Mendelsohn Maneuver)

25 다음의 아동 삼킴장애에 대한 지표 중 호흡과 관련된 행동은 무엇인가?

① 입을 벌린 상태
② 구역질
③ 편 식
④ 음식 거부
⑤ 사 레

26 삼킴검사를 할 때 제공되는 음식의 순서를 올바르게 나열한 것은?

| ㄱ. 10ml 액체 | ㄴ. 죽 |
| ㄷ. 쿠 키 | ㄹ. 1ml 액체 |

① ㄹ - ㄱ - ㄴ - ㄷ
② ㄹ - ㄴ - ㄷ - ㄱ
③ ㄷ - ㄴ - ㄹ - ㄱ
④ ㄷ - ㄴ - ㄱ - ㄹ
⑤ ㄴ - ㄷ - ㄹ - ㄱ

27 구강구조의 운동 기능의 약화나 부재를 확인할 수 있는 방법으로 옳은 것은?

① 후~ 하고 바람을 불어본다.
② 혀뿐만 아니라 볼, 구개 등 다양한 지점을 건드려 보고 인식하는지 확인한다.
③ /m/ 소리를 반복할 때 연인두 폐쇄나 연구개 근육의 움직임을 확인한다.
④ 삼킴 후 음성의 질이 변화하는지 확인한다.
⑤ 구역반사(Gag Reflex)가 일어나는지 확인한다.

28 삼킴장애 환자에게 사용하는 자세수정기법(Postural Modification)에 대한 설명으로 옳은 것은?

① 머리 숙이기 자세는 중력을 이용하여 구강이동에 도움을 준다.
② 자세수정기법 적용 전, 후의 흡인 양을 측정하여 효과를 알 수 없다.
③ 자세수정기법은 음식의 흐름을 재조정하고 인두의 크기를 변화시킨다.
④ 구강통과에 효율성이 떨어지는 환자의 경우 머리 젖히기 기법을 사용할 수 없다.
⑤ 잔여물 흡인에 대한 자세수정기법의 효과를 측정하는 데 섬광조영검사는 사용되지 않는다.

29 삼킴장애 평가 및 치료 보고서에 기재될 내용으로 옳은 것은?

① 삼킴평가 결과
② 언어평가 결과
③ 시도치료(Trial Therapy) 결과는 보고서에 포함되지 않는다.
④ 재평가 계획은 치료 종료 후에만 포함된다.
⑤ 영양섭취관리는 삼킴장애 보고서와 관련이 없다.

30 전반적 삼킴치료계획에 대한 설명으로 옳은 것은?

① 환자의 의욕이 있더라도 삼킴치료의 방식은 무조건 직접적이어야 한다.
② 퇴행성 질환 환자의 경우, 삼킴치료의 효과는 항상 긍정적이다.
③ 호흡기능에 심각한 어려움이 있어도 모든 삼킴치료를 즉시 시행해야 한다.
④ 보상책략만으로도 성공적인 삼킴이 가능하다면 예후는 긍정적이다.
⑤ 청각적 이해력이 떨어지는 경우에도 일반적인 언어 지시를 그대로 적용한다.

| 기타 과목 | 구개파열장애 |

※ 구개파열장애는 1급 시험 출제범위입니다.

01 다음 언어발달을 고려하였을 때 1차 구개성형술(Palatoplasty)의 적절한 시기는 언제인가?

① 생후 0~1개월
② 생후 2~3개월
③ 생후 8~12개월
④ 생후 16개월 이후
⑤ 생후 24개월 이후

02 다음 중 연인두 개방과 관련된 근육으로 짝지어진 것은 무엇인가?

`18년`

① 구개올림근, 구개인두근
② 구개수근, 구개설근
③ 상인두괄약근, 구개수근
④ 구개올림근, 구개긴장근
⑤ 구개인두근, 구개설근

03 다음 중 비강유출(Nasal Air Emission)을 평가하기 위한 과제로 적절한 것은 무엇인가?

`17년`
`18년`
`24년`

① 선물, 신사, 소풍, 라면
② 바다, 거북이, 축제, 시소
③ 라디오, 러시아, 상장, 수술
④ 코끼리, 리본, 다람쥐, 다리
⑤ 여우, 오이, 우유, 아우

04 구개열과 관련된 보상조음에 해당되지 않는 것은 무엇인가?

① 성문파열음, 인두마찰음
② 성문파열음, 인두파열음
③ 인두파열음, 후비강마찰음
④ 인두파열음, 인두파찰음
⑤ 후비강마찰음, 연구개음의 전방화

05 다음 중 구개열 아동을 평가할 때 고려할 점이 아닌 것은 무엇인가?

① 1차 구개성형술 이후에 보상조음을 사용하는지 관찰한다.
② 보상조음으로 대치되는 음소 종류를 파악한다.
③ 휴지 시에는 목젖(Uvula)과 연구개 길이를 관찰할 수 없으므로, 꼭 연장발성 과제를 실시해야 한다.
④ 조음오류의 원인이 해부학적인지 기능적인지 알아본다.
⑤ 경구개와 연구개에 누공(Fistula)의 여부를 살펴본다.

06 다음 중 기류와 기압이 비강마스크와 호스를 통해 인두로 전달되는 방식으로 연인두 근육의 저항을 훈련하는 방법은 무엇인가?

① Continuous Positive Airway Pressure
② 촛불 불기, 삼키기 등의 비구어 활동
③ 비음-유음 자극
④ See-scape
⑤ Listening Tube

07 다음과 같은 사례에 적용할 수 있는 치료법은?
[24년]

- 목표발화 : '토끼와 거북이가 뛰어가.'
- 비성치 : 67%
- 시각적 소견 : 연인두 폐쇄부전이 비일관적으로 관찰됨

① 공명자음을 연습과제로 사용하여 비강공명을 촉진함
② 혀의 위치를 전방화하여 발음하도록 유도함
③ 나조미터를 사용하여 연인두 폐쇄를 시각적으로 유도함
④ 혀의 위치를 후방화하여 발음하도록 유도함
⑤ 인두 피판술 후 조음치료를 실시함

08 성문파열음을 보상조음으로 사용하는 아동에게 치료 시 사용할 수 있는 과제는 무엇인가?
[17년]

① 가구, 악기, 고기
② 엄마, 이모, 맘마
③ 하마, 하품, 해
④ 사자, 소리, 수건
⑤ 라면, 라디오, 로케트

09 공명장애 아동에게 사용할 수 있는 촉각적 피드백에 해당되는 것은 무엇인가?

① Nasometer
② Listening Tube
③ See-scape
④ Air Paddle
⑤ Tongue Blade

10 비대한 편도로 나타날 수 있는 말소리 문제에 해당되는 것은 무엇인가?

① 과다비성
② Cul-de-Sac Resonance
③ 비누출
④ 혼합비성
⑤ Mid Dorsum Palatal Stop

11 맹관공명을 평가하기 위해 적절한 과제는 무엇인가?
17년

① /히히히/
② /리리리/
③ /이이이/
④ /시시시/
⑤ /미미미/

12 다음은 과다비성 치료에 대한 설명이다. 올바르지 않은 것은 무엇인가?

① 먼저 Listening Tube 등을 이용하여 청각적 변별훈련을 실시한다.
② 입을 크게 벌리고 혀의 위치를 가급적 낮춘다.
③ 가급적 VOT를 증가시켜 발성하도록 한다.
④ 구강을 넓히고 강도를 증가시키면서 구어속도를 줄인다.
⑤ 저압력 자음보다는 고압력 자음을 사용하여 구강 활동을 증가시킨다.

13 2차 구개성형술 후에도 성문파열음이 보상조음으로 남아있는 아동에게 사용할 수 있는 방법은?
24년

① 양순파열음과 성문파열음을 동시에 조음하도록 함
② 비강자음을 촉진함
③ 시각, 청각, 촉각적 단서를 사용하여 목표음 /p/,/t/,/k/를 중재함
④ 성문하압을 높여 파열음을 유도함
⑤ 구개거상기 착용을 권함

14 구개파열 아동의 평가 및 치료와 관련된 설명으로 옳지 않은 것은 무엇인가?

① 청지각적, 음향학적인 평가와 시각적인 확인으로 다양하게 평가하도록 한다.
② 구강기류 산출 지도 시 비구어적인 활동을 통해서 실시를 하면 구어환경에서도 자연스럽게 일반화가 이루어진다.
③ 구강기류와 비강기류 모니터링을 위해 리스닝 튜브를 사용하여 바이오피드백을 제공할 수 있다.
④ 목표음소 설정 시 말소리 평가 결과, 발달의 적절성, 자극반응도, 개인 요구도 등을 고려하여 선정한다.
⑤ 보상조음의 경우 모든 연령에서 발달적으로 적절하지 않기 때문에 치료목표 선정 시 우선시되어야 한다.

15 비성도(Nasalance)에 대한 설명 중 올바른 것은 무엇인가?

① 비성도는 (구강에너지+비강에너지)/(구강에너지)이다.
② 비강에너지가 높을수록 비성도는 증가한다.
③ MDVP를 통하여 확인할 수 있다.
④ 혀의 위치가 낮을수록 비성도는 증가한다.
⑤ 비성도는 음의 음도와 상관관계가 있다.

16 다음 중 조음치료를 통해 공명문제를 향상시킬 수 있는 경우는 무엇인가?

① 특정 자음에서만 비강유출을 보이는 경우
② 과대비성의 심각도가 높고 일관적인 경우
③ 구강자음이나 모음산출 시 연인두폐쇄가 일어나지 않는 경우
④ 구개에 Fistula가 확인된 경우
⑤ 연구개의 길이가 매우 짧은 경우

17 비강유출(Nasal Air Emission)을 평가하기 위한 과제로 적절한 것은?

① 마마마 ② 아아아
③ 나나나 ④ 파파파
⑤ 라라라

18 다음 중 직접평가에 대한 설명으로 올바르지 않은 것은 무엇인가?

① 직접평가 방법에는 비디오투시조영검사와 비인두내시경검사가 있다.
② 직접평가 방법인 비인두내시경검사로 연인두 틈의 크기, 위치, 추정원인을 판단할 수 있다.
③ Nasometer를 통하여 간접적으로 평가할 수 있다.
④ 직접적 평가 방법을 사용하기 위해서는 연인두와 관련된 해부 및 생리에 대한 지식이 풍부해야 한다.
⑤ 직접적 평가 방법은 간접적 평가 방법에 비해 객관적이다.

19 경구개에 천공(Fistula)이 있을 경우 나타날 수 있는 공명문제는 무엇인가?
17년

① 과소비성, 맹관공명
② 과대비성, 비강유출
③ 맹관공명, 혼합비성
④ 비강유출, 과소비성
⑤ 과대비성, 과소비성

20 다음 중 성문파열음을 나타내는 음성기호는 무엇인가?
18년

① ʔ
② ʌ
③ ʕ
④ ʄ
⑤ ʖ

기타 과목 | 언어재활현장실무

※ 언어재활현장실무는 1급 시험 출제범위입니다.

01 특수교육대상자로 선정되기 위해서는 어느 기관에서 평가를 받아야 하는가?

22년
① 특수학급
② 특수교육지원센터
③ 사설 언어치료실
④ 복지관
⑤ 병 원

02 언어재활사 윤리강령에 대한 내용으로 옳은 것은 무엇인가?

① 장애인복지전문인력으로서 권위와 품위를 손상시키는 행위는 평등권에 어긋나는 것이다.
② 다른 전문인력과의 상호협력은 피하는 것이 좋다.
③ 언어재활사는 장애인복지법 및 관계법을 준수해야 한다.
④ 대상자의 비밀, 사생활을 직장 내 사람들과 공유해야 한다.
⑤ 최신 학문적 지식이나 임상 기술 증진을 위한 노력을 하지 않는 것은 품위 유지에 어긋난다.

03 발달재활서비스 바우처에 대한 설명으로 옳은 것은 무엇인가?

24년
① 만 14세 미만의 장애아동을 대상으로 한다.
② 장애등록이 되지 않은 대상자는 만 6세까지만 지원한다.
③ 서비스 제공계획서는 1년 단위로 계획된 내용과 관련된 평가를 실시해야 하며 평가 내용을 반드시 부모에게 제공해야 한다.
④ 정당한 사유 없이 2개월 이상 연속으로 사용하지 않는 경우 중지된다.
⑤ 사용 전 서비스 제공내용, 계약기간, 일정 및 비용 등과 관련된 계약서를 작성해야 한다.

04 사설 언어치료실 언어재활사의 역할로 옳은 것은 무엇인가?

① 장애인 복지시설인 경우 관련 교육을 2년마다 받아야 한다.
② 부모 상담은 대기실, 치료실, 상담실 등에서 실시한다.
③ 매달 서비스 일정표와 제공 기록지를 작성하고 시·군·구에 보내야 한다.
④ 아동학대 신고자의 의무를 다해야 한다.
⑤ 발달바우처 아동의 경우 회당 60분으로 50분 수업에 10분 상담을 꼭 진행해야 한다.

05 언어장애를 진단할 수 없는 사람은 누구인가?

① 재활의학과 전문의
② 언어재활사가 배치되어 있는 의료기관의 이비인후과, 신경과, 정신건강의학과, 소아청소년과 전문의
③ 구강악안면외과 전문의
④ 음성장애의 경우 언어재활사가 없는 의료기관의 이비인후과 전문의
⑤ 임상병리과 전문의

06 다음 중 한국언어재활사협회에서 할 수 있는 사업이 아닌 것은 무엇인가?

① 장애인 의사소통 능력신장을 위한 사업
② 언어장애와 언어재활의 인식개선 사업
③ 언어재활관련 도서 출판사업
④ 언어재활사의 날 등 행사 운영 사업
⑤ 언어장애 진단 및 치료를 위한 기관설립사업

07 다음이 설명하는 연구설계방법은 무엇인가?

- 연구 대상자의 특성, 변수 간 관계 파악을 목적으로 함
- 설문지, 인터뷰, 전화 등을 통하여 자료 수집

① 조사연구　　　　　　　　② 사례연구
③ 실험연구　　　　　　　　④ 측정연구
⑤ 확인연구

08 특수교육법에서 사용되는 용어와 그 설명이 옳은 것은 무엇인가?

① 특수교육이란 특수교육교원 및 특수교육 관련서비스 담당 인력이 각급 학교나 의료기관, 가정 또는 복지시설 등에 있는 특수교육대상자를 직접 방문하여 실시하는 교육을 의미한다.
② 순회교육이란 특수교육대상자가 일반학교에서 장애유형・장애정도에 따라 차별을 받지 아니하고 또래와 함께 개개인의 교육적 요구에 적합한 교육을 받는 것을 말한다.
③ 보호자란 특수학교 교원자격증을 가진 사람으로서 특수교육대상자의 교육을 담당하는 교원을 말한다.
④ 개별화교육이란 특수교육대상자 개인의 능력을 계발하기 위하여 장애유형 및 장애특성에 적합한 교육 목표, 방법, 내용, 특수교육 관련 서비스 등이 포함된 계획을 수립하여 실시하는 교육을 의미한다.
⑤ 특수학급이란 특수교육대상자와 또래 일반학생이 함께 편성된 학급을 말한다.

09 언어발달지원사업에 대한 내용으로 옳은 것은 무엇인가?

① 만 12세 미만 장애아동을 대상으로 한다.
② 언어재활서비스만 제공받을 수 있다.
③ 서비스 제공은 기관방문을 원칙으로 한다.
④ 1회당 서비스 제공시간은 부모상담 제외 50분이다.
⑤ 논술이나 학습지도와 같은 교과목 수업이 가능하다.

10 보건복지부에서 고시한 장애 정도 기준은 무엇인가?

[22년]

① 1급, 2급, 3급
② 3급 1~5호, 4급 1~5호
③ 장애의 정도가 심한 장애인, 장애의 정도가 심하지 않은 장애인
④ 가벼운 정도, 중간 정도, 심한 정도, 아주 심한 정도
⑤ 3급, 4급, 5급

11 장애의 정도가 가장 심한 상태는 무엇인가?

[20년]

① 발성이 부분적으로 가능한 음성장애
② SSI 97%ile 이상, P-FA 91%ile 이상인 말더듬
③ 자음정확도 30-75% 정도의 부정확한 말을 사용하는 조음장애
④ 표현언어지수가 25-65인 경우
⑤ 수용언어지수가 25-65인 경우

12 다음과 같은 음성환자를 만났을 때 언어재활사가 해줄 수 있는 조언으로 옳지 않은 것은 무엇인가?

[18년]
[24년]

> 만 34세 여성으로 직업은 유치원 교사임. 하루 중 아침에 목쉰소리가 가장 심하며, 입안에서 시큼한 맛과 함께 구취가 심하다고 함. 하루 종일 목에 이물감이 있어 습관적으로 헛기침을 한다고 함. 수업 및 학부모 상담 시에 이물감 및 간헐적인 음도일탈로 인해 매우 힘들다고 함

① 수업 전에 유제품 섭취를 금지하기
② 수업 후 쉬는 시간을 통해 음성휴식 취하기
③ 수분공급이 중요하므로 취침 전 물 한 잔을 마시고 자기
④ 취침 시 머리 위치를 가슴보다 살짝 높게 하기
⑤ 자극적인 음식이나 알코올 섭취를 최대한 피하기

13 학교 언어재활사의 역할로 옳은 것은 무엇인가?

① 학교 환경이기 때문에 중재 가능한 언어 및 의사소통 목표가 제한적이다.
② 학교 내에 있는 위험군 아동, 장애 아동을 찾아내는 역할은 포함되지 않는다.
③ 공식검사만으로 모든 아이들의 강약점을 파악할 수 있다.
④ 보고서 작성은 선택사항이다.
⑤ 학교 언어재활사는 다른 전문가, 기관, 센터 등과 함께 협력해야 한다.

14 언어재활사 자격정지에 해당하는 사항은 무엇인가?

① 대상자의 기능에 손상을 입힌 경우
② 연회비를 지속적으로 납부하지 않은 경우
③ 대상자에게 제공한 서비스 내용을 분실한 경우
④ 보수교육을 연 1회 이상 받지 않은 경우
⑤ 대상자에 대한 사적인 정보를 타 언어재활사와 공유한 경우

15 언어재활사 자격취소에 해당하는 사항이 아닌 것은 무엇인가?

① 마약, 대마 또는 향정신성 의약품 중독자인 경우
② 자격정지 처분 기간에 언어재활사 업무를 하였을 경우
③ 타인에게 언어재활사 자격증을 대여하였을 경우
④ 정신병, 인격장애 등의 정신질환자인 경우
⑤ 자격정지 처분을 2회 받았을 경우

16 부모교육 시 언어재활사가 고려할 점으로 옳지 않은 것은 무엇인가?

① 부모교육의 목적, 절차, 중요도 등에 대하여 명확한 설명을 제공해야 한다.
② 아동의 일상생활에서 부모가 실시할 수 있는 과제를 제공할 수 있다.
③ 부모교육의 필요성을 느낄 수 있도록 해야 한다.
④ 상호작용 실패 시, 부모가 다양한 해결책을 찾아볼 수 있도록 하는 것보다 교육한 방법대로 실시하도록 하는 것이 좋다.
⑤ 아동의 잠재 능력에 대하여 언급해 주는 것이 좋다.

17 언어재활사 자격증 취득 절차에 대한 설명으로 옳지 않은 것은 무엇인가?

① 전문대학 졸업자는 2급 언어재활사 자격증을 취득할 수 있다.
② 학사 졸업, 2급 자격증 취득 후 3년의 임상과정을 거치면 1급 자격증을 취득할 수 있다.
③ 석사 졸업, 2급 자격증 취득 후 1년의 임상과정을 거친 경우 1급 자격증을 취득할 수 있다.
④ 전문대학 졸업자는 2급 자격증 취득 후 학사를 취득하면 1급 자격증을 취득할 수 있다.
⑤ 석사 졸업자는 대학원 2년 과정이 임상 과정으로 인정된다.

18 보건복지부 사회서비스 바우처를 사용할 수 있는 기관은 어디인가?

① 통합어린이집
② 장애인 복지관
③ 특수학교
④ 종합병원
⑤ 특수교육지원청

19 다음 평가보고서의 내용 중 잘못 기술된 부분은 무엇인가?

> 본 아동은 만 9세 남아로 언어발달지연 아동이다. 수용 언어 측면에서 ① REVT 검사 결과 원점수 75점, 등가연령 7;6~7;11개월, 백분위수 10%ile 미만으로 나타났다. 표현 언어 측면에서 ② REVT 검사 결과 원점수 76점, 등가연령 7;0~7;5개월, 백분위수 10%ile로 나타났고, 구문의미이해력 원점수 40점, 백분위수 15%ile로 나타났다. 언어문제 해결력 검사 결과 원인이유 11점, 해결추론 14점, 단서추측 10점, 총 35점으로 34~37%ile로 나타났다. 자발화 분석 결과, ③ 의미 측면에서 TTR 0.43으로 나타났다. ④ 구문 측면에서 MLUw는 3.37로 나타났고 복문에 비해 3~4어 조합의 단문 사용 빈도가 높았다. ⑤ 문법 측면에서 MLUm은 6.0으로 분석되었다.

20 학교 상황에서 협력적 언어치료가 필요한 이유로 묶인 것은 무엇인가?
[18년]

> ㄱ. 언어기술 일반화의 유리함
> ㄴ. 학생들의 학업에 필요한 언어기술 교수
> ㄷ. 언어치료 지원 과정 모니터링
> ㄹ. 중복적인 치료 서비스 제공
> ㅁ. 교실 내 필요한 사회적 의사소통 기술 개발

① ㄱ, ㄹ
② ㄱ, ㅁ
③ ㄴ, ㄷ
④ ㄱ, ㄴ, ㅁ
⑤ ㄴ, ㄷ, ㅁ

21 다음 환자에게 사용하기에 적절한 음성치료기법은 무엇인가?

> 27세 뮤지컬 배우가 목소리가 나오지 않는다는 이유로 내원하였다. 지난 달까지 총 5번의 오디션에서 탈락했다고 하며 그로 인해 극심한 스트레스를 받았다고 한다. 오디션 탈락 이후에 자신감도 없어지고 속삭이는 음성이 나온다고 하며 음성 평가 이후 기능적 실성증으로 진단을 받았다.

① 강도변경
② 손가락 조작법
③ 음성배치
④ 새로운 음도 확립
⑤ 차폐(Lombard Effect)

22 학교 언어치료 서비스와 관련된 설명으로 옳지 않은 것은 무엇인가?

① 교실과 분리된 독립적인 공간에서 언어치료를 제공하는 것을 분리치료라고 한다.
② 분리치료 시 치료실에서 습득한 내용들을 일반화하기 어렵다.
③ 언어재활사가 교실에 입실하여 대상자에게 치료를 제공하는 것을 통합치료라고 한다.
④ 언어재활사가 아닌 교사가 교실 내에서 대상자를 적절하게 지도할 수 있도록 도와주는 것을 간접치료라고 한다.
⑤ 협력교수에는 교수-지원 교수, 스테이션 교수, 평행교수, 대안교수, 팀교수가 있다.

23 음성문제가 나타날 가능성이 가장 큰 환자는 누구인가?

① 발달성언어장애 아동 환자
② 초기 알츠하이머병 성인 환자
③ 기능적 조음장애 아동 환자
④ 경계선급 말더듬 아동 환자
⑤ 심도 난청 성인 환자

24 특수학교에 재학 중인 만 17세 지적장애 남아이다. 사설 기관에서 언어 및 놀이치료를 받다가 가정사로 인해 오랫동안 바우처를 이용하지 않아 지원이 중단되어 다시 바우처 서비스를 받으려고 한다. 어떤 바우처를 이용할 수 있는가?

① 언어발달지원사업
② 발달재활서비스
③ 지역사회서비스
④ 장애인활동지원사업
⑤ 발달장애인 공공후견지원사업

25 언어장애 판정 개요에 대한 설명으로 옳지 않은 것은 무엇인가?

① 언어장애는 음성장애, 구어장애, 발달기에 나타나는 발달성 언어장애, 뇌질환 또는 뇌손상에 의한 언어중추의 손상에 따른 실어증을 포함한다.
② 음성장애는 단순한 음성장애와 발성장애, 유창성장애(말더듬)를 포함하며, 구어장애는 발음 또는 조음장애를 포함한다.
③ 유창성장애(말더듬)는 파라다이스-유창성검사(P-FA Ⅱ)를 기본 검사로 하며, 필요시 말더듬 심도 검사(SSI) 등을 고려하여 판정할 수 있다.
④ 조음장애 판정 시 표준화가 이루어져 있는 아동용 발음평가(APAC)와 우리말 조음음운평가(U-TAP)를 사용하는 것을 권장하며, 부득이한 경우에는 그림자음검사를 사용할 수 있다.
⑤ 발달성 언어장애 판정 시 취학 전 아동의 수용언어 및 표현언어 발달척도(PRES)를 주로 사용하도록 권장하며, 언어발달지연이 너무 심한 경우에 대해서는 영유아 언어발달검사(SELSI)를 참고할 수 있다.

26 보수교육에 대한 설명으로 옳은 것은 무엇인가?

① 5년 동안 60시간을 이수해야 한다.
② 1년 동안 8시간을 이수해야 한다.
③ 해당 기간 동안 보건복지부 사이트에서 신청할 수 있다.
④ 보수교육을 연속 3회 이상 받지 않을 경우 자격이 정지될 수 있다.
⑤ 보수교육 시간은 소급 적용된다.

27 장애 진단을 받을 수 있는 곳은 어디인가?

① 보건복지부 장애인정책과
② 관할 읍·면·동 주민센터
③ 의료기관
④ 사설 언어치료실
⑤ 국민건강보험공단

28 다음 아동에게 실시할 수 없는 언어평가는 무엇인가?

- 만 5세 3개월 남아
- 주 양육자의 보고에 의하면, 조음이 부정확하며 또래에 비하여 표현능력이 지연되는 것 같다고 함. 또한 최근 한글 읽기에 관심을 보이며 쓰기가 가능하나 오류가 많다고 함
- 유치원 선생님의 보고에 의하면, 또래와의 상호작용에는 별다른 어려움은 없다고 함

① 수용·표현 어휘력 검사(REVT)
② 취학 전 아동의 수용언어 및 표현언어 발달 척도(PRES)
③ 구문의미이해력 검사
④ 한국어 읽기 검사(KOLRA)
⑤ 아동용 발음평가(APAC)

29 다음 중 장애인 등에 대한 특수교육법의 설명으로 옳지 않은 것은 무엇인가?

① 특수교육대상자에 대하여 유치원, 초·중·고등학교 과정의 교육은 의무교육으로 한다.
② 만 3세 미만의 장애영아교육은 무상으로 한다.
③ 만 3~17세까지의 특수교육 대상자는 의무교육을 받을 권리를 갖는다.
④ 의무교육 및 무상교육에 드는 비용은 국가 또는 지방자치단체가 부담한다.
⑤ 전공과 특수교육대상자의 의무교육은 부모가 일부 비용을 지불해야 한다.

30 학교 언어 중재의 장점이 아닌 것은 무엇인가?

① 일반 학급을 경험할 수 있는 기회가 많아진다.
② 서비스의 불필요한 중복성을 확인하고 피할 수 있다.
③ 일반화를 자연스럽게 이끌 수 있다.
④ 다양한 전문가들과의 정보 공유가 가능하다.
⑤ 다른 환경에 비하여 더 구조화된 환경을 제공할 수 있다.

31 장애인 복지 전문 인력의 범위에 포함되지 않는 것은 무엇인가?

① 의지·보조기 기사
② 언어재활사 및 청능사
③ 장애인 재활 상담사
④ 한국수어 통역사
⑤ 점역·교정사

[32~33] 다음 아동의 배경정보를 보고 물음에 답하시오.

- 32개월 남아, 임신 및 출산 시 문제없음
- 신체 발달력 : 정상
- 언어 발달력 : 옹알이 양 적음, 첫 낱말은 돌경 '엄마', 이후 언어 발달 느림
- 가족력 : 아버지가 말이 느림, 형이 지적장애로 진단받음
- SELSI 수용 27개월, 표현 22개월, K M-B CDI 이해 낱말 270/641, 표현 낱말 10/641, 문법 원점수 0/74, 최근 새로운 말을 모방하려는 시도가 나타남
- 상호작용 시 제스처, 제스처+발성으로 표현, 가리키기, 행동 요구하기, 거부하기 관찰됨

32 아동에게 실시할 수 있는 심화평가로 적절한 것은 무엇인가?
[23년]
① 수용·표현 어휘력 검사(REVT)
② 음운 변동 분석
③ 음운 목록 평가
④ 의미관계 분석
⑤ 의사소통수단 평가

33 부모상담 내용으로 적절한 것은 무엇인가?
[23년]
① 상호작용 시 긴 발화를 사용하여 정확하게 모델링을 제공해주어야 한다는 것을 설명한다.
② 옹알이의 양이나 가족력은 언어발달에 큰 영향을 미치지 않는다는 것을 설명한다.
③ 아동의 표현 어휘를 증진시키기 위해 반복적인 따라 말하기 활동을 진행해 줄 것을 설명한다.
④ 부모가 단순한 구문을 사용할 것을 권고한다.
⑤ 표현을 이끌기 위하여 아동의 반응을 기다리기보다는 먼저 모델링을 제공해 주어야 한다는 것을 설명한다.

34 다음 설명하는 협력교수 방법은 무엇인가?
[18년]
[22년]

- 한 명의 전문가가 전체적인 학습 지도
- 개별 지도가 필요한 학생을 다른 한 명의 전문가가 지도

① 스테이션 교수　　② 대안 교수
③ 평행 교수　　④ 교수-지원 교수
⑤ 팀 교수

35 다음 설명은 무엇에 관한 통계인가?

> 수집된 자료로 그 자료가 추출된 모집단의 현상이나 특징을 추정·예견·일반화하려는 통계를 말한다.

① 사회통계　　　　　　　② 과학통계
③ 기술통계　　　　　　　④ 추리통계
⑤ 대립통계

36 다음 중 가설검정에서 보이는 오류에 대한 설명으로 옳지 않은 것은 무엇인가?

① 귀무가설이 참일 때 귀무가설을 기각하는 것을 제1종 오류라고 한다.
② 가설에서 오판을 비허용하는 수준을 유의수준이라고 한다.
③ 대립가설이 참인데 귀무가설을 기각하지 않은 것을 제2종 오류라고 한다.
④ 귀무가설이 거짓일 때 거짓이라고 판단할 확률을 검정력이라고 한다.
⑤ 제1종 오류가 제2종 오류보다 더 심각한 오류이다.

37 귀무가설이 참일 때, 귀무가설을 기각하는 경우는 무슨 오류라고 하는가?

① 제1종 오류　　　　　　② 제2종 오류
③ 제3종 오류　　　　　　④ 귀무가설 오류
⑤ 영가설 오류

38 t검정에 대한 설명으로 옳은 것은?

① t검정은 모집단의 분산이나 표준편차를 알 수 있을 때 사용한다.
② t검정은 모집단을 대표하는 표본으로부터 확정된 분산을 사용한다.
③ t검정은 대립가설을 검증하는 통계적 검정 방법이다.
④ t검정의 독립변수는 평균값이다.
⑤ t검정의 표본의 크기가 크면 클수록 정상분포에 가까워진다.

39 다음 중 각각 수학과 과학이 동일 수준에 있는 학생은 누구인가?

〈2-5반 반평균 및 표준편차〉
• 수학 : 평균 65점, 표준편차 15점
• 과학 : 평균 40점, 표준편차 10점

구 분	수 학	과 학	구 분	수 학	과 학
재 석	65	65	세 형	65	45
준 하	80	30	세 호	80	50
명 수	50	30	동 훈	35	30

① 재석, 동훈 ② 준하, 명수
③ 명수, 세호 ④ 재석, 세형
⑤ 세형, 동훈

40 다음 점수표를 보고 바르게 설명한 것은?

구 분	국 어	영 어	수 학	과 학	사 회
1번	80	60	80	70	50
2번	95	65	60	80	60
3번	80	60	65	75	55
4번	80	80	80	80	60
5번	75	85	100	75	45

① 국어의 중앙값은 82점이다.
② 영어의 최빈값은 60점이다.
③ 수학의 최저값은 65점이다.
④ 과학의 최빈값은 3개이다.
⑤ 사회의 평균값은 55점이다.

41 다음 중 변수(Variables)에 대한 설명으로 옳은 것은?
① 상수는 종속변수에 의하여 변하는 값을 의미한다.
② 숙제 유무에 따른 언어능력의 변화를 볼 때 언어능력의 변화는 매개변수가 될 수 있다.
③ 변수는 내현적 타당성에는 영향을 미치지 않지만 외현적 타당성에는 영향을 미친다.
④ 치료시간에 따른 언어능력의 변화를 볼 때 치료시간은 독립변수에 해당한다.
⑤ 독립변수 및 종속변수 모두에 영향을 미치는 변수를 조절변수라고 한다.

42 외현적 타당성과 내현적 타당성에 대한 설명으로 옳은 것은?

① 외현적 타당성은 연구결과가 얼마나 분명하게 나타났는지를 의미한다.
② 외현적 타당성이 높으려면 모집단이 원하는 결과에 유리하게 모집되어야 한다.
③ 외현적 타당성이 낮아지면 내현적 타당성은 높아진다.
④ 내현적 타당성은 분석결과가 연구문제에 대한 타당한 결과를 찾아낼 수 있는지를 의미한다.
⑤ 내현적 타당성은 변수와 상관없이 독립적으로 연구문제를 설정하고 연구문제와 결과에 대한 타당성을 보는 것이다.

43 다음 중 한 개 또는 그 이상의 독립변수가 종속변수에 미치는 영향을 살펴보는 것으로 둘 이상의 변수들 간의 인과관계(의존관계)를 파악하여 예측하는 통계는 무엇이라고 하는가?

① t검정
② 모분산 가설검정
③ 모비율 구간추정 검정
④ 상관분석
⑤ 회귀분석

44 다음 독립표본 검정 결과표이다. 결과에 대한 해석으로 옳은 것은?

구 분		Levene의 등분산 검정		평균의 동일성에 대한	
		F	유의확률	t	자유도
분배공정	등분산이 가정됨	.693	.406	−1.678	393
	등분산이 가정되지 않음			−1.579	362.866
절차공정	등분산이 가정됨	2.118	.146	1.273	393
	등분산이 가정되지 않음			1.260	347.235
상호작용	등분산이 가정됨	.002	.967	2.391	393
	등분산이 가정되지 않음			2.399	366.449

① 위 결과 상호작용은 등분산이 가정되었다.
② 위 결과에서 절차공정만 등분산이 가정되었다.
③ 절차공정에서 t값이 1.273으로 유의수준 0.05하에서 차이가 있는 것으로 나타났다.
④ 상호작용의 경우, t값이 1.96보다 작고 유의확률은 0.05보다 작은 수치로 나타났다.
⑤ 분배공정에서 t값이 −1.678로 0.05하에서 차이가 있는 것으로 나타났다.

PART 07

정답 및 해설

모의고사 첫 번째
모의고사 두 번째
모의고사 세 번째
모의고사 네 번째
모의고사 다섯 번째
모의고사 기타과목

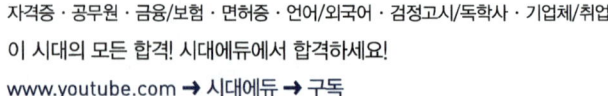

01 모의고사 첫 번째 정답 및 해설

1교시

제1과목 | 신경언어장애

01	02	03	04	05	06	07	08	09	10
③	②	③	①	⑤	①	①	①	⑤	⑤
11	12	13	14	15	16	17	18	19	20
②	③	④	④	①	②	④	④	①	③
21	22	23	24	25	26	27	28	29	30
②	⑤	⑤	④	③	①	⑤	②	①	④

01 실어증 종류와 뇌손상 부위
이해력은 보존되어 있으나 유창성 및 이름대기, 따라 말하기에서 (_)로 낮은 수행력을 보임으로 브로카실어증으로 유추가 가능하다. 따라서 손상 부위는 브로카 영역이 되겠다.

02 대뇌동맥(Cerebral Artery)
대뇌동맥은 양쪽 대뇌에 혈액을 공급하는데, 전대뇌동맥은 전두엽의 위, 앞쪽을 담당한다. 후대뇌동맥은 측두엽 아랫부분과 후두엽 영역에 혈류를 공급하고, 중대뇌동맥은 전두엽 뒤쪽과 두정엽, 그리고 측두엽, 시상, 기저핵에 혈류를 공급한다.

03 K-WAB 평가
[혜진] 실어증 지수(AQ)는 스스로 말하기 20점, 알아듣기 10점, 따라 말하기 10점, 이름대기 10점을 모두 합한 후 곱하기 2를 하여 100점 만점으로 환산한다. 스스로 말하기 6점, 청각적 이해력 10점 만점으로 환산하면 6점, 따라 말하기 10점 만점으로 환산하면 8.4점, 이름대기 10점 만점으로 환산하면 0.4점, 6+6+8.4+0.4=20.8 여기서 곱하기 2를 하면 41.6점으로 ③번이 정답이다.
[수정] 유창성을 나눌 때는 스스로 말하기 점수 중, 유창성 점수를 보아야 하며 유창성 점수는 3점으로 비유창성 실어증에 속한다.
[민지] 비유창하며 청각적 이해력과 따라 말하기 점수가 높음으로 연결피질운동성 실어증이다.
[주은] 따라 말하기 능력이 저하되어야 전도성 실어증이다.
[효경] 실어증 지수를 구할 땐, 유창성, 내용전달 점수를 합쳐 스스로 말하기 점수를 산출해야 하므로 필요하다.

04 연결피질운동성 실어증 환자 구어향상
환자는 구어산출이 어려운 비유창성 실어증 중 연결피질운동성 실어증 타입이다. 이름대기 능력이 떨어져 ①과 같이 음소단서를 듣고 명명하기 과제가 환자에게 도움이 될 수 있다. ③·④는 구어향상 목적이 아닌 이해력 향상 목적이며 ⑤의 경우 환자의 능력보다 너무 높은 수준의 과제이다. 환자의 따라 말하기 점수는 높아 ② 입 모양을 보며 따라 말하기 과제는 환자에게 맞지 않는다.

05 ⑤ 브로카실어증은 좌측 뇌 브로카 영역의 손상으로 주로 발생하여 브로카실어증이라 불린다.

06 일상생활에서의 의사소통 활동(CADL)
일상생활에서 사용하는 기능적 의사소통 활용을 평가하는 검사로 50문항을 3점 척도로 평가한다. 점수가 높을수록 기능적 의사소통 능력이 우수하다는 것을 의미한다.

07 심화검사
K-WAB-R 검사 결과, 환자는 명칭실어증 환자로 이름대기 능력을 보기 위하여 보스턴 이름대기 검사를 실시해보는 것이 바람직하다.

08 ① 혼합연결피질실어증은 비유창(0~4.9)하며 낮은 청각적 이해력(0~3.9)을 보인다. 따라 말하기는 중상(5~10)능력을 보인다. 위 점수를 보면 유창성 점수 3점으로 비유창하며 청각적 이해력 54점을 10점 만점으로 환산했을 때 2.7점으로 낮은 청각적 이해력을 보인다. 따라 말하기 능력의 경우 9.7점으로 중상의 능력을 보임으로 위 환자는 혼합연결피질실어증 타입이라는 것을 알 수 있다.

09 ⑤ 실어증 환자 치료 시 주의집중력에 어려움을 보이면 자주 주의를 환기시켜 과제에 집중할 수 있도록 도와야 한다.

10 연합성 시각실인증(Assosiative Agnosia)
연합성 시각실인증은 시각적 신호는 정상적으로 받아들이지만 이 정보들이 물체를 인식하는 데 쓰이지 못한다. 이로 인하여 이름을 대거나 묘사하지 못하고, 물체에 대한 지각과 저장된 기억을 연관시키는 데 어려움이 나타난다.

11 보기의 발화는 유창은 하나 내용이 없는 빈구어(Empty Speech)로 유창성 실어증에 포함된다. 보기 중 유창성 실어증은 ② 베르니케실어증이다.

12 ③ 다리 : 귀 - 애매성, '다리' 단어가 많은 의미를 가지고 있다.
읽기 문자언어 처리
문자언어 처리에 어려움을 보이는 이들을 평가하고자 할 때, 6가지 요소를 바탕으로 한 자극어를 가지고 평가를 한다.
- 어휘성 : 단어가 단어/비단어인지를 의미한다.
- 규칙성 : 읽을 때 자–음소의 일치여부를 본다.
- 구체성 : 제시단어가 구체적/추상적인지를 의미한다.
- 친숙성 : 대상자에게 얼마나 친숙한지(많이 접하였는가)를 의미한다.
- 애매성 : 단어가 많은 의미를 가지고 있는지를 의미한다.
- 길이 : 단어의 음절 수를 의미한다.

13 혼합피질실어증, 브로카실어증, 연결피질감각실어증은 모두 이름대기의 문제를 보이며 그중 착어 증상이 나타난다.

14 ④ 전두엽 손상으로 인하여 자극어를 되풀이해서 쓰게 되는 현상을 보속실서증이라 한다.
실서증 유형
실서증은 크게 중추형과 말초형으로 나뉘며 중추형에서는 심층, 음운, 어휘(표층), 자소–완충기, 보속, 의미 실서증이 있고, 말초형에는 이서장애, 구심실서증, 실행실서증, 실행증에 기인하지 않은 수행장애가 있다.

15 우뇌손상증후군
우뇌손상 환자들이 보이는 언어적 문제는 말소리가 단조롭게 변하여 말에 운율이 감소한다. 우뇌손상 환자들은 대화 시 함축된 의미파악에 어려움을 보이며 문자의 의미 그대로 파악하여 이해한다. 또한, 담화산출 시 장황하고 비효율적이며 주제에서 벗어나 부적절하게 산출하며, 우뇌손상 환자의 경우, 차례 주고받기, 주제유지, 눈맞춤과 같은 화용장애를 보인다.

16 우뇌손상증후군의 언어 및 의사소통 특성
RHD는 운율장애, 이해장애, 화용장애 및 발화의 내용 및 구성에 이상을 보인다. 운율의 경우 전반적으로 말 속도가 느리고 강세나 억양이 줄어 로봇 말처럼 들리고, 이해의 경우 담화/이야기 내용파악에 어려움을 보일 뿐 아니라 비유/함축적 내용을 글자 그대로 파악한다. 화용의 경우, 눈 맞춤, 차례 지키기, 주제유지와 같은 암묵적 약속을 지키지 못한다. RHD 환자의 발화 내용을 보면 반복적이며 장황하게 이야기하거나 비효율적인 발화를 보이며 구성면에서도 관계없는 이야기를 하거나 오류를 보인다.

17 전향기억장애(Anterograde Amnesia, 순행성기억장애)
전향기억장애는 외상 후 기억을 잃는 것으로 외상 이전 기억은 있지만, 외상을 당한 시점 이후의 것들을 잘 기억하지 못한다.

18 외상성 뇌손상 결과
외상성 뇌손상으로 인한 일차적 결과는 뇌에 가해진 힘에 의한 것으로 직접적으로 가해진 압박, 찰과상, 열상 등이고 이런 일차적 뇌손상 결과로 인해 이차적 결과가 나타난다. 이차적 결과로는 대뇌부종, 외상수두증, 두개내압력상승, 허혈뇌손상 등이 있다.

19 치매검사
- MMSE (Mini-Mental State Examination)
점수 분포는 총 30점이며, 일반적으로 27점 이상이면 정상 범위로 간주되고, 24점 이하이면 인지 장애가 의심된다. MMSE에서 22점은 정상 범위보다 낮은 점수로, 인지 기능 저하가 존재하며 경도에서 중등도의 인지 장애가 의심되는 수준이다.
- CDR (Clinical Dementia Rating)
점수 분포는 0, 0.5, 1, 2, 3의 등급으로 평가된다.
  0 : 치매 없음
  0.5 : 의심스러운 치매(매우 미세한 인지 변화 또는 초기 증상)
  1 : 경도 치매
  2 : 중등도 치매
  3 : 중증 치매

- GDS (Global Deterioration Scale)
  점수 분포는 1점부터 7점까지의 척도로, 각 단계는 다음과 같이 구분된다.
  1 : 인지 기능에 문제 없음
  2 : 아주 미미한 인지 저하(정상 노화 수준)
  3 : 경미한 인지 저하(Mild Cognitive Impairment, MCI)
  4 : 초기 또는 경도 치매
  5 : 중간 정도의 치매
  6 : 상당한 치매
  7 : 매우 심각한 치매

20 지남력
지남력은 사람(P), 장소(P), 시간(T)에 대한 것으로 대부분의 정신상태 선별검사에는 지남 항목이 포함되어 있으며 지남력 중 시간에 대한 능력이 가장 먼저 손실된다. 정신상태 검사의 주관적이고 보조적 정보제공 역할을 한다.

21 파킨슨 환자의 말특징
단조롭고 부정확한 자음이 특징으로 짧고 빠른 말속도로 명료가 떨어진다. 구어 속도조절에 어려움이 있음으로 속도조절을 위한 치료법이 필요하다.

22 ⑤ 알츠하이머병은 주로 기억력 감퇴와 인지 기능 저하가 두드러지지만, 픽병(전측두엽 치매)의 경우에는 성격 변화, 사회적 부적응과 더불어 과잉구강증, 즉 음식 섭취에 대한 비정상적 관심과 행동이 특징적으로 나타난다. 따라서 두 질환을 감별할 때, 과잉구강증은 픽병의 중요한 감별 포인트 중 하나로 여겨진다.

23 ⑤ 초기치매 환자들은 인지적 변화와 함께 사회적 고립감, 정서적 불안을 경험할 수 있다. 그룹치료는 환자들이 서로의 경험을 공유하고 정서적 지지를 주고받으며, 사회적 상호작용을 증진시켜 이러한 고립감을 줄이는 데 중점을 둔다. 반면, 다른 보기들은 개별 상담이나 가족 치료, 또는 개별 인지 훈련 등 그룹치료의 주된 목적과는 다르게 초점을 맞추고 있다.

24 ③ 말실행증 환자는 조음 계획 및 실행의 어려움으로 인해 동일한 단어라도 매번 다른 방식으로 오류가 발생하는 특징을 보인다. 이는 환자가 발화를 시도할 때 일관성 있는 오류패턴을 보이지 않고, 그때그때 다른 소리 왜곡이나 음소 대체, 왜곡 등을 나타내기 때문이다.

25 말실행증의 치료원칙
말실행증은 오랜 시간 동안 집중적으로 치료가 필요하며 안정적이고 자동적인 구어표현을 위해서는 반복이 필요하다. 또한 조음 전 모든 조음자(Articulators)는 중립의 위치에 있어야 하며 활동과 활동 사이에 휴지기간이 필요하고, 과제의 난이도는 실생활에 유용한 기능적 단어 또는 쉬운 단어부터 시작해야 한다. 치료 시 운율치료를 병행하고 치료를 통한 긍정적 경험을 할 수 있도록 해야 한다.

26 ① 일련의 프로그래밍을 반복해야 하는 일련교대운동(SMR) "퍼-터-커" 과제에서 가장 어려움을 보인다.
말실행증 과제
말실행증은 말을 위한 운동프로그래밍의 장애로 의도적으로 프로그래밍하는 데 오류를 보인다.

27 ⑤ 과소운동형 마비말장애는 주로 기저핵(Basal Ganglia)의 이상, 특히 파킨슨병과 같은 신경퇴행 질환에서 나타납니다.

28 임상치매척도(CDR)
CDR 0.5는 경도인지장애로 아직 치매는 아니며 숫자가 높을수록 치매 중증도가 높아진다.

29 실조형 마비말장애
실조형 마비말장애는 협응을 담당하는 소뇌나 소뇌제어회로에 문제가 생기면 발생된다. 실조형 마비말장애의 특징으로는 불규칙적이고 일시적인 조음 붕괴, 불규칙적인 SMR, AMR, 운율장애(로봇 같은 말소리), 큰 음량변화 등이 있다.

30 문제에서 설명하고 있는 특징은 파킨슨병 환자의 특징으로 파킨슨병 환자의 경우 과소운동형 마비말장애를 보인다. 문제의 핵심은 과소운동형의 발성부전을 치료하고자 하는 목적으로 ④ LSVT(리실버만 음성치료)가 가장 대표적이며, 나머지 ①·②·③·⑤는 마비말장애 환자들의 근육 및 의사소통을 위한 치료법이다.
마비말장애 치료법
- 강직형 : 긴장완화법을 많이 사용하나 실제 효과에 대해서는 의견이 분분하다.
- 과대운동형 : 보톡스를 사용하여 과대하게 운동하는 근육을 조절하는 신경을 부분적으로 차단한다.
- 파킨슨 환자(과소운동형)나 이완형 : 입술, 턱, 혀 강화를 위해 교합저지기를 사용한다.
- 심도의 마비말장애나 혼합형 마비말장애 : AAC를 사용하기도 한다.

제2과목 | 유창성장애

31	32	33	34	35	36	37	38	39	40
④	①	①	④	③	②	②	⑤	③	④
41	42	43	44	45	46	47	48	49	50
⑤	②	③	③	②	③	⑤	①	①	⑤
51	52	53	54	55					
③	⑤	④	③	①					

31 ④ (주방→설거지하는 곳(회피행동의 에두르기 사용)
① 1음절 낱말 반복
② 연장
③ 주저, 간투사
⑤ 탈출행동

32 말더듬 분석
- 반복횟수 : '오늘, 시험, 너무' 총 3개의 단어에서 반복이 나타났다.
- 단위반복수 : 오늘-4회, 시험-2회, 너무-5회로 나타나 총 11회이다.
- 말더듬 형태 : '반복, 연장, 막힘' 중 모두 관찰되었다.
- 부수행동 : 탈출, 회피행동을 말하는데 탈출행동만 관찰되었다.

33 자연회복 예측변수
가족력, 성(Gender), 발생연령, 말더듬의 빈도와 심한 정도, 발생 후 지속시간, 말더듬 시간 및 비율, 음운능력

34 ① 총 3회(여행, 지 아니 한라산, 정말)
② 총 2회(올라, 힘들겠지만)
③ 단어 간 비유창성의 빈도가 더 높다.
⑤ 단어 간 비유창의 종류로 단어 전체 반복, 수정이 있다.

35 ③ 요구용량 이론 : 외부요구가 아동의 언어, 정서, 운동 및 인지(용량)에 비해 크게 작용하게 될 때 유창성에 오류를 보일 수 있다고 본다.
상담사례의 요구와 용량을 나타내는 것들
- 요구 : 영어유치원, 어린 아이에게 책 읽게 하기
- 용량 : 아동의 말이 늦음, 가족력 있음, 발음이 정확하지 않음

36 ② 경로 Ⅱ
Van Riper 말더듬 진행경로
- 경로 Ⅰ : 정상적인 유창성과 말더듬의 교체가 빈번, 점진적인 시작
- 경로 Ⅱ : 언어발달지체, 언어 의사소통 시작 초기부터 비유창함, 상당수 조음장애 동반
- 경로 Ⅲ : 갑작스러운 말더듬 출현, 그와 관련된 경험, 사건, 심한 심리적 충격이나 갑작스러운 환경변화
- 경로 Ⅳ : 의도적으로 말을 더듬는 것 같은 모습

37 총 비유창지수(%SS)=(비유창 음절 수/전체 음절 수)×100
- 전체 음절 수 : 20개
- 말더듬 행동 : 4개[(막힘)꼭, 닭, 충, (긴장이 섞인)음]
  =4/20×100
  =20%SS

38 말더듬 분석
- 목표음절 수 : 자연언니, 저녁 뭐 먹을까요? 탕수육 어때요? 그런데 어디로 시킬까요? - 27음절
- 비유창빈도 : 자연언니, 저녁, 탕수육, 어때요, 어디로, 시킬까요(막힘)?, 시킬까요(반복)? - 7개
- 단위반복수 : 자 자 자 자 자연언니 - 4회
- 탈출행동 : 고개를 뒤로 젖히며
- 평균 단위반복수 : 자연언니 - 4회, 시킬까요 - 4회
  → 총 단위반복수/반복횟수=8/2=4
- 평균 말더듬 길이 : 가장 긴 연장이나 막힘 3개(5초+4초+3초=12/3=4초)

39 ③ 말더듬 지각 목록표(Perceptions of Stuttering Inventory, PSI)

40 DP 8회, R1 2회, I 4회로 정상적 비유창성은 6회, 비정상적 비유창성은 8회이다.
파라다이스-유창성검사(Paradise-Fluency Assessment, P-FA Ⅱ) 비정상적 비유창성 구하는 공식

(비정상 비유창의 합/목표음절 수)×100×1.5

41 ⑤ 성인의 유창성 평가내용이다.
아동의 유창성 평가내용
- 유창성 단절의 특징 파악
- 말더듬 인식의 징후 파악
- 말에 대한 아동의 불안 수준 결정
- 부모의 평가 참여

42 말속도 구하는 공식

> 1) 말한 시간을 분(分)과 백분위의 초로 계산
> 2) 음절 수를 시간으로 나누기(분당 음절 수(Number of Syllables Per Minute : SPM))
> ∴ 내용전달 음절 수/2초 이상의 쉬고 머뭇거림을 제외한 발화지속 시간

- 말한 시간을 분과 백분위의 초로 계산 : 6초 → 6/60=0.1
- 엄마의 음절 수 : 76음절
- 말속도 : 음절 수를 시간으로 나누기 : 76/0.1=760SPM
(참고 : 정상적인 성인의 말속도 180~220SPM)

43 보기의 내용은 초기 말더듬에 해당한다.

44 ① '말더듬 중간' → '말더듬 약함'
② 의사소통 태도 검사는 점수가 높을수록 부정적이다.
④ S-24, LCB 점수가 높을수록 부정적이다. 따라서 진전을 보았다고 할 수 없다.
⑤ '말더듬 중간' → '말더듬 약함'으로 좋아졌다. 또한, 진전을 보이지 않았더라도 원인을 파악하여 중재가 필요하며 약물 사용은 충분한 상담 및 고려가 필요하다.

45 말더듬의 특징
Guitar가 분류한 말더듬의 5단계 중 초기 말더듬의 특징에는 막힘이 출현하고, 말더듬의 인식이 시작되며, 탈출행동이 나타난다.

46 ③ 진성 말더듬 : 커 커 커피, (긴장)어, ㅍ ㅍ ㅍ 피곤해
Yairi, Ambrose & Niermann(1993)의 비유창성 분류 방법

진성 말더듬	기타 비유창성
• 단어 부분 반복	• 다음절 단어 반복
• 단음절 반복	• 구 반복
• 리듬 없는 반복	• 삽 입
• 긴장 쉼	• 수정-미완성 구

47 ⑤ 현재 학생은 '상황공포 및 대인기피증'이 심하므로 그룹치료보다는 개별치료를 통해 말더듬에 대한 인식을 바꿔주어야 한다.

48 ① 대상자의 진단명은 말빠름증(속화)이다.
② 말빠름증 인식 여부를 확인하여 이후 치료 목표로 진행할 수 있다.
③ 대상자와의 인터뷰에서 낱말(직장을 "장직"), 대명사(여기를 "저기") 등의 문법적 오류가 나타나고 있으므로 공식평가나 비공식 평가를 통해 확인할 필요가 있다.

④·⑤ 대상자는 말빠름증으로 인한 불편함을 호소하고 있지 않다. 따라서 현재 심화 평가로는 적절하지 않은 것으로 보인다.

49 ① 집중유창성 훈련 프로그램(Neilson & Andrewas, 1993)
- 집중유창성 훈련 프로그램(Neilson & Andrewas, 1993) : 뇌신경의 감각-운동과정의 결함에 그 원인이 있다고 생각한다. 즉, 뇌신경의 기능저하로 인하여 말더듬이 생긴다고 주장한다.
  - 목표 : 자발유창성
  - '에릭슨 의사소통 태도 척도' 사용
  - 치료 : 부드러운 말의 의식적인 산출 훈련 강조함
- DAF 프로그램(Ryan, 1974) : 지연청각역입기를 착용하는 방법으로 말이 느려지고 말소리들을 연장하는 효과가 나타나 말을 더듬지 않게 하는 방법이다.
  - 목표 : 자발/조절 유창성
  - 치료 : DAF를 통한 적절한 지연 시간으로 훈련, 말소리 연장 효과로 말더듬 감소
- 정밀유창성 프로그램(Webster, 1980) : 발성 및 조음 근육들의 불협응이 말더듬의 원인으로 보고 음절을 연장하여 발음하고 부드럽게 발성하는 방법이다.
  - 목표 : 자발/조절 유창성
  - 치료 : 음절을 연장하여 부드럽게 발음하는 방법 이용

50 자기 효능감 검사(The SEA-Scale)를 통해 현재 학생의 상황별 회피 상황을 파악하고 유창성을 어느 정도 유지할 수 있는지 파악할 필요가 있다.

51 ③ 3회 : (부드럽게)저는, 근근근(부드럽게), (부드럽게)부끄러워요.

52 ⑤ 말더듬을 인식하도록 유도하는 내용이다.
말더듬 치료
말더듬은 인식하게 되면서 더 심해질 수 있으므로 말더듬에 대해 아동이 관심을 두지 않고 부정적인 감정을 느끼지 않도록 하는 치료가 필요하다.

53 ① 생활에 영향을 받고 있으므로 치료실뿐만 아니라 치료실 밖에서의 자신의 말더듬에 대한 객관적인 분석이 필요하다.
② 본 대상자는 성인이며 의사소통 태도 검사 결과나 자아효능감 검사 결과가 높으므로 말더듬에 대한 부정적인 감정이나 태도가 오랫동안 지속되었을 것으로 보인다. 따라서 유창성 증진 기법뿐만 아니라 말더듬 수정법이 필요할 수 있다.

③ 본 대상자는 신경학적인 말더듬이 아니라 발달적인 말더듬이므로 약물치료보다는 유창성 완성법과 말더듬 수정법을 이용한 치료가 필요할 것으로 보인다.
⑤ 점진적 발화 및 복잡성(GILCU)은 취학 전 아동에게 주로 할 수 있는 치료프로그램이며 스토커 프로브 테크닉은 아동들에게 주로 할 수 있는 치료프로그램이다.

54 ① 말더듬에 대한 불안이 나타나지 않는다.
② 말더듬의 핵심행동이 다양하게 나타나며 말더듬 시작이 다양한 위치에서 나타난다.
④ 적응효과가 없다.
⑤ 말과제나 상황에 영향을 받지 않는다.

55 ① 말빠름증(속화)인 경우 생소한 글을 읽을 때, 말더듬이 좋아지며 자주 접하는 글의 경우 말더듬이 나빠진다. 반대로 말더듬은 생소한 글을 읽을 때 말더듬이 나빠지고 자주 접하는 글인 경우, 말더듬이 좋아진다.

제3과목 | 음성장애

56	57	58	59	60	61	62	63	64	65
④	⑤	①	④	②	③	①	③	①	③
66	67	68	69	70	71	72	73	74	75
③	⑤	③	①	③	②	①	①	③	②
76	77	78	79	80					
②	⑤	①	③	②					

56 ④ 성대근(Vocal Muscle)은 갑상피열근 중 하부내층에 있는 근육이다.
성대내근
- 윤상갑상근 : 상후두 신경의 지배를 받으며, 음도변화와 관련이 있다.
- 후윤상피열근 : 유일한 성대 외전근이다.
- 측윤상피열근 : 후윤상피열근의 길항근으로 성대 내전에 관여한다.
- 피열간근 : 내전근 중 유일하게 쌍을 이루지 않는 근육으로, 성대후방의 움직임에 관여한다.

57 변성발성장애와 가성대 발성장애의 특성 및 치료
변성발성장애는 변성기 이후의 남자가 비정상적으로 고음도의 발성을 사용하는 경우로, 음성재활 방법으로 Vocal Fry, 기침하기, 이완기법, Visi-pitch 등을 이용하여 음도 피드백 제공, 구어영역 차폐 등을 사용하여 음도를 낮출 수 있다. 가성대 발성장애는 가성대가 진성대의 발성을 방해하여 생기는 경우로 낮은 음도와 단음도가 특징이며, 흡기발성법을 사용하여 가성대 발성을 소거하고 진성대 사용을 촉진할 수 있다.

58 후두내시경 소견으로 왼쪽 성대가 중간위(Intermediate Position)에서 고정되어 있다는 것으로 보아 편측성 성대마비를 예상해볼 수 있다. 편측성 성대마비의 음성특징은 발성 시 목쉰소리와 기식성을 보인다. 또한, 발성 시 마비된 쪽 성대가 정중선으로 움직이지 못하므로 성문폐쇄부전이 나타나며 따라서 최대발성지속시간이 짧고 평균호기류율이 높게 측정될 수 있다.

59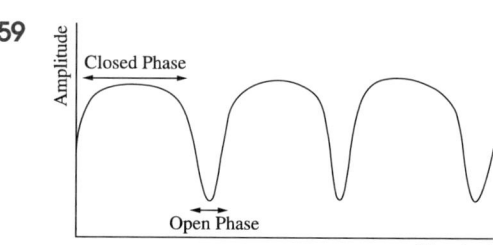

문제에 제시된 성문파형그래프는 성문폐쇄단계(Closed Phase)가 성문개대단계(Open Phase)보다 더 긴 시간 진행된다. 따라서 본 그래프에 해당하는 음성문제는 '긴장된 음성'을 예측해 볼 수 있다.

60 후윤상피열근
성대내근 중 유일한 외전근에 해당되며, 흡기 시 후윤상피열근이 수축하여 근육돌기를 뒤로 당기고 피열연골을 외측으로 회전시켜 성대를 외전시키고 성문이 개방된다.

61 후두적출 환자의 음성재활
후두전적출 후 인공후두기, 식도발성 또는 기식도발성을 사용하여 음성을 유도한다.

62 ② VHI는 주관적인 음성평가이다.
③ 검사영역은 신체적, 기능적, 정서(감정)적인 부분으로 구성된다.
④ 아동용 검사인 p-VHI에 Visual Analogue Scale이 포함되어 있다.
⑤ 성악가에게는 Singing Voice Handicap Index (SVHI)를 실시할 수 있다.

63 상후두신경이 음성에 미치는 영향
음도변경에 중요한 역할을 하는 윤상갑상근(CT m.)은 미주신경의 상후두신경가지의 지배를 받는다. 상후두신경의 편측 손상 시 음도를 다양화하는 데 어려움이 있지만, 양측 손상 시 음도 증가에 현저한 어려움이 있다. 회귀성후두신경가지는 성대의 내·외전 기능에 중요하며, 인두가지의 양측 손상은 연인두폐쇄부전으로 인한 과다비성 산출을 보인다.

64 제시된 사례는 '연축성발성장애'에 해당한다. 연축성발성장애의 경우 음성치료만으로 음성개선이 어렵다. 따라서 보툴리눔독소주입술 후 필요시 음성치료를 병행한다면 음성개선에 도움이 될 수 있다.

65 스펙트로그램
조음분석 시 자음 및 모음의 음향학적 특성을 관찰할 수 있는 음향학적 분석 방법이다. 스펙트로그램을 통해 모음 분석 시 포먼트 주파수를 분석할 수 있으며, 자음은 무음구간, 유성띠, 소음구간 등을 관찰할 수 있다. 또한, 이중모음이나 자음에서 모음으로 넘어가는 구간에서 포먼트 전이구간을 관찰할 수 있다.

66 혀 후방화로 인한 공명문제
청각장애는 다양한 공명문제를 보일 수 있다. 그중 맹관공명(Cul-De-Sac Resonance)은 편도나 아데노이드가 비대하거나, 혀가 목구멍 쪽으로 지나치게 후방화되어 발성할 때 나타나는 공명문제이다. 발성 시 비강에서의 울림은 있으나 인두 쪽에 집중되어 있어 답답한 듯한 느낌의 발성을 보인다. 기능적으로 혀의 후방화로 인한 맹관공명은 음성배치나 전설음을 사용한 혀 전방화 과제를 통해 발성 시 혀의 전방화를 유도한다.

67 나머지 문장은 비강자음이 섞인 비강음 문장이거나, 혼합문장이다. 하지만 '토끼와 거북이가 싸워요.'는 구강음 문장으로 나조미터 평가 시 구강음 문장을 발화할 때 비음치가 낮게 산출된다.

68 갑상성형술
제1형 갑상성형술은 편측성 성대마비 환자의 마비된 쪽 갑상연골판을 안쪽으로 밀어주어 성대내전을 돕게 한다.

69 아동의 음성재활
학령전기 아동의 경우 부모상담을 통해 간접적으로 중재할 수 있다. 속삭이는 음성의 경우 성대긴장이 수반된다. 일주일간 음성휴식은 학령전기 아동에게 실현되기 어려운 과제이다.

70 후두스트로보스코피 검사로 성문의 폐쇄형태(완전폐쇄, 불완전폐쇄 등), 성대점막의 파동, 무진동부위 등을 확인할 수 있다. 성문폐쇄대개방비, 성문접촉비율, 성대개방비율은 전기성문파형검사(EGG)의 측정값이며, 평균호기류율은 PAS의 측정값이다.

71 맹관공명 음성재활
맹관공명을 위한 치료법으로 음성배치, 비음/유음 자극, 혀내밀기 /i/ 등의 접근법을 통해 음성의 초점을 앞쪽으로 이동할 수 있으며, 성대프라이를 통해 인두 전체를 이완시킬 수 있다. 손가락 조작법은 편측성 성대마비, 변성발성장애 등에 많이 사용되며, LSVT는 파킨슨, 비밀스러운 음성은 성대 과기능 환자들에게 주로 사용한다.

72 높은 성문하압, 윤상갑상근과 갑상성대근의 긴장 및 이로 인한 성대의 단위면적당 무게 감소 등은 음도 상승과 관련된 항목이다. 상후두신경의 손상 시 음도변화가 어렵다.

73 본 사례는 위산역류가 음성에 영향을 미치는 사례로, 위산억제제를 복용하면 음성개선에 도움될 수 있다.

74 ③ 폐활량=주기용적+흡기비축용적+호기비축용적
① 흡기용량=주기용적+흡기비축용적
② 기능적 잔기용량=호기비축용적+잔기용적
④ 총폐용량=주기용적+흡기비축용적+호기비축용적+잔기용적
⑤ 잔기용적 : 최대호기 후에 폐에 남아 있는 공기량을 의미하는 측정값
※ 참고 : 호흡기능검사 시 '용적'은 평가를 통한 측정값을 의미하며, '용량'은 측정한 용적값을 합하여 계산된 값을 의미한다.

75 내전형 연축성 발성장애는 중추신경계의 기능 이상으로 초래되는 신경학적 문제이며 과다운동형 운동장애 중 하나에 속한다. 주로 여성에게 발생하며 발화 시 긴장되고 억압된 음성, 쥐어짜는 음성, 소리의 부적절한 멈춤 등을 보인다. 하지만 생리적 발성이나 속삭이기, 노래 시 쥐어짜는 노력형 음성 증상이 일부 완화된다. 연축성 발성장애의 치료는 보툴리눔독소 주입술과 함께 음성치료를 병행해야 효과가 있다.

76 성대구증의 치료 방법
- 성대구증은 성대의 내연이 궁상으로 휘어있어 발성 시 성문의 중앙 부분이 비어있는(방추형) 형태의 성문폐쇄부전을 보이며, 편측 또는 양측으로 성문과 평행하는 세로의 홈이 관찰될 수도 있다. 따라서 성대구증이 양측으로 심한 경우 발성 시 성대접촉이 잘 이뤄지지 않아 약한 음성(애성)과 바람이 새는 듯한 기식음성이 들리며, 성문폐쇄부전으로 인해 MPT가 짧고 CQ값이 낮게 나타날 수 있다.
- 성대구증은 보존적 치료만으로는 큰 효과가 없어 수술적인 방법이 병행되며, 적절한 음성치료 방법으로는 강한 복식호흡훈련 및 강한 성대접촉을 유도하여 성대폐쇄부전을 개선하는 것에 목적을 둔다. 따라서 양쪽 또는 편측의 갑상연골판을 눌러(손가락 조작법) 성대접촉을 유도하는 방법을 사용할 수 있다.

77 본 사례의 경우 성대구증으로 환자는 약한 음성과 목쉰음성을 호소하고 있으며, 성대폐쇄부전이 관찰되었고 CQ값이 낮은 것으로 보아 다른 항목에 비해 B(Breathiness)와 A(Asthenicity)의 점수가 높을 것으로 예상된다.
- G(Grade) : 전반적인 목쉰소리 정도, 비정상적 음성 정도
- R(Roughness) : 거친 정도, 성대 진동의 불규칙성
- B(Breathiness) : 기식 정도, 성문 사이로 공기가 새 나가는 정도
- A(Asthenicity) : 무력증, 약한 음성, 힘없는 음성
- S(Strain) : 긴장 정도, 쥐어짜는 정도

78 ① 정상성인의 음성 매개변수 값이다.
정상성인의 음성 매개변수 값
MPT=20초 이상, 남성 SFF=89~175Hz, 여성 SFF=164~260Hz, S/Z Ratio=약 1, MFR=89 이상 141ml/sec, Jitter=1.04% 미만의 값을 갖는다.

79 성대기능훈련은 호흡, 발성, 공명을 통합하여 전반적인 음성 산출에 초점을 둔 총체적 음성치료에 해당한다. 훈련방법은 준비운동(정해진 음도에서 모음을 부드럽게 연장발성), 성대확장운동(가장 낮은 음도에서 높은 음도까지 모음 활창), 성대수축운동(가장 높은 음도에서 낮은 음도까지 모음 활창), 근력운동(지정된 음도와 모음으로 최장연장발성)으로 진행된다.

80 음성범위프로파일(VRP)은 음의 높낮이 및 강도의 변화를 시각적으로 제공하는 도구다. 기능적·기질적 음성장애 환자, 갑상선 수술 환자, 전문적 음성 사용자들의 평가 및 치료 시 시각적 피드백을 제공한다.

2교시

제4과목 | **언어발달장애**

01	02	03	04	05	06	07	08	09	10
③	③	④	④	②	①	①	④	②	②
11	12	13	14	15	16	17	18	19	20
④	④	③	②	③	④	④	②	⑤	③
21	22	23	24	25	26	27	28	29	30
③	③	③	④	③	④	③	②	③	③
31	32	33	34	35
③	⑤	③	④	③

01 ③ 지시적 몸짓
몸짓
- 비언어적 수단
- 몸짓을 사용하여 의도 표현
- 언어 이전기 시기에 가장 많이 나타남
- 지시적 몸짓 : 보여주기, 뻗기, 가리키기, 주기 등
- 관습적 몸짓 : 손 흔들기(바이바이), 고개 끄덕이기, 고개 가로젓기 등
- 표상적 몸짓 : 컵으로 마시기, 손을 옆으로 뻗고 흔들며 새 표현하기 등

02 ③ 언어행동주의 이론(Skinner) : 자극(언어자극)-반응(모방)-강화(칭찬 및 보상)에 의해 학습된 행동

03 ④ 지연이는 의미론적 설명의 특징을 말하고 있다.

04 ④ 일반 아동과 같은 발달단계를 보인다.

05 ② 화자가 제시한 발화의 전체나 부분을 반복하여 본래 발화의 의미를 확인하였으므로 확인 요구에 해당한다.
명료화 요구 전략

유 형	설 명	예 시
일반적 요구	세부적인 내용이 아닌 일반적이고 중립적인 언어를 사용하여 요구하는 것을 말한다.	화자 : 커튼이 달린 창문을 찾아봐. 청자 : 응? 뭐라고? 모르겠는데?

특정 부분 요구	청자가 알고 싶어 하는 부분, 화자의 말에서 추가적으로 알고 싶어 하는 부분을 요구하는 것을 말한다.	화자	커튼이 달린 창문을 찾아봐.
		청자	커튼은 무슨 색깔이야?
비구어적 요구	얼굴 표정, 제스처를 사용하여 요구하는 것을 말한다.	화자	커튼이 달린 창문을 찾아봐.
		청자	… (어깨 움츠림, 혼란스러운 표정, 질문하는 표정 등)

출처 : 곽경미(2010). 만 4, 6, 8세 명료화 요구 능력의 발달. 한림대학교 대학원 석사학위논문. 참고

06 ① 전 상징기적 행동(11~13개월)
② 물건대치 상징행동(24~35개월)
③ 단순 상징행동(16~17개월)
④ 단순 상징행동 조합(18~19개월)
⑤ 자동적 상징행동(14~15개월)

07 오류형태
- 김밥을 → [김바블] : 된소리되기
- 필요 → [필요] : 연음화
- 넓게 → [널게] : 된소리되기
- 앉도록 → [안도록] : 기식음화
- 손바닥 → [손바닥] : 된소리되기

08 평균 형태소 길이(MLUm) : 5.33(16/3)

> 나# 쿠키# 만들/었/어요#
> 안/에# 딸기# 넣/었/어요#
> 아빠/랑# 먹/었/어요#

09 보기의 내용은 상위언어기술 중 '의미'를 평가하기 위한 것이다.

10 상호배타성 가정
여러 대상이 하나의 같은 이름을 가질 수 없다고 생각한다.

11 의사소통 기능
주장하기는 자신의 의견이나 주장을 표현한다.

12 보람 : 가상적 낱말 사용의 어려움
지연 : 범주어 이해 및 표현의 어려움
→ 이는 모두 의미론적 결함에 해당된다.

13 중재 목표 설정
현재 아동의 표현 가능한 음운목록이 제한적일 뿐 아니라 K M-B CDI에서 보고된 표현 어휘가 없으므로 두 낱말 조합의 문장 표현은 아동에게 어려운 목표에 해당된다.

14
- 동시적 이중언어에 해당한다.
- 일반아동 및 언어장애 아동의 규준과 비교해서는 안 된다.
- 어휘 평가 시 한국어 어휘, 영어 어휘에 대한 평가를 함께 실시한다.
- 낱말조합이 관찰되지 않기 때문에 말 늦은 이중언어 아동으로 고려해 볼 수는 있다.

15 기능적 중재 방법
분리 및 합성(Breakdowns & Buildups)은 아동이 표현한 발화를 개개의 요소로 분리해서 말해주었다가 다시 합쳐서 들려주는 것이다.

16 말 늦은 아동(Late Talkers)
3세 이전의 아동 중, 다음과 같은 어려움이 있는 아동을 말한다.
- 2세까지 표현 어휘 수가 50개 미만, 두 낱말 조합이 산출되지 않음
- 표현어휘발달의 현저한 지체(표준화된 검사 시, 10%ile 미만 또는 -1SD 미만)
- 다른 발달영역에서는 뚜렷한 결함을 보이지 않음

17 사회적 의사소통장애(Social Communication Disorder)
- 사회적 의사소통에서 어려움이 나타남
- 사회적 의사소통 결함이 초기 발달기에 나타남
- 대화 시 차례 지키기, 이해하지 못하였을 경우 쉽게 바꾸어 말하기, 언어적 및 비언어적 신호 사용 등과 같은 대화 규칙 따르기에서의 어려움이 나타남
- 명백하게 기술되지 않은 것(예 추측, 추론), 관용어, 유머, 은유 등의 이해에서 어려움이 나타남

18 ② 낱말재인에는 어려움을 보이나 상대적으로 언어 이해능력이 좋은 경우는 해독형 난독증에 해당한다.

19 ① 자극-반응-강화 매커니즘을 따른다.
② 아동의 언어적 반응을 기다려주는 것은 시간지연기법에 해당한다.
③ 우발학습은 우연히 일어나는 상황(언어 및 의사소통 기회)에서 훈련한다.
④ 아동중심 시범 기법 사용 시 아동이 오반응을 보였을 때 다시 시범을 보여주어야 한다.

20 ① 이야기 문법
- 배경 : 돌이랑 순이랑 공놀이를 했어요.
- 계기사건 : 그런데 순이가 공을 던졌어요.
- 결과 : 돌이가 자전거랑 부딪혔어요.
- 계기사건 : 돌이 다리에 피가 났어요.
- 결과 : 아저씨랑 같이 병원에 갔어요.

② 접속부사 '그런데' 사용
④ T-unit 5개
⑤ 문법형태소 오류 1회(다리에게 → 다리에)

21 메타언어능력
- 언어를 인식 및 조작할 수 있는 능력
- 언어 학습에 기초가 됨
- 학령기 언어 발달에 중요한 능력
- 음운인식, 정의하기, 문법 오류 판단 등이 포함

22 ③ 고유 특성은 대상이 가지고 있는 외형적인 특징을 기술하는 기능이다.

23 아동 발화 의미관계

| 아가 집에 가요[행위자-장소-행위] |
| 내 헬리콥터[소유자-대상] |
| 아가가 찢었어[행위자-행위] |
| 나랑 아가랑 예뻐요[공존자-경험자-상태서술] |

24 ④ 아동의 발화를 살펴보았을 때 복수형 조사 '~들'은 적절하게 사용하였다.

25 ⑤ 일반적 요구에 해당하는 명료화 요구 전략을 사용하는 모습을 보인다.

언어재활사 : ○○아, 선생님 돌고래 봤다.	→ 일반적 요구
아 동 : 네? 뭐라고요?	
언어재활사 : 선생님 돌고래 봤어.	

명료화 요구 전략
- 확인요구 : 화자가 제시한 발화의 전체나 부분을 반복함으로써 본래 발화의 의미를 확인하는 것
- 일반적 요구 : 세부적인 내용이 아닌 일반적이고 중립적인 언어를 사용하여 요구하는 것
- 특정 부분 요구 : 청자가 알고 싶어 하는 부분, 화자의 말에서 추가적으로 알고 싶어 하는 부분을 요구하는 것
- 비구어적 요구 : 얼굴 표정, 제스처를 사용하여 요구하는 것

26 ④ 의사소통 및 상징행동 척도(CSBS)를 통해 의도가 있는지 확인할 수 있다.

27 ③ 아동은 발화 차례를 잘 지키고 있다.

28 이야기 발달
과거 사건에 대한 이야기 시작 → 이야기 구조와 관련된 요소를 사용하나 하나 이상의 사건 산출이 가능함 → '어디서, 언제, 누구'와 관련된 내용이 포함되며 주인공의 감정이나 의도 이해가 가능해짐 → 이야기 구성요소를 적절하게 사용하여 이야기를 산출함 → 논리적이고 복잡한 이야기가 산출됨

29 ③ 본 아동은 반어에서 어려움을 보인다.

30 자폐스펙트럼장애 특성
- 의사소통의 의도가 부족하다.
- 대화능력이 부족하다.
- 차례 지키기, 눈 맞춤, 주의 끌기 등에 어려움을 느낀다.

31 ③ 언어문제해결력 검사 결과 정상 범주에 속한다.

32 언어 평가보고서
구문의미이해력 검사는 만 4세부터 가능한 검사이다.

33 낱말재인 능력(Kamhi & Catts, 2012)
- 낱말재인 고려 : 낱말 읽기 정확도, 음운해독기술, 읽기 유창성
- 읽기이해 : 중심내용 알기, 결말 예측, 추론과제

34 평가도구
- 수용 · 표현 어휘력 검사(REVT) : 만 2세 6개월~만 16세 이상 성인
- 구문의미이해력 검사 : 만 4~9세(또는 초등학교 3학년)
- 취학 전 아동의 수용언어 및 표현언어 발달 척도(PRES) : 2~6세

35 ③ 엄마는 지연이의 표현 길이에 비하여 긴 문장을 사용하고 있으므로 좀 더 짧은 문장, 쉬운 표현으로 들려줄 것을 권고해야 한다. 또한 어휘 안내 시 놀이 상황에서 반복해서 들려주기, 의사소통하며 반복해서 들려주기, 구조화하여 표현할 수 있도록 유도하기 등을 안내할 수 있다. 카드 이외에 다양한 놀이상황에서도 어휘, 구문 등을 확장시킬 수 있는 방법에 대하여 모델링을 제공해야 한다.

제5과목	조음음운장애

36	37	38	39	40	41	42	43	44	45
④	④	③	①	②	⑤	③	②	①	①
46	47	48	49	50	51	52	53	54	55
②	③	③	①	⑤	①	④	③	④	③
56	57	58	59	60	61	62	63	64	65
②	③	④	⑤	④	③	②	②	②	⑤
66	67	68	69	70					
②	③	③	③	③					

36 유형빈도
치경음＞양순음＝연구개음＞치경경구개음＞후두음

37 ① 겨울 : CGVVC
② 엄마 : VCCV
③ 좋아 : CVCV
⑤ 노트북 : CVCVCVC

38 ③ /ㄲ/ : [-Coronal], [-Anterior], [+Tense]
음운자질
- 설정성(Coronal) : 혓날이 위로 들림(치경음, 경구개음)
- 전방성(Anterior) : 경구개 치경부 앞쪽에서 막힘이 있음(양순음, 치경음)
- 긴장성(Tense) : 후두의 긴장을 동반(경음, 격음)

39 ① 한 음소는 음운 문맥에 따라 달리 실현되는데 이를 변이음이라고 한다.
② 종성 위치에서 /ㅂ/의 IPA 표기는 [p˺]이다.
③ '감기'에서 두 'ㄱ' 소리는 서로 다른 음가를 가진다.
④ /ㅂ/는 어두 초성에서 [p]로 발음된다.
⑤ /ㅎ/는 /으/ 앞에서 [x]로 발음된다.

40 ② 시소[ɕiso]
① 아가[aga]
③ 오리[ori]
④ 달[tal]
⑤ 자[tɕa]

41 아동 발화에 대한 분석
- 사탕[타탕] : 마찰음의 파열음화
- 기차[기타] : 파찰음의 파열음화
- 동물원[돔무런] : 역행동화
- 책상[택따] : 파찰음의 파열음화, 마찰음의 파열음화, 어말종성 생략
- 그림[그임] : 유음생략(탄설음)

42 ③ 문맥 활용은 아동의 오류음소를 우연적으로 바르게 조음한 특정 문맥을 이용하여 음소를 확립하는 것이다.

43 오류패턴분석
- 컵 → [커] : 어말종성생략
- 색종이 → [책종이] : 마찰음의 파찰음화
- 이빨 → [이빠] : 유음의 단순화
- 양말 → [얌말] : 전형적 어중단순화
- 시소 → [치도] : 마찰음의 파찰음화/마찰음의 파열음화
- 고래 → [고애] : 유음의 단순화
- 싸워 → [짜워] : 마찰음의 파찰음화
- 없어 → [업쩌] : 마찰음의 파찰음화

44 ① 13/22×100=59.09%
자음정확도(PCC)
=바르게 조음한 자음 수/조음해야 할 총 자음 수×100

내가 장갑 끼고 이렇게 합체해서 다시 만들었어요.
→ /내가 장갑 끼고 이러케 합체해서 다시 만드러 써요/
[내가 당가 끼고 이어케 합테해더 따디 만드어떠요]
ㄴㄱ#ㅇㄱ#ㄲㄱ#ㅋㅎㅂ#ㅎ###ㅁㄷ#
(13)
ㄴㄱㅈㅇㄱㅂㄲㄱㅋㅎㅂㅊㅎㅅㄷㅅㅁㄷ
ㄹㅆ (22)

45 ① 비전형적 어중단순화 → 전형적 어중단순화
- 고애 : 유음의 단순화
- 호라이 : 전형적 어중단순화
- 택똥이 : 마찰음의 파열음화, 파찰음의 파열음화

전체 단어 정확도(PWC)
=(단어단위정확률, PWC)
→ 1/4=0.25

평균 음운 길이(PMLU)
=(단어단위복잡률, PWWC)
→ 28/4 : 7

딸기 → /ㄸ, ㅏ, ㄹ, ㄱ, ㅣ/+/ㄸ, ㄹ, ㄱ/ : 8
고애 → /ㄱ, ㅗ, ㅐ/+/ㄱ/ : 4
호라이 → /ㅎ, ㅗ, ㄹ, ㅏ, ㅣ/+/ㅎ, ㄹ/ : 7
택똥이 → /ㅌ, ㅐ, ㄱ, ㄸ, ㅗ, ㅇ, ㅣ/+/ㄱ, ㅇ/ : 9

전체 단어 근접도(PWP)
=(단어단위근접률, PWP)
→ 7/8.5=0.82

목표 PMLU : 34/4=8.5

딸기 → /ㄸ, ㅏ, ㄹ, ㄱ, ㅣ/+/ㄸ, ㄹ, ㄱ/ : 8
고래 → /ㄱ, ㅗ, ㄹ, ㅐ/+/ㄱ, ㄹ/ : 6
호랑이 → /ㅎ, ㅗ, ㄹ, ㅏ, ㅇ, ㅣ/+/ㅎ, ㄹ, ㅇ/ : 9
색종이 → /ㅅ, ㅐ, ㄱ, ㅉ, ㅗ, ㅇ, ㅣ/+/ㅅ, ㄱ, ㅉ, ㅇ/ : 11

46 주기법
- 음운변동을 이용한 접근법
- 오류변동을 주기적으로 바꾸면서 훈련
- 전반적 말 명료도 개선
- 심한 조음음운장애 아동 및 명료도가 낮은 아동에게 효과적

47 ① 할머니[함미] : halmʌni[hammi]
② 책[채] : tɕ*æk[tɕ*æ]
③ 수박[투박] : subʌk[tubʌk]
④ 오리[오디] : ori[odi]
⑤ 이빨[이빠] : ip*al[ip*]
4세 일반 아동의 발달적 음운변동 종류
어종종성 생략, 유음 생략, 파찰음/마찰음의 파열음화, 경음화 등

48 ③ 형 : 24/36×100=66.67%
    동생 : 8/11×100=72.73%
자음정확도(PCC)
=바르게 조음한 자음 수/조음해야 할 총 자음 수×100

- 형 : /엄마! 민수가 내 꺼 이러케 해써요/
  → ㅁㅁ! ㅁㅅㄱㄴㄲㄹㅋㅎㅆ (12)
  [엄마! 민투가 내 꺼 이으케 해떠요]
  → ㅁㅁ! ㅁㄴ#ㄱㄲ#ㅋㅎ# (9)
  /민수가 내 티라노싸우르스랑 브라키노싸우르스 던져써요/
  → ㅁㄴㅅㄱㄴㄹㄴㅆㄹㅆㄹㅇㅂㄹㅋㄴㅆㄹ ㅆㄷㄴㅈㅆ (24)
  [민투가 내 티아노따우르뜨양 브아키노따우르뜨 던져떠요]
  → ㅁㄴ#ㄱㄴㅌ#ㄴ#ㄹ##ㅇㅂ#ㅋㄴ#ㄹ #ㄷㄴㅈ# (15)
  ∴ (9+15)/(12+24)×100
- 동생 : /형이 먼저 내 꺼 던져써요/
  → ㅎㅇㅁㄴㅈㄲㄷㄴㅈㅆ (11)
  [형이 먼저 내 꺼 던뎌떠여]
  → ㅎㅇㅁㄴ#ㄴㄲㄷㄴ## (8)
  ∴ 8/11×100

49 ① 수직적 접근법은 하나의 목표가 정해진 준거에 도달하면 다음 목표로 진행한다.

50 ① 문맥 일반화 : 'ㅅ'을 'ㅣ' 모음 앞에서 산출 후 'ㅗ, ㅜ'의 모음 앞에서도 산출
② 상황 일반화 : 언어재활사와 연습했던 것이 엄마와 말할 때에도 정조음
③ 말소리/변별자질 일반화 : 'ㅈ'를 연습했는데 'ㅉ, ㅊ'에서도 정조음
④ 언어학적 단위 일반화 : 무의미 음절에서 연습했는데 단어에서도 정조음

51 ② 양순비음, 파열음이 산출된다.
③ 엄마 : VCCV, 아빠 : VCV, 이이 : VV, 아이 : VV, 므 : CV, 마 : CV
④ 어두, 어중 위치에서의 초성이 산출된다.
⑤ 원순모음은 산출되지 않았다.

52 평가맥락
- 다음절 낱말 수준에서 짧은 시간 안에 검사에 필요한 목표음소를 모두 볼 수 있다.
- 문장수준의 경우 문법, 의미론적과 같은 언어학적 측면 뿐 아니라 호흡, 발성, 운동적인 측면 모두 고려해야 하며 다양한 음소를 산출해 내기 위해 다양한 문장으로 표현해야 하기 때문에 짧은 시간 내에 볼 수 없다.

53 ③ C : 탈비음화
우리말에서 나타나는 일반적인 오류패턴
반복·자음조화, 어말종성생략, 긴장음화·탈기식음화, 연구개음의 전설음화, 유음의 비음화·파열음화, 유음의 단순화, 전형적 어중단순화, 파찰음화·경구개음화, 파찰음·마찰음의 파열음화, 치조마찰음의 치간음화

54 보기는 음소 탈락에 대한 내용이다.

55 ③ (ㄱ) 살-쌀 : 발성자질, (ㄴ) 말-탈 : 조음위치, 조음방법, 발성자질
① (ㄱ) 밤-담 : 조음위치, (ㄴ) 달-탈 : 발성자질
② (ㄱ) 줄-길 : 조음위치, 조음방법, (ㄴ) 강-땅 : 조음위치, 발성자질
④ (ㄱ) 방-빵 : 발성자질, (ㄴ) 날-딸 : 조음방법, 발성자질
⑤ (ㄱ) 빵-땀 : 조음위치, (ㄴ) 물-줄 : 조음위치, 조음방법
최소대립자질, 최대대립자질
- 최소대립자질 : 한 가지 자질에서만 차이가 나는 낱말 쌍이다.
- 최대대립자질 : 최대한 많은 자질에 차이가 나는 낱말 쌍이다.

56 ② 고립(Isolation)단계에서는 확인과제를 다양한 환경에서 수행하도록 해야 한다.

57 ③ 어두초성이 생략되어, 말 명료도에 영향을 미칠 수 있다.
- 은정 : 전화 → [저나] [tɕʌna]
- 경미 : 거울 → [가울] [kaul]
- 지연 : 바지 → [아디] [adʑi]
- 영미 : 싸워 → [따워] [t*wʌ]
- 보람 : 찢어 → [띠더] [t*idʌ]

58 ③ 음절축약은 초기 음운발달(1~2세) 아이들에게 나타나는 말소리 특징이다.

59 ⑤ 4/5×100
총 어절 5개(친구랑, 같이, 블록, 놀이, 했어요)
청자가 이해한 내용 4개(친구랑, 같이, 놀이, 했어요)

60 ④ 연구개음화

| 부엌 → [부억] : 평파열음화 |
| 별님 → [별림] : 유음화 |
| 색연필 → [생년필] : ㄴ 첨가 |
| 닭 → [닥] : 자음군 단순화 |

61 ③ 3/5×100=60%
낱말명료도(%)
=정확하게 들린 낱말/전체 낱말×100

| 기차, 헬리콥터, 오토바이(3)/기차, 헬리콥터, 포크레인, 오토바이, 횡단보도(5) |

62 치료 스타일
- 반복연습(Drill) : 언어재활사를 모방해서 바르게 반응할 수 있게 하는 치료사 중심 치료 접근법 중 하나로 언어재활사가 기대하고 있는 반응을 지시·설명하고 반복할 낱말이나 구를 제공하는 것이다.
- 놀이연습(Drill Play) : 놀이를 진행하면서 목표음을 들려주고 산출하게 유도하는 것이다.
- 구조화된 놀이(Structured Play) : 놀이상황에서 특정 목표음이 반복하여 연습되도록 놀이를 구조화한다.
- 놀이(Play) : 놀이 시 목표음을 들려주고 오반응을 수정한다.

63 중재 목표 음소
- 아동이 오류를 보이는 음소 : /ㅈ/, /ㅅ/
- 음소 발달 단계에 따르면 /ㅈ/의 완전 습득 연령은 5;0~5;11개월, /ㅅ/의 완전 습득 연령은 6;0~6;11개월이므로 /ㅅ/보다 /ㅈ/을 먼저 중재해야 한다.

64 ② 휴대폰 : 성문음, 치조(경)음, 양순음
① 나라 : 치조(경)음
③ 거북이 : 연구개음, 양순음
④ 다리미 : 치조(경)음, 양순음
⑤ 에어컨 : 연구개음, 치조(경)음

65 중재 목표 낱말
문맥 난이도 측면에서 '이사'의 /ㅅ/는 다른 낱말의 /ㅅ/에 비하여 간단하고 쉬운 문맥이며, ②의 '의사'는 이중모음이 포함되어 있다. 단모음이 이중모음에 비하여 발음하기 쉽기 때문에 '의사'보다 '이사'가 초기 목표 낱말로 적절하다고 볼 수 있다.

66 ② 하나의 목표 음소를 특정 음소로 대치하는 아동이므로 음소대조를 이용한 접근법을 사용하여 중재하는 것이 효과적이다.

67 아동기 말실행증(CAS)
- 발화의 길이가 길수록 오류가 증가함
- 모음 오류 나타남
- 모색행동이 나타남
- 자동구어보다 모방이 더 어려움
- 운율문제가 나타남

68 변별자질 접근법(Blache, 1989)
- 치료에 사용할 어휘의 개념을 알고 있는지 확인 → 질문
- 변별검사 및 훈련 단계 : 7회 이상 연속적으로 정반응한 경우 다음 단계로 넘어간다.
- 산출훈련 단계 : 목표 낱말 쌍 가운데 하나는 정확하게 발음해야 한다.
- 전이훈련 단계 : 낱말보다 복잡한 맥락에서 연습할 기회를 제공한다.

69 ③ 핵심어휘 접근법은 특정 음소를 일관되게 산출할 수 있도록 한다.

70 ③ 전형적 어중단순화의 예시이다.

02 모의고사 두 번째 정답 및 해설

1교시

제1과목 | 신경언어장애

01	02	03	04	05	06	07	08	09	10
④	④	⑤	①	③	①	④	②	②	①
11	12	13	14	15	16	17	18	19	20
①	④	⑤	③	②	②	①	③	③	⑤
21	22	23	24	25	26	27	28	29	30
④	④	①	③	①	⑤	④	①	④	③

01 ④ 중추성 안면마비(Central Facial Palsy)는 대측 안면의 아랫부분(코 아래)에만 마비증상을 보인다.

02 뇌신경
구토반사와 관련된 신경은 9번 설인신경이다. 설인신경은 인두의 감각과 혀 뒤 1/3의 미각을 담당한다.

03 중대뇌동맥(MCA)
중대뇌동맥은 전두엽, 측두엽, 후두엽에 걸쳐 혈류를 공급하는 동맥이다.

04 ① 검사결과 청각적 유창성을 제외한 모든 수행력이 낮은 베르니케실어증으로 분류된다.
K-WAB 검사결과표
실어증 지수는 40.0점이다. 스스로 말하기에서 유창성에 비해 내용전달이 부족하여 정확한 의사표현이 어려움을 짐작할 수 있으며, 언어지수는 쓰기와 읽기 검사를 포함한 스스로 말하기, 알아듣기, 따라 말하기, 이름대기 검사로 산출할 수 있다.

05 실어증 평가
K-BNT는 심화검사 중 하나로 이름대기 능력을 검사하는 심화검사이다.

06 브로카실어증
브로카실어증은 대표적인 비유창성 실어증으로 구어는 비유창하나 청각적 이해력은 구어능력에 대비 좋은 편이다.

07 ④ K-WAB 검사 프로파일 결과, 이름대기 능력이 떨어진 명칭실어증 환자로 이름대기 능력에 어려움을 보이는 환자에게 적용 가능한 SFA 치료가 필요하다.

08 착어의 종류
• 의미착어 : 목표단어(숟가락)와 의미적으로 연관된 단어(젓가락)로 표현하는 것이다.
• 음소착어 : 목표단어(장화) 내에서 음소를 대치하여 표현(잘화)한다.
• 형식착어 : 목표단어(감자)에서 음소가 대치되면서 의미가 있는 다른 단어(과자)로 표현하는 것이다.
• 신조착어 : 목표음소와 전혀 상관이 없거나 존재하지 않는 비단어 또는 신조어로 표현하는 것이다.

09 ② 전반실어증 환자의 특징으로 사물-사물 매칭이 가능한 것으로 보아 VAT를 활용한 이해언어증진을 목표로 하는 것이 옳은 방법이다.

10 ① 실어증 환자가 외상성 뇌손상 환자에 비해 두드러지게 나타나는 부분은 언어적 부분으로 특히 구문 영역에서 두드러지게 나타난다.

11 ① A환자는 구어는 유창하나 착어가 나타나며 대화상대의 질문을 이해하지 못하고 본인의 언어적 문제도 인식하지 못하는 베르니케실어증 타입의 환자이고 B환자는 이름대기에 어려움이 있는 명칭성실어증 타입의 환자이다. 따라서 A환자의 경우, 간단한 이해하기 과제부터 실시하는 것이 바람직하겠으며, B환자의 경우 이름대기 치료를 적용하는 것이 현재 가장 적절한 치료법이라 할 수 있다.

12 심층실독증
심층실독증은 음운경로와 의미경로 모두 손상을 입는다. 따라서 비단어와 의미단어 읽기 모두에서 오류를 보인다. 의미단어의 경우 의미오류를 보이며 비단어 읽기에서는 어휘화 현상이 나타난다.

13 순수실독증(실서증 없는 실독증)
순수실독증의 경우 말초형 실독증 중 하나로, 가장 큰 특징은 낱글자 읽기이다. 하지만 한국어의 경우 낱글자 읽기 현상이 알파벳처럼 잘 관찰되지 않는다.

14 ③ 진행성 비유창 실어증(Progressive Non-fluent Aphasia, PNFA)은 전두측두엽성 치매 (Frontotemporal Lobar Degeneration, FTLD)의 세 가지 유형 중 한 형태이다. FTLD의 유형 중 하나인 PNFA는 언어유창성의 감소를 특징으로 서서히 시작하여 병의 전반에 걸쳐 점차적으로 진행한다. PNFA 환자들은 증상의 초기에 언어 유창성의 저하를 주로 보이며 다른 인지기능은 비교적 보존되는 특징을 보인다. PNFA 환자군의 주된 발화 특성으로는 우선 비유창한 발화를 들 수 있으므로 설명하기 과제에서 두드러진 문제를 보인다.

15 ①·④·⑤는 관용어이며 ③은 속담이다.
은유 의미 이해 과제
은유란 '유사성이나 유추적인 관계로서 A는 B이다.'하는 기본형태를 가지며 주제어와 매개어 간의 공유되는 특징, 공통된 의미자질을 유추해 내는 것이다.

16 ② 우뇌손상 환자들은 문자 그대로 해석을 하는 경향을 보인다.
우뇌손상 환자의 언어적 특징
'불 같아서'와 같은 비유 표현은 우뇌손상 환자들이 이해하는 데 어려움을 준다.

17 우뇌손상 환자의 읽기능력
우뇌손상 환자의 읽기능력에 영향을 미치는 요소는 무시증이다. 좌측 무시현상으로 인하여 책의 우측 내용만 읽어 오류를 보인다.

18 ③ '퍼'를 '머'로 조음위치는 같으나 비음화로 대치된 것으로 보아 연인두폐쇄가 제대로 이루어지지 않아 비음 소리로 바뀐 것으로 9번 뇌신경(설인신경)의 손상을 의심할 수 있다.

19 외상성 뇌손상(TBI) 환자의 주의력결핍으로 인한 언어적 문제
주의력결핍으로 인한 언어적 문제로, 청각적 말 또는 시각적 글씨정보에 대한 이해력이 저하되고 세세한 정보를 놓치게 된다는 점이 있다. 또한, 일관성 없는 담화를 보인다. 화용적 부분에서는 주제유지가 어렵고 차례지키기에 어려움을 보이며, 상대방의 대화 또는 의사소통 신호를 제대로 인식하지 못한다.

20 외상성 뇌손상(TBI) 보상전략
TBI 환자들에게 제공하는 4가지 보상전략은 외부적 보상, 상황적 보상, 인지보상, 예측보상이다. 그중 인지보상은 환자가 자신의 문제를 파악하고 알아차릴 수 있지만 그것을 미리 예측하지 못하는 자에게 적합하다.

21 ④ 뇌저동맥의 손상으로 실조형 마비말장애가 유발된다. ① 전대뇌동맥, ② 중대뇌동맥, ③ 후교통동맥, ⑤ 후대뇌동맥

22 ④ 알츠하이머는 초기에 구문, 구조, 문법 등은 잘 보존된다. 하지만 단어인출, 간접표현, 인용 등에 대한 이해, 새로운 정보를 습득하거나 이해하는 데 어려움을 보인다.

23 ① 비구어적 기억력 과제로는 뒤집힌 카드 한 장씩 뒤집어 물건 기억하여 짝을 맞추는 과제가 있으며, 구어과제로는 치료사가 들려준 단어 순서대로 말하기 등이 있다.

24 ③ 인지능력은 정상 범주이나 말운동 계획 및 프로그래밍 단계에서 손상을 보이는 환자는 말실행증 환자로 말실행증 환자에게 적합한 치료법은 편안하고 느리게 말하는 훈련이 필요하다.

25 ① '일련운동속도(SMR)' 과제는 "퍼터커퍼터커…"를 반복하는 과제로 마비말장애와 말실행증 환자를 구별할 수 있는 과제이다.

26 ⑤ 뇌혈류초음파검사(TCD)는 비침습적인 방법으로 두개골을 통해 초음파를 이용하여 뇌혈류의 속도를 측정하는 검사이다. 주로 뇌혈관 협착, 뇌동맥 폐색, 혈류 역학적 변화 등을 평가하는 데 사용되며, 실시간으로 혈류의 흐름을 분석할 수 있는 장점이 있다.

27 ④ 이완형 마비말장애의 외형적인 특징으로 지속적인 공명문제(과대비성, 비누출)가 나타난다.

28 이완형 마비말장애

이완형 마비말장애 환자의 특징은 MPT가 짧고 음도 및 강도가 일정하다. 또한, 음성이 거칠고 기식음이 나며 과대비성, 비누출도 관찰된다. 교호운동에서는 전반적으로 느린 말속도를 보인다. 이완형 마비말장애 환자의 병소는 하위운동신경원이다.

29 이완형 마비말장애

모음연장발성 훈련이므로 조음 및 운율 체계를 목표로 하는 것은 불가능하므로 호흡과 발성 체계를 목표로 한다.

30 알츠하이머 환자는 초기에 착어, 경미한 이해장애, 부적절한 대화(불필요한 내용, 부적절한 말, 주제 이탈 등)가 나타난다. 모든 실어증 환자에게서 단어인출은 가장 많이 끝까지 남는 문제이며 단어인출의 문제로는 전혀 단어인출을 못하거나, 착어 등이 나타난다.

제2과목 | 유창성장애

31	32	33	34	35	36	37	38	39	40
②	④	②	③	⑤	⑤	⑤	①	④	③
41	42	43	44	45	46	47	48	49	50
⑤	②	③	④	②	④	③	③	②	②
51	52	53	54	55
④	④	④	④	⑤

31 ② '놀이터'를 말하려다가 "아니에요"라고 말을 이어나가기를 포기했으며, "아니 책"이라고 취소하기도 하였다. 이는 말더듬에 대해 인식하고 있을 가능성이 높다.
① 본 발화에서는 모음은 더듬지 않았으며 주로 자음으로 시작하는 단어에서 더듬었다.
③ 읽기자료의 '놀이터'의 단어는 읽을수록 더듬지 않게 된다.
④ 본 발화에서 확인할 수 없다.
⑤ '놀이터'에 대한 단어 공포가 생긴다(② 해설 참고).

32 ① 말더듬 인식조사(Perception of Stuttering Inventory, PSI)에 대한 설명이다.
② 전반적 말더듬 경험 평가(Overall Assessment of the Speaker's Experience of Stuttering, OASES)에 대한 설명이다.
③ Wright & Ayre의 말더듬 자기 평정 프로파일에 대한 설명이다.

⑤ 자아효능감 척도는 말에 대한 자신감을 검사하는 도구지만 외재성과 내재성을 분석하는 검사는 행동통제소(Locus of Control of Behavior, LCB)이다.

33 말더듬의 발생시기
• 언어폭발기에 말더듬이 나타나기 시작한다.
• 대부분 2~6세 사이에 일어난다.

34 ③ 총 음절 비유창지수=비유창 음절 수/전체 음절 수 ×100
• 전체 음절 수 : 26개
• 비유창 음절 수 : 4개(날, 밖, 싫, 집)
 → 4/26×100=15.38(%SS)
① 탈출행동 : (막힘 3초, 입에 힘주기) 밖에
② 총 9(날-4, ㅅ-3, 저는-2) → 9/3=3
④ 가장 심한 형태는 개별말소리 반복(ㅅ ㅅ ㅅ 싫어요)이다.
⑤ 제시된 전사자료를 통해서는 알 수 없다.

35 ⑤ 출현율과 발생률의 차이는 자연회복과 관련이 있다.

36 말더듬의 이론
• 예상투쟁모델 : 학습적 이론
• 대뇌반구 우세이론 : 신경생리학적 이론
• 내적 수정가설 : 인지언어학적 이론

37 ⑤ 본 사례의 내용은 '진단착오이론'에 대한 면담 자료이다. 진단착오이론에서는 말더듬이 부모의 귀에서부터 시작된다고 보아 치료 방법을 부모의 태도를 변화시키는 것에 초점을 둔다.
① 말더듬은 부모의 귀에서부터 시작된다고 보았다.
② 말더듬으로 진단받기 전에는 정상적 비유창을 보인다.
③ 부모가 비유창을 변화시키려고 노력할수록 말더듬이 더욱 심해진다.
④ 의사소통 실패 어려움 예측 이론(Bloodstein, 1997)에 대한 설명이다.

38 ② 남자>여자
③ 가족력 : 남자<여자
④ 4:1의 비율이다.
⑤ 말빠름증에서도 가족력을 살펴볼 수 있다.

39 ④ 평균 말더듬 길이 : 5+6+4/3, 5초(가장 긴 말더듬 순간 3개의 평균)
① 연장은 나타나지 않는다.
② 음절 반복(빠 빠 빠 빨간), 개별말소리 반복(ㄱ ㄱ ㄱ ㄱ 걸어가고, ㅅ ㅅ 사탕을)과 막힘이 나타난다.

③ 단위반복수 : 3회(빠 빠 빠 빨간), 4회(ㄱ ㄱ ㄱ ㄱ 걸어가고), 2회(ㅅ ㅅ 사탕), 총 9회
⑤ SSI-4에서는 말더듬의 빈도, 지속시간, 신체적 수반행동을 분석하여 심한 정도를 평가한다.

40 ①·② 신경학적 말더듬
⑤ 신경학적 말더듬 or 말빠름증(속화)
※ 참고 : ④는 어떤 말더듬에도 해당되지 않는다.

41 ⑤ 안정화(유지) 단계에 대한 설명이다.

42 ② 3회(나 나 나 나는), 4회(비 비 비 비 비명)로 평균 단위반복수는 7회/2, 즉 3.5회이다.
① 나 나 나 나는 1회, 비 비 비 비 비명을 1회로 반복 횟수는 총 2회이다.
③ 음절 반복(나 나 나 나는), 연장(지-------이쥐를), 막힘 모두 나타난다.
④ 연장이 '지-------이쥐를'에서 여러 번 나타났고 막힘이 '너무' 앞에서 여러 번 나타난다.
⑤ 탈출, 회피행동은 보이지 않는다.

43 ① 3학년 이하 수준 아동은 글을 읽지 못하는 것으로 보고 그림자료를 통해 자발화를 수집한다.
② 신체적 수반행동 특징도 평가요소이다.
④ 가장 긴 막힘 3개를 선택하여 평균 시간을 계산한다.
⑤ P-FA Ⅱ에 대한 설명이다. SSI-4는 '최경도, 경도, 중도, 고도, 최고도'의 5단계로 해석할 수 있다.

44 중간급 말더듬
- 핵심행동이 주로 '막힘'으로 나타난다.
- 탈출행동과 회피행동(대용어 사용)이 나타난다.
- 자기 비하나 자기 학대 등이 관찰되지 않는다.

45 ㉡/㉣ - 청소년/성인 대상

46 총 음절 : 25음절(하은이가 머리를 빗고 있어요 하은이가 이거 빵을 먹고 있어요)
- 비운율적 발성(DP) : 총 3회(하---은이가, (막힘) 하은이가, (막힘) 빵을)
- 반복2(R2) : 총 2회(ㅁ ㅁ ㅁ ㅁ 먹고, 있 있 있 있 있 있어요)
- 반복(R1) : 총 2회(머리를 머리를, 이거 이거)
① 말더듬 유형으로 정상적 반복(R1)도 있다.
② 정상적 비유창 비율(ND)은 8이다.
③ 비정상적 비유창(AD)의 합은 5이다.
⑤ 비정상적 비유창(AD)의 점수는 30이다.
(비정상적 비유창(AD)점수=AD합/목표음절 수×100×1.5)

47 ③ 말더듬 지각 목록표는 성인용이다.

48 ① (ㄱ) - 예비책
② (ㄴ) - 빠져나오기
④ (ㄹ) - 취소
⑤ (ㅁ) - 빠져나오기

49 ② 개방형 질문 사용
- 엄마의 총 사용 문장 15개
- 개방형 질문 총 4개
- (4/15)×100=26.67%
① 끼어들기 : (1/15)×100=6.67%
*끼어들기가 10% 이상인 경우 압박을 받고 있는 생활환경을 의미한다.
*개방형 질문 사용이 25% 이상이면 질문에 대한 압박을 받는다는 것을 의미한다.
③ 엄마의 말속도(ㄱ)
- 15초 → 0.25분
- 총 모의 음절 수 : 45음절
- 분당 음절 수(SPM) : 45/0.25=180SPM
*정상적인 성인의 말속도 180~220SPM

말속도 구하는 공식

> 1) 말한 시간을 분(分)과 백분위의 초로 계산
> 2) 음절 수를 시간으로 나누기(분당 음절 수(Number of Syllables Per Minute : SPM))
> ∴ 내용전달 음절 수/2초 이상의 쉬고 머뭇거림을 제외한 발화지속 시간

④ 아이의 말에 적절한 말을 해주지 못한다.
- 아이의 말에 적절한 말을 해주지 못하는 경우는 나타나지 않았다.
- 아이의 말에 반응하지 않는 문장의 수가 50% 이상이면 아이는 자신의 말에 관심이 없다고 생각한다.
⑤ 지적하거나 고쳐주는 말 사용 : (2/15)×100=13.33%
*지적하거나 고쳐주는 말 사용이 50% 이상이면 아동이 압박을 받는다는 의미이다.

50 말더듬 치료법

가벼운 말더듬의 시범 보이기	아동의 말더듬보다 심하지 않은 형태로 언어재활사가 말더듬을 들려줌
나잡아라 놀이	언어재활사가 의도적으로 말을 더듬을 때 아동이 말더듬을 지적하기
말더듬 놀이	언어재활사가 장난치듯 아동의 말더듬과 닮은 말더듬을 연출하면 아동이 이를 따라하게 하기

의도적 말더듬	언어재활사가 느린 속도로 힘들이지 않고 더듬을 수 없다며 아동에게 도움을 요청하기
말더듬의 변형	• 직접치료 단계 • 말더듬의 증상이 개선되지 않을 경우 사용 • 아동이 말을 더듬을 때, 아동의 말더듬을 긍정적 피드백을 주고 느린 속도와 편안하게 더듬도록 유도(모방시키기)

51 ④ 본 사례의 아동은 초등학교 4학년으로 오랫동안 말을 더듬었을 가능성이 있다. P-FA Ⅱ 검사 결과, '말더듬 중간'으로 나타났고 의사소통 태도 검사 결과 '말더듬 심함'으로 나타났다. 이러한 결과로 살펴보았을 때, 말에 대한 부담감이 높고 의사소통에 대해 부정적인 생각을 갖고 있을 가능성이 높다. 따라서 아동의 말더듬을 감소시키는 것뿐만 아니라 효과적인 의사소통 방법을 모색할 필요가 있다.
① 말빠름증(속화) 치료 방법이다.
② 말더듬 아동으로 치료가 필요하다.
③ 학령전기 아동에게 적합한 방법이다.
⑤ 의사소통 태도 검사 결과 '말더듬 심함'으로 나타났으므로 아동은 의사소통에 대한 부정적인 생각을 갖고 있다. 따라서 심리적 상태를 고려하여 치료할 필요가 있다.

52 ④ 아동의 배경정보를 살펴보았을 때, '자발유창성'을 목표로 진행해야 한다.
①·⑤ 조절유창성에 대한 이야기이다.
② 수용말더듬에 대한 이야기이다.

53 ① 행동통제소(LCB)는 청소년/성인 대상으로 검사한다.
② 행동통제소(LCB)는 자신의 말 변화에 대한 책임감을 주도록 요구하므로 치료과정이나 치료 종결 시점에 사용하는 것이 좋다.
③ 외재성 점수가 높은 것은 스스로 통제가 어렵다는 의미이다.
⑤ 6점 척도를 사용하였다.

54 말빠름증(속화)
말의 빠름으로 인한 말더듬에 대해 의식하지 않을 가능성이 높다. 따라서 회피나 탈출행동은 나타나지 않는다. 말에 대한 스트레스 상황에 놓여 있을 때 유창성이 더 좋아지는 경우가 있다. ②·⑤는 말더듬에 대한 설명이다.

55 ⑤ 보기는 말속도에 대한 인식 결여와 관련된 치료 방법이다. 따라서 말빠름증(속화)을 인식하지 않은 신씨에게 적합하다.

제3과목 | 음성장애

56	57	58	59	60	61	62	63	64	65
②	③	④	④	⑤	③	④	①	④	④
66	67	68	69	70	71	72	73	74	75
②	⑤	④	③	③	①	④	④	⑤	④
76	77	78	79	80					
①	②	④	②	③					

56 편측성 성대마비 환자는 손가락 조작법(손가락으로 한쪽 갑상연골을 밀기), 머리/턱 위치 조절, 음도상승법 등을 사용하여 성대접촉을 도울 수 있다.

57 청지각적 평가
청지각적 평가는 GRBAS와 CAPE-V이다. VHI와 VRQOL은 음성과 관련된 삶의 질을 알아볼 수 있는 설문지이다.

58 음성에 영향을 미치는 약물
'안드로겐'은 음도를 저하시킨다. '이뇨제, 항히스타민제, 기침 억제제'는 성대를 건조하게 한다. 또한 '비타민 C'는 성대를 휘게(Vocal Fold Bowing) 하거나 건조하게 한다.

59 차폐기법을 사용할 수 있는 음성장애군
차폐는 소음이 있는 조건에서 음성의 크기가 증가하는 현상을 이용한 기법으로 기능적 실성증 환자에게 가장 유용하며 일부 변성발성장애에게도 효과적이다.

60 ⑤ 음성장애지수 점수는 0~120점까지 산출되며 높을수록 음성장애 정도가 큼
① 남성의 평균 기본주파수는 125Hz, 여성은 225Hz
② 주파수변동률 정상값은 1.04%로 이보다 낮을수록 좋음
③ 진폭변동률 정상값은 3.81%로 낮을수록 좋음
④ 최장발성지속시간 정상값은 남성 약 22초, 여성 약 19초임

61 삽관육아종은 수술 시 튜브 등의 삽관으로 인해 성대의 피열연골 점막에 직접적인 손상을 입을 경우 발생한다.

62 ④ 본 환자에게 수업시간에 마이크를 사용하고 잦은 수분 공급을 권하여 음성피로를 개선시킬 수 있다. 헬스트레이닝 시 무거운 것을 들어올리는 운동 등은 성대의 과한 접촉을 유도하여 성대에 무리를 줄 수 있다. 우유나 요거트 등의 유제품이나 홍차, 녹차, 커피 등의 카페인, 알코올 등의 섭취는 위산분비를 일으켜 성대에 좋지 않은 영향을 미치며, 잠자기 전 수분 섭취도 위산역류를 일으킬 수 있다. 또한 위산역류성 환자들은 너무 낮은 베개보다는 3~5cm 정도 높이가 있는 베개를 사용하여 머리 위치를 복부보다 약간 높게 하거나 머리와 몸이 일직선이 되도록 눕는 것을 권장한다.

63 ① 성대결절에 해당하는 내용이다. 하품–한숨법은 음성과기능 환자에게 사용할 수 있는 방법으로 성대결절환자에게 적용하여 후두가 이완되고 편안한 발성을 유도할 수 있다.

64 ① 잔기용적
② 흡기용량
③ 총폐용량
⑤ 주기용적

65 평균호기류율은 발성 시 일정한 시간 동안 성문을 통과하는 공기의 양을 의미한다. 따라서 성대마비, 성대용종, 후두암, 성대구증의 경우 평균호기류율이 병적으로 증가할 수 있다.

66 신경학적 음성장애
외상성 성대마비는 발병 후 평균 6~12개월 이내에 자연회복율이 높기 때문에 일차적으로 음성재활을 실시해 본 뒤 수술 여부를 결정한다.

67 '음성여성화'란 남성이 여성의 음성으로 성전환하는 환자를 뜻한다. 음성여성화 환자는 수술적 방법(성대길이단축술, 제4형 갑상성형술)과 함께 음성치료를 병행해야 한다. 음성치료는 환자의 최적음도를 찾아준 뒤 음도 변화를 증진시키는 '음도억양조절법'을 사용할 수 있다.

68 기능적 실성증의 음성재활
기능적 실성증의 경우 '기침하기' 또는 '목청 가다듬기'와 같은 비구어발성을 사용하여 발성하는 방법을 찾을 수 있다. 성대결절, 폴립, 라인케부종 등은 성대의 오·남용으로 발생한 질환으로 기침 및 목청 가다듬기와 같은 행동을 줄여야 한다. 후두횡격막의 일차적 치료 방법에는 수술적 접근이 있다.

69 노화가 진행될수록 여성은 기본주파수가 낮아지며, 남녀 모두 음성의 강도가 약해진다. 또한 최대발성주파수 범위도 감소하며 말속도가 느려지는 특징이 있다.

70 사례별 음성치료 방법
손가락으로 갑상연골을 누르면 음도가 낮아지므로 이러한 방법은 변성발성장애 등에서 주로 사용된다. 본 환자는 부적절하게 낮은 음도로 발화하는 것이 주요 문제이므로 음도를 상승시켜 최적 음도를 찾아서 일반화할 수 있게 도와야 한다.

71 성대과소내전 환자의 음성재활 방법
롬바르드효과(Lombard Effect)를 이용한 차폐기법을 통해 목소리 강도 증가, 밀기접근법을 통해 성대의 흉곽고정 기능을 이용하여 성대의 완전 폐쇄가 가능하도록 도와준다.

72 매개변수별 정상값
• Jitter : < 1.04%
• Shimmer : < 3.81%
• NHR : < 0.19
• MPT : 20초 이상
• MAFR : 40ml/sec < x < 200ml/sec
• Psub : $5CmH_2O$ < x < $10CmH_2O$
• C/Q : 0.5~0.6

73 제시된 검사문항은 비강음 문장이다. 비강음 문장을 말했을 때 비성치는 대략 55~70% 정도로 측정된다. 따라서 비강음 문장을 평가했을 때 비성치가 낮게 측정된 것으로 보아 '과소비성'에 해당되는 것을 알 수 있다. 과소비성 치료 시 음성배치방법을 통해 소리의 초점을 안면쪽으로 이동할 수 있다.

74 비음치 공식은 '비강음향에너지/(구강음향에너지+비강음향에너지)×100'이다.
따라서 80/(20+80)×100=80%

75 성대구증은 주로 양측성으로 발병하며 성대의 유리연을 따라 고랑처럼 홈이 패여 있으며 발성 시 성대의 내연이 궁 모양으로 휘어져 성문폐쇄부전이 관찰된다. 성대구증의 음성특징은 과도한 애성 및 고음발성이 어려우며 음도의 변화가 거의 없다. 성문폐쇄부전으로 인해 최대연장발성시간이 짧고 평균호기류율값이 높게 나타난다.

76 켑스트럼(Cepstrum)은 다른 음성분석과는 달리 배음의 구조 정도를 보는 평가이다. 따라서 음성이 매우 불규칙적이고 비주기적인 중도 또는 심도 음성장애 환자의 음성을 평가할 때 다른 음향지표보다 신뢰도가 높으며, 주로 CPP(Cepstral Peak Prominence) 값을 사용한다. CPP는 음성신호의 주기성 정도 및 음성 스펙트럼의 배음 성분의 일관성을 나타내는 값으로, 음성신호 주기에 해당하는 켑스트럼 정점의 두드러진 정도로 측정된다.

77 제시된 사례의 아동은 만 10세 남아(변성기 전)이다. 따라서 평균발화주파수(SFF)는 문제가 없으나, 그 외 매개변수들이 정상값을 벗어나 있다. 본 아동은 음성남용을 제거하고 하품-한숨법을 사용하여 이완되고 편안한 음성을 사용하도록 유도할 수 있다.

78 편측성 성대마비 환자의 음성치료는 보상기전을 소거하여 음성과 기능을 소거하고, 머리-턱 위치를 조절하거나 손가락조작법, 반삼킴법, 음성배치법 등을 사용하여 성대내전을 돕고 편한 발성을 사용하도록 유도할 수 있다.

79 성대구증의 경우 성대 내전을 돕기 위해 갑상성형술 1형 또는 성대내주입술을 실시한다. 갑상성형술 4형은 성대신전술로 음성여성화 환자에게 실시할 수 있으며, 보툴리눔 독소 주입과 회귀성 후두신경 절제술은 연축성 발성장애에게 실시할 수 있다. 또한 CO_2 레이저수술은 육아종 또는 모세혈관확장증 등 보전적 치료 후에도 효과가 없는 경우 실시한다.

80 NHR, SPI는 잡음관련측정치, Jitt는 기본주파수 변이 관련측정치, ATRI는 진전관련측정치에 해당한다.

2교시

제4과목 언어발달장애

01	02	03	04	05	06	07	08	09	10
②	④	②	③	③	①	③	③	③	①
11	12	13	14	15	16	17	18	19	20
③	③	③	③	③	⑤	③	④	②	④
21	22	23	24	25	26	27	28	29	30
③	⑤	②	③	④	②	④	③	⑤	③
31	32	33	34	35					
②	④	①	⑤	⑤					

01 선천적 언어능력(Chomsky)
- 인간은 타고난 문법적 지식이 있다고 생각
- 선천적 구문적 지식을 통한 문장구조 습득 및 발전
- 한계 : 타고난 언어능력 증명이 어려움, 과소평가되는 외부자극

02 낱말 습득 원리
- 상관성 원리 : 아동이 초기에 학습하는 낱말은 아동의 흥미나 생각하는 것과 관련된다.
- 변별성 원리 : 필요한 정보를 상대에게 제공한다.
- 확장성 원리 : 아동의 생각을 표현할 수 있는 능력이 확장된다.
- 반응의 효율성 원리 : 반응이 가장 효율적인 상징체계를 사용한다.

03 ② 목표지향적 의사소통 행동(4~7개월) : 자신의 행동이 환경 및 타인(성인)의 행동에 영향을 준다는 것을 깨닫지만 즉각적인 목표에 한정된다.

04 관습적 몸짓
손 흔들기(바이바이), 고개 끄덕이기, 고개 가로젓기 등

05 ① 두 개의 일화가 산출됨
② 접속부사 '그래서' 사용(지시적 대용 나타나지 않음)
④ 관형절이 포함된 문장이 산출되지 않음
⑤ 이야기 문법 : 배경, 계기사건(1), 시도(1), 결과(1), 계기사건(2), 시도(2), 결과(2)

06 ① CV 음절구조로 단모음, 기본자음에 대한 중재가 필요하다.

07 ③ 확장가능성 원리 : 한 낱말이 여러 가지 비슷한 사물을 말할 수 있다는 것이다.

08 지적장애(ID)
- 조음오류가 일관적이지 않음
- 구문 구조 발달 순서는 일반 아동과 유사함
- 낱말의 뜻을 고정적으로 사용함
- 전제 능력이 늦게 시작함
- 명료화 능력이 결여됨

09
- a : 여러 명의 대화 상대자와의 대화 자료를 수집
- c : 폐쇄형 질문보다 개방형 질문으로 아동의 발화 유도
- d : 발화 간 쉼에는 별다른 반응을 보이지 말 것
- f : 질문 줄이기

10 ② 읽기 설문지는 부모, 의사, 특수교사, 교사, 언어재활사 등 전문가가 작성하도록 한다.
③ REVT 이중 기초선이 나타날 경우에는 높은 번호를 기초선으로 간주한다.
④ 언어장애가 의심되는 아동에게는 전문가가 양육자와의 면담을 통해 실시해야 한다.
⑤ 6개월 집단 또는 1년 집단에서 선택할 수 있다.

11 기능적 중재 방법
- 혼잣말 기법(Self-talk) : 부모나 언어재활사가 본인의 입장에서 말하여 들려줌
- 모방(Imitation) : 아동이 표현한 말을 똑같이 모방함
- 확대(Extension) : 아동이 표현한 발화에 정보를 첨가하여 들려줌
- 확장(Expansion) : 문법요소를 알맞게 수정해서 들려줌
- 분리 및 합성(Breakdowns & Buildups) : 아동이 표현한 발화를 개개의 요소로 분리해서 말해주었다가 다시 합쳐서 들려줌

12 평균 낱말 길이(MLUw) : 4.25(17/4)

```
엄마, 랑, 약국, 에, 가다
마스크, 쓰다, 가다
약국, 에, 사람, 이, 많다
마스크, 랑, 약, 사다
```

13 평균 형태소 길이(MLUm) : 6.5(26/4)

```
엄마/랑# 약국/에# 가/았/어요#
마스크# 쓰/고# 가/았/어요#
약국/에# 사람/이# 많/았/어요#
마스크/랑# 약# 사/았/어요#
```

14 낱말 찾기 훈련
낱말 찾기에 어려움을 보이는 아동에게 실시할 수 있다.
- 연령, 선호도, 어려운 낱말을 고려하여 목표 낱말 설정
- 다양한 상황 활용
- 기억 인출 및 확장 과제 사용
- 이름대기 과제를 통해 진전정도 측정

15 ① 발화 중첩이 1회 나타난다.
② 주제 내 이동이 관찰된다.
④ 어려운 의문사 질문 이해 및 표현에 어려움을 보인다.
⑤ 고유특성에 대한 객관적 언급은 관찰되지 않는다.

16 ⑤ 네 가지 핵심 검사(해독, 읽기 이해, 읽기 유창성, 듣기 이해) 중 듣기 이해 영역은 또래 수준에 적절한 수준을 보이고 있다.

17 ③ 지시 따르기, 지시하기

18 상징체계(Symbols)
- 비도구적 상징
  - 몸짓, 수화가 포함된다.
  - 장점 : 다른 도구 없이 언제든 의사소통이 가능하며 편리하다.
  - 단점 : 비도구적 상징을 모르는 상대방과의 대화가 제한적이다.
- 도구적 상징
  - 표상 상징(예 그림, 사진)
  - 유형 상징(예 사물, 모형)
  - 철자 상징(예 점자, 글자소)
- 연합(복합) 상징(비도구적 상징+도구적 상징) - 마카톤 어휘

19 ② -어도/-더라도 → 종속적 연결어미(양보)

20 언표내적(Illocutionary, 8~12개월)
- 의도적 의사소통 행동이 나타나며 목표를 이루기 위해 수단을 사용함
- 관습적 몸짓, 발성을 사용하여 의도 표현

21 ③ A 아동은 상대방의 질문에 대답하지 않고 상대방이 말하는 도중에 끼어드는 모습을 보이고, 상대방의 비언어적 의도를 파악하지 못하는 모습을 보임 → 화용적 측면에서의 결함

22 모성어(Motherese)
좀 더 제한된 어휘, 즉 한정되고 구체적인 어휘 사용, 과장된 억양, 전반적으로 음 높이가 높음, 짧고 덜 복잡한 발화, 느린 말 등의 특성을 가진다.

23 ③ 의사소통 의도가 관찰되지 않고, 언어재활사와의 눈맞춤도 이루어지지 않고 있다. 또한 V, CV, CVCV 발성 표현이 나타나는 아동이므로 두 낱말 조합의 문장을 모방하여 표현하도록 하는 것은 아동의 수준에 맞지 않다.

24 ① 형용사보다 동사를 먼저 훈련하는 것이 좋다.
③ 직접 조작해 본 사물과 관련된 낱말을 우선적으로 습득하므로 이를 활용하는 것이 좋다.
④ 대부분 단단어 표현이므로 의미관계부터 진행한다.
⑤ 너무 긴 문장 구조이다.

25 ① 명료화 요구하기 - 화용(대화)
② 문법 오류 판단하기 - 구문
③ 문법 오류 수정하기 - 구문
⑤ 주제 유지하기 - 화용(대화)

26 ② 명료화 질문 : 정보가 부족할 때 대화 상대자에게 명확한 정보를 요구한다.

27 ④ ㄷ → ㄴ → ㄹ → ㅁ, ㄱ
최근 가인이는 전화기를 귀에 가져가는 행동을 보인다.
→ 전상징기적 행동(11~13개월)

| ㄱ. 대행자놀이(24~35개월) |
| ㄴ. 단순 상징행동(16~17개월) |
| ㄷ. 자동적 상징행동(14~15개월) |
| ㄹ. 단순 상징행동 조합(18~19개월) |
| ㅁ. 물건대치 상징행동(24~35개월) |

28 읽기 평가 분석
설측음화와 구개음화는 학년이 증가해도 높은 오류율을 보인다.
→ 가장 늦게 발달하는 음운규칙으로 생각해 볼 수 있다.
[출처 : 김미배·배소영(2011). 낱말읽기에서의 초등학생 음운해독력 발달. 언어청각장애연구, 16(2), 143~153p.]
• 구개음화 : 굳이[구지], 닫혀[다처]
• 설측음화 : 말내[말래]
• ㅎ탈락 : 빻은[빠은], 넣운[너운]
• 기식음화 : 놓다[노타], 떻다[떠타], 딥합[디팝]

29 ① 자소-음소 일치 낱말이 또래에 비하여 어려움을 보인다.
② 읽기 유창성 측면
③ 또래에 비하여 어려움을 보인다.
④ 내용 및 형식 측면에서 어려움이 관찰된다.

30 ③ 본 아동은 상황 속 '입만 아프다'라는 관용어를 이해하여 표현하는 데 어려움이 관찰된다.

31 ② 개구리가 없어서 '개구리야 어디 있니' 했는데/개구리가 없었어요(계기사건, 시도, 결과).

32 말 늦은 아동
3세 이전의 아동 중, 다음과 같은 어려움이 있는 아동을 말한다.
• 2세까지 표현 어휘 수가 50개 미만, 두 낱말 조합이 산출되지 않음
• 표현어휘발달의 현저한 지체(표준화된 검사 시 10%ile 미만 또는 -1SD 미만)
• 다른 발달영역에서는 뚜렷한 결함을 보이지 않음

33 언어평가
K M-B CDI, SELSI, 관찰

34 ① 초기 AAC 사용자에게 유용함
② 핵심어휘 : 많은 사람들에게 자주 사용되는 어휘
③ 상황어휘 : 연령 및 상황에 따라 달라짐
④ 개인어휘 : AAC 사용자가 좋아하는 주제와 관련된 어휘

35 ⑤ 다양한 에피소드가 포함된 이야기의 자발적 산출은 학생 수준에 어렵다.

제5과목	조음음운장애

36	37	38	39	40	41	42	43	44	45
③	⑤	①	⑤	②	③	④	③	②	④
46	47	48	49	50	51	52	53	54	55
④	③	②	⑤	④	②	③	③	③	②
56	57	58	59	60	61	62	63	64	65
②	⑤	②	⑤	③	③	①	③	②	②
66	67	68	69	70					
①	②	⑤	④	②					

36 ① 비음·파열음 → 파찰음 → 유음·마찰음 순으로 발달한다.
② 유음은 종성에서 먼저 발달(설측음 → 탄설음)한다.
④ 파열음은 평음, 경음이 격음보다 더 빨리 습득된다.
⑤ 종성에서는 공명음이 장애음보다 먼저 발달한다.

37 조음 중재 결정 요소
• 말명료도
• 자음정확도
• 자극반응도
• 발달상 적절성

38 ① ㅗ(V)ㄴ(C)ㄷ(C)ㅗ(V)ㄱ(C)ㅞ(GV) → VCCVCGV
*V(모음), C(자음), G(활음)

39 ① 성문파열음[ʔ]
② 기식음[ʰ]
③ 비누출[˜]
④ 유성 양순 마찰음[β]

40 ② 소리의 특성을 인식할 수 있도록 모델링을 제공한다.

41 ① 입[ipˀ]
② 콜라[kʰolla]
④ 바다[pada]
⑤ 흙[xɯkˀ]

42 ④ 아동의 오류 : /ㄱ/ → /ㄷ/
따라서, [-Coronal] → [+Coronal], [-Anterior] → [+Anterior]

43 전체 단어 근접도(PWP)
=(단어단위근접률, PWP)
=아동이 산출한 PMLU/성인이 산출한 PMLU
→ 8.71/9.71=0.9
전체 PMLU : 68/7=9.71

> 겨울(7), 눈(5), 장갑(10), 동찬(10), 눈사람(13), 그랬어요(11), 주셨어요(12)

전체 단어 정확도(PWC)
=(단어단위정확률, PWC)
→ 2/7=0.29

평균 음운 길이(PMLU)
=(단어단위복잡률, PWWC)
→ 61/7=8.71

> 겨울 → /ㄱ,ㅕ,ㅜ,ㄹ/(5)+/ㄱ,ㄹ/(2) : 7
> 눈 → /ㄴ,ㅜ,ㄴ/(3)+/ㄴ,ㄴ/(2) : 5
> 당갑 → /ㄷ,ㅏ,ㅇ,ㄱ,ㅏ,ㅂ/(6)+/ㅇ,ㄱ,ㅂ/(3) : 9
> 동탄 → /ㄷ,ㅗ,ㅇ,ㅌ,ㅏ,ㄴ/(6)+/ㄷ,ㅇ,ㄴ/(3) : 9
> 눈따람 → /ㄴ,ㅜ,ㄴ,ㄸ,ㅏ,ㄹ,ㅏ,ㅁ/(8)
>   +/ㄴ,ㄴ,ㄹ,ㅁ/(4) : 12
> 그래떠요 → /ㄱ,ㅡ,ㄹ,ㅐ,ㄸ,ㅓ,ㅛ/(8)
>   +/ㄱ,ㄹ/(2) : 10
> 두뎌더요 → /ㄷ,ㅜ,ㄷ,ㅕ,ㄷ,ㅓ,ㅛ/(9) : 9

44 자음의 출현빈도
치경음 > 연구개음 > 양순음 > 치경경구개음 > 후두음

45 ① 원점수, 백분위수도 함께 기록해야 한다.
② 자극반응도 검사는 단어 검사에서 부정확하게 발음한 단어를 골라 따라 말하게 한다.
③ 조음 능력에 어려움을 보인다.
⑤ 침대 → [친대] : 전형적 어중단순화

46 ④ 단어 → 음절 → 음소 순서로 음운인식이 발달한다.

47 최소대립자질
• 한 가지 자질에서만 차이가 나는 낱말쌍을 사용하는 방법이다.
• 치료 대상자 : 오류 형태가 대치인 경우에 사용한다.
③ 자-차 : 발성유형
① 감-참 : 조음위치, 조음방법, 발성유형
② 살-발 : 조음위치, 조음방법
④ 잔-산 : 조음위치, 조음방법
⑤ 솜-곰 : 조음위치, 조음방법

48 ② 6/9×100=66.67%

자음정확도(PCC)
=바르게 조음한 자음 수/조음해야 할 총 자음 수×100

> 이빨이 썩어서 치과에 갔어요.
> /이빠리 써거서 치과에 가써요/
> → ㅃㄹ ㅆㄱㅅ ㅊㄱ ㄱㅆ (9)
> [이빠리 서거더 치꽈에 가떠요]
> → ㅃㄹ #ㄱ# ㅊㄱ ㄱ# (6)

*치과/치꽈/ → 경음화 : 유성음(모음) 뒤에 오는 무성음(ㄱ)이 유성음으로 되지 않고 된소리로 바뀐다.

49 연구개 파열음
- 혀의 앞부분을 누르고 발음한다.
- 시각적 피드백, 가글링이나 기침을 통해 조음점을 알려줄 수 있다.

50 ④ 마찰음의 파열음화가 4회 나타났다.

오류패턴 분석

- 옥수수/옥쑤수/ → [오뚜두] : 전형적 어중단순화, 마찰음의 파열음화(2)
- 이빨/이빨/ → [이빠] : 유음의 단순화
- 색종이/색쫑이/ → [택똥이] : 마찰음의 파열음화, 마찰음의 파열음화, 기식음화
- 싸워요/싸워요/ → [따워요] : 마찰음의 파열음화

51 ② 어말종성생략 → 초기음운발달시기

52 ① VCV 구조의 음절형태 : [아쁘], [아머], [으따]
② 자음은 양순음과 치조음이 나타난다.
④ 주로 산출하는 음절형태는 VCV이다.
⑤ 전설모음은 나타나지 않는다.

53 말명료도에 영향을 미치는 요인들
- 말소리 오류의 종류 : 첨가, 탈락>대치>왜곡
- 오류 말소리의 일관성(일관성이 떨어질 때 명료도도 떨어진다)
- 오류 말소리 빈도(고빈도 말소리에서 오류가 나타나면 명료도가 떨어진다)
- 화자의 운율적 요소 : 말속도, 높낮이 변화, 음질, 강도, 유창성 등
- 친숙도

54 ③ 26/29

전체 단어 근접도(PWP)
- 전체 PMLU : 29
  - 선물(10)
  - 받았어요[바다써요](11)
  - 팔찌(8)
- 아동이 산출한 PMLU : 26
  - 턴물 → /ㅌ, ㅓ, ㄴ, ㅁ, ㅜ, ㄹ/+/ㄴ, ㅁ, ㄹ/(9)
  - 바다떠요 → /ㅂ, ㅏ, ㄷ, ㅏ, ㄸ, ㅓ, ㅛ/+./ㅂ, ㄷ/(10)
  - 팔띠 → /ㅍ, ㅏ, ㄹ, ㄸ, ㅣ/+/ㅍ, ㄹ/(7)

55 일반화
- 위치 일반화 : 목표 말소리가 낱말 내 특정 위치에서 다른 위치로 일반화되는 것이다.
- 말소리/변별자질 일반화 : 목표 말소리가 가진 변별자질을 공유한 말소리로 일반화되는 것이다.

56 ② 파열음화가 3회 나타났다.

평균 음운 길이(PMLU)
=(단어단위복잡률, PWWC)
→ 6.75(54/8)

- 하탕 → /ㅎ, ㅏ, ㅌ, ㅏ, ㅇ/(5)+/ㅌ, ㅇ/(2) : 7
- 핵쫑이 → /ㅎ, ㅐ, ㄱ, ㅉ, ㅗ, ㅇ, ㅣ/(7) +/ㄱ, ㅉ, ㅇ/(3) : 10
- 우한 → /ㅜ, ㅎ, ㅏ, ㄴ/(4)+/ㄴ/(1) : 5
- 화당힐 → /ㅎ, ㅘ, ㄷ, ㅏ, ㅇ, ㅎ, ㅣ, ㄹ/(9) +/ㅎ, ㅇ, ㄹ/(3) : 12
- 똗 → /ㄸ, ㅗ, ㄷ/(3)+/ㄷ/(1) : 4
- 바티 → /ㅂ, ㅏ, ㅌ, ㅣ/(4)+/ㅂ/(1) : 5
- 더부지 → /ㄷ, ㅓ, ㅂ, ㅜ, ㅈ, ㅣ/(6)+/ㅂ/(1) : 7
- 띠더 → /ㄸ, ㅣ, ㄷ, ㅓ/(4) : 4

자음정확도(PCC)
=바르게 조음한 자음 수/조음해야 할 총 자음 수×100
→ 12/23×100=52.17%

57 치료기법
- Play : 아동이 치료가 아니라 놀이에 참여하고 있는 것처럼 느낄 수 있도록 하는 것으로 언어재활사는 목표음이 놀이 상황에서 자연스럽게 나타날 수 있도록 활동을 구성한다.
- Drill : 언어재활사의 목표음 모델링을 듣고 집중적으로 연습한다.
- Drill Play : 놀이를 진행하면서 목표음을 들려주고 산출하게 유도한다.
- Structured Play : 놀이 상황에서 특정 목표음이 반복하여 연습되도록 놀이를 구조화한다.

58 ② ㄱ, ㄷ
ㄱ. 호랑이 → [호라이] : 전형적 어중단순화
ㄴ. 우비 → [무비] : 첨가
ㄷ. 옥수수 → [오쑤수] : 전형적 어중단순화
ㄹ. 침대 → [침매] : 비전형적 어중단순화
ㅁ. 바지 → [아지] : 어두초성 생략

59 ① 자질의 차이가 적은 것을 선택한다.
② 오류 형태가 음운 대치가 일어나는 아동에게 실시할 수 있다.
③ 중재 시 자극반응도가 있는 소리를 우선적인 목표로 둔다.
④ 변별 → 모방 → 자발적 산출단계로 연습한다.

60 청감각-지각 훈련
- 확인 : 목표음에 대한 시각, 청각, 촉각을 묘사 시연
- 고립 : 확인과제를 다양한 환경에서 수행
- 자극 : 목표음을 다양한 방법으로 변화
- 변별 : 목표음과 오류음 구별

61 ③ 12/15×100
- 총 음절 : 15개
- 엄마가 이해한 음절 : 12개

62 ① 13/18×100=72.22%
모음정확도(%)
=바르게 조음한 모음 수/조음해야 할 총 모음 수×100

| 사과 먹고 싶은데 딸 수가 없어서 되게 슬퍼요. |
| ㅏㅘㅓㅗㅣㅡㅔㅏㅜㅏㅓㅓㅚㅔㅡㅓㅛ (18) |
| [사가 먹꾸 시픈데 뗄 쑤가 업써서 디기 슬퍼요] |
| ㅏ#ㅓ#ㅣㅡㅔ#ㅜㅏㅓㅓㅓ##ㅡㅓㅛ (13) |

63 ③ 냉장고
목도리, 싸움, 해바라기 : 오류 형태는 한 가지이며 정반응 형태가 포함된다. 정상적 변이로 판단한다.
※ 로봇 : 전사방법의 차이. 비일관성이라고 판단하지 않는다.

64 정적 검사와 역동적 검사

구 분	정적 검사	역동적 검사
피검자	수동적	능동적
검사자	관 찰	함께 참여
검사 결과	결함(Deficit)을 확인	수정가능성 (Modifiability)을 묘사
절 차	표준화된 진행 절차를 따름	유동적, 반응적인 진행 절차를 따름

출처 : 김수진 외(2007), 조음음운장애, 시그마프레스

65 자음발달
비음, 파열음 → 파찰음 → 유음, 마찰음

66 음운자질
- 전방성(Anterior) : 경구개 치경부 앞쪽에서 막힘이 있다(양순음, 치경음).
- 설정성(Coronal) : 혓날이 위로 들린다(치경음, 경구개음).
- 긴장성(Tense) : 후두의 긴장을 동반한다(경음, 격음).

67 ② 무성자음을 유성음으로 대치한다.

68 ① 아동기 말실행증의 특징을 보인다.
② 자동구어보다 모방과제에서 어려움을 보인다.
③ 수용언어에 비하여 표현언어에 심각한 지체를 보인다.
④ 1음절 단어 → 2음절 단어, 구 → 3음절 단어, 구 순으로 치료를 진행해야 한다.

69 ④ 현재 아동은 1음절로만 산출하므로 2음절로 확장시켜야 한다. 가장 먼저 고려해야 하는 환경은 모음 + CV 환경에서부터 확장시키며 점차 난이도를 올려서 중재해야 한다.

70 ② 음향적 바이오피드백
바이오피드백
- 음향적, 생리적 바이오피드백
- 특정 음소에 잔존오류가 남아 있는 경우 사용

03 모의고사 세 번째 정답 및 해설

1교시

제1과목 | 신경언어장애

01	02	03	04	05	06	07	08	09	10
①	②	②	⑤	③	②	④	③	③	⑤
11	12	13	14	15	16	17	18	19	20
②	①	③	②	②	②	④	①	①	⑤
21	22	23	24	25	26	27	28	29	30
③	②	③	③	④	②	⑤	③	⑤	①

01 ① 뇌섬(Insula)의 손상은 말실행증이 나타날 수 있다.

02 뇌신경 : CN VII 안면신경
- 안면마비는 병소에 따라 말초성 안면마비와 중추성 안면마비로 나뉜다.
- 말초성 안면마비는 축삭 전체 손상의 경우로 동측의 안면 전체(이마~입) 모두 마비된다.
- 중추성 안면마비는 안면신경핵 자체 손상, 안면신경핵으로부터 피질 사이 뇌손상으로 대측 안면의 아랫부분(코 밑)만이 마비된다.

03 청각적 이해력 판단검사
청각적 이해력 판단검사로는 K-WAB 표준화 검사 하부 항목인 예-아니요 검사, 청각적 낱말인지 검사, 명령이행이 있으며, 토큰검사는 청각적 이해력 심화검사이다.

04 5번은 삼차신경, 7번은 안면신경, 9번은 설인신경, 10번은 미주신경, 12번은 설하신경으로 혀의 운동과 관련된 신경은 12번 설하신경이다.

05 ③ 연결피질감각실어증의 경우 유창하고 따라 말하기 능력이 다른 능력에 비해 좋다. 하지만 청각적 이해력과 이름대기에는 어려움을 보인다.

06 ② 실어증 지수(스스로 말하기, 알아듣기, 따라 말하기, 이름대기) 항목에 읽기, 쓰기까지 포함되면 언어지수를 산출할 수 있다.
K-WAB 평가
- 실어증 지수(AQ) 항목 : 스스로 말하기, 알아듣기, 따라 말하기, 이름대기
- 언어지수(LQ) 항목 : AQ 항목+읽기, 쓰기
- 피질지수(CQ) 항목 : LQ 항목+동작, 구성/시공간/계산

07 ④ 언어평가에서 보인 반응으로 보아 비유창하나 청각적 이해력은 높다. 또 따라 말하기 능력 및 이름대기 능력이 저하된 것으로 보아 Broca's Aphasia로 이름대기 과제 시 의미자질분석 치료법을 사용할 수 있다.

08 베르니케실어증
환자는 유창하게는 말하나 의미가 없는 빈구어이며 따라 말하기, 이름대기, 청각적 이해력에서 모두 떨어지므로 베르니케실어증으로 분류할 수 있다.

09 자동구어
자동구어 과제로는 숫자세기, 요일세기, 인사, 기도문, 속담, 잘 알려진 유명한 노래, 광고문구, CM송 등이 있다. 해당 환자는 75세 무학인 환자이므로 ③ 요일세기가 가장 적절할 것으로 보인다.

10 ⑤ 실조형은 소뇌 손상으로 인해 발생하며, 신체 및 말 운동에서 조정 능력 부족, 불규칙한 리듬, 근긴장도 변화 등의 특징을 보이고 말 특징으로는 조음 및 조음운동의 조절 문제로 인해 불규칙한 발화 패턴을 보인다.

11 비언어반구 중재 모델
설명에서의 실어증 환자는 전반실어증(Global Aphasia) 환자로 노래 부르기가 부분적으로 가능하므로 MIT 치료법을 사용할 수 있다.

12 ① 신라의 경우 음과 쓰기에서의 자음소가 불일치한다.
음운적 적절오류(Phonological Plausible Errors)
음소나 자소 대응이 불규칙한 단어를 쓰는 데 오류를 보인다.

13 ③ 이동오류는 주의력 실독증의 대표적인 오류이다.
이동오류(Transposition Error)
이동오류는 단어를 구조하는 각 자소들은 유지되지만 위치가 바뀌는 것을 말한다(예 가방 → 바강).

14 ② 좌측 측두-두정엽 손상으로 인한 시각적 실독증(Visual Alexia)은 글자 형태를 혼동하거나 비슷한 단어로 착각을 한다. '고양이' 글자를 보고 시각적으로 유사한 다른 단어인 '강아지'로 대체하여 읽는다.

15 ① 유머이해 검사는 농담을 듣고 함축된 의미를 4개의 카드 중에 고르는 과제
③ 유추의미 검사는 짧은 이야기를 읽고 함축하고 있는 의미를 선택하는 과제
④ 어휘의미 검사는 들은 단어와 그림을 연결하는 과제
⑤ 은유그림 검사는 은유적 표현을 듣고 그림을 고르는 과제

16 ② 숫자 외우기의 경우 기억력에 관련된 평가항목이며, 나머지 보기들은 언어사고력과 문제해결력을 평가하기 위한 항목이다.
우뇌손상 환자의 평가항목
우뇌손상 환자는 언어적 능력뿐 아니라 인지, 지각 부분도 평가한다.

17 ④ 초기 원발성 실어증(PPA, Primary Progressive Aphasia)의 경우, 언어기능에 문제가 나타난다. 초기에 기억력, 시공간 능력 등은 상대적으로 유지되나 단어 찾기 어려움, 유창성 감소, 문법적 오류 등이 증가한다. 3가지 아형이 있으며 타입마다 초기 증상이 다르다.

18 ① 선형가속손상(Linear acceleration Injury)은 뇌가 갑자기 가속되거나 감속될 때 발생하는 손상이다. 예를 들어, 교통사고에서 머리가 급격하게 전방이나 후방으로 움직일 때, 뇌는 두개골 내부에서 움직이고 이때 뇌의 한쪽이 두개골에 부딪히면, 그 반대쪽 뇌는 두개골의 다른 부위에 충격을 받게 된다. 이러한 현상을 반충손상(Contrecoup Injury)이라고 한다.

19 기억장애
외상성 뇌손상 이후에는 기억장애를 겪을 수 있다. 외상 전 사건에 대한 기억장애는 후향기억장애(Retrograde Amnesia)라고 하고, 외상 후 사건에 대한 기억장애는 전향기억장애(Anterograde Amnesia)라고 한다.

20 '연필'과 '볼펜' 비교하기, 속담 듣고 숨은 의미 설명하기, RCPM(레이븐 색채 매트릭스)와 같은 과제들은 추론능력을 평가하는 과제이다.

21 파킨슨병
파킨슨병은 미세글씨증, 약한 음성, 균형장애, 안정 시 떨림, 근육의 경축 등이 나타난다.

22 뇌영상 촬영
컴퓨터단층촬영(CT)은 뇌손상 직후, 급성 뇌출혈 탐지에 좋다.

23 MMSE는 치매 여부를 판단하는 검사이다. 무학, 문맹의 경우 시행점수 4점을 제공하고, 지남력 중 시간, 장소에 대해서만 검사하며 기억력 항목은 3가지(비행기, 연필, 소나무)이며, 인지능력뿐 아니라 언어, 시공간능력까지 평가한다.

24 말실행증
말실행증 환자는 주로 조음와 운율에서 문제를 보이며 자동발화 vs. 명제발화, 단단어 vs. 단어군, 교대운동속도 vs. 일련운동속도에서 큰 차이를 보인다. 또한, 신체적 마비 또는 경직을 동반하기도 한다.

25 MIT 적용 대상자
멜로디억양치료법은 청각적 이해력이 어느 정도 보존되어 있으며 환자 스스로 문제를 인식하고 자가수정을 보이는 자에게 유리하다. 또한, 주의집중력이 좋고 정서적으로 안정되어 있으며 상투적인 발화를 정확하게 하는 환자들에게 좋다.

26 마비말장애 환자를 위한 보완대체의사소통
- AAC 선택 시 운동능력, 지각능력, 언어능력, 개인의 선호도 등을 고려해야 한다.
- AAC는 의사소통 판을 조작하는 최소한의 운동능력만을 필요로 하기 때문에 쓰기능력과는 거리가 멀다.

27 말평가의 목적
마비말장애 환자에 대한 말평가의 목적은 정상/비정상 판단과 원인규명, 말 특성 및 중증도 확인, 치료의 시기와 방향을 결정하기 위함이다.

28 하부운동신경원
   하부운동신경원으로 인한 마비말장애는 이완형이다. 강직형은 양측 상부운동신경원, 과다/과소운동형은 추체외로, 실조형은 소뇌의 병리로 인한 것이다.

29 루게릭병(근위축성 측삭 경화증)
   퇴행진행성질환으로 혼합된 마비말장애(경직+이완)가 나타난다. 근긴장이 증가하고 뻣뻣해지면서 언어와 삼킴에 영향을 준다.

30 ① 말실행증은 말 산출과 관련된 근육의 신경손상이 없이 운동 계획 및 프로그램화 과정의 장애로 인해 적절한 조음 움직임을 실행하는 데 어려움을 겪는 신경언어학적 장애이다. 말 시작 부분에서 모색행동이 빈번히 발생하며 명제발화보다 자동발화에서 문제가 덜 나타난다.

제2과목 유창성장애

31	32	33	34	35	36	37	38	39	40
③	②	③	⑤	⑤	③	①	④	⑤	⑤
41	42	43	44	45	46	47	48	49	50
②	⑤	①	③	①	②	①	②	①	③
51	52	53	54	55					
②	②	③	④	⑤					

31 ③ 정상 비유창에서도 자주 관찰되지만, 이러한 종류가 긴장을 동반하게 되면 비정상 비유창성이 될 수 있다.

32 ② 말을 더듬는 것을 빠져나오기 위해 박수를 쳤다. → 탈출행동은 말더듬에서 빠져나오기 위해 하는 행동이다.
   ① 거부하기
   ③ 연기책
   ④ 거부하기
   ⑤ 대용어 대치하기

33 ③ 아동이 나이가 어리고 언어발달이 늦어 말더듬이 생긴 경우 대부분 발달성 말더듬일 경우가 많다. 또한, 부모가 아동의 말을 지적하며 말에 대해 부담감이 생겨 말을 더듬기 시작했다면 경계선 말더듬일 가능성이 높다. 경계선 말더듬의 특징으로는 단어 전체 반복, 삽입, 수정, 미완성 구, 간투사 사용 등이 있다.
   ① 말에 대한 지적이나 고쳐주는 말이 빈번할수록 아동이 말더듬에 대하여 인식할 가능성이 높다.
   ② 초기 말더듬
   ④ 초기 말더듬
   ⑤ 중간급 말더듬

34 ⑤ 반복횟수 6회(나는, 강, 오늘, 수영, 열심히, 했어) 더듬었던 개별말소리 : ㄴ ㄴ ㄴ 나는 '3회', ㅎ ㅎ ㅎ 했어 '3회' → 6/2=3

35 ⑤ 단위반복수 2회 이상, 반복형태는 단어부분반복(음절반복)이 나타났다. 말에 대한 거부감이 나타났다.

36 진성 유창성
   부분낱말반복, 단음절낱말반복, 운율이 깨진 발성(연장, 막힘, 깨진 낱말)
   - 그래서, 나는, 음악을, 그리고, 좋아

37 ② 진단착오이론
   ③ 발달 및 환경요인(심리적 요인)
   ④ 발달 및 환경요인
   ⑤ 의사소통실패 어려움 예측 이론

38 ④ 아동의 말더듬 정도가 약하지만 KiddyCAT 4점으로 보아 말더듬에 대해 인식하고 있다. 또한, 상담에서도 말더듬을 직접적으로 언급하고 있으므로 따라서 아동의 나이가 어리지만 직접치료를 바로 진행해 볼 수 있다.

39 ⑤ DP+R2
   ① DP
   ② R2
   ③ R1
   ④ I

40 ⑤ 말소리가 작은 단위일수록, 단위반복이 많을수록 말더듬이 심하다고 볼 수 있다.

41 Guitar(1988)의 말더듬 분류
- 정상 비유창성(대략 1;6~6세) : 100단어당 10회 이하, 반복 단위 1~2회
- 경계선 말더듬(1;6~6세) : 100단어 10회 이상, 반복 단위 2회 이상
- 초기 말더듬(2~8세) : 반복속도가 높고 불규칙, 긴장 증가, 막힘 출현, 말더듬 인식(무력감 & 놀라움)
- 중간급 말더듬(6~13세) : 막힘이 빈번, 연장/반복, 회피/탈출/상황공포 증가
- 진전된 말더듬(14세 이상) : 전형적 행동은 막힘, 불규칙적 속도 반복, 광범위한 탈피/회피/탈출행동, 상황공포, 부정적 자아상 나타남

42

우 우 우리는 코로나 음 ㅂ ㅂ 바이러스
　① R2　　　　I　　R2
(막힘)때문에, 어.. 이이이(막힘)이번 연도에는 학교에
　DP　　I　② R2+DP
(막힘) 자주 가지 못했어. ㅈ------어엉말 아쉬워
　DP　　　　　　　　　DP

ND					
H	I	UR	RI	ND 합	ND 점수
	2			2	③ 5.88

AD								
Ha	Ia	URa	R1a	R2	DP	AD 합	AD 비율	AD 점수
				3	4	7	④ 20.59	⑤ 30.89

43 ① 파라다이스-유창성 검사Ⅱ 평가 결과, 필수과제 '말더듬 심함'으로 나타난다. 또한, 부수행동의 점수가 높은 것으로 보아 탈출행동이 눈에 띄게 나타나고 있으며 Erickson 의사소통 태도 검사 점수 및 행동통제소(LCB)도 높은 것으로 보아 말에 대한 회피 및 부담감을 느낄 가능성이 높다. 따라서 막힘이 가장 많고 탈출행동(눈 찡긋), 회피행동(모른다고 거부하기) 등이 나타나는 ①의 발화가 가장 적합하다.

44 ③ 평균 막힘 시간 : 가장 긴 3개 막힘의 평균으로 (6+5+4)/3, 5초
① 기침을 하는 탈출행동이 나타난다.
② 반복횟수 : '오늘 오늘 / 밥을 먹고 / ㅍ ㅍ ㅍ ㅍ / 뭐 뭐 뭐 뭐' 총 4회
④ 말소리반복, 낱말반복, 구 반복 등 다양한 반복의 양상을 보인다.

45 말더듬 감정 및 의사소통 태도 평가

청소년 & 성인	• 행동통제소(LCB) • 주관적 말더듬 중증도 선별검사(SSS) • Erickson 의사소통 태도 평가(S-24) • 말더듬 지각 목록표(PSI) • 말더듬 성인을 위한 자기효능감 척도 (SESAS) • 말더듬 청소년을 위한 자기효능감 척도 (SEA) • 말더듬 자기 평정 프로파일(WASSP) • 상황별 자기반응 검사(SSRSS)
아 동	• 말더듬 예측 검사(SPI) • A-19 검사 • Cooper의 만성화 예측 체크리스트 • 취학 전 말더듬 아동을 위한 의사소통 태도 검사(KiddyCAT)
성인 & 아동	• 성인/아동 행동검사(BAB) • 전반적 말더듬 경험평가(OASES)

46 ② 38.46%SS
- 전체 음절 수 : 13개(선생님 저 진짜 학교 가기 싫어요)
- 비유창 음절 수 : 5개(선생님, 저, 학교, 가기, 싫어요)
  → 5/13×100=38.46%SS

47 ① Palin 센터 부모 아동 상호작용 : 3~7세 아동 대상으로 비디오 피드백 및 부모상담을 통해 아이의 의사소통 및 유창성을 증진시킬 수 있는 프로그램
②·③·④·⑤ 대부분 성인에게 중재하는 유창성 프로그램

48 스토커 프로브 테크닉
- 병리적 비유창성과 정상 비유창의 구별 근거를 제공한다.
- 목적 : 아동기에 나타나는 정상적인 비유창성과 실제적 말더듬을 선별, 치료한다.
- 치료 : 아동이 두 가지 물건을 제시하고 각 물건에 관해 수준이 다른 5가지 질문 혹은 요구를 하는 것으로 창의성 수준을 조절하여 치료한다.

49
```
최 최 최 최근에 본 (막힘 4초) 영화 중에 가장
 R2          DP
어 … 음 (긴장 나타남) 재미있었던 영화 영화 영화
    Ia                              R1a
(막힘 4초) 영화는 어 강철비였어요.
    DP        I
```
① · ② · ③ 정상적 비유창(ND)은 간투사(I) 1회 → 총 1점, 비정상적 비유창(AD)은 비정상적 반복 1(R1a) 1회, 반복 2(R2) 1회, 비운율적 발성(DP) 2회, 간투사-비정상적(Ia) 1회 → 5점이다.
④ 반복이 아니라 간투사이다.
⑤ 비정상적 비유창(AD) 점수=5(비정상적 비유창)/24(목표음절 수)×100×1.5=31.25

50 ③ 개방적 질문을 줄여주어 아동의 말에 대한 부담감을 줄일 수 있다.

51 말더듬 수정 접근법(MIDVAS) - 빠져나오기
말을 더듬을 때 낱말의 나머지 부분을 부드럽고, 잘 조절된 연장을 사용하여 마무리한다.

52 심인성 말더듬
• 한두 번의 행동치료로 빠른 진전을 보인다.
• 탈출행동과 불안한 상태를 보인다.
• 말더듬이 간헐적 혹은 상황의존적이다.
• 사용하는 문법이 적절하지 않다.

53 말빠름증의 특징
• 문법적 세부 단위에 부주의하다.
• 말과 언어 발달이 지체된다.
• 말명료도가 좋지 않다.
• 읽고 이해하는 능력이 부족하다.

54 ① 아동이 나이가 어리지만 말더듬에 대해 인식하고 있고 주로 나타나는 말더듬의 종류가 '막힘'이므로 직접치료가 필요하다.
② 말더듬에 대해 인식하고 있으므로 직접치료가 필요하다.
③ 의사소통 태도평가(S-24)는 청소년 & 성인에게 사용한다.
⑤ 가족력이 있고 말더듬 형태가 막힘이므로 목표는 '조절유창성', '수용말더듬'이어야 한다.

55 ⑤ 본 사례는 신경학적 말더듬이다. 약물, 시상자극, 지연청각반응, 청각차폐, 바이오 피드백, 말속도 조절 방법 등을 이용할 수 있다.
① 대상자의 동기가 있을 때 중재하는 것이 효과적이다.
② 심인성 말더듬의 치료 방법이다.
③ 말빠름증(속화)의 치료 방법이다.
④ 정신과적 치료는 필요에 따라 진행할 수 있다.

제3과목 | 음성장애

56	57	58	59	60	61	62	63	64	65
②	③	③	③	④	⑤	①	①	⑤	③
66	67	68	69	70	71	72	73	74	75
③	②	⑤	⑤	⑤	①	③	③	⑤	②
76	77	78	79	80					
④	⑤	①	②	①					

56 상피는 점액분비를 촉진한다. 고유층은 천층(라인케공간), 중간층, 심층으로 구성되며 성대는 총 5개의 서로 다른 성질로 구성되어 성대진동에 중요한 작용을 한다. Body-cover 이론에 따르면 Body에 해당되는 부분은 '중간층, 심층, 성대근'이며, Cover에 해당되는 부분은 '상피층, 천층'이다. 성대인대는 중간층과 심층으로 구성된다.

57 ③ 주파수변동률 - 음향학적 평가
① 평균호기류율 - 공기역학적 평가
② 성문접촉비율 - 성대진동평가(전기성문파형검사)
④ 폐쇄대개방비 - 성대진동평가(전기성문파형검사)
⑤ 성문하압 - 공기역학적 평가

58 후두유두종은 HPV 바이러스 감염이 주 원인으로 주로 6세 이하의 아동에게 발병한다. 유두종이 심할 경우 제거술(미세전기장치에 의한 제거, 레이저절제, 전통적 제거술)을 통해 병소를 제거하고, 기도를 확보한 뒤 음성재활을 통해 최적의 음성을 산출할 수 있도록 도와야 한다.

59 ③ 편측성 성대마비의 경우 성대의 완전한 내전이 어렵다. 따라서 MPT가 짧게 나타난다.

60 ④ 영아의 후두구조는 연골구조라 유연하며, 나이가 들면서 점점 골화가 되어 단단해진다.

61 PAS는 공기역학적 평가에 해당하며 최장발성지속시간, 평균호기류율, 성문하압 등을 측정할 수 있다.

62 ② 성대폴립 : 과도한 성대마찰로 인해 발생, 주로 편측성이며 성대 앞쪽 1/3 지점, 고유층 중 표층에 국소적으로 발생한다. 한 번의 성대 외상으로 인해 발생가능하다.
③ 변성발성장애 : 변성기 이후 남성이 비정상적인 고음을 사용하며 성대구조상 특이점은 없다.
④ 기능적 실성증 : 스트레스 등으로 인해 음성이 상실된다. 생리적 발성이 가능하며 성대구조상 특이점이 없다.
⑤ 라인케부종 : 주로 양측성으로 좌우 대칭을 이루며 성대점막의 라인케씨공간(고유층의 표층)에 부종이 발생한다. 성문 가장자리 2/3 성대의 근육부위를 둘러싼 점막에서 발생하며 흡연과 음주가 가장 큰 원인이다.

63 변성기 및 급성후두염의 음성재활 유무
변성기는 자연스러운 성장 과정이므로 꼭 음성치료를 실시하지 않아도 된다. 급성후두염의 경우 단기간 음성휴식으로 완화될 수 있다.

64 ⑤ 성문폐쇄율은 EGG의 측정 매개변수이다.

65 연축성 발성장애 특징
연축성 발성장애는 여성에게 주로 발생하며, 과한 성대의 내전 및 불규칙적인 성대진동 등이 관찰된다. 외전형 연축성 발성장애의 경우 발성 중 일시적인 성대외전이 관찰된다. 치료 방법으로 BTX-A 주입과 음성재활을 병행하고, MTD의 경우 성대의 과기능이 관찰되나 일시적인 성대외전은 관찰되지 않는다.

66 접촉성 후두육아종은 인후두역류, 저음산출 및 기침으로 인해 과도하게 피열연골이 접촉할 때 발생할 수 있는 성대질환이다.

67 편측성 성대마비 환자의 음성재활
편측성 성대마비 환자의 경우 제1형 갑상성형술을 통해 마비된 쪽의 성대를 중심선쪽으로 이동시킨다. 그 후 손가락 조작법과 머리위치 변경법을 사용하여 개선된 음성을 산출할 수 있다.

68 치조마찰음(평음)
어두초성의 경우 40,000Hz 부근의 마찰소음구간 후 뒤따르는 모음의 제2포먼트 부근에서 기식잡음을 보인다. 하지만 어중초성위치에서는 기식잡음을 보이지 않는다.

69 Real-Time Pitch는 연속된 발화를 실시간으로 분석하여 시각적 피드백을 해줄 수 있는 프로그램이다. 따라서 음도, 강도, 유성음/무성음, 억양훈련 등의 훈련 시 시각적 피드백으로 사용할 수 있다.

70 ⑤ 417Hz
주기는 하나의 사인파가 하나의 사이클을 완성할 때까지 걸리는 시간을 의미한다. 따라서 주파수와 주기는 반비례 관계이며 높은 주파수일수록 주기가 짧다.

71 ① '역행성 성대운동'은 흡기 시 성대가 부적절하게 내전되는 현상으로, 만성적 기침과 천식과 같은 증상을 보인다. 이러한 경우 비디오 피드백을 통해 호흡(흡기, 호기) 시 성대의 움직임에 대해 인식하게 하거나, 하품-한숨기법 등을 사용하면 증상이 개선될 수 있다.

72 ③ 연축성 발성장애는 발화 시 억압되거나 쪼이는 듯한 음성 사용과 간헐적 음성 멈춤을 보이는 특성이 있으며, 노래하거나 휘파람 불기, 가성발성 등의 과제에서는 비교적 정상발성을 보이기도 한다. 청지각평가인 GRBAS Scale에서 긴장 및 쥐어짜는 정도를 나타내는 S값이 가장 높게 나타나며, 발성 동안 일정 시간 내에 성문 밖으로 나오는 공기 양을 의미하는 평균호기류율 값이 성문 저항의 증가로 인해 비정상적으로 낮게 나타난다(여성 평균 129ml/sec). 연축성 발성장애는 보톡스 주입과 음성재활을 행할 때 치료 효과가 좋다.

73 ③ 후윤상피열근은 유일한 외전근이며, 음도조절은 윤상갑상근의 역할을 한다.

74 ⑤ 갑상선 수술 시 되돌이후두신경의 손상으로 성대마비가 생기는 경우가 많다. 편측성 성대마비의 음성 특성은 부전실성증 및 실성증, 강도 감소, 음도일탈 등이 있다. 편측성 성대마비는 성대내전술(제1형 갑상성형술, 성대내주입술)로 치료할 수 있다.

75 상후두신경은 윤상갑상근을 지배하며 음도조절에 관여한다.

76. 후두는 '하기도 보호, 호흡, 발성, 흉강 고정'의 기능을 한다. 그중 하기도 보호 기능은 생명과 연결되어 가장 중요한 기능이다. 후두는 음식물 연하 시 3개의 주름이 수축하여 상부기도를 폐쇄하고 하기도를 보호한다. 이때 해당되는 세 층의 주름 중 최상측에 피열후두개주름이 있으며 그 후에 가성대가 위치하고 최하부에는 진성대가 위치하여 연하 시 밸브 작용을 한다.

77. 녹차나 커피 등 카페인이 많은 음료는 위산을 촉진시킨다. 또한 견과류나 요거트 등의 섭취는 목에 이물감을 유발할 수 있으며 유제품은 위산을 촉진한다. 잠자기 전 물이나 음식물 섭취 시 위산역류를 유발할 수 있으며, 수면 시 머리를 복부보다 높게 위치하고 자는 것이 좋다.

78. CQ(Closed Quotient)는 성대가 접촉하는 시간을 비율로 나타낸 값으로 정상인의 경우 40~50%의 값을 보인다. 성대를 과도하게 접촉할수록 CQ값이 높게 나타난다. '내전형 연축성 발성장애'는 강한 후두 내전으로 인해 긴장되고 쥐어짜는 음성을 산출한다. 따라서 '입술 트릴, 혀트릴, LaxVox' 등의 반폐쇄기법운동을 통해 성대를 이완시키고 이완된 음성을 사용할 수 있게 도울 수 있다.

79. ② 본 환자는 후두전적출술을 받은 무후두환자로 기관 식도 사이의 보철기구를 통해 공기를 내보내어 인두 식도분절 진동을 통해 발성할 수 있다.
반폐쇄 성도운동기법
입술이나 혀 트릴, 빨대 불기, LaxVox 등을 통해 발성 시 호흡기능 향상, 성도의 근육 이완, 공명 음성 유도 등의 효과를 볼 수 있다.

80. 과도한 음성사용을 하는 환자들에게 후두마사지를 통해 후두근육을 이완시켜주고 하품-한숨 발성을 통해 이완된 발성을 유도한다.

2교시

제4과목 | 언어발달장애

01	02	03	04	05	06	07	08	09	10
④	④	④	④	②	③	③	④	②	③
11	12	13	14	15	16	17	18	19	20
④	④	④	④	⑤	①	④	⑤	②	②
21	22	23	24	25	26	27	28	29	30
①	③	⑤	②	④	①	①	④	③	③
31	32	33	34	35					
④	④	⑤	③	⑤					

01 ④ 기본 문법 세련기 : 인용 '-고', 시제 사용, '-으-' 삽입 실수, '-게 하다' 사용

02 단순언어장애(SLI) 판별 조건
• 표준화 검사 시 -1.25SD 이하
• 비언어성 IQ 85 이상
• 사회적 상호작용 능력에 심각한 문제 및 장애가 없을 것
• 신경학적 이상이 없을 것
• 구강구조 및 기능의 이상이 없을 것

03 ① 저밀도·고빈도 낱말을 우선적으로 습득한다.
② 형용사보다 명사나 동사를 먼저 훈련한다.
③ 관계 낱말은 2;0~3;0세 때부터 습득한다.
⑤ 발음하기 어려운 단어의 경우 습득되기 어려울 수 있다.

04 ① 검사-단기학습-검사 순서로 평가한다.
② 정해진 장난감을 사용하여 → 다양하게 사용하는 것이 좋다.
③ 문맥을 고려해야 한다.
⑤ 다양한 단서나 촉진 → 적은 단서

05 전제 능력
• 효과적 의사소통을 위한 화용적 능력
• 듣는 사람에게 필요한 정보가 무엇인지를 아는 능력
• 상대방에 따라 말하는 방법, 말의 내용을 수정하는 능력

06 기능적 중재 방법
- 문장의 재구성(Recast Sentences) : 아동이 산출한 문장을 재구성하여 들려줌
- 분리 및 합성(Breakdowns & Buildups) : 아동이 표현한 발화를 개개의 요소로 분리해서 말해주었다가 다시 합쳐서 들려줌

07 ③ 대상-행위 문장을 표현하므로 조금 더 발전된 대상-배경-행위 문장으로 확장시킨다.

08 평균 형태소 길이(MLUm) : 4(20/5)

> 바다# 가/았/어요#
> 엄마# 아빠# 언니/랑/요#
> 바다# 구경#
> 갈매기/가# 많/이# 없/었/어요#
> 아쉽/다#

09 활동중심 중재
아동이 선호하는 상황에서 치료목표를 달성할 수 있도록 유도, 그룹중재와 일반화 단계에서 효과적이며 전반적 언어기술을 목표로 한다.

10 이야기 결속장치
지시, 대치, 접속, 어휘적 결속

11 ④ (으)면서(5;6개월 이후)
① 고(3;6~4;6)
② 다가(4;0~4;6)
③ 니까(4;6~5;6)
⑤ 는데(4;6~5;0)

12 ④ 단일어 표현을 늘린 후에 두 낱말 조합을 유도하는 것이 적절할 것으로 보인다.

13 언어 이전기 중재 방법
의사소통 의도, 방향찾기(Localization), 공동주목(Joint Attention), 공동활동(Joint Action), 의사소통 수단, 차례 지키기(Turn-taking), 상징놀이, 선행 행동에 따른 반응, 명명하기(Naming), 모방

14 ① 도구적 기능
② 상호작용적 기능
③ 발견적 기능
⑤ 개인적 기능

15 ① 아동의 주도를 따르는 것이 좋다.
② 구조적인 상황보다는 자연스러운 상황이 좋다.
③ 구어적/비구어적인 다양한 맥락을 사용한다.
④ 물질적 강화는 일반화를 유도하는 데 제한적이다.

16 ② 문단글 읽기 유창성에서의 어려움이 가장 크다.
③ 의미 낱말, 자소-음소 일치형 낱말에서 정반응 빈도가 높다.
④ 해독과 연관된다.
⑤ 아동이 한 문장 이상 쓴 경우에만 형식을 채점한다.

17 ④ 자전거 아저씨랑 부딪쳐서 넘어지고 다리에 피 났어요.
→ 결과, 계기사건

18 ① 준거가 생략되었다.
② 상황, 문맥이 생략되었다.
③ 장기목표와 맞지 않는다.
④ 진전 정도를 구체적으로 작성해야 한다.

19 ② 보기에서는 예를 들어서 설명하고 있다.

20 ② 상황어휘 : 기능적 어휘, 의사소통 상황 및 연령에 따라 달라지며, 초기 AAC 사용자에게 유용하다.

21 보기의 아동의 반응은 의사소통조율에서 어려움이 관찰된다.

22 ③ 빵을 꺼내며 "선생님이 만들까?" - 내가 만들래요.
→ 주장하기

23 ② KOLRA는 학령기 읽기검사이다.

24 읽기발달단계(Chall, 1983)
- 0단계 : 문해 사회화
- 1단계 : 낱말재인 능력 발달, 음운분석, 분절 및 합성
- 2단계 : 유창하게 읽기
- 3단계 : 좀 더 복잡한 이해, 속도 증가
- 4단계 : 다른 관점을 인식, 추론 및 비판
- 5단계 : 새로운 지식을 통합, 비판적 사고

25 언어 평가
취학 전 아동의 수용언어 및 표현언어 발달 척도(PRES), 구문의미이해력 검사, 우리말 조음음운평가(U-TAP)

26 상징행동
- 대행자놀이 : 다른 사람의 역할 가장하기, 사물이나 인형을 행위자로 가장하기
- 물건대치 상징행동 : 관습적인 사물을 다른 사물로 대치하는 행동

27
- A 아동 : 알고 있는 내용을 확인 질문을 통해 정보요구함
- B 아동 : 사물의 기능을 객관적으로 언급함

28 사회적 의사소통 장애의 화용적 특징
- 주제 유지에 어려움
- 장황하고 불필요한 표현이 많음
- 대화 주제 주도
- 과도하고 부적절한 정보 제공

29 이야기 중재 과정
이야기 결정하기 → 들려주기 → 다시 말하기 → 이해 촉진 → 표현 촉진

30 만 13세 ID 아동의 LSSC 결과 해석
- 약간 지체에 해당한다.
- 수용언어와 표현언어가 비슷한 수행을 보인다.
- 담화/화용은 평균 하, 보조검사는 약간 지체에 해당한다.

31 ④ 하위검사 수행 결과 주로 문법을 측정하는 하위검사에서 매우 취약하다.

32 수직적 목표달성 전략
- 발달 단계에 따름
- 하나의 목표를 수행준거에 도달할 때까지 훈련
- 도달 시 다음 단계의 목표 훈련

33 ⑤ 현재 아동은 문제해결 측면에서 또래와 비슷한 수준을 보인다.

34 ① 자폐 범주성 장애의 의사소통 기술 촉진을 위한 프로그램(무발화 아동에게도 적용 가능)
② 6단계로 구성
④ 1단계 : 그림카드를 통해 요구할 수 있도록 연습함
⑤ 4단계 : "사물+주세요" 문장 구성 중재

35 ⑤ 영미 : 이건 수박이야. [실체-실체서술]

제5과목 | 조음음운장애

36	37	38	39	40	41	42	43	44	45
④	⑤	③	③	③	③	②	④	③	④
46	47	48	49	50	51	52	53	54	55
②	②	②	⑤	⑤	②	①	①	②	①
56	57	58	59	60	61	62	63	64	65
③	①	⑤	⑤	④	①	④	⑤	③	②
66	67	68	69	70					
⑤	④	③	④	②					

36 문제에 제시된 음소 중 /ㅂ, ㅃ, ㅍ, ㅌ/는 만 3세에 습득되어야 하는 음소 목록이며 만 3세경부터 종성에서 비음 및 유음 산출이 가능하다.

37 ⑤ 아동의 주 오류패턴은 치조마찰음과 파찰음의 파열음화다. 따라서 마찰기류를 조절할 수 있도록 중재하여 파찰음과 치조마찰음을 정확한 조음을 유도할 수 있다.

38 ③ /p/와 /p*/의 변별자질상 차이는 긴장성에 있다. /p/는 자음성(+), 전방성(+), /p*/는 자음성(+), 전방성(+), 긴장성(+)이다.

39 ③ 설정성은 혓날이 위로 들리며 만들어지는 소리들의 변별자질 중 하나이다. 즉, 설정성을 습득하지 못하였으므로 혓날이 올라가지 않은 오류를 찾아야 한다. /나비/의 경우 혓날이 올라가지 않고 /아비/로 오조음하였으므로 답에 해당된다.
① 사탕 → 타탕
② 포도 → 보도
④ 거미 → 더미
⑤ 가방 → 다방

40 ③ '계'-CGV, '란'-CVC, '국'-CVC
음절구조
V 모음, C 자음, G 활음

41 /ㅅ/를 치료하였을 때 같은 자연부류인 /ㅆ/로 일반화되는 것을 '말소리/변별자질 일반화'라고 한다.

42 ② 가방 → [바방] : 역행동화
① 사과 → [아과] : 초성생략
③ 오리 → [보리] : 첨가
④ 치타 → [치라] : 유음화
⑤ 카드 → [파브] : 양순음화

43 IPA /바둑이/

구 분	양순음	치조음(치경음)	연구개음
파열음	어두초성 p, p^h, p^* 어중초성 b 어말종성 $P^{\urcorner}$	어두초성 t, t^h, t^* 어중초성 d 어말종성 $t^{\urcorner}$	어두초성 k, k^h, k^* 어중초성 g 어말종성 $k^{\urcorner}$

44
① 비음, 파열음 → 파찰음 → 유음, 마찰음 순으로 발달한다.
② 대부분 '시계'의 /ㅅ/보다 '옥수수'의 /ㅅ/을 늦게 습득한다.
④ 초성에서는 어두초성 → 어중초성, 종성에서는 어말종성 → 어중종성 순으로 발달한다.
⑤ 자음은 음절과 어절 내의 위치에 따라 발달양상이 다르게 나타난다.

45 전방화
목표음의 조음점보다 앞쪽에서 조음하는 현상이다.
• '장미' → [잔미] : 연구개음 /ㅇ/이 치조음 /ㄴ/으로 대치
• '햄버거' → [햄버더] : 연구개음 /ㄱ/이 치조음 /ㄷ/으로 대치

46
① 음절 분리 : '택시'에서 '택'을 빼면?
③ 음소 변별 : '배(과일), 배(탈것), 코' 중 첫소리가 다른 것은?
④ 음소 합성 : [ㅅ]하고 [ㅗ]를 더하면?
⑤ 단어 변별 : '배(과일)', '배(탈 것)', '차' 중 다르게 소리 나는 것은?

47 발성유형 변화
고래 → [코래]는 '기식음화' 오류를 보이므로, 발성유형 변화에 해당된다.

48
② '가지'를 '기지'로, '아빠'를 '이뻐'로 발음오류를 보인다. 즉, 모음 /ㅏ/를 /ㅣ/로 대치한다. 후설저모음 /ㅏ/는 상대적으로 F1이 높고 F2가 낮으며, 전설고모음인 /ㅣ/는 상대적으로 F1이 낮고 F2가 높다. 따라서 F1은 낮아지고 F2는 높아지는 포먼트의 변화를 보인다.

49 자극반응도 검사
자극반응도는 오류음소에 대해 다양한 단서를 제공하였을 때 오류음소를 바르게 산출할 수 있는 능력이며, 치료계획을 세울 때 중요하다.

50 자음정확도

$$자음정확도(\%) = \frac{바르게\ 조음한\ 자음\ 수}{조음해야\ 할\ 총\ 자음\ 수} \times 100$$

김치는 맵고 계란은 안 매워 → [기치느 앱꼬 계야는 앙 매워]

→ /김치는 맵꼬 계라는 안 매워/ ㄱㅁㅊㄴㄴㅁㅂㄲㄱㄹㄴㄴㅁㅁ (14)
[기치느 앱꼬 계야는 앙 매워] ㄱ#ㅊㄴ##ㅂㄲㄱㄴㄴ#ㅁ (9)

51 음운자질

긴장성 (Tense)	후두의 긴장을 동반	경음, 격음
설정성 (Coronal)	혓날이 위로 들림	치경음, 경구개음
전방성 (Anterior)	경구개치경부 앞쪽에서 막힘이 있음	양순음, 치경음

52
① 16/28×100=57.1%
자음정확도

엄마가 이마트에서 엘리펀닌자랑 스테고닌자 사준다고 했어.
/엄마가 이마트에서 엘리펀닌자랑 스테고닌자 사준다고 해써/

→ ㅁㅁㄱㅁㅌㅅㄹㄹㅍㄴㄴㅈㄹㅇ ㅅㅌㄱㄴㄴㅈ ㅅㅈㄴㄷㄱ ㅎㅆ (28)
[엄마가 이마뜨에더 에디펀닌다양 트테고닌다 타두다구 해떠]
→ ㅁㅁㄱㅁ## ## ㅍㄴㄴㄴ##ㅇ #ㅌㄱㄴㄴ ### ㄷㄱ ㅎ# (16)

53 청각장애인의 말 특성
• 자음산출의 특징
 – 뒤쪽에서 만들어지는 자음보다 입 앞쪽에서 만들어지는 자음이 비교적 정확하게 산출됨
 – 초성보다 종성에 오류가 많음
 – 발성오류가 많음(평음, 경음, 격음의 구별이 어려움)
 – 과비성과 비강누출
 – 다른 원인으로 인한 말소리장애보다 첨가오류가 빈번하게 관찰됨
• 모음산출의 특징
 – 모음이 중립모음화(혹은 중성화)로 모음 간 구분이 어려움
 – 모음의 길이가 연장되는 경향이 있음

- 이중모음이 단순화되고, 간혹 단모음화보다 드물지만 그 반대의 현상인 복모음화도 나타남
- 혀의 움직임보다 과도한 턱의 사용으로 모음의 왜곡도 심한 편임

54 ② 손 : 돈
- /ㅅ/ : 자음성, 지속성, 설정성, 전방성
- /ㄷ/ : 자음성, 설정성, 전방성

① 김 : 빔
- /ㄱ/ : 자음성, 고설성, 후설성
- /ㅂ/ : 자음성, 전방성

③ 품 : 춤
- /ㅍ/ : 자음성, 전방성, 긴장성, 기식성
- /ㅊ/ : 자음성, 지연개방성, 설정성, 긴장성, 기식성, 고설성

④ 맘 : 담
- /ㅁ/ : 자음성, 공명성, 전방성
- /ㄷ/ : 자음성, 설정성, 전방성

⑤ 방 : 뱀
- /ㅇ/ : 자음성, 공명성, 고설성, 후설성
- /ㅁ/ : 자음성, 공명성, 전방성

55 조음정확도와 자음정확도
- 조음정확도(%) = $\frac{\text{바르게 조음한 음소 수}}{\text{조음해야 할 총 음소 수}} \times 100$

(19/27)×100

> 아빠가 아이스크림을 사다주셨어요.
> → ㅃㄱ ㅅㅋㄹㅁㄹ ㅅㄷㅈㅅㅆ (12)
> → ㅏㅏㅏ ㅏㅣㅡㅣ ㅏㅜㅕㅓㅛ (15)
> [아빠가 아이뜨크이므 따다두이어요]
> → ㅃㄱ #ㅋ#ㅁ# #ㄷ### (5)
> → ㅏㅏㅏ ㅏㅣㅡㅡㅣㅡ ㅏㅜ#ㅓㅛ (14)

- 자음정확도
  - 총 자음 수 : 아빠가 아이스크리믈 사다주셔써요
    ㅃㄱ (2)# ㅅㅋㄹㅁㄹ (5)# ㅅㄷㅈㅅㅆ (5)=12개
  - 오류 자음 수 : ㅅㄹㄹ (3)# ㅅㅈㅅㅆ (4)=7개
    (5/12)×100
  - 정조음수 : ㅃㄱ #ㅋ#ㅁ# #ㄷ###=5개

∴ 자음정확도(PCC) = (바르게 조음한 자음 수/조음해야 할 총 자음 수)×100=(5/12)×100

56 ③ 주 오류패턴이 어두초성 생략이다. 따라서 어두초성 유무 및 차이를 인식하고 변별할 수 있는 과제가 필요하다.

57 말소리 자질 차이가 많이 날수록 변별하기 쉽다.
① /바/ : /차/ = 지연개방성, 설정성, 전방성, 긴장성, 기식성
② /마/ : /나/ = 설정성
③ /바/ : /다/ = 설정성
④ /사/ : /자/ = 지연개방성, 전방성
⑤ /가/ : /카/ = 긴장성, 기식성

58 ⑤ 할머니
아동은 유음(설측음, 탄설음) 생략과 치조마찰음의 파열음화 오류를 일관적으로 보이고 있다. 유음 과제 중에서 탄설음보다 설측음이 학습하기 쉬우므로 초기 과제로 적절하다.

59 조음오류
- '사슴' → [사즘] : 파찰음화, 후방화
- '포도' → [포토] : 기식음화
- '단추' → [당추] : 연구개음화, 후방화

60 자음정확도

> '눈사람' → [우따얌], '색종이' → [애쪼이], '옥수수' → [오쑤수]

- 조음해야 할 총 자음 수
  '눈사람'/눈싸람/ - ㄴㄴㅆㄹㅁ (5)
  '색종이'/색종이/ - ㅅㄱㅉㅇ (4)
  '옥수수'/옥쑤수/ - ㄱㅆㅅ (3)
- 바르게 조음한 자음 수
  [우따얌] ㅁ (1)
  [애쪼이] ㅉ (1)
  [오쑤수] ㅆㅅ (2)

61 ② 유음(탄설음) : 혀를 좁히지 않고 편 상태에서 앞쪽 혀 끝부분을 치경 또는 치경경구개 부분에 순간적으로 대었다가 내리면서 산출하는 소리로 옆으로 공기를 내보내게 된다.
③ 치경마찰음 : 혀끝을 치조에 붙이고 가운데 부분에 작은 틈을 만들어 공기를 내보낸다. 이때 혀의 가장자리는 윗니에 대고 옆으로 공기가 새지 않게 한다.
④ 연구개파열음 : 혀의 앞부분을 누르고 발음, 시각적인 피드백, 가글링이나 기침을 통해 조음점을 알려줄 수 있다.
⑤ 경구개파찰음 : 경구개 앞쪽에 혓날을 대고 약하게 기식화하도록 유도한다.

62 '코끼리'의 음절구조는 'CVCVCV', '토끼이'의 음절구조는 'CVCVV'이다.

63 독립분석, 관계분석
- 독립분석 : 산출한 음소목록이나 음절구조, 음운규칙을 분석하는 것이다.
- 관계분석 : 성인의 목표형태와 비교하여 음소분석을 하거나 오류패턴을 분석하는 것이다.

64 ③ 비 밀
맹관공명은 혀를 지나치게 후방화할 때 나타난다. 따라서 전설음으로 구성된 과제를 제시하여 혀의 위치를 앞쪽으로 이동시켜야 한다.

65 본 사례는 연구개파열음을 치조파열음으로 대치하는 아동이다. 따라서 혓날이 치경에 붙는 것을 소거하고 후설이 연구개에 붙게 유도해야 한다. 연구개음을 유도할 때에는 고모음환경보다는 저모음환경에서 유도하는 것이 좋다.

66 포먼트 주파수
전설고모음인 /이/는 낮은 F1과 높은 F2를 보이며 모음 중 F1과 F2 차이가 가장 크다. 포먼트 주파수는 성도의 모양에 따라 결정된다. 즉, F1은 혀의 높낮이와 관련이 있으며, F2는 혀의 전후 위치와 관련이 있다(구강의 길이 변화).
- 저모음=F1 ↑, 고모음=F1 ↓
- 전설모음=F2 ↑, 후설모음=F2 ↓

67 아동이 산출한 음절구조는 VV, CV, VCCV, VCV이다. 따라서 음절구조를 확장하기 위해서 '빠빠(CVCV)'를 과제로 사용할 수 있다.

68 말실행증 아동의 치료
말실행증은 음운적 접근법에 기초하여 치료하는 것이 아니라 운동학적 방법에 기초하여 치료한다.

69 ① 확인(Identification) : 위계적으로 음소대조를 시켜 목표음을 찾도록 한다.
　예 /ㅅ/ : /ㄷ/ 을 대조하여 들려줌. 그 후 목표음소에 잘 반응하면 /ㅅ/ : /ㅆ/처럼 유사한 음소를 대조하여 들려줌
② 고립(Isolation) : 확인과제를 좀 더 다양한 환경(어두, 어중, 어말)에서 수행한다.
　예 목표음소가 /ㅅ/일 때, '사과'에서 목표음소에 반응하면, '언니가 사과를 먹어요.'와 같이 문장에서 연습
③ 자극(Stimulation) : 목표음을 다양하게 변형하여 들려주고 판별할 수 있도록 한다.
　예 언어재활사가 /사과/를 들려주었을 때 반응하면, 엄마나 아빠가 /사과/라고 들려주어 연습 등

70 밥을 먹어요 → [바블 먹어요]로 발음되어 어중초성 위치에서 /ㅂ/을 평가할 수 있는 문장이다.

04 모의고사 네 번째 정답 및 해설

1교시

제1과목 | 신경언어장애

01	02	03	04	05	06	07	08	09	10
①	②	⑤	⑤	④	③	①	③	③	⑤
11	12	13	14	15	16	17	18	19	20
④	①	①	①	③	②	⑤	②	①	③
21	22	23	24	25	26	27	28	29	30
①	②	②	⑤	③	①	④	①	①	②

01 뇌신경 : CN Ⅴ 삼차신경
5번 삼차신경은 안신경, 상악신경, 하악신경으로 나뉘며 특히, 하악신경이 저작근, 혀신경 등에 분포하고 있다. 이에 5번 삼차신경이 혀의 일반감각을 담당한다.
*7번 안면신경은 혀 앞 2/3의 특수감각(미각)을 담당하며, 손상 시 미각감퇴증, 무미각증이 일어난다.

02 뇌신경
- 미주신경(CN X)은 후두, 인두에 운동을 담당하는 신경으로 손상 시 발성에 어려움이 나타난다.
- 삼차신경(CN Ⅴ)은 저작활동, 인두운동을 담당하는 신경으로 손상 시 저작(씹기)활동이 어렵게 된다.

03 ⑤ 색전성 뇌졸중은 혈관 속 이물질 덩어리가 혈액을 돌아다니다 좁아진 혈관 또는 미세혈관을 막으면서 발생한다.

04 과다운동형 마비말장애
과다운동형 마비말장애는 추체외로(기저핵)의 병리로 발생하며 불수의적이고 통제가 불가능한 움직임이 가장 큰 특징이다.

05 경도 운동실어증(Mild Motor Aphasia)
비유창한 구어를 보이나 그 안에서 경함과 심함으로 구분한다. 문법적 구성은 어느 정도 가능하나 전보문식 구어와 비정상적인 억양을 보이며 낱말찾기의 어려움으로 대용어의 사용이 빈번하다.

06 뇌간(=뇌줄기)
말산출에 중요한 뇌신경핵이 위치하며 중뇌, 교뇌, 연수로 구성되어 있다. 호흡, 맥박, 혈압 등과 같은 생명유지에 필수적인 기능을 하며 운동, 감각신호를 전달하는 통로기능도 한다.

07 ① 이해력에 대한 설명으로 심도 브로카실어증의 경우, 3step 지시를 따르기는 어렵다.
심도 브로카실어증(Severe Broca's Aphasia)
일반적으로 브로카실어증은 '비유창하고 이해력이 좋다'라고 생각하지만 경도~심도로 나누었을 때 능력에 차이는 있다.

08 문제에서의 환자는 질문에 대한 이해가 어려우나 비교적 유창하게 구어표현을 한다. 이에 ③ 혹은 ④로 유추할 수 있으나 연결피질감각실어증은 완곡 반향어증(검사자의 질문을 평서문으로 바꾸어 반복)의 특성을 보이므로 문제의 환자는 베르니케실어증이다.

09 ③ 터미널 → 차 타는 곳, 버스 → 큰 차, 서울 → 제가 사는 곳 등의 에둘러 표현하는 오류를 보인다.

10 ⑤ 양전자 단층 촬영술(PET)은 방사성 화학물질을 주사하여 방사성 탐지장치에 의하여 혈액의 변화를 보면서 뇌의 활동을 검사한다.

11 ④ 마비말장애(Dysarthria) 환자는 발음뿐만 아니라 운율(Prosody) 문제도 겪을 수 있다. 이로 인해 문장을 자연스럽게 끊어 읽지 못하거나, 적절한 강세와 억양을 사용하지 못하는 경우가 많다. 주로 문장 끊어 읽기(Phrasing) 연습을 하는데, 문장마다 숨 쉬는 지점을 표시하여 연습한다.

12 심층실독증
음운경로와 어휘경로 모두 손상되어 의미단어를 읽을 시 의미오류가 발생하며 비단어 읽기에서도 어려움을 보인다.

13 말초성 안면마비
말초성 안면마비는 7번 안면신경에 있어서 축삭 전체 손상의 경우에 동측의 이마에서부터 코 아래 입술 부분까지 모두 마비가 된다.

14 과소운동형 마비말장애
과소운동형 마비말장애는 말속도가 빠르며 단조로운 억양을 보이며 근육의 운동범위가 좁아지고 근력저하를 보인다. 또한 소자증과 근육의 떨림을 보이고 최대발성시간이 짧다. 음성은 쉰소리가 나며 음성떨림이 심하기에 이러한 과소운동형 마비말장애 환자에게는 리실만 음성치료기법을 사용한다.

15 치료 계획서
수직적 목표설정 시 단서가 가장 큰 2음절 단서 → 1음절 단서 → 의미단서 → 단서 없이 순으로 회기가 진행할수록 환자에게 제공되는 단서가 적거나 없어야 한다.

16 ② 망치의 경우 오른쪽 나무 손잡이만 보일 경우 망치로 인식하기 어려움이 있다.
무시증
우반구손상 환자의 경우 좌측 무시증이 주로 나타나며 좌우 비대칭인 그림의 경우 정확하게 인지하기 어렵다.

17 ⑤ 파킨슨병(Parkinson's Disease)의 대표적인 증상으로 말이 점점 빨라지면서 발음이 뭉개지는 현상을 보이기 때문에 말속도 감소를 목표로 메트로놈, 박자기 등을 사용하여 중재할 수 있다.

18 ② 근육의 반복 사용 시 점진적으로 피로해지고, 휴식 후 회복되는 증상은 약증(Fatigue)의 대표적인 특징이며, 이는 중증 근무력증과 같은 신경근 접합부 질환과 관련이 있다.

19 우반구손상 환자
우반구손상 환자는 이야기나 대화에서의 숨은 의미, 함축적 의미, 비유, 은유, 관용적 표현을 이해하기 어려워한다. ①에서 '불같이'와 같은 표현을 문자 그대로의 의미로 파악하기 때문에 이해에 어려움을 보인다.

20 ① 치매 초기에 언어장애를 보이지 않은 치매도 있다.
② 65세 이전에 발생하는 초로성(Presenile)치매까지 치매로 적용된다.
④ 혈관성치매는 계단식 악화를 보인다.
⑤ 현재 알츠하이머치매가 가장 많은 비중을 차지한다.
치 매
치매는 치료가 불가능한 비가역성(Irreversible)치매와 원인질환을 치료함으로써 치매가 호전되는 가역성(Reversible)치매로 나뉜다.

21 진행비유창성실어증
전두측두엽 변성으로 인한 치매는 의미치매, 진행비유창성실어증, 전두측두엽치매가 있다. 그중 진행비유창성실어증의 경우, 원발성진행성실어증의 한 유형으로 최소 발병 2년까지는 기억, 시공간 지각능력, 사고, 행동 등의 인지기능이 다른 치매들에 비해 상대적으로 잘 유지가 되며 유난히 언어장애가 크게 나타난다. 특히 진행비유창성실어증의 경우 비문법적이며 전보식 형태의 표현을 사용한다.

22 ② FOCUSED Caregiver Training Program 치료법은 보호자나 간병인을 가르치는 간접적인 치료법이다.
①·③·④·⑤ 환자에게 직접 적용하는 직접치료법이며, 약물치료 또한 직접적인 치료법이다.

23 ② 알츠하이머치매(Alzheimer's Disease, AD)는 주로 해마(Hippocampus)와 연관된 기억력 저하를 특징으로 하는 진행성 신경퇴행 질환이다. 따라서 원발진행실어증(PPA)에 비해 기억력 장애가 두드러지는 것이 맞다.

24 조음목표를 위한 구강근육자극기법(PROMPTS)
PROMPTS는 말산출 자체를 목표로 두지 않고 구강운동 구조에 대한 감각, 촉각, 반사적 입력 등을 통하여 조음목표를 조절하는 방법이다.

25 Rosenbek(1973)의 8단계 단서 과정
- 언어재활사가 목표어를 말하는 동안에 환자가 함께 목표어를 표현한다.
- 언어재활사가 목표어를 말한 뒤, 언어재활사의 입모양 제시에 환자가 목표어를 표현한다.
- 언어재활사가 목표어를 말한 뒤, 환자는 아무런 단서 없이 목표어를 표현한다.
- 언어재활사가 목표어를 말한 뒤, 환자는 아무런 단서 없이 목표어를 반복 표현한다.
- 목표어 카드를 읽는다(단, 다른 단서는 제공하지 않는다).
- 목표어 카드를 잠깐 본 후, 카드가 없는 상태에서 반복 표현한다.

- 언어재활사는 질문에 대한 답을 미리 알려주고, 환자는 답과 연관된 질문을 한다.
- 역할놀이를 통해 환자가 연습한 목표어를 활용할 수 있도록 한다.

26 발성실행증

후두실행증이라고도 불리는 발성실행증은 대부분 2주 내에 회복이 되는 일시적인 증상으로 흔하게 나타나지는 않는다.

27 GCS(글래스고우 혼수척도)

눈뜨기(1, 2, 3, 4), 구어반응(1, 2, 3, 4, 5), 운동반응(1, 2, 3, 4, 5, 6)점으로 최저점 3점, 최고점 15점으로 측정한다. 15점은 각성상태를 의미하며 점수가 낮을수록 의식상태가 좋다는 의미이다.

28 마비말장애 병소

경직형 마비말장애는 상부운동신경세포의 손상으로 발생하며, 상부운동신경세포는 대뇌피질에서 뇌간, 척수, 피질뇌간로, 피질척수로가 있다. 이완형 마비말장애는 하부운동신경세포의 손상으로 발생하며, 하부운동신경세포의 핵, 축삭, 뇌신경, 신경근육접합부가 있다.

29 말실행증 과제

말실행증은 말을 위한 운동프로그래밍의 장애로 의도적으로 프로그래밍하는 데 오류를 보인다. 따라서 일련교대운동(SMR) 과제를 가장 어려워하고, 상대적으로 교대운동속도(AMR), 연장발성, 자동구어, 노래하는 것은 수월하게 표현한다.

30 아동기 말실행증 평가단계

아동기 말실행증 평가단계는 인지평가 → 언어·음운평가 → 조음의 프로그래밍 평가 → 조음 근육의 평가의 순으로 이루어진다.

제2과목 | 유창성장애

31	32	33	34	35	36	37	38	39	40
④	④	①	③	②	④	②	④	④	③
41	42	43	44	45	46	47	48	49	50
②	④	②	①	④	②	①	③	④	④
51	52	53	54	55					
④	②	②	③	②					

31
① 학령전기~성인까지 검사 진행 가능하다.
② 다양한 평가 과제를 통해서 개인 내 변이성을 파악하는 데 용이하다.
③ 필수과제와 선택과제, 의사소통 평가로 구성되어 있다.
⑤ 고등학생 필수과제는 '말하기 그림, 대화, 읽기'이다.

32 ④ 대용어 사용은 여행지를 정확하게 말하지 않고 '거기'라고 말한 것이다. 여행지에서 할 수 있는 것을 '그것'이라고 표현한 것 등이다.
① 반복횟수는 '반복한 전체의 수'를 말하는 것이다. 본 발화에서 반복한 낱말은 '저는', '너무'로 총 2회이다. 따라서 P-FA Ⅱ로 살펴보았을 때 반복측면에서 2회 이상 나타나지 않았으므로 정상적인 비유창으로 본다.
② 반복의 종류는 1음절 반복이 있다.
③ 주로 나타나는 비정상적 비유창은 긴장을 동반한 주저, 간투사이다.
⑤ 심인성 말더듬인 경우, 정신과 상담을 제안할 수 있지만 필수 선택사항은 아니다.

33 신경생리학적 연구
- Wada Test : 양쪽의 경동맥 속에 아미탈 나트륨 용액을 넣어 언어 및 구어를 일시적으로 손상시켜 뇌반구 지배를 알아본다.
- 뇌파검사 연구 : EGG는 대뇌피질의 전기적 신호를 반영하는 것인데, 말더듬는 사람들에게서 더 억제된 EGG가 보이며, 최근 우반구 비대칭 현상, 비대칭 EGG 리듬이 발견된다고 보고하고 있다.
- 신경연상 기법 : 현재 말더듬의 신경구조 및 기능적 측면에서 비정상적이라고 보고하고 있지만 이와 반대되는 연구 또한 보고되고 있다.
* Monster Studies : 신경생리학적 연구가 아니며, 학습적 이론 중 진단착오 이론을 증명하기 위한 연구이다.

34 Guitar(1988)의 말더듬 진전경로 : 감정 및 태도
놀람 → 당황, 좌절, 수치심 → 공포, 두려움 → 분노,
적개심 → 자기비하, 자기학대, 자기 증오, 죄의식

35 회피행동

거부하기		말을 해야 하는 상황에서 거부 및 회피하는 행동
바꾸어 말하기	동의어 대치	더듬을 수 있다고 생각되는 낱말을 비슷한 언어로 바꾸어 표현
	에두르기	더듬을 것 같은 말을 돌려서 표현
	순서 바꾸기	더듬을 것 같은 말을 맨 뒤로 옮겨 표현
	전보식	길게 말해야 할 때, 짧게 내용어만을 표현
	대용어 사용	더듬을 것 같은 말을 대용어로 바꾸어 표현
	특이한 방법	더듬을 것 같은 말이 나타날 때 정상적인 말하기 표현이 아닌 노래 부르기, 속삭이기 등 특이한 방법으로 말을 바꾸어 표현
	연기책	더듬을 것 같은 말에서 시간을 벌기 위해 쓰는 표현이나 행동들 - 연기책은 다양한 형태로 나타남

36 ④ 가장 말더듬이 긴 3개의 평균을 구하여 점수로 변환한다.
(4.4+3.2+2.6)/3=3.4 → 점수 10점

37 ① 정상적 비유창성(방학에, 음, 저는)은 총 3회
→ 3/15×100=20
③ 3/15×100×1.5=30
④ 비정상적 비유창성(AD)의 빈도는 3
⑤ 정상적 비유창성(ND)의 빈도는 3

38 예상투쟁모델
스스로 말하는 것이 어렵다고 생각하고 점차 말로 인한 스트레스로 인해 말더듬이 시작된다고 보고 있다. 말더듬이 생길 것이라는 믿음이 학습되면서 말을 회피하기 위한 행동도 시작된다고 본다.

39 ① 부수행동은 나타나지 않았다.
② P-FA 의사소통 태도 검사 7점은 '말더듬 약함'으로 말에 대한 부담감을 느끼지 않을 수 있다.

③ 지속 가능성 관련 평가가 이루어지지 않아 판단하기 어렵다.
⑤ KOCS에서 "경계선 말더듬"에 해당된다.
Van Riper(1982)의 진전경로 Ⅱ
- 특징 : 언어발달지체, 언어의사소통 시작초기부터 비유창함, 상당수 조음음운장애 동반
- 핵심행동 : 반복 위주, 간혹 연장 출현
- 부수행동 : 말더듬을 인식하지 못하며 탈출행동이 나타나지 않는다.

40 ① 가벼운 말더듬 시범 보이기
② 나 잡아 봐라 놀이
④ 의도적 말더듬
⑤ 가벼운 말더듬 시범 보이기

41 ② 발화를 분석해 보았을 때 비유창성 빈도 100단어 발화 중 10회 이상, 반복단위는 2회 이상, 간헐적으로 연장이 나타나므로 경계선 말더듬이라고 할 수 있다.

42 진성 비유창성
- 단어 부분 반복, 일음절 단어 반복, 비운율성 발성, 긴장된 쉼
- 따라서 총 4회(선 선생님-1회+ㅊㅊ창-2회+그 그래서-1회)

43 ② 총 단위반복수/단위반복 → 18/5=3.6회

> '학 학 학 학교에서' - 3회
> '숙 숙 숙제를' - 2회
> '호 호 호 호 호 혼이' - 5회
> '다 다 다 다 다음부터' - 4회
> '수 수 수 수 숙제' - 4회

44 ① 말더듬지각 목록표(말더듬 인식검사, PSI)
② 행동통제소
③ 자아효능감 척도
④ 파라다이스-유창성 검사(P-FA Ⅱ, 말더듬 중증도 검사(SSI-4) 등)
⑤ 만성화 예측 체크리스트

45 말더듬 치료 : 스토커 프로브 테크닉
- 목적 : 아동기에 나타나는 정상적인 비유창성과 실제적 말더듬 선별 및 치료한다.
- 병리적 비유창과 정상 비유창성의 구별 근거를 제공한다.

46 ① 말더듬에 대해 인식한 경우 직접치료를 실시한다.
③ 간접치료 후 아동의 말이 유창해지지 않을 경우 직접치료를 한다.
④ 간접치료의 대표적인 프로그램으로 리드콤 프로그램이 있다.
⑤ 직접치료에는 '말더듬의 변형'이 있다.

47 ㄹ. 말더듬 예측검사(SPI)는 아동 평가 방법이다.
ㅁ. 자기 평가 및 말더듬에 대한 기대감 확인은 성인 평가 방법이다.

48 ③ 말에 대한 인식이 없으므로, 말더듬에 대해 직접적인 언급은 하지 않는 것이 좋다.

49 보기는 말더듬 수정법 단계 중 취소(Cancellation)에 해당한다.

50 ④ P-FA Ⅱ 검사 결과, 말더듬 정도가 '약함'으로 나타났다. 또한 부수행동이 없고 의사소통 태도 검사에서 말더듬 정도가 '약함'으로 나타났다. 이 결과로 살펴보았을 때, 의사소통에 대한 부담감이나 부정적 생각은 다소 약한 것으로 보인다. 따라서 유창성 완성법을 통해 체계적이고 단계적으로 유창한 말 산출 방법을 새롭게 학습하는 방법이 좋을 것으로 보인다.

51 ① 자아효능감 검사는 성인용과 청소년용 두 가지로 나뉘진다.
② Erickson 의사소통 태도 평가는 점수가 높을수록 의사소통 태도가 부정적인 것이다.
③ 이 검사는 5점 척도를 이용하는 것이 아니라 자신의 특성과 같다고 느끼는 것에만 체크하고 해당되지 않는 것은 체크하지 않는다.
⑤ A-19 검사는 아동들 대상으로 하며 언어재활사가 질문하여 평가한다.

52 ② 청소년은 동기부여가 다른 연령대에 비해 적은 편이다.

53 ① 행동통제소(LCB)는 점수가 낮을수록 내재성(내적 통제에 의해 결정)이 높다고 본다.
③ 자아효능감 검사는 자신감을 표시할 때, 점수가 높을수록 자신감 정도가 높다.
④ 전반적 말더듬 경험 평가(OASES)는 Likert척도 1~5점으로 평정하여 산출한다. 각 영역과 전체의 점수는 합하여 응답을 한 문항의 총 개수로 나누면, 말더듬 영향력 점수가 산출되어 중증도를 결정한다.

⑤ 말더듬 지각 검사(PSI)는 점수가 낮을수록 적게 지각한다고 본다.

54 ① 말속도를 의식해야 한다.
② 의사소통 문제점을 직접적으로 피드백해야 한다.
④ 다른 단어나 음절의 강세, 억양을 다양하게 하여 구를 읽게 한다.
⑤ 성인 평균 말속도는 180~220SPM이다. 평균보다 더 천천히 읽도록 해야 한다.

55 ① 신경학적 말더듬인 경우 동기가 있을 때 중재하는 것이 효과적이다.
③ 신경학적 말더듬인 경우 심리적인 불안을 동반하지 않는다.
④ 말더듬의 경우 선택적으로 심리상담을 제안할 수 있지만 필수적인 것은 아니다.
⑤ 심인성 말더듬인 경우 한두 번의 행동치료로 빠른 진전을 보이기도 하므로 진전이 가장 빠르다.

제3과목 | 음성장애

56	57	58	59	60	61	62	63	64	65
②	③	⑤	③	③	③	①	③	②	⑤
66	67	68	69	70	71	72	73	74	75
②	①	③	②	①	②	①	②	④	②
76	77	78	79	80					
④	④	⑤	②	②					

56 비음의 공명주파수는 모음에 비해 낮게 형성되며 상대적으로 음향에너지가 낮다. 특정 주파수 대역의 에너지가 약화되는 현상인 반공명(Antiresonance) 주파수가 관찰된다.
- 양순음 : 가장 낮은 반공명주파수를 보임(1,000Hz 부근)
- 치조음 : 2,000Hz 부근
- 연구개음 : 가장 높은 반공명주파수를 보임(3,000Hz 부근)

57 후두적출 환자의 음성재활
기식도발성은 발화 시 기문을 손 또는 단방향 밸브로 막으면 공기가 식도를 통해 인두로 나와 발성이 산출되는 방법이다. 식도발성은 구인두에서 압축된 공기를 식도로 이동시켜 식도점막의 진동을 통해 소리를 산출하는 방법이다.

58 ⑤ 나이가 들수록 후두의 연골구조는 골화되어 더 딱딱해진다.

59 아데노이드 비대증은 아데노이드가 증식하면서 코에서 후두로 연결된 통로가 폐쇄되므로 발화 시 비강공명이 부족하여 과소비성이 나타난다.

60 ③ '나무에 매미가 많아요.'는 공명음으로 구성된 문장으로 비성치가 가장 높게 나올 수 있다.

61 ③ PAS는 공기역학적 검사로 성문에서 나오는 기류 양을 간접적으로 측정할 수 있다.

62 음성장애 원인
GRBAS, CAPE-V, Stroboscopy는 모두 주관적 평가이다.

63 ③ VRQOL의 평가영역은 사회-심리영역과 신체영역으로 구성되어있다.

64 ② 편측성 성대마비는 성대 내전 시 성문틈이 관찰되고 불완전한 성문폐쇄를 보이며, 발성 시 기식음성의 특징을 보인다.

65 음성장애별 MAFR 특징
Mean Airflow Rate(MAFR)는 평균 호기류율로 발성 시 1초 동안 성문 사이를 통과하는 공기의 양을 의미하는 값이다. 임상에서는 MAFR로 정상 유무를 판단하는 것보다는 환자의 치료 전/후를 비교하기 위해 많이 사용된다. 이론적으로 MAFR의 비정상적으로 높은 값은 성문폐쇄부전이 관찰되는 질환(예 성대마비, 성대용종 등)에서 관찰되고 비정상적으로 낮은 값은 연축성 발성장애와 같이 성문저항이 증가하는 장애군에서 관찰될 수 있다.

66 ② 다이어그램에서 초록색 원은 정상범위를 의미하며, 정상성이 높을수록 초록색 원이 크다. 붉은색 비정형 부분이 원을 벗어나 있으면 비정상적임을 의미한다. 제시된 다이어그램의 측정치 중 DSH(Degree of Sub-harmonics)의 비정형 부분이 두드러지게 나타난다. 이는 발성에 저조파(Sub-harmonics)가 있음을 나타낸다.

67 양측성 성대마비
양측 외전근 성대마비는 양쪽 성대가 정중선에 고정되어 호흡문제가 유발되므로 기관절개술이 필요하다. 또한 양쪽 성대가 정중선으로 움직이지 못하므로 흡인 유발 및 발성을 할 수 없다.

68 무음구간(Silent Gap)
스펙트로그램에서 무음구간은 파열음에서 발생한다.

69 LaxVox 기법은 물컵에 물을 받아 빨대로 불며 이완된 음성산출을 유도하는 기법이다.

70 머리 위치 변경법은 다양한 신경학적 음성장애의 음성 및 연하기능 개선에 도움을 준다.

71 총체적 접근법
호흡, 발성, 조음, 몸동작, 언어와의 협응을 최대화시켜 병리적 증상을 개선시키는 데 목적을 두고 있다. 복부-횡격막 호흡, 신체와 팔의 움직임, 강세를 넣은 리듬감 있는 모음 발성 활동과 후속적인 자음 발성 활동을 사용하는 치료 방법은 악센트 기법이며, 총체적 접근법 중 하나이다. 총체적 접근법으로는 악센트 기법, 공명음성치료법, 리실버만 음성치료법, 성대기능훈련이 있다.

72 역행성 성대운동
흡기 시 성대가 부적절하게 내전되는 현상을 보이며, 천식과 비슷한 증상을 보이며 만성적 기침을 보인다. 치료 방법으로는 하품-한숨 방법 등으로 부드러운 성대내전을 유도하며 비디오피드백 등 시각적 자료를 사용하여 발성 시 성대가 내전하고, 흡기 시 성대가 외전해야 함을 알려줄 수 있다.

73 변성발성장애는 변성기 이후의 남성이 비정상적인 고음으로 발화 음성을 사용하는 경우를 의미한다. 음성 특징은 부적절한 고음 및 공명, 쉰목소리, 음도일탈 등이 있다. 후두 구조상 이상은 없으나 기능적으로 부적절한 발성을 보인다.

74 진성대의 구조
진성대는 상피, 표층(라인케 공간), 중층, 심층, 근육의 5개 층으로 나뉘며, 점막(상피, 표층), 인대(중층, 심층), 근육의 3개 층으로 나눌 수도 있다. 2개 층으로 나누면 덮개(상피, 표층), 몸체(중층, 심층, 근육)로 나눌 수 있다.

75 흡기의 원리
흡기는 폐 내부의 공기밀도가 대기의 공기밀도보다 낮아서 공기가 대기에서 폐로 이동하면서 생기는 현상이다.

76 음성과 관련된 삶의 질(V-RQOL) 평가는 환자가 설문지를 통해 실시하는 주관적 음성평가이다. 평가영역은 '사회-심리영역'과 '신체영역'이 있으며 5점척도로 평가된다. 총점을 세부 영역의 점수에 따라 표준화한 표준점수가 제공된다.

77 ④ 인유두종바이러스(HPV)의 감염은 유두종의 원인이다.
육아종(접촉성궤양)
육아종은 저음산출 및 기침, 목청 가다듬기 등으로 인해 지나치게 피열연골이 접촉하는 경우, 인후두역류, 수술 시 기관내삽관이 주요 원인이다.

78 성대폴립 환자의 음성재활
폴립의 경우 상황에 따라 후두미세수술(Laryngeal Micro Surgery) 등의 의료적 처치가 필요한 경우도 있다. 하지만 우선적으로 음성치료를 시도해 본 뒤 진전이 없을 때 수술적 방법을 시도한다.

79 본 사례는 '변성발성장애'에 해당한다. 재활 방법으로는 '기침하기, 실시간 음도 피드백, 손가락 조작법(갑상연골 앞쪽 누르기), 차폐, 반-삼킴 붐 기법 등'을 사용하여 후두구조에 적절한 음도를 사용할 수 있도록 돕는다.

80 ② 인후두역류질환 환자에게 권할 수 있는 음성위생법으로 수면 시 높은 베개 사용, 꽉 조이는 옷 피하기, 잠자기 전 수분섭취 금지, 유제품 섭취 줄이기, 금주 및 금연 등이 있다. 또한 근긴장발성장애 환자는 후두마사지 및 하품-한숨 기법 등 다양한 이완 방법을 적용해 볼 수 있다.

2교시

제4과목 | 언어발달장애

01	02	03	04	05	06	07	08	09	10
④	⑤	②	⑤	③	⑤	⑤	④	④	③
11	12	13	14	15	16	17	18	19	20
④	②	④	⑤	②	④	②	③	③	⑤
21	22	23	24	25	26	27	28	29	30
②	②	④	③	④	②	②	⑤	①	⑤
31	32	33	34	35					
③	③	①	③	④					

01 언표내적 행위
의도적 의사소통 행동이 나타나며 목표를 이루기 위해 수단을 사용한다.

02 음운인식능력(Phonological Awareness)
읽기 발달에서 중요한 소리 및 음운 구조에 대한 상위언어 능력, 자소-음소 대응규칙을 인식하는 것이다.

03 단순언어장애(SLI)의 판별조건(Leonard, 1998)
- 정상보다 지체된 언어능력(표준화 검사 시 -1.25SD 이하)
- 지능 정상(비언어성 IQ 85 이상)
- 신경학적 이상 없음(이로 인한 약물 복용 경험 없음)
- 구강구조 및 기능의 이상 없음
- 사회적 상호작용 능력에 심각한 문제 및 장애 없음
- 청력 정상, 진단 시 중이염 없음

04 ⑤ 물건대치 상징행동(24~35개월) : 관습적인 사물을 다른 사물로 대치하는 행동이다.

05 중재 접근법
- 언어재활사 : (사과를 자르며) 사과 잘라요.
  → 혼잣말 기법(Self-talk)
- 언어재활사 : 딸기를 잘라요.
  → 확장(Expansion)
- 언어재활사 : (접시를 주며) 접시 주세요.
  → 평행적 발화기법(Parallel-talk)

06 ⑤ 아동의 발화에서 객관적 언급은 3회 나타난다.

> 아　　동 : 선생님, 저것 봐요. - 객관적 언급
> 　　　　　　(사건/상태)
> 언어재활사 : 뭐?
> 아　　동 : 주사위요. 빨강, 노랑, 초록, 파랑, 핑크, 보라색이에요. - 객관적 언급
> 　　　　　　(고유 특성)
> 언어재활사 : 그렇네. 주사위 해볼까?
> 아　　동 : 네. (반응) 이거는 던져서 굴리는 거야. - 객관적 언급(기능)

07 평균 형태소 길이(MLUm) : 6(18/3)

> 오늘# 이/거# 하/자#
> 나/는# 의사/하/고# 언니/는# 환자#
> 엉덩이/에# 주사# 맞/아요#

08 ④ ㄱ, ㄷ
보완대체의사소통 상징체계(Symbols) - 비도구적 상징
- 몸짓, 수화가 포함됨
- 장점 : 다른 도구 없이 언제든 의사소통이 가능하며 편리함
- 단점 : 비도구적 상징을 모르는 상대방과의 대화가 제한적

09 ④ 스캐닝
보완대체 의사소통 기법
직접선택, 간접선택

10 ③ 기능적 어휘 이해 및 표현 능력을 증진시켜야 한다.

11 스크립트 중재 설정 과정
- 목표 언어 계획
- 친숙한 활동 선택
- 목표 언어 유도를 위한 하위 행동 결정
- 하위 행동에 따른 세부 계획 설정
- 쓸데없거나 부적절한 하위 행동 제외
- 목표 언어를 이끌기 위한 환경 및 언어 표현 계획
- 중재 실시

12 ② 계기사건, 내적반응이다.

13 ④ 공존격이 가장 먼저 발달한다.
격조사 발달
공존격 → 장소격 → 주격(가) → 주격(는) → 목적격 → 도구격

14 ⑤ 이야기와 관련된 평가 결과가 없어 아동의 현행수준을 파악하기 어려우므로 중재 목표를 세우기에 부적합하다.

15 ① 이야기의 내용, 구성, 전반적 질 측면은 거시적 구조에 해당한다.
③ 개구리 이야기 분석 시 이야기 구성, 결속표지, 비유창성, 구문 및 문법형태소를 분석한다.
④ 하나의 에피소드에는 계기사건, 시도, 결과가 포함된다.
⑤ 이야기 결속장치에는 지시, 대치, 접속, 어휘적 결속이 포함된다.

16 선반응 요구-후 시범 기법(Mand-model Procedure)
아동과 함께 활동하다가 아동에게 구어적 언어 반응을 요구해 본 후 시범을 보이는 것을 말한다.

17 ① 해당 아동은 최고 연령과 비교하였을 때 지체로 화용 언어에 문제가 나타난다.
③ 반어나 비유적 표현을 이해하는 데 어려움이 나타난다.
④ 해당 예시는 직유적 표현이다.
⑤ 이야기 담화 정보 인식능력은 지체 수준에 속한다.

18 ① 도구-행위 : 가위로 잘라요.
② 행위자-부정-행위 : 나 안 해요.
④ 경험자-실체-상태서술 : 나 토끼인형 좋아요.
⑤ 행위자-장소-행위 : 엄마 화장실 가요.

19 ③ 부모보고는 대표성 있는 자료 수집이 가능하다.

20 ① 문단글 읽기 유창성은 아동이 10초당 정확하게 읽은 음절수를 계산한다.
② 읽기지수 2는 해독, 읽기이해, 문단글 읽기 유창성이 포함된다.
③ 읽기이해 검사 시 '그런데'→'그런대', '그래서'→'그레서'로 맞춤법 오류를 보여도 1점으로 채점한다.
④ 탈락과제에서 3개 오반응 하였다면 합성과제를 실시한다.

21 ② 무의미 낱말 읽기에 어려움을 보이며, ㅎ 탈락, 종성 오류를 보인다. 또한 자소-음소 불일치형 낱말 읽기에 어려움을 보인다.

22 ② 언어재활사는 반복 읽기를 사용하여 상대의 소리와 자신의 소리를 통해 유창한 읽기를 유도한다.

23 ④ 확장은 사용되지 않았다.

24 언어 이전기 중재 방법 및 활동
- 의사소통 의도
- 방향 찾기
- 공동 주목
- 공동 활동
- 차례 지키기
- 상징놀이
- 선행 행동에 따른 반응
- 명명하기
- 모 방

25 ④ 수 집
설명담화 유형
수집(Collection), 인과(Cause-effect), 비교/대조(Compare-contrast), 문제/해결(Problem-solution)

26 의사소통 행동 발달 순서
ㄴ. 울음, 미소와 같은 반사적인 행동을 보인다.
ㄱ. 자음과 모음이 결합된 소리를 산출하며 갖고 싶은 것이 있을 때 칭얼거리는 모습을 보인다.
ㅁ. 업어달라고 엄마 등 뒤에 와서 기댄다.
ㄹ. 높은 곳에 있는 장난감을 꺼내기 위해 손을 뻗어 꺼내려는 행동을 보인다.
ㄷ. 구어적 표현을 하면서 의사소통 목적을 이룬다.

27 역동적 평가
- 단편적 검사와 언어촉진 및 자극 제공하여 아동의 반응을 함께 평가함
- 학습잠재력(ZPD)의 유무 알 수 있음
- 언어 중재를 통한 아동의 언어 능력의 향상 유무 평가
- 이야기 요소를 점수로 분석하여 활용 가능함
- 다양한 상황 문맥을 활용

28 ① 5~36개월 아동들의 수용 및 표현언어 능력을 조기에 평가할 수 있는 검사는 SELSI로 정상발달, 약간 지체, 언어발달지체로 결과를 해석할 수 있다.
② PRES 검사로 아동의 수용 및 표현언어의 언어발달 연령과 백분위수를 파악할 수 있다.
③ K M-B CDI 검사는 영아용(표현 및 이해어휘, 제스처, 놀이), 유아용(표현어휘, 문법과 문장)으로 평가할 수 있다.
④ 문법형태소, 구문구조, 어휘 등을 이해하는 데 어려움을 보이는 8세 아동에게 구문의미이해력 검사를 실시할 수 있다.

29 ① 본 아동은 동시적 이중언어 아동이다.

30 ① 구문의미이해력 검사 결과 작성 시 최고 연령 기준으로 분석하였다는 것을 언급해야 한다.
② 나열문, 관형절의 이해 → 구문 측면
③ 문법 → 의미
④ 의미 → 문법

31 ③ 주제 간 이동 → 주제 내 이동(언어재활사 : 축구 좋아해? → 아동 : 농구 좋아하는데요.)

32 의사소통 기능
- 지시적 기능 : 은정, 경미
- 투사적 기능 : 보람, 영미
- 해석적 기능 : 지연

33 ① 범주어, 은유 표현의 어려움은 의미적 결함에 해당한다.

34 ③ 실제장벽 : 가정, 학교, 직장에서의 일반적 절차, 관습

35 ④ 주장하기 : 자신의 의견이나 주장을 표현한다.

제5과목	조음음운장애

36	37	38	39	40	41	42	43	44	45
②	②	①	④	⑤	③	①	④	④	①
46	47	48	49	50	51	52	53	54	55
②	①	③	③	⑤	③	④	③	⑤	②
56	57	58	59	60	61	62	63	64	65
③	①	③	①	②	③	③	②	②	①
66	67	68	69	70					
③	⑤	③	③	④					

36 ② 주요 오류패턴은 파찰음, 마찰음의 파열음화이며, 목표음소를 특정 음소로 계속 대치하는 경우에 음소대조를 이용한 접근법을 사용하는 것이 효과적이다.

> 어제 – 어데 : 파찰음의 파열음화
> 자전거 – 다던거 : 파찰음의 파열음화
> 탔어요 – 타떠요 : 마찰음의 파열음화
> 넘어졌어요 – 너머더떠요 : 파찰음의 파열음화/
> 마찰음의 파열음화
> 그래서 – 그래저 : 마찰음의 파찰음화

37 ② 밭이랑 → /반니랑/
구개음화
형태소의 끝 자음(종성)에 /ㄷ, ㅌ/ 뒤에 의존형태소 /ㅣ/가 오면, /ㅈ, ㅊ/로 바뀌어서 소리 나는 현상이다.

38 조음오류패턴 찾기, 초기 목표단어 설정
• 주로 관찰되는 조음오류패턴은 종성생략이다.
• 사용빈도를 고려하였을 때 종성에서는 공명음이 장애음보다 사용빈도가 높으며, 발달상 양순음이 가장 먼저 발달하기 때문에 종성에 'ㅁ'이 포함된 단어를 초기 목표단어로 설정해야 한다.

39 일반화
• 특정한 변별자질을 공유한 말소리의 일반화를 '말소리/변별자질 일반화'라고 한다.
• /ㅈ, ㅉ, ㅊ/는 [+자음성], [+설정성], [+지연개방성]에서 공통적이다.

40 ⑤ /ㅉ, ㅆ/에서 긴장성을 제외하면 평음인 /ㅈ, ㅅ/가 되며, /ㅊ/에서 긴장성과 기식성을 제외하면 /ㅈ/가 된다.

41 ① 삽으로/사브로/ : 어중초성으로 실현
② 집만/짐만/ : 비음화
④ 답을/다블/ : 어중초성으로 실현
⑤ 김밥을/김바블/ : 어중초성으로 실현
음운변동을 고려한 문장수준 평가
종성 /ㅂ/을 문장에서 평가하기 위해서는 문장 안에서 목표음소는 음운변동이 일어나지 않아야 한다.

42 설정성(Coronal)
혓날이 위로 들리는 자질이다. 치조(경)음 /ㄴ, ㄹ, ㄷ, ㄸ, ㅌ, ㅅ, ㅆ/, 경구개음 /ㅈ, ㅉ, ㅊ/ 등이 해당된다.

43 IPA

ㅅ	j, i, wi 앞 ɕ, ɕ* 그 외 모음 s, s*
ㄹ	음절종성, /ㄹ/뒤 초성 l 어중초성 ɾ

44 자음의 조음위치별 사용빈도
치경음＞연구개음＞양순음＞경구개음＞후두음

45 ① 형상화 개념 단계에서는 음소의 대조적인 특징을 형상화된 설명을 통해 목표음의 정확한 산출을 유도한다. 예를 들면 치조마찰음의 경우 뱀 지나가는 소리, 물 흐르는 소리로 형상화할 수 있으며, 연구개파열음의 경우 코 고는 소리 등으로 형상화하여 설명할 수 있다.

46 ① a → [ã] : 과다비성
③ p → [ʔ] : 성문파열음
④ s → [ʕ] : 인두마찰음
⑤ s → [sˡ] : 설측음화

47 ① 본 아동은 치조파열음은 정조음할 수 있으므로 연구개파열음이 발달상 가장 먼저 중재해야 할 목표가 된다.
아동은 연구개파열음, 파찰음, 치조마찰음, 유음에서 오류를 보인다. 발달상 치조파열음과 연구개파열음이 가장 먼저 습득되며 그 후 파찰음, 치조마찰음, 유음이 습득된다.

48 종성 발달
• 유음은 종성 다음 초성 순으로 발달한다.
• 종성의 경우 어두나 어말에서 먼저 습득하고 어중종성을 나중에 습득한다.

49 ③ 시소 → [지조]는 치조음(ㅅ)을 조음위치상 뒤쪽에 위치한 경구개(ㅈ)에서 오조음하였으므로 후방화 오류에 해당된다.
후방화 오류
조음위치에 따른 오류로 목표음소보다 앞쪽에서 소리를 내면 전방화, 뒤쪽 소리를 내면 후방화 오류이다.

50 조음방법별 사용빈도
파열음＞비음＞유음＞마찰음＞파찰음
cf) 조음방법별 유형빈도 : 파열음＞마찰음＞파찰음＞비음＞유음

51 ③ 단어, 음절, 음소 순으로 발달한다.

52 ④ 영유아의 경우 자유놀이를 통해 음소목록을 수집하는 것이 좋다.

53 ③ 설소대단축증이 심한 아동은 치조음 발음이 어렵다. 따라서 치조음으로 구성된 '노래'의 발음이 어려울 수 있다.

54 말명료도
첨가, 탈락 → 대치 → 왜곡의 순서대로 말명료도가 낮으며, 일관적인 오류보다 비일관적인 오류가 명료도가 낮다.

55 '이마 → [미마], 이불 → [미물]'은 비음화 오류로 같은 유형에 해당되는 것은 '인형 → [니녕]'이다.

56 과다비성 평가과제
구강자음으로만 구성된 과제를 통해 과다비성 유무를 살펴볼 수 있다.

57 ① 조음정확도(%)=바르게 조음한 음소 수(자음+모음)/조음해야 할 총 음소 수(자음+모음)×100
조음정확도

효준이 어제 기차 탔어요. 랄라뽕뽕이 기차 타요.
/효주니 어제 기차 타써요. 랄라뽕뽕이 기차 타요/
→ ㅎㅈㄴㅈㄱㅌㅆㄹㄹㅃㅇㅃㅇㄱㅊㅌ (18)
→ ㅛㅜㅣㅔㅣㅏㅏㅓㅏㅏㅗㅏㅗㅜㅣㅏㅏㅛ (19)
[호주이 어데 기타 타떠오. 알라뿌뿌이 기타 타오]
→ ㅎㅈ＃＃ ㄱ＃ ㅌ＃ ＃ㄹㄹㅃ＃ㅃ＃ ㄱ＃ ㅌ (10)
→ ＃ㅜㅣ ㅔㅣ ㅏ ㅓㅣ＃ㅏㅏㅜㅜㅣㅣㅏ＃ (16)

58 /ㅆ/을 CV환경(어두초성)에서 중재한 뒤 CVCV환경(어중초성)에서 위치 일반화가 되었는지 확인할 수 있다.

59 파찰음이나 마찰음을 통해 비누출을 확인할 수 있다.

60 ② 이모 VCV → [니모] CVCV
① 소라 CVCV → [초라] CVCV
③ 김밥 CVCCVC → [깁빱] CVCCVC
④ 당근 CVCCVC → [땅금] CVCCVC
⑤ 스마트폰 CVCVCVCVC → [트마트풍] CVCVCVCVC

61 ③ 완전습득연령 : ㅍ(2세), ㅂ(3세)

62 축약오류
축약은 2~3개의 음절 중 부분이 생략되고 합쳐지면서 새로운 음절을 이루는 오류를 말한다.

63 문맥 일반화
음성적 문맥 일반화는 다양한 음성적 환경으로의 일반화를 말한다. 음성적 환경으로의 일반화 예를 들면 'ㅅ'를 모음 'ㅣ' 앞에서 정확하게 산출하는 것을 학습한 것이 'ㅏ, ㅗ, ㅓ' 등의 모음 앞에서도 일반화되는 것을 의미한다.

64 ② 가위 : 바위 → /ㄱ/, /ㅂ/는 전방성, 고설성, 후설성의 자질에서의 차이가 난다.
① 빵 : 방 → /ㅃ/, /ㅂ/는 긴장성에서 차이가 난다.
③ 씨 : 시 → /ㅆ/, /ㅅ/는 긴장성에서 차이가 난다.
④ 니모 : 미모 → /ㄴ/, /ㅁ/는 설정성에서 차이가 난다.
⑤ 통 : 똥 → /ㅌ/, /ㄸ/은 기식성에서만 차이가 난다.

65 ① 짝단어를 사용하여 코 울림의 여부를 촉각적으로 확인시켜 주는 것이 좋다.

66 ③ /ㅅ/은 /ㅣ/ 모음 앞에서 다른 모음에 비해 빨리 습득되며 쉽게 낼 수 있다.

67 ⑤ 위치 일반화란 낱말의 특정 위치에서 다른 위치로 일반화되는 것을 의미한다(어두초성에서 정조음 시, 어중초성, 종성에서도 일반화).

68 ③ 음절 탈락 과제
① 음절 합성 과제
② 단어 합성 과제
④ 단어 탈락 과제
⑤ 음소 탈락 과제

69 ② 말소리 목록이 제한적인 경우 말소리 목록을 수집 및 분석하는 독립분석이 필요하다.
독립분석, 관계분석
- 독립분석 : 아동이 산출한 음소목록 또는 음절구조, 음운규칙 등을 독립적으로 분석하는 것을 의미한다.
- 관계분석 : 성인의 목표형태와 비교하여 음소분석 및 오류패턴을 분석하는 경우를 말한다.

70 ④ 정조음한 치조마찰음 2개(선생님)/목표치조마찰음 6개 ×100

05 모의고사 다섯 번째 정답 및 해설

1교시

제1과목 | 신경언어장애

01	02	03	04	05	06	07	08	09	10
⑤	①	②	①	④	③	①	③	①	②
11	12	13	14	15	16	17	18	19	20
③	①	⑤	③	④	①	②	③	③	④
21	22	23	24	25	26	27	28	29	30
②	⑤	③	⑤	②	①	⑤	②	④	①

01 ⑤ 혀 운동과 관련된 근육을 지배하는 뇌신경은 CN XII(12번, 설하신경)이다.

02 ① 일화기억은 특정 시기에 특정 장소에서 겪은 개인적인 경험에 대한 기억이다.

03 추체로
대뇌피질에서 직접 척수로 내려가 사지와 같은 말초적인 운동을 통제한다. 세밀한 운동을 수의적으로 움직이게 한다.

04 ① 좌측 중뇌동맥(MCA)은 손상이 되었을 경우, 실어증을 일으킬 확률이 가장 높다.

05 교차실어증
좌반신마비는 우반구손상을 의미하며 오른손잡이 환자가 우반구손상으로 인하여 언어장애를 보이는 것을 교차실어증이라고 한다.

06 ③ PICA는 최고 16점으로 답의 등급을 나누어 채점을 한다.

07 좌측 무시
좌측 무시를 보이는 환자의 경우 선 이등분 하기 과제 또는 시계 그리기 과제 등을 통해 추가적으로 확인할 수 있다.

08 ③ 환자는 비유창(3점)하며 따라 말하기, 이름대기 모두 수행력이 떨어지나 알아듣기 점수가 10점으로 환산하였을 때 4점 이상으로 브로카 실어증에 해당한다. 이에 현 능력을 고려하였을 때 2step 지시 따르기를 목표로 할 수 있다.

09 의사소통 효과증진법[Promoting Aphasic's Communicative Effectiveness(PACE)]
이 치료는 언어재활사와 환자가 대화상황에서 동등하게 메시지를 주고 받으며 대화를 한다. 이때 반드시 말을 통한 의사소통(Verbal Communication)을 사용하지 않아도 되며 팬터마임, 지적하기 등의 제스처를 활용할 수 있다.

10 ② 문제와 같은 증상은 실조형 마비말장애(Ataxic Dysarthria) 환자의 특징으로 실조형 마비말장애 환자들은 강세와 리듬이 불규칙하므로 대조 강세 훈련(Contrastive Stress Training)을 통해 명확한 강세 패턴을 학습하도록 돕는 것이 효과적이다.

11 착 어
착어는 음소착어, 의미착어, 형식착어, 신조착어가 있다. 음소착어는 단어 내 일부 음소가 다른 음소로 대치되어 나온 것(신발 → 신밤)이다. 의미착어는 목표단어 대신 그 단어와 의미적으로 연관성이 있는 다른 단어로 대치되어 나온 것(신발 → 양말), 형식착어는 한 개 이상의 음소가 다른 음소로 대치되어 의미가 있는 다른 단어로 표현한 것(소리 → 오리), 신조착어는 비단어 또는 신조어를 만들어서 사용하는 것이다.

12 ① 브로카실어증의 대표적인 치료법은 MIT(멜로디억양치료법)로 멜로디와 함께 조합하여 노래형식으로 발화를 유도하여 점차 목표발화의 길이로 늘려가는 방식이다.

13 읽기장애(실독증)
읽기장애(실독증)와 관련이 있는 병소는 모서리위이랑(Supramarginal Gyrus)과 각이랑(Angular Gyrus)이다.

14 ③ 질문에서 '나비가 (　)'를 '비가 (　)'으로 좌측 앞글자를 인식하지 못하여 괄호넣기에 오류를 보였다. 이는 좌측 무시 증상으로 무시실독증 환자에게서 나타난다.

15 ④ 무시실서증의 경우 말초형 실서증의 한 종류이다. ①·②·③·⑤ 중추형 실서증이다.

16 ① 질문에서 나타난 특징은 좌측 무시증으로 우반구 환자의 특징을 묻는 문제이다. 따라서 주의력결핍에 대한 설명이 적절하다.

17 ② 제시된 치료 활동들은 기억력 증진을 목표로 하는 활동들이다.
기억력 증진 치료 활동
- 가족사진과 이름 매칭 → 사람과 관련된 정보를 기억하는 능력
- 스케줄표 작성 → 일정을 기억하고 계획하는 능력
- 쇼핑 리스트 작성하고 기억하여 말하기 → 단기 기억 및 언어 표현
- 요리 레시피 카드 배열하기 → 순서 기억 및 작업 기억 강화

18 ③ 환자가 자신의 문제를 스스로 인식하도록 돕는 방법으로, 질병불각증이 있는 환자에게 효과적인 치료전략이다. 비디오 피드백을 통해 자신의 언어적·행동적 문제를 객관적으로 볼 수 있도록 유도할 수 있다.

19 치매
치매는 다발성 인지기능장애로 Benson(1992)은 치매를 5가지 인지기능 중 적어도 3개 이상에서 저하가 생겨야 한다고 주장하였다.

20 파킨슨씨병
파킨슨씨병은 억양이 단조로워지고 목소리가 작아지며 빠른 말속도가 특징이다. 또한 글씨를 작게 쓰는 소자증을 보인다.

21 시간차 회상훈련
시간차를 두고 반복적으로 회상하는 것을 시간차 회상훈련이라고 한다.

22 ⑤ 임상치매등급(CDR) 3에 해당하는 치매 환자는 인지 기능이 심각하게 저하된 상태로, 자주 혼동하고 일상적인 활동을 독립적으로 수행하기 어려운 상태이다. 따라서 CDR 3 환자에게는 구조화된 환경과 명확한 지시가 중요하다. 또한, 단순한 일상 행동 목록을 제공하고, 환자가 혼란을 겪지 않도록 환경을 구조화하는 것이 가장 적절한 중재이다. 이는 환자가 일상생활에서 독립성을 유지할 수 있도록 도와주고, 불안감을 줄여준다.

23 Simulated Presence Therapy(SimPres)
SimPres는 치매 간접치료법으로 환자가 과거에 즐거웠거나 행복했던 상황에 대해 보호자들이 녹음을 하여 환자에게 들려줌으로써 환자로 하여금 그때의 상황을 회상하면서 긍정적인 감성을 이끌어내게 하는 치료법이다.

24 관념운동성실행증(Ideomotor Apraxia)
관념운동성실행증은 생산체계의 문제로 과제의 목적과 개념을 이해하더라도 목적이 있는 움직임을 수행하지 못한다(지시, 명령을 했을 때 수행하지 못함). 하지만 아무런 지시 없이 본능적으로 행하는 것은 가능하다.

25 ② 말실행증은 주로 중추신경계의 손상으로 발생하며 뇌졸중, 외상, 뇌 질환 등 중추신경계 손상이 주요 원인이다.

26 심도 말실행증 치료
심도 말실행증의 경우 자발적으로 의미 있는 발화를 산출하지 못하고 무의미한 음소나 음성내기만 가능할 수도 있다. 이에 보완대체의사소통(AAC)을 사용할 수 있으며, 보완대체의사소통으로 의사소통판, 제스처, 팬터마임 등을 사용할 수 있다.

27 ⑤ 혀 운동과 관련된 근육을 지배하는 뇌신경은 CN XII(12번, 설하신경)이다.

28 주의력 검사
- 지남력 검사 : 시간, 장소, 사람, 상황이나 환경을 올바르게 인식하는가를 검사
- 배분적 주의력 검사 : 특정 조건에서 여러 종류의 검사를 한꺼번에 수행하는 검사
- 스트룹 검사 : 색상글자를 보고 글자 말고 색상을 말하는 검사, 선택적 주의력 검사

29 조음검사
환자와의 대화를 볼 때, 환자 지남력 및 이름대기, 따라말하기, 주의 집중력 과제 모두 잘 수행하였으나 발음이 안 된다는 호소와 함께 지속적으로 오류가 보이므로 조음검사가 필요할 것으로 사료된다.

30 마비말장애와 말실행증
말실행증 환자는 비일관적인 오류와 모색행동을 자주 보이며 자가수정을 자주 시도 한다. 이에 반면 마비말장애 환자는 일관적인 오류를 보인다.

제2과목 | 유창성장애

31	32	33	34	35	36	37	38	39	40
⑤	④	④	④	④	④	③	⑤	⑤	③
41	42	43	44	45	46	47	48	49	50
①	⑤	③	②	②	①	③	②	⑤	⑤
51	52	53	54	55					
①	③	③	④	④					

31 ㄴ. 비정상적 간투사(Ia)
ㄷ. 비정상적 반복(R1a)
ㄹ. 비정상적 반복2(R2), 비운율적 발성(DP)
ㄱ. 주저(H)-정상적 비유창
ㅁ. 반복(R1)-정상적 비유창

32 ④ 정상적 간투사이다.

33 말더듬 분석
- 총 단위반복수 : 12회(친구 - 2회, 보드게임 - 3회, 이겼어요 - 2회, 그 - 2회, 다음에 - 3회)
- 말더듬 평균 지속 시간 : 가장 긴 막힘 3개/3
∴ (5+4+3)/3=4

34 Yairi와 Ambrose(2005)의 말더듬 회복과 지속을 나타내는 증상

회복의 증상-청신호	지속의 증상-적신호
• 말을 더듬는 친척이 없음	• 만성적 말더듬의 가족력
• 말을 더듬었다가 회복된 친척이 있음	• 계속 말을 더듬는 친척
• 여 자	• 남 자
• 발병 후 1년 이내 SLD 감소	• 말더듬 시작 후 1년 이내 SLD의 수가 변화가 없거나 증가함
• 언어재활사와 부모에 의해 평가된 중증도 감소	• 언어재활사와 부모에 의해 평가된 중증도 변화가 없거나 심해짐
• 발병 후 1년 이내의 기간 동안 말을 더듬음	• 발병 후 1년 이상 말을 더듬음(특히 여자)
• 이차적인 움직임 감소 (예 머리와 눈 움직임)	• 이차적 움직임 출현이 변화 없거나 증가함
• 많은(>3) 부분단어 반복	• 반복은 거의 없음
• 반복의 속도가 느림	• 반복의 속도가 빠름
• 아동 또는 부모의 비유창성에 대한 반응은 거의 없음	• 아동이나 부모가 비유창성에 대해 크게 반응
• 동반된 학습 또는 의사소통 문제 없음	• 학습 또는 의사소통 문제가 동반됨
• 말더듬이 일찍 시작되었고(2~3세) 표현언어 능력이 뛰어남	• 말더듬이 늦게 시작되었고(3~4세) 음운발달이 지체됨

[출처 : 심현섭·신문자·이은주·이경재 옮김(2013). Dr. Manning의 유창성장애. Cngage Learning 197p. 참고]

35 ④ 아 아 아빠 → 2회, 바 바 바 바다 → 3회, ㄱ ㄱ 갈매기 → 2회, 바 바 바 바다 → 3회 : 총 10회
① 본 아동의 주로 나타나는 핵심행동은 반복이다.
② 탈출행동(발을 갑자기 구르더니), 회피행동(바다에 있는 것 - 단어 회피)이 나타난다.
③ 반복횟수 : 아 아 아빠, 바 바 바 바다, ㄱ ㄱ 갈매기, 바 바 바 바다 → 4회
⑤ 반복의 형태 : 개별말소리 반복(ㄱ ㄱ 갈매기), 다음절 낱말 일부 반복(바바바바다 등) 형태만 나타난다. → 음절 반복(예 노 노 노 놀이동산)

36 ① 단어 간 비유창성 2회(나랑, 음), 단어 내 비유창성 3회(재희가, 놀아주지, 슬퍼요) 나타났다.
② 3/15×100=20%
③ 진성 말더듬은 3회, 가성 비유창성은 총 2회(나랑, 음) 나타났다.
⑤ 반복의 종류는 다음절 낱말 반복, 다음절 낱말 일부 반복이 나타났다.

37
① 지속시간을 말더듬이 가장 긴 막힘의 3개를 시간의 평균으로 척도 변환한다.
② 각각의 부수행동은 5점 척도로 평정하고 합산한다.
④ 글을 읽지 못하는 아동에게 연속적인 그림 자료를 보여주면서 구어 표본을 수집한다. 성인은 읽기 자료와 3분 정도의 독백을 실시하여 구어 표본을 수집한다.
⑤ 전체 점수에 따른 중증도는 '매우 약함, 약함, 중간, 심각함, 매우 심각함'으로 나눌 수 있다.

38
① 말더듬인들은 자신의 구어를 의식적으로 조절 가능하다고 보았으며, 말에 대한 책임감을 갖도록 하였다.
② 행동인지 말더듬 치료는 4단계로 '진단평가, 치료유창성의 형성, 상담/태도변화, 유창성 유지'로 구성되어 있다.
③ 진단평가에서는 충분한 정보수집을 해야 하며, 말더듬에 대한 정보도 제공해야 한다.
④ 유창성 형성에서는 말을 과도한 연장을 통해 유창성을 조절하며 자기 자신이 스스로 말더듬을 조절할 수 있다는 것을 확인하는 단계이다.

39
```
어떤 어떤 남녀 커 커 커 커 커플은 배드민턴을
  R1                R2
(막힘) 재미있게 치고 있고, 어 할아버지는 살이
  DP                              I
너----무 쪄서 살을 빼시려고
  DP
열심히 어 조깅을 해요.
        I
```
⑤ 비정상 비유창 점수는 10이다.
  3/45(비정상 비유창 합/목표음절 수)×100×1.5
② 정상 비유창 : R1 1회(반복-'어떤'), I 2회(간투사-어)로 총 3회
③ 비정상 비유창성 : DP 2회(막힘, 연장('너---무')), R2 1회(반복2-'커플')로 총 3회
④ 정상 비유창성 점수 : 3/45×100=6.67(점)

40 말더듬이 자주 일어나는 자리
• 민영 : 길이가 긴 문장에 비해 짧은 문장으로 이야기할 때 더 더듬는 것 같아요.
  → 길이가 짧은 문장에 비해 긴 문장으로 이야기할 때 더 더듬는다.
• 은영 : 소설과 신문을 소리 내며 읽었을 때, 자주 읽었던 소설을 읽을 때 더 더듬었어요.
  → 친숙하지 않은 과제에서 더 더듬는다.

41
② 예기투쟁모델(예기투쟁가설) : 스스로 말하는 것이 어렵다고 생각하고 점차 말로 인한 스트레스로 인해 말더듬이 시작된다고 보고 있다.
③ 이원이론 : 말더듬의 핵심행동과 관련된 부정적 정서는 고전적 조건화, 부수행동은 조작적 조건화의 결과로 본다.
④ 내적 수정 가설 : 사람들은 말을 하기 전에 자신의 말을 확인하고 오류를 발견하면 수정하는데, 말더듬는 사람들은 그 오류를 제대로 수정하지 못해 말더듬이 나타난다고 본다.
⑤ 요구용량 이론 : 외부요구가 자신의 용량(언어, 정서, 운동 및 인지)보다 크거나 부담되는 경우 유창성의 오류가 생길 수 있다고 본다.

42 ⑤ 대상자의 말더듬에 대한 이해, 동기부여를 해줄 수 있는 상담 제공이 필요하다.

43
③ 말더듬 성인용 자아효능감 검사(SESAS) : 총 32개의 문항으로 구성되어 있으며 10단위로 기록한다. 점수가 높을수록 낮은 효능감을 갖고 있는 것이다.
① 상황별 말더듬 자기 평가(SOS) : 총 23개의 의사소통 상황으로 구성되어 있으며 5점 척도로 평가한다. 점수가 높을수록 회피가 높다.
② Erickson의 의사소통 태도 검사 : 총 24개의 문항으로 일치하는 문항마다 1점씩 채점한다. 높을수록 의사소통 태도가 부정적이다.
④ 전반적 말더듬 경험 평가(OASES) : 각 문항을 5점 척도로 평정, 전체의 점수를 합하여 응답한 문항의 총 개수로 나눠 중증도를 결정한다. 점수가 높을수록 말더듬이 삶에 미치는 영향이 크다고 본다.
⑤ A-19 : 총 19개의 문항으로 부정적인 반응과 일치하면 1점. 점수가 높을수록 부정적 태도가 높다고 볼 수 있다.

44

문항	자극문장	목표문장 / 아동문장	말더듬 반복	말더듬 연장	말더듬 막힘
10	오빠는 그네를 밀어주나요?	언니가 그네를 밀어주나요?			
		(막힘)언니가 그――네를 (막힘)밀어주나요?		1	2
11	누나가 목욕을 하나요?	누나가 수영을 하나요?			
		누누나가 있있있 잖아요, (막힘)수영을 하――나요?	2		1
12	우리는 산에 가나요?	우리는 바다에 가나요?			
		우리는 산 산 산 아니, 바다에 (막힘)가나요?	1		
	소 계		3	1	3

45 ①·③·④·⑤ 말더듬 수정 접근법에 대한 설명이다.

46 ① 반복횟수 총 5회(동물, 농장, 입고, 염소, 올라가)
- 음절 반복 : 농장, 입고, 올라가
- 다음절 낱말 일부 반복 : 동물, 염소

② 총 비유창지수(%SS)=비유창 음절 수/전체 음절 수 ×100
- 비유창 음절 수 : 총 10개(동, 농, 이, 발, 옷, 입, 닭, 밥, 염, 올)
  → 10/47×100=21.28%SS

③ 말더듬 길이 구하는 방법=가장 긴 3개의 막힘/3
→ (4+5+6)/3=5, 점수 12점

④ 단위반복수의 평균 : 말소리별로 각각의 반복한 수의 평균
- '동'-4개, '농'-3개, '입'-4개, '염'-3개, '올'-3개
  → (4+3+4+3+3)/5=3.4회

⑤ 비유창지수(%SS)=비유창 음절 수/전체 음절 수×100
- 반복 비유창성지수(%SS)=5/47×100=10.64(%SS)
- 연장 비유창성지수(%SS)=1/47×100=2.13(%SS)
- 막힘 비유창성지수(%SS)=4/47×100=8.51(%SS)

47 ① 아동이 어리고 최근에 말을 더듬었기 때문에 간접치료보다는 언어재활사가 개입하는 직접치료를 해야 한다. → 간접치료가 우선적으로 진행되어야 한다.
② 아동의 나이가 어리기 때문에 '말더듬수용'을 치료 목표로 접근해야 한다. → '자발유창성'을 치료 목표로 접근해야 한다.
④ 아동의 심리적인 문제로 말을 더듬을 수 있으니 반드시 놀이치료를 권고해야 한다. → 아동에 따라 다를 수 있다.
⑤ 아동에게 말에 대해 인식시키고 천천히 말할 수 있도록 한다. → 되도록 인식시키지 않도록 한다.

48 말더듬 치료 방법
- 행동인지 말더듬 치료 : 자신의 말더듬 행동을 알고 그에 대한 대처를 스스로 하는 것이다.
- 스토커 프로브 테크닉 : 말더듬 아동들이 언어의 복잡성으로 인해 말을 더듬기보다는 말의 창의성으로 인해 말을 더듬는 것이라고 본다.
- 리드콤 프로그램 : 말더듬 문제를 보이는 어린 아동들을 위한 개별화된 유창성 형성 프로그램이다.
- 점진적 발화 및 복잡성 증가(GILCU) : 발화 길이, 복잡성, 난이도가 높아짐에 따라 유창하게 읽는 단어의 범위를 확대시켜 훈련하는 프로그램이다.

49 ⑤ 재순 씨는 막힘의 빈도는 적지만, 말을 할 때마다 긴장한다고 표현하는 것으로 보아 말에 대한 부담감이 매우 큰 것으로 보인다. 또한 오랫동안 말을 더듬어왔으며 말더듬이 생활에 영향을 매우 주고 있는 상황이다. 이때, 접근법으로는 말더듬을 이해하고 말더듬 경험에 대해 둔감화하여 말더듬에 대한 수정할 수 있는 말더듬 수정 접근법을 이용하는 것이 좋다. 따라서 말더듬 수정법의 첫 번째, '동기부여'를 먼저 하는 것이 적절하다.

50 ①·②·④ 유창성 진전 증후로 본다.
③ P-FA Ⅱ의 검사 결과, 말더듬 '약함'으로 나타난다. 이는 핵심행동이 증가로 보기는 어렵다.

51 ① 고쳐주는 말 : 아빠라고 해야지, 덤프트럭이야. 덤프트럭이라고 말해야 해.

52 ③ 이 순간 그렇게 행동하는 것을 중간에 멈출 수 있도록 도와주세요. → 인정해주시고 긍정적인 피드백을 제공해주세요.

53 ①·②·④ 학령전기 아동의 치료 방법
⑤ 성인에게 할 수 있는 심화 평가

54 ④ 접근의 빠져나오기, 취소 예시이다.

55 ① 부모와 주위에 가까운 사람들을 이용한 간접치료를 한다. → 즉각적인 피드백, 수정을 요구하도록 한다.
② 말빠름 인식을 피할 수 있도록 간접치료를 한다. → 말빠름증에 대한 인식하는 데 어려움이 있으므로 인식시키도록 해야 한다. 이후 직접적인 피드백을 제공해야 한다.
③ 말한 후, 단어를 적어보도록 한다. → 말하기 전에 단어를 적어보도록 한다.
⑤ 둔감화를 위해 불안을 느끼는 상황에서 말하도록 한다. → 말더듬 치료에서 사용한다.

제3과목 | 음성장애

56	57	58	59	60	61	62	63	64	65
③	②	②	⑤	④	⑤	②	②	③	②
66	67	68	69	70	71	72	73	74	75
②	④	⑤	④	①	①	①	②	⑤	④
76	77	78	79	80					
②	④	④	⑤	③					

56 Listening Tube는 튜브의 한쪽 끝은 환자의 콧구멍 아래에 다른 한쪽은 임상가나 환자의 귀에 위치한 뒤 무비성자음 발화과제 실시 시 바람소리 감지로 청각적 피드백을 할 수 있는 도구이다. 따라서 구강자음으로 구성된 /사자/를 발화하였을 때 튜브를 통해 바람소리가 감지되었다는 것은 비누출이 있다는 것을 의미한다.

57 ② CPP의 정상음성은 높은 값을 나타내며 기식음성이 높을수록 낮은 값의 CPP가 측정된다.

58 성대내근
진성대의 구조는 상피, 표층, 중층, 심층, 근육으로 되어 있으며, 이 근육 부분이 갑상피열근이다.

59 청지각적 평가
CAPE-V는 전체 심각성, 조조성, 기식성, 긴장성, 음도, 강도에 대해 평가할 수 있으며, 그 외 공명과 기타 음성 특징을 기록할 수 있다.

60 ④ 수술 후 마취가 덜 깬 상태로 물을 마시면 흡인의 위험이 있다.

61 변성발성장애의 음성치료
손가락 조작법을 사용하여 갑상연골의 앞쪽(튀어나온 부분)을 살짝 눌러주면 성대의 길이가 짧아지면서 낮은 음성이 산출된다. 또한 성대프라이는 65~75Hz의 저주파수대에서 산출되는 소리이며 성대가 이완되어야 나타나는 소리로 변성발성장애의 치료 시 유용하게 사용된다.

62 ② 나조미터로 공명평가를 진행하였을 때 비강음 문장과제에서 비음치가 25%로 낮게 나온 경우 과소비성에 해당한다. 과소비성의 원인에 해당하는 것은 '아데노이드비대증'이다.

63 파형, 스펙트럼, 스펙트로그램
• 파형 : 시간에 따른 진폭의 정도로 단순파(순음)와 복합파로 나누어진다.
• 스펙트럼 : 복합파를 분석하여 어떠한 단순파들의 합으로 구성되어 있는지 분석해주는 것으로, 주파수(x축)와 진폭(y축)으로 나타낸다.
• 스펙트로그램 : 각 주파수의 음향에너지를 시각화한 것으로 시간(x축), 주파수(y측), 진폭(z축)을 나타내는 3차원그래프이다. 대역의 폭에 따라 협대역 스펙토그램과 광대역 스펙토그램으로 나뉜다.

64 ③ 기능적 실성증 환자에게 롬바르드효과를 이용하여 차폐음보다 더 큰 목소리를 유도해 낼 수 있다.

65 리실버만 음성치료는 전반적인 말의 강도를 증진시키는 것에 초점을 둔 방법으로 파킨슨병과 같은 운동감소성 발성장애 환자에게 적용할 수 있다.

66 후두근전도 검사
• 후두근전도는 진단의 목적으로도 시행되며 치료적 주입을 위해 후두근육의 부위를 확인하는 데도 사용된다. 후두근전도를 통하여 성대마비의 경우 병변부위 확인 및 예후를 측정, 성대고정과 마비의 감별, 필요 시 후두 내 주입술(Laryngeal Injection) 등을 위해 유용하게 사용된다.
• 연축성 발성장애에서 후두근전도는 연축성 발성장애를 확진하고 보툴리눔 독소 주사 부위를 결정할 때 사용되기도 한다.

67 음성기능훈련
음성기능훈련(또는 성대기능훈련)은 총체적 접근법 중 하나로 호흡지지를 통해 후두근육의 근력을 키우고 협응을 이룰 수 있도록 하는 접근법이다.

68 직업적 음성사용자의 생활습관 개선
아침에 음성이 좋지 않다가 점차 개선되는 점과 목의 이물감을 통해 인후두역류가 있는 것으로 추정된다. 홍차와 녹차에도 카페인 성분이 있으므로 섭취를 금하며, 물을 많이 먹도록 해야 한다.

69 ④ 흡기발성은 변성발성장애의 치료에 효과가 없다.
흡기발성은 부적절한 가성대 사용을 소거하기 위해 사용하는 치료 방법이다.

70 성대결절과 모세혈관확장증의 치료
모세혈관확장증의 경우 1~2주의 음성휴식만으로도 개선되기 때문에 음성휴식을 권하며, 음성휴식 후 하품-한숨 발성법과 같은 방법으로 올바른 발성 방법을 사용하도록 유도해야 한다.

71 연축성 발성장애와 근긴장성 발성장애
• 연축성 발성장애는 말 과제 특이성을 보이며 특히 웃기, 속삭이기, 노래 부르기, 하품하기 등과 같은 비언어적 발성에서 음성 단절이나 억압된 음성이 감소하거나 정상 소견을 보이기도 한다. 단, 근긴장성 발성장애의 경우 과제별, 음성 문맥에 따라 음성 단절의 차이가 보이지는 않는다. 음성 단절의 빈도와 기간에서 더 심한 양상을 보이는 것은 연축성 발성장애이다.
• 치료법으로는 연축성 발성장애는 보툴리눔 독소를 주입 후 음성치료를 통하여 음성 유지를 할 수 있도록 진행하며, 근긴장성 발성장애는 후두근을 완화하는 후두 마사지와 이완발성기법을 활용하여 음성치료를 실시한다.

72 성대외전
후윤상피열근은 유일한 성대외전근이다. 또한 성문하압이 성문상압보다 높으면 성대가 외전된다. 베르누이 효과는 성대내전을 설명하는 이론이다.

73 고도의 청각장애는 시각적, 촉각적 피드백을 통해 단서를 제공할 수 있다. 특히 다양한 음성 소프트웨어(CSL, Visi-pitch, Nasometer 등)들은 실시간으로 음도나 강도, 비음치 등을 피드백할 수 있다.

74 성대 과기능 환자는 성대의 부적절한 보상기전을 소거하고 성대기능훈련 등 다양한 훈련으로 정상음성을 찾을 수 있도록 도와야 한다. 성대기능훈련은 과기능성 음성장애와 과소기능성 음성장애 모두 사용할 수 있으며 호흡, 발성, 공명의 균형을 도움으로써, 후두근육의 균형 및 근력을 증진시켜 정상적인 음성을 향상시킨다.

75 트랜스젠더의 음성재활
남성에서 여성으로 성전환을 할 경우 에스트로겐의 호르몬 치료만으로는 음성이 변화되지 않는다. 따라서 제4형 갑상성형술을 통해 음도를 상승시키며, 대화 시 음도와 억양의 변화를 다양화시킬 수 있다. 제1형 갑상성형술은 갑상연골 내전술로, 편측성 성대마비에게 적용할 수 있는 수술 방법이며, 제2형 갑상성형술은 갑상연골 외전술, 제3형 갑상성형술은 갑상연골 이완술에 해당된다.

76 ② EGG 평가 시 반드시 CSL 본체의 VRP 버튼을 끈 뒤 평가를 진행해야 음성신호가 입력된다.

77 아동의 음성재활
• 어린 아동의 경우 재발 등의 문제로 음성 수술은 거의 진행하지 않으며, 완전한 음성휴식이 어렵다. 따라서, 1차적으로 부모상담 및 부모, 아동과 함께 음성위생 프로그램을 통한 간접치료를 진행한 후 차도가 없을 경우 직접적인 음성치료를 시도해 볼 수 있다.
• 성대결절의 경우 후두내시경 소견으로 모래시계유형의 성문틈이 관찰되며, Jitter와 Shimmer 값이 평균보다 높게 나타난다(Jitter : 1.04, Shimmer : 3.81).

78 양측 외전근 성대마비
후윤상피열근은 성대를 외전시키는 역할을 한다. 따라서 양측 후윤상피열근의 마비는 양측 외전근 성대마비를 의미하며, 양측 외전근 성대마비의 경우 성대가 정중선에 고정되어 호흡문제를 일으킨다. 따라서 기관절개술을 통해 호흡을 도와주어야 한다.

79 근탄성 공기역학이론은 성대진동의 원리를 역학적으로 설명한 이론으로, 성문하압의 증가로 성대가 외전된 후 외전된 성대 사이로 빠르게 기류가 지나가서 성문의 압력이 감소하며 성대가 내전된다(베르누이효과).

80 후두는 삼킴 시 전 방향으로 상승하여 흡인을 방지해준다.

2교시

제4과목 | 언어발달장애

01	02	03	04	05	06	07	08	09	10
④	②	④	⑤	②	②	⑤	②	①	④
11	12	13	14	15	16	17	18	19	20
③	④	②	③	④	④	⑤	①	⑤	③
21	22	23	24	25	26	27	28	29	30
⑤	③	④	⑤	④	①	②	②	②	⑤
31	32	33	34	35					
④	⑤	⑤	④	②					

01 ④ 의도적 의사소통 행동(11~14개월) : 목표를 성취하기 위해 다양한 방법을 사용한다.

02 어휘다양도(TTR)
- NTW : 12
  - 기차, 타다
  - 기차, 타다, 바다, 에, 가다
  - 나, 는, 바다, 가, 좋다
- NDW : 9
  - 기차, 타다
  - 바다, 에, 가다
  - 나, 는, 가, 좋다

03 ④ 그림교환 의사소통 프로그램(PECS) 1~6단계 중 4단계(문장 구조)에 해당되는 설명이다.

04 ⑤ 아동의 현행수준을 보았을 때 PRES 검사를 이해하고 수행하는 데 어려움을 보일 수 있다.

05 상징행동
- A 아동[단순 상징행동(16~17개월)] : 자신의 신체뿐 아니라 다른 사물이나 사람에게도 행하는 상징행동이다.
- B 아동[물건대치 상징행동(24~35개월)] : 관습적인 사물을 다른 사물로 대치하는 행동이다.

06 기능적 중재 방법
- 평행적 발화 기법(Parallel-talk) : 아동이 표현할 말을 아동의 입장에서 말하여 들려줌
- 혼잣말 기법(Self-talk) : 부모나 언어재활사가 본인의 입장에서 말하여 들려줌

07 ① 두 언어 모두에 대한 자료를 수집해야 한다.
② · ③ 생활연령, L2에 노출된 연령을 함께 고려해야 한다.
④ 언어 환경을 고려하여 평가해야 한다.

08 스크립트 중재
- 친숙한 상황에서의 언어 사용 증진
- 친숙하고 일상과 관련된 일련의 사건이나 경험을 이용하는 중재 방법

09 전 제
- 듣는 사람에게 필요한 정보가 무엇인지 아는 능력
- 상대방에 따라 말하는 방법, 말의 내용을 수정하는 능력

10 시간지연기법(Time-delay)
아동의 언어적 반응을 기다리는 중재 방법이다.

11 ① 동시적 이중언어장애 아동에 속한다.
② 학령 전기 다문화 아동이므로 평가 및 중재에 가족을 포함시키는 것이 좋다.
④ 우세언어뿐만 아니라 비우세언어에 대한 정보도 파악해야 한다.
⑤ 아동의 전반적 언어 능력 증진을 위한 부모교육이 필요하다.

12 ① 직접적인 질문보다 간접적인 말, 독백 등으로 시작한다.
② 발화 간 쉼에는 별다른 반응을 보이지 않아야 한다.
③ 발화 수집 시 아동이 주도를 따르는 것이 좋다.
⑤ 검사자는 가능한 질문을 자제하는 것이 좋다.

13 Chall(1983)의 읽기 발달 단계
- 1단계
  - 만 5~7세 아동들의 읽기
  - 낱말재인 능력이 발달
  - 음운분석, 단어 분절 및 합성이 가능
  - 초기 읽기 학습을 위한 중요한 시기
- 2단계
  - 유창하게 읽기
- 3단계
  - 좀 더 복잡한 이해가 가능
  - 속도 증가
- 4단계
  - 다른 관점을 인식함
  - 추론 및 비판 가능
- 5단계
  - 새로운 지식을 통합
  - 비판적 사고 가능

14 기본 문법 탐색기

아동은 주로 단문을 사용하고 있으며 주격조사의 과잉일반화, 어순 실수, 부정어 실수가 나타나고 있다. 이러한 특징은 기본 문법 탐색기 시기에 나타난다.

15 의사소통 기능

아동 발화	기 능
색연필 주세요.	사물 요구하기
빨간색으로 할래요.	주장하기
내가 고래 할래요. 강아지 안 해요.	주장하기, 거부하기
네. 바꿔요.	반응하기

16 ① 주격조사의 과잉일반화가 나타난다.
② 사동사 사용에 어려움이 나타난다.
③ 어휘 부족, 짧은 구문 길이
⑤ 요구하기, 거부하기, 의문사 질문하기/반응하기 등이 나타난다.

17 ⑤ 경험자-상태서술은 나타나지 않았다.
의미관계 유형
- 이거 아가야. → 실체-실체서술
- 아가 우유 먹어. → 행위자-대상-행위
- 선생님 먹어요. → 행위자-행위
- 안 먹을래요. → 부정-행위

18 ① 4, 10.5
MLTm : 10.5(42/4)

> 개구리# 소리/가 나/았/어요#
> 철수/는# 죽/은# 나무# 뒤/로# 가/았/어요#
> 나무# 뒤/에# 엄마# 개구리/랑# 아기# 개구리/가# 앉/아# 있/었/어요#
> 철수/는# 아기# 개구리/를# 데리/고# 집/으로# 가/았/어요#

19 ① 된소리, 설측음화, 구개음화, ㅎ탈락 오류를 보인다.
② 의미단어, 무의미단어 읽기에 모두 어려움이 나타난다.
③ 자소-음소 불일치형 낱말 읽기에 어렵다.
④ 종성 생략 오류가 1회 나타난다.

아동 오류 분석

입구[입꾸] → 된소리되기	국가[국까] → 된소리되기
봄비[봄삐] → 된소리되기	분류[분뉴] → 설측음화
논리[논니] → 설측음화	숙[쑥] → 된소리되기
좋은[존은] → ㅎ탈락	있습니다[읻씀니다] → 된소리되기
같이[가치] → 구개음화	
말내[말래] → 설측음화	받지[받찌] → 된소리되기
박산[박싼] → 종성생략, 된소리되기	않으려고[안흐려고] → ㅎ탈락
	활동[활똥] → 된소리되기
넙대[넙때] → 된소리되기	입습니다[입씀니다] → 된소리되기
젖은[전은] → ㅎ탈락	
숱이[수치] → 구개음화	

20 ③ 초성게임을 통해 음운인출을 중재하고 있다.

21 ② 실체-실체서술, 실체-상태서술, 행위자-행위가 나타났다.
③ 요구반응은 관찰되지 않는다.
④ 엄마는 폐쇄형 질문을 더 많이 하였다.

22 ③ 기능적인 지시 이해, 단단어 – 2어조합 확대는 아동의 수준에 비해 높은 치료목표이므로 적절하지 않다.

23 ① 평균 형태소 길이(MLUm)
② 평균 낱말 길이(MLUw)
③ '그런데 누나는 피아노 갔어요'는 단문이다.
⑤ 비유창성의 문제는 없다.

24 ⑤ 두 낱말 의미관계 이해 및 표현은 본 아동에게는 어려운 목표이다.

25 개별시도훈련 전략
- 개별시도훈련(변별시도학습) : 변별자극-행동-후속결과
- 아동의 손을 잡고 앉을 수 있도록 유도 : 신체적 촉구
- 손짓으로 알려줌 : 큐(Que)
- 우와~ 잘했어 : 정적(Positive) 강화 제공

26 ⑤ 언급하기

언어재활사	아 동	대화기술
주말에 뭐했어?	주말에 토요일은 어린이대공원 산책 갔고 일요일은 그냥 집에 있었어요.	질문에 대한 반응, 경험 말하기
그랬구나. 선생님은 주말에 재미있는 거 했는데.	뭐요?	정보요청 요구하기
나 재미있는 게임 했지.	어떤 게임인데요?	정보요청 요구하기
닌텐도! 진짜 재미있었어.	…	
…	…	
너무 재미있게 했는데 기분이 별로 좋지 않아.	왜요?	정보요청 요구하기
응?	왜 기분이 안 좋았나구요.	발화 수정 전략
아니 게임을 하는데 ***하는거야.	네?	명료화요구 하기

27 ① 또래와 비교하였을 때 발화 길이가 길다. 예시의 아동은 또래에 비하여 낱말 길이가 길다.

28 ② 정보 요청하기 : 상대방에게 정보를 요청한다.

29 ㄱ. 구조화된 환경 → 자연스러운 환경에서 아동의 흥미나 주도에 따라 중재한다.
ㄷ. 자극-반응-강화 방법을 따라 중재한다.
ㄹ. 훈련자나 부모의 개입이 중요한 중재는 우발학습이다.

30 ① 장기계획 수립 후 단기계획을 세운다.
② 목표 설정 시 주 양육자의 의견을 반영한다.
③ 단기계획에 명시해야 한다.
④ 목표 준거는 '80% 이상 정확하게'이다.

31 ④ 아동은 간접적인 표현을 이해하지 못하고(화용), 가상적인 낱말을 이해하지 못한다(의미).

32 ⑤ 언어재활사와 아동의 대화를 분석하였을 때 현재 아동은 정보요청 전략을 적절하게 사용하고 있다.

33 AAC 기회장벽
- 지식장벽 : 정보 부족으로 인한 장벽
- 실제장벽 : 일반적 절차, 관습으로 인한 장벽
- 정책장벽 : 규정, 법률로 인한 장벽
- 태도장벽 : 신념, 태도로 인한 장벽
- 기술장벽 : 도움을 제공하는 사람들의 AAC 기법, 전략 사용의 어려움으로 인한 장벽

34 ④ 지 연
결과해석
- 듣기이해도 함께 중재해야 한다.
- 읽기지수 1, 2, 읽기·언어지수 1, 2의 표준점수가 모두 70점 이하로 심한 읽기부진에 해당된다.
- 적극적인 읽기중재프로그램이 필요하다.
- 해독, 듣기이해 모두 문제를 보이므로 혼합형일 가능성이 높다.

35 ② 자소-음소 일치 및 불일치 낱말 정확하게 읽기

제5과목	조음음운장애

36	37	38	39	40	41	42	43	44	45
②	③	③	①	③	②	③	③	⑤	③
46	47	48	49	50	51	52	53	54	55
④	④	⑤	②	①	③	③	⑤	⑤	③
56	57	58	59	60	61	62	63	64	65
②	③	④	③	③	②	⑤	③	③	③
66	67	68	69	70					
③	①	②	④	②					

36 ① 옹알이 시기는 비언어적 발성단계와 말과 비슷한 발성단계로 나눠진다. 말과 비슷한 발성단계는 준모음 발성, 원시조음, 확장, 반복적이며 음절적 특성을 보이는 옹알이 단계로 나눈다.
③ 가장 늦게 습득되는 자음은 치경마찰음과 탄설음이다.
④ 유음은 먼저 종성이 발달하고 초성이 발달한다.
⑤ 4세 아동에게 고빈도로 나타나는 음운변동은 마찰음의 파열음화, 파찰음의 파열음화, 경음화이다.
※ 특히, 유음의 생략 및 활음화는 2세 아동에게 주로 보이는 음운변동 패턴이다.

37 발화에서 나타난 오류는 종성 /ㅇ, ㄴ/이다.
① 공명성 : +
② 설정성 : /ㄴ/은 +, /ㅇ/은 -
④ 긴장성 : -
⑤ 전방성 : /ㄴ/은 +, /ㅇ/은 -

38 ③ ɯ : 공명성+, 성절성+, 지속성+, 고설성+, 후설성+, 자음성-, 설정성-, 전방성-, 긴장성-, 기식성-, 저설성-, 원순성-
모음사각도, 음운자질
- 공명성 : 유성성이 가능한 소리 → 모음, 활음, 비음, 유음
- 설정성 : 중립위치에서 혓날(설단)이 위로 올려지면서 만들어지는 소리 → 치조, 경구개성절성 : 하나의 음절을 이룰 수 있는 소리 → 모음

39 ① 굶어요[굴머요] → CVCCVGV
(C : 자음, V : 모음, 활음 : G)

40 ③ 경미, 보람, 지연
- 은정 : 딸기 구두[t*aɾgi kudu] → [t*algi kudu]
- 영미 : 라디오 들어[ladio tɯlʌ] → [ɾadio tɯɾʌ]

41 ② 후기음운발달(2~6세)을 고려하여 조음음운 목표를 잡아야 한다. 마찰의 경우 모음 /l/ 앞에서 일찍 습득하므로 우선적으로 중재한다.

42 ③ 감기로 밥맛이 없어요.
- 아동의 주 오류패턴은 종성 /ㅁ/ 대치
- 감기, 밥맛[밤맏]으로 종성 /ㅁ/을 조음 재활할 수 있음
① /쩨믈/
② /때미/
④ /구르미/
⑤ /빈무리/

43 ③ 모음 산출은 모두 정확하다.
① 파열음 2개가 관찰되었다.
② 음절구조 중 가장 복잡한 음절구조는 CVC이다.
④ 대부분 첨가오류를 보인다.
⑤ 양순음 /ㅁ, ㅃ/ 산출이 가능하다.

44 ⑤ 문법형태소 생략은 언어영역 오류패턴 특징이다.
청각장애 조음 오류패턴 특징
- 명료도 낮음
- 조음 부정확
- 음성 왜곡
- 초분절적 요소 : 말속도가 느림, 음도가 매우 높거나 낮음

45 ① 바이오피드백은 잔존오류나 삼킴장애 치료에 광범위하게 사용되고 있다. 잔존오류는 치료나 자연회복을 통해 말소리가 정조음되지 않고 남아 있는 말소리들을 말한다. 또한 잔존오류는 고학년 아동과 성인에게 나타나는데, 대부분 음소의 왜곡오류로 오류가 적지만 남아 있는 아동이나 성인에게 사용된다.
② 스피치미러(클루 소프트, 2012)는 음향적 바이오피드백이다.
④ 나조미터를 이용한 바이오피드백은 생리적 바이오피드백으로 Ruscello(1995)의 연구에서 비강누출을 보이는 성인에게 나조미터를 이용하여 정조음할 수 있었다.
⑤ 효과가 있다.

46 ④ 표준화된 검사도구 시행 후, 오조음된 음소에 대하여 모방 등 다양한 자극을 통해 정조음을 유도하여 자극반응도를 확인해야 한다.
① 언어재활사가 기계가 필요한 중이검사는 진행할 수 없다. 치료실 내에서는 주관적인 검사 Ling 6 Test를 실시할 수 있다.
② 언어재활사가 조음음운구조 및 기능 검사를 실시할 수 있다.
③ 표준화검사도구 중 한 가지를 선택하여 검사할 수 있다.
⑤ 문맥검사는 정조음하지 못하는 음소를 다양한 문맥(모음)에서 평가하며 치료과정에서 열쇠음소를 활용될 수 있다.

47 ④ 13/18×100=72.2222222… → 72.22%
자음정확도
- 자음정확도=바르게 조음한 자음 수/조음해야 할 총 자음 수×100

> [승처리와 재수니는 공노리하다가 싸워써요]
> 아동 발화 : [승터이와 대수니는 공노이하다가 싸워떠요]

- 총 자음 수 : ㅅ, ㅇ, ㅊ, ㄹ, ㅈ, ㅅ, ㄴ, ㄴ, ㄴ, ㄱ, ㅇ, ㄴ, ㄹ, ㅎ, ㄷ, ㄱ, ㅆ, ㅆ (18)
- 바르게 조음한 자음 수 : ㅅ, ㅇ, #, #, #, ㅅ, ㄴ, ㄴ, ㄴ, ㄱ, ㅇ, ㄴ, #, ㅎ, ㄷ, ㄱ, ㅆ, # (13)

48 ⑤ 25/30×100=83.3333… → 83.33%
조음정확도
- 조음정확도=바르게 조음한 음소 수/조음해야 할 총 음소 수×100

> [경미는 공부하다가 코피가 나써요]
> 아동 발화 : [엉미는 옹부하다아 오피가 나써요]

- 총 음소 수 : ㄱ, ㅕ, ㅇ, ㅁ, ㅣ, ㄴ, ㅡ, ㄴ, ㄱ, ㅗ, ㅇ, ㅂ, ㅜ, ㅎ, ㅏ, ㄷ, ㅏ, ㄱ, ㅏ, ㅋ, ㅗ, ㅍ, ㅣ, ㄱ, ㅏ, ㄴ, ㅏ, ㅆ, ㅓ, ㅛ (30)
- 바르게 조음한 음소 수 : #, #, ㅇ, ㅁ, ㅣ, ㄴ, ㅡ, ㄴ, #, ㅗ, ㅇ, ㅂ, ㅜ, ㅎ, ㅏ, ㄷ, ㅏ, #, ㅏ, #, ㅗ, ㅍ, ㅣ, ㄱ, ㅏ, ㄴ, ㅏ, ㅆ, ㅓ, ㅛ (25)

49 ② 말명료도는 오류 말소리가 일관적일 때 보다 비일관적일 때 더 낮다

50 말명료도
- 목표 단어 : 산타할아버지, 눈사람, 눈싸움, 루돌프, 트리
- 적은 단어 : ****버지, 눈**, 눈**, 루돌프, 트*
∴ 총 5개 단어 중 1개 정확히 적음=1/5×100=20%

51 조음음운분석
- 역행동화 : 어떤 음운이 뒤에 오는 음운의 영향을 받아서 그와 비슷하거나 같게 소리 나는 현상
  예 /나무/ → /마무/, /나비/ → /바비/
- 자음정확도
  [사네 가서 나무랑 나비랑 봐써요]
  - 아동발화 : [타네 가더 마무랑 바비랑 봐떠요]
  - 총 자음 수 : ㅅ, ㄴ, ㄱ, ㅅ, ㄴ, ㅁ, ㄹ, ㅇ, ㄴ, ㅂ, ㄹ, ㅇ, ㅂ, ㅆ (14)
  - 바르게 조음한 자음 수 : #, ㄴ, ㄱ, #, #, ㅁ, ㄹ, ㅇ, #, ㅂ, ㄹ, ㅇ, ㅂ, # (9)
  → 9/14×100=64.29%, 중등도–중도 해당

> 자음정확도에 따른 장애 정도 척도(Shriberg & Kwiatkowski)
> - 85~100% 경도
> - 65~85% 경도–중등도
> - 50~65% 중등도–중도
> - <50% 심도

- 조음정확도
  [사네 가서 나무랑 나비랑 봐써요]
  - 아동발화 : [타네 가더 마무랑 바비랑 봐떠요]
  - 총 조음 수 : ㅅ, ㅏ, ㄴ, ㅔ, ㄱ, ㅏ, ㅅ, ㅓ, ㄴ, ㅏ, ㅁ, ㅜ, ㄹ, ㅏ, ㅇ, ㄴ, ㅏ, ㅂ, ㅣ, ㄹ, ㅏ, ㅇ, ㅂ, ㅘ, ㅆ, ㅓ, ㅛ (27)
  - 바르게 조음한 조음 수 : #, ㅏ, ㄴ, ㅔ, ㄱ, ㅏ, #, ㅓ, #, ㅏ, ㅁ, ㅜ, ㄹ, ㅏ, ㅇ, #, ㅏ, ㅂ, ㅣ, ㄹ, ㅏ, ㅇ, ㅂ, ㅘ, #, ㅓ, ㅛ (22)
  → 22/27×100=81.48%

- 자극반응도 : 오류음소에 대해 단서(청각, 시각, 촉각)를 제공하였을 때 바르게 산출할 수 있는 능력을 말한다. 이 아동에게 따라 말하기(즉, 청각적 단서)를 주었을 때 '나무', '나비'를 정확하게 표현할 수 있었고, 자극반응도가 높은 소리이다.

52 ③ 15/20=0.75
- 목표발화 PMLU=20
  → 13(ㅊ, ㅣ, ㄴ, ㄱ, ㅜ, ㄱ, ㅏ, ㅁ, ㅣ, ㄹ, ㅓ, ㅆ, ㅓ)+7(ㅊ, ㄴ, ㄱ, ㄱ, ㅁ, ㄹ, ㅆ)
- 아동발화 PMLU=15
  → 12(ㅌ, ㅣ, ㄴ, ㄱ, ㅜ, ㅏ, ㅁ, ㅣ, ㄷ, ㅓ, ㄸ, ㅕ)+3(ㄴ, ㄱ, ㅁ)

> 참 고
> ※ 네이버 출처 기준 : 친구[친구]가 적절한 발음
> ※ 잘못된 발음한 활음, 이중모음은 점수 추가하지 않음('미더떠'는 「김수지 & 신지영(2015). 말소리장애. 168p」 예시를 참고함.

53 ⑤ 아동의 발화에서 비발달적 오류는 어두 초성 및 어중 초성의 파열음이므로 중재해야 한다.
① 단어 자음정확도 조음음운장애 정도는 '의심' 수준이다.
②·③ 아동은 단어 자음정확도 조음음운장애가 의심 정도이나 단어 수준에서도 비발달적인 음운 오류가 보이고 있으므로 단어 수준부터 중재해야 한다.
④ 아동은 다양한 음소에서 오류를 보이고는 있으나 발달적인 오류는 좀 더 지켜볼 필요가 있으며 비발달적 오류(예 양순파열음)는 중재할 필요가 있다.

54 ① '바지'를 [바디]로 산출한 것으로 보아 파찰음을 마찰음화하였다. → 파찰음을 파열음화
② '바다'를 [다다]로 '구멍'을 [무멍]으로 산출한 것으로 보아 순행동화하였다. → 역행동화
③ '바다'를 [다다]로 산출한 것으로 보아 양순음을 치조음화한 것이다. → '바지'를 [바디]로 산출한 것과 '구멍'을 [무멍]으로 산출하는 것으로 보아 '바다'는 역행동화가 일어난 것으로 보인다. 또한 [바디]에서 양순음을 산출할 수 있는 것으로 보아 단순히 양순음을 치조음화하였다고 단정지을 수 없다.
④ '보조개'를 [보도개]로 산출한 것으로 보아 경구개음 동화가 일어났다. → 파찰음을 파열음화

55 ③ '음… /손/이요.'에서 변별과제를 오반응하였다.

56 조음음운분석
- 자음정확도

> 고래 공연 보려고 의자에 안자써요
> 아동 발화 : [고애 고여 보여고 의쟈에 아자어요]

- 총 자음 수 : ㄱ, ㄹ, ㄱ, ㅇ, ㄴ, ㅂ, ㄹ, ㄱ, ㅈ, ㄴ, ㅈ, ㅆ (12)
- 바르게 자음한 수 : ㄱ, #, ㄱ, #, # ㅂ, #, ㄱ, ㅈ, #, ㅈ, # (6)
=6/12×100=50%

- 조음정확도

> 고래 공연 보려고 의자에 안자써요
> 아동 발화 : [고애 고여 보여고 의쟈에 아자어요]

- 총 조음 수 : ㄱ, ㅗ, ㄹ, ㅐ, ㄱ, ㅗ, ㅇ, ㅕ, ㄴ, ㅂ, ㅗ, ㄹ, ㅕ, ㄱ, ㅗ, ㅢ, ㅈ, ㅏ, ㅔ, ㅏ, ㄴ, ㅈ, ㅏ, ㅆ, ㅓ, ㅛ (26)
- 바르게 조음한 수 : ㄱ, ㅗ, #, ㅐ, ㄱ, ㅗ, #, ㅕ, #, ㅂ, ㅗ,#, ㅕ, ㄱ, ㅗ, ㅢ, ㅈ,#, ㅔ, ㅏ, #, ㅈ, ㅏ, #, ㅓ, ㅛ (19)
=19/26×100=73.08%

- 모음정확도
- 총 모음 수 : ㅗ, ㅐ, ㅗ, ㅕ, ㅗ, ㅕ, ㅗ, ㅢ, ㅏ, ㅔ, ㅏ, ㅏ, ㅓ, ㅛ (14)
- 바르게 조음한 모음 수 : ㅗ, ㅐ, ㅗ, ㅕ, ㅗ, ㅕ, ㅗ, ㅢ, #, ㅔ, ㅏ, ㅏ, ㅓ, ㅛ (13)
=13/14×100=92.86%

57 목표 발화 : 고기 꼬리 커요.
/kogi koi k*ʌjo/ → /고기 꼬이 꺼요/
목표 발화: 컵 넣어
/k*ʌp͈ nʌʌ/ → /껍 너어/
① 아동은 연구개음 중 기식음을 긴장음화하였다.
② 동화현상은 나타나지 않았다.
④ 아동의 모음정확도는 100%이다.
⑤ 아동의 조음정확도는 82.35%이다.
　　(14/17×100=82.35%)

58 ④ 다리 → [아이]
3세 아동의 주 오류패턴
- 생략 및 첨가 변동(10% 초과) : 종성생략(①), 연구개음 생략(⑤), 유음생략(③)
- 대치변동(10% 초과) : 연구개음 전설음화(②)

59 ① 아동용 발음평가(APAC)와 우리말 조음음운평가(U-TAP)만 있다. → 한국어 표준그림 조음음운검사(KS-PAPT), 구강조음기관의 기능 선별검사도 있다.
② 구강조음기관의 기능검사를 통해 조음기관의 중증도를 평가하는 데 중요하다. → 구강조음기관의 해부학적 구조와 기능을 선별하는 검사이다. 또한 문제가 있다고 판단되면 관련 전문가에게 의뢰할 수 있다.
④ 우리말 조음음운평가(U-TAP)는 문장검사는 읽기검사를 통해 해야 하므로 만 7세 이상 아동에게 적합하다. → 문장검사는 그림을 통해 설명하도록 하며 3세~성인을 대상으로 한다.
⑤ 구강조음기관의 기능검사는 성인을 대상으로 한다. → 아동에게도 검사할 수 있다.

60 ① 종성을 모두 정조음
② /ㄱ/, /ㅊ/, /ㅁ/ 오조음
④ 고/저모음에서 오조음
⑤ 모음은 정조음

61 보고서 해석
보고서에서 살펴보면 '주로 보이는 오류패턴은 연구개음의 전설음화 4회, 파찰음·마찰음의 파열음화 4회'라고 하였으나 예시는 연구개음의 전설음화나 파찰음·마찰음의 파열음화에 대한 설명이 아니라 연구개음의 전설음화는 조음위치상 양순음, 치조음, 경구개음에 해당된다. 성문음은 후설음화를 하는 것이다.

62 ⑤ /ㅅ, ㅆ/는 만 6세경 완전 습득되는 음소이다. 가장 늦게까지 오류를 보이는 오류패턴은 치간음화이다.

63 조음음운치료 방법
- 주기법은 오류변동들을 주기적으로 바꿔 훈련한다. 개별 음소들의 정확도보다는 말명료도를 높이는 데 목적이 있고, 주기법은 말명료도가 매우 낮은 조음음운장애 아동들에게 효과적이다.
- 본 아동은 단어자음정확도와 말명료도가 매우 낮았다. 또한 다양한 자음에서 오류를 보였다. 이에 따라 점차적으로 오류들을 줄여가는 주기법이 적절하다.

64

목표	아동반응	탈유음화			탈마찰음화		동화		기타
		유음탈락	활음화	비음화	파열음화	파찰음화	순행동화	역행동화	
① 선생님	턴탠님				1				
② 시작칼께	치차칼께					1			
③ 쓰러져써	스여져떠		1		1				이완음화
④ 다릉거	다잉거			1					모음오류
⑤ 여기에서	녀기에터				1				음소첨가

65 ③ 자극반응도를 살펴보았을 때, 검사자의 자극으로 /ㅣ/ 모음 앞에서 /ㄱ/ 발음이 정조음하였다. 초반에 자극반응도가 높은 단어로 연습하여 다른 문맥에서 일반화가 일어날 수 있도록 해야 한다.

66 ③ 아동의 의사소통 의도가 있다. 의사소통 행동 시 의도적인 발성의 빈도를 높여 다양한 발성유형을 표현하도록 해야 한다.

67
① 시 – 씨 → 긴장성에서 차이
② 산 – 짠 → 지속성, 지연개방성, 고설성에서 차이
③ 솜 – 봄 → 지속성, 설정성에서 차이
④ 신 – 손 → 고설성, 원순성에서 차이
⑤ 새 – 개 → 지속성, 설정성, 전방성, 고설성, 후설성에서 차이

68 ② 'ㅈ'을 'ㅣ' 모음 앞에서 산출 후 'ㅐ, ㅔ'의 모음 앞에서도 산출하는 것을 보아 문맥 일반화한 것이다.

일반화
- 위치 일반화 : 어두 초성 'ㅈ' 산출 후 어중 또는 어말에서 산출
- 문맥 일반화 : 'ㅈ'을 'ㅣ' 모음 앞에서 산출 후 'ㅗ, ㅜ, ㅏ'의 모음 앞에서도 산출
- 언어학적 단위 일반화 : 말소리, 음절, 낱말, 문장 등 언어학적 단위에 따라 산출
- 말소리 변별자질 일반화 : 'ㅈ'을 산출하게 되면 'ㅈ'이 가지고 있는 변별자질을 공유해서 'ㅉ, ㅊ'을 산출
- 상황 일반화 : 치료실에서 목표를 달성 후 다른 장소에서 사용

69 'CVㄹV' 구조에서는 가능하지만, 'CVㄹCV'에서 어려움이 있으므로 다양한 2음절 문맥에서 중재해야 한다.
① 종성 유음의 설측음을 중재한다.
② '잘라, 빨대, 빨개'에서 종성 'ㄹ'은 설측음으로 발음되는데, '잘라'만 정조음하였다.
③ 본 대화에서 아동의 탄설음에 정보를 얻을 수 없다.
⑤ 아동이 정조음할 수 있는 문맥이다.

70 조음지시법
- 치경마찰음 : 혀끝을 치조에 붙이고 가운데 부분에 작은 틈을 만들어 공기를 내보내는데, 이때 혀의 가장자리는 윗니에 대고 옆으로 공기가 새지 않게 한다.
- 초성유음 : 혀를 좁히지 않고 편 상태에서 앞쪽 혀 끝 부분을 치경 또는 치경경구개 부분에 순간적으로 대었다가 내리면서 산출하는 소리로 옆으로 공기를 내보낸다.

06 모의고사 기타 과목 정답 및 해설

기타 과목	청각장애

01	02	03	04	05	06	07	08	09	10
③	①	⑤	②	⑤	①	①	③	②	②
11	12	13	14	15	16	17	18	19	20
④	④	⑤	②	①	④	④	③	④	③
21	22	23	24	25	26	27	28	29	30
⑤	⑤	③	⑤	③	⑤	③	③	③	③
31	32	33	34	35	36				
③	⑤	④	⑤	④	⑤				

01 ③ 소리를 공명시키고 고주파수대의 음을 증폭시키는 것은 외이도의 역할이다.

02 소리 전달과정
귓바퀴 → 외이도 → 고막 → 이소골 → 달팽이관 → 청신경 → 중추신경계

03 ⑤ 첨단회전(Apical Turn) : 저주파수
① 기저회전(Basal Turn) : 고주파수
③ 중간회전(Middle Turn) : 중주파수

04 이소골의 구성
- 이소골은 3개의 작은 뼈로 구성
- 추골, 침골, 등골

05 ⑤ '외이'에 대한 설명이다.

06 달팽이관 주파수대역
- 달팽이관의 기저부는 고주파수대역을 담당한다.
- 달팽이관의 첨단부는 저주파수대역을 담당한다.

07 어음청력검사
- 어음청취역치(SRT) : 얼마나 작은 소리까지 들을 수 있는지를 본다.
- 어음탐지역치(SDT) : 검사어음을 감지만 할 수 있는 가장 낮은 음압이다.
- 최적가청치(MCL) : 피검자가 가장 편안하게 느끼는 검사 어음 강도이다.

08 객관적 청력검사 vs 주관적 청력검사

객관적 청력검사	주관적 청력검사
• 중이검사 • 이음향반사검사(OAE) • 뇌간반응유발반응검사(ABR) • 청성지속반응검사(ASSR)	• 순음청력검사 • 어음청력검사 • 음차검사 • Ling 6 Test • 유/소아 청력검사

09 그 밖에 유소아 청력평가가 가능한 검사
- 행동청력검사 : 아이가 소리를 듣는지 확인하기 위해 행동관찰하여 청력을 측정한다.
- 중이검사 : 고막운동성검사, 등골근반사검사
- 내이검사 : 이음향방사검사
- 전기생리학적검사 : ABR, ASSR

10 ② 양측 청력이 70dB 이상의 고도의 감각신경성 난청 혹은 농의 경우 수술 대상자 선정기준에 해당한다.

11 순음청력검사(PTA)
- 3분법 : (500Hz+1,000Hz+2,000Hz)/3
- 4분법(청력손실 정도 평가) : (500Hz+(2×1,000Hz)+2,000Hz)/4
- 6분법(청각장애 등급 판정 평가) : (500Hz+(2×1,000Hz)+(2×2,000Hz)+4,000Hz)/6

12 ④ 청성뇌간반응검사

13 청력검사
- 고막운동도검사 : 고막의 움직임을 관찰하여 중이상태를 확인하는 검사
- 어음청력검사 : 일음절 또는 이음절 단어를 이용하여 청력역치를 구하는 검사. 대략적인 청력역치는 알 수 있지만 주파수별 역치는 알 수 없음. 순음청력검사의 신뢰도 확인이나 청각재활 예후 확인 가능
- 전기와우도검사 : 달팽이관과 청신경의 기능을 확인하는 검사
- 청성뇌간반응검사 : 검사 시 주파수 특징이 없는 Click음으로 사용하여 주파수별 역치는 알 수 없음

14 ① 저주파수가 Flat한 청력을 보이며 정상청력에 속한다.
③ 'ㅁ'은 차폐를 한 좌측 기도역치, 'O'는 차폐를 안 한 우측 기도역치를 뜻한다.
④ 우측 청력은 정상청력으로 볼 수 있다. 경도 난청은 15~20dB보다 나빠야 경도 난청으로 본다.
⑤ '<'은 차폐하지 않은 우측 골도청력을 뜻한다.

15 ① 청력도를 보면 기도/골도 청력은 전주파수에서 정상청력에 속하며, 우측 청력은 기도청력과 골도청력에서 10~25dB 정도의 차이를 보여 중이질환을 앓고 있을 것이라 추측된다. 우측 골도청력은 정상청력에 속하므로 내이에는 문제가 없을 것이라고 볼 수 있다.

16 ④ 오른쪽 청력도의 경우 저주파수쪽 잔존청력이 조금 남아있고, 좌측의 경우는 Deaf이다. 골도청력도가 좋지 않아 보청기나 중이임플란트로는 청력을 개선하는 것은 어려우며, 환자의 환경이나 상태를 확인한 후 인공와우 시술을 통해 청력개선을 고려해 볼 수 있다.

17 ① 오른쪽 귀에 기도-골도 차이가 없으므로 전음성 난청이다. → 90dB 이상 청력손실이 있는 것으로 보아 감각신경성 난청일 확률이 크다.
② /ㅂ, ㅃ, ㅍ, ㅁ, ㄴ/의 소리를 들을 수 있다.
→ 고도 난청으로 전반적인 소리를 듣기 어렵다.
③ 중고도 난청으로 기도기관 손상으로 주로 나타나는 청력도이다. → 기도, 골도 이상
⑤ 보청기를 사용한 청력이다. → 보청기 청력을 확인할 수 없다. 보청기는 'A'로 표시

18 ① 양측 모두 기도와 골도 차이가 없어 전음성 난청이 아닌 감각신경성 난청이다.
② 좌측 청력은 250~2,000Hz까지는 경도 난청, 3,000Hz는 중고도 난청으로 보인다. → 3,000Hz는 중도 난청

④ 우측 청력은 고주파수만 경도 난청으로 보인다.
→ 저주파수와 고주파수의 경도 난청
⑤ 청력도상에 양측 기도, 골도 청력만 표시가 되어있어 청각보장구를 착용한 검사결과는 알 수 없다.

19 청력도 해석

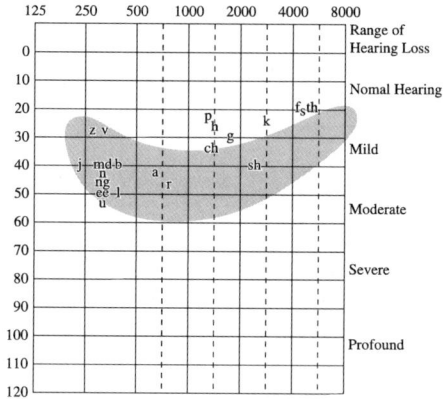

20 청력손실 정도
- 0~25dB : 정상청력(20dB까지를 정상청력으로 보기도 함)
- 26~40dB : 경도 난청
- 41~55dB : 중도 난청
- 56~70dB : 중고도 난청
- 71~90dB : 고도 난청
- 91dB 이상 : 농

21 ⑤ 청각장애인은 시각적으로 모방하기 어려운 연구개음의 오류가 더 높은 편이다.

22 ⑤ 청각적으로 확인하기 어렵기도 하고 주파수가 높은 소리라 대부분 조음에 어려움을 보이기도 한다.

23 ③ 구순/구개열 환자는 이관기능의 불량으로 대부분 환자에게서 중이염이 반복적으로 나타나며 전음성 난청을 유발한다. 드물게는 감각신경성 난청을 동반하여 혼합성 난청이 나타난다.

24 ⑤ 양이청취의 이점을 위해 인공와우 수술을 하는 경우도 있다.

25 ③ 고막운동도검사는 외이도에 음파와 압력을 가하여 고막의 움직임을 평가한다. 이를 통해 중이의 압력 변화와 고막의 탄력성을 평가할 수 있다.

26 ⑤ 청성지속반응검사는 청신경검사로 주파수별 대략적인 역치 측정이 가능(500, 1000, 2000, 4000Hz)하며, 120dB까지도 검사가 가능하다. 이 검사는 주로 유아나 소아의 청력측정에 많이 사용한다.

27 ③ 청각적인 변별이 쉬운 음소로 6개의 음이 있다. 6개의 음을 'Ling 6 Sound'라고 부른다.
ㅜ[u], ㅏ[a], ㅣ[i], ㅅ[s], 쉬[sh], 음[m]

28 ③ 2,000Hz 이상의 음소가 위치해 있는 것은 /k/, /p/, /s/, /th/, /ʃ/가 있다.

29 청각언어훈련-변별이 쉬운 소리
조음방법이 다르면서 유/무성차이가 있을 때와 조음방법과 조음위치가 모두 다를 때 변별이 쉽다.

30 청각언어훈련 단계
• 감지(탐지) : 소리의 유무를 감지하여 소리에 의식적으로 행동반응을 유도 연습한다.
• 변별 : 두 가지 이상의 소리 자극을 주고 두 개의 소리를 여러 가지 방법으로 구분하도록 연습한다.
• 확인 : 제시된 낱말이나 문장 혹은 소리를 골라내어 따라하게 하는 모방과 언어훈련이 첨가되어 연습한다.
• 이해 : 주어진 주제에 대하여 이해하고 언어를 이끌어내어 훈련한다.

31 ③ 변별/확인과제에서 입모양을 가리고 했을 때, 어려움이 있다면 입모양을 보여주고 과제를 시행할 수 있다. 단, 다시 입모양을 가리고 반응할 수 있는 기회를 제공해주어야 한다.

32 ⑤ 독화훈련에 대한 설명이다.

33 ④ 장애인의 말 훈련에서 악센트, 억양, 속도, 휴지(Pause) 등의 요소를 초분절적 자질이라고 한다.

34 ⑤ 가족력은 영향을 덜 미친다.

35 청각언어훈련
• 아동이 어리며, 주로 단단어 표현이 가능한 것으로 보아 단어듣기가 좀 더 필요하다.
• 단어도 음절 수를 점차 늘려야 한다.

• Closed Set이 어려울 때는 Open Set으로 진행 후 다시 Closed Set에 진행하도록 한다.

36 독화훈련
• 종합적 접근법 : 언어-문맥적 정보 이용, 성인에게 효과적이며 성인 훈련의 대부분을 차지
 - 몸짓과 언어 표정 읽기, 언어나 상황 반복 예측, 낱말이 길이/강세/억양 등으로 이해
• 분석적 접근법 : 동작형태, 시각적으로 구별되는 말소리 인지 목표, 아동에게 효과적
 - 시각적으로 동일한 자음과 다른 자음으로 대비하여 훈련
 - 무의미한 음소의 수준에서 의미있는 단어의 수준으로 단계 높임
 - 가능하면 조음의 위치와 방법을 이해시켜 정확한 독화를 도와줌
 - 시각정보를 이용하기 위한 청자가 화자의 입을 지속적으로 응시하도록 하는 응시 훈련 등으로 진행

기타 과목 | 삼킴장애

01	02	03	04	05	06	07	08	09	10
③	④	③	④	①	③	⑤	①	②	⑤
11	12	13	14	15	16	17	18	19	20
②	③	④	④	①	④	②	④	④	①
21	22	23	24	25	26	27	28	29	30
②	⑤	⑤	③	①	①	⑤	③	①	④

01 ③ 삼키는 것에 대한 예비행동의 어려움도 삼킴장애이다.
삼킴장애
삼킴장애는 음식을 입에서부터 위장으로 옮기는 단계에서 어려움이 나타나는 것으로 삼키는 행위뿐 아니라 감각, 삼킴 준비까지도 모두 포함한다. 삼킴장애는 선천적인 기형이나 구조 이상으로 신생아부터 전 연령에 걸쳐 나타날 수 있으며 뇌혈관 질환과 같이 갑작스럽게 발병할 수 있으며, 또한 퇴행성 신경질환과 같이 서서히 악화되는 삼킴장애도 있다.

02 ④ 국(액체)을 잘 삼키는 명수는 삼킴장애라고 보기엔 어려움이 있다.
삼킴장애의 징후
• 삼킴 도중 또는 후의 기침(사레)
• 폐렴의 재발
• 이유를 알 수 없는 체중감소
• 식사 후 가르릉거리는 음성
• 환자의 삼킴에 대한 어려움 호소

03 삼킴장애 용어
- 흡입 : 음식물이 기도로 넘어가 진성대 아래까지 내려간 것
  - 삼킴 전 흡인 : 삼킴반응이 일어나지 않은 상태에서 음식물이 목뒤로 넘어가면서 흡인되는 현상
  - 삼킴 중 흡인 : 인후두의 느린 운동 및 경직으로 인하여 삼킴반응이 늦게 일어나고, 운동이 지연되어 흡인이 나타나는 현상
  - 삼킴 후 흡인 : 음식을 삼킴 후, 구강 안에 남아있던 음식이나 침이 인두강으로 흘러가면서 흡인이 일어나는 현상
- 침습 : 음식물이 후두안으로 어느 정도 들어갔으나 진성대 아래까지는 내려가지 않은 것
- 환류 : 식도에서 인두, 인두에서 비강으로 음식물이 역류하여 다시 넘어 오는 것

04 ④ 삼킴단계는 크게 구강준비단계 - 구강(운반)단계 - 인두단계 - 식도단계이다.

05 ① 구강준비단계는 입에 가까이 온 음식을 감각적으로 인식하고 입안에 위치시키는 일을 한다. 그러므로 음식물을 입 밖으로 흘러나오지 않게 잘 모아야 하는 것도 구강준비단계이다.

06 ③ 인두기(Pharyngeal Phase)에서 후두(성대 부위) 폐쇄가 제대로 이루어지지 않으면 음식물이나 액체가 기도로 잘못 들어가 흡인(Aspiration)이 발생할 수 있다. 이는 연하장애(Dysphagia) 환자에서 매우 중요한 문제이며, 흡인이 지속되면 흡인성 폐렴(Aspiration Pneumonia)으로 이어질 위험이 있다.

07 성인 vs 영유아 삼킴
영유아의 후두는 성인보다 높게 있어서 좀 더 자연스럽게 기도를 보호하며 후두가 높아 삼킴 시 상승운동을 할 필요가 없기 때문에 상승 범위가 좁다.

08 침상선별검사
연하장애의 침상선별검사는 임상 증상을 통한 연하장애 환자의 빠른 선별 및 비디오투시연하검사의 제한점을 보완해 줄 수 있으므로 급성기 환자를 대상으로 사용된다. 임상에서 많이 쓰이는 3온스 물 연하검사, BDST(Burke Dysphagia Screening Test), GUSS(Gugging Swallowing Screen), SSA(Standardized Swallowing Assessment) 등이 있다.

09 ② 네 손가락 기법(Four-finger Method)은 삼킴치료에서 검사자의 네 손가락을 사용하여 후두와 설골의 움직임을 감지하고 삼킴반사를 촉진하는 기법이다. 검사자는 엄지손가락을 턱 아래(턱끝 부위)에, 나머지 네 손가락을 설골과 후두의 위치에 놓고 삼킴 시 후두 상승과 설골 움직임을 확인한다. 이를 통해 환자의 삼킴 기능을 평가하고 적절한 삼킴 촉진 전략을 적용할 수 있다.

10 고개 앞으로 숙이기
삼킴반사가 지연된 환자에게 유용하며 후두계곡의 공간을 넓혀주고 음식물이 기관이나 조롱박굴로 흘러 내려가지 못하도록 돕는다.

11 ② 음식물이 앞쪽 기도로 넘어와 진성대를 넘어선 것으로 보아 흡인이 일어났다.

12 ③ 뒤-앞면 촬영은 인두벽을 정면에서 관찰하기 때문에 비대칭성이나 형태의 이상을 잘 확인할 수 있다.

13 ④ 비위관식이법은 의학적 접근법에 속한다.
①·②·③·⑤ 재활적 접근법에 속한다.

14 ④ 건측인 오른쪽으로 머리를 기울여 음식덩이가 건강한 쪽으로만 흘러가도록 하는 것이 바람직하다.
건측으로 머리 기울이기 자세
문제의 경우 왼측(Lt.) 구강과 인두에 잔여물이 남아 있는 환자로 음식덩이를 건강한 측으로 흘러가게 하는 자세법을 적용하는 것이 바람직하다.

15 ① 삼킴장애 환자에게는 한쪽 근육이나 신경의 기능 저하가 나타나는데, 고개를 손상된 쪽으로 돌리면 비대칭적인 힘을 보완할 수 있다. 이를 통해 음식물이 원활하게 넘어가도록 돕고, 음식을 삼킬 때 불편함을 줄일 수 있다.

16 온도-촉각 자극법(Thermal-tactile Stimulation)
온도-촉각 자극법은 음식덩이를 주기 전에 또는 환자가 삼킴을 하기 전에 스테인리스 설압자 또는 후두경을 찬물에 수 초간 담가두었다가 앞쪽 구개활(Anterior Faucial Arch) 부분을 자극하는 방법이다.

17 구강감각 향상 기법
구강감각 향상 기법은 삼킴실행증 환자, 음식에 대한 촉각실인증 환자, 구강 삼킴의 시작이 지연된 환자, 구강감각 저하 환자, 인두 삼킴의 유발이 지연된 환자에게 효과적이다.

18 인두통과시간

음식덩이가 삼킴반사를 유발한 순간부터 상부식도괄약근을 지나갈 때까지의 시간을 말한다.

19 ① 혀의 기저부 및 후방 기능 저하, 인두벽 수축의 저하, 상부식도괄약근(UES) 열림 지연, 흡인 관찰되지 않는 환자의 경우 이동이 쉽고 부드러운 음식을 제공해야 함으로 액체류가 가능하다.

20 ③ 노력 삼킴(Effortful Swallow)은 혀의 기저부의 움직임이 저하된 환자에게 적용한다.
① 성문위 삼킴(Supraglottal Swallow)은 성대폐쇄의 감소 또는 지연, 인두삼킴이 지연된 환자에게 적용한다.
② 최대성문위 삼킴(Super-supraglottal Swallow)은 기도 입구 폐쇄가 저하된 환자에게 적용한다.
④ 멘델슨 기법(Mendelsohn Maneuver)은 후두 움직임의 저하 또는 삼킴 협응이 저하된 환자에게 적용한다.
⑤ 마사코 기법(Masako Maneuver)은 인두수축을 향상시키기 위하여 상부 수축근 부위의 훈련을 위해 고안된 기법이다.

21 ② 후두경부암 수술 후에는 조기 삼킴중재가 매우 중요하다. 수술로 인해 삼킴 능력이 저하될 수 있기 때문에 가능한 한 빨리 삼킴 기능 회복을 위한 치료를 시작하는 것이 환자의 회복에 도움이 된다.

22 삼킴 – 구강(운반)단계에 영향을 미치는 요소
• 혀 내밀기
• 혀 상승의 저하
• 혀 앞뒤운동의 저하
• 비구조화된 혀 앞뒤운동의 패턴
• 혀 강도의 저하
• 삼킴실행증
• 혀 윤곽의 흉터
• 인두 삼킴의 지연

23 멘델슨 기법

멘델슨 기법은 후두상승의 범위와 지속시간을 증가시켜서 윤상인두근 열림의 지속시간과 면적을 향상시키는 데 효과적이다. 갑상연골을 잡고 삼킴반사가 일어나면서 상승할 때 하강하지 못하도록 손으로 힘을 주어 올린 상태를 몇 초간 유지하게 한다.

24 최대성문위 삼킴(Super-supraglottal Swallow)

최대성문위 삼킴은 기도 입구의 폐쇄가 저하된 환자에게 사용하게 된다.

※ 성문위 후두 절제술을 받은 환자는 후두덮개가 제거되기 때문에 후두 입구는 혀의 기저부와 피열연골(Arytenoid Cartilage)로 이루어진다.

25 아동 삼킴장애 지표

아동이 먹는 동안 입을 벌리고 있는 자세를 보인다면 아동이 삼키는 동안 코로 숨을 쉬기 힘들어 입을 벌리는 것으로 의심해 볼 필요가 있다.

26 삼킴검사 시 제공 되는 음식
• 적은 양의 액체부터 액체의 양을 늘려간 다음, 농도가 진한 음식, 그 다음 고체음식을 사용한다.
• 흡인의 위험성을 알면서도 액체를 먼저 사용하는 이유는 초기 몇 번의 삼킴 동안 흡인의 원인과 흡인되는 양을 확인하기 위함이다. 또한, 기도 폐쇄를 시키면 위험성이 낮고 삼킴에 대한 환자들의 공포를 감소시킬 수 있다.

27 ⑤ 구강구조의 기능과 기능 약화나 부재를 확인하는 방법 중 가장 적절한 방법은 구역반사(Gag Reflex)를 확인하는 것이다. 구역반사는 구강과 인두의 협응력, 삼킴 능력, 신경 반응 등을 평가할 수 있어 구강구조의 기능 약화나 부재를 효과적으로 확인하는 방법이다.

28 ③ 자세수정기법(Postural Modification)은 삼킴 과정에서 음식물의 이동 경로를 조절하고, 인두의 구조적 변화를 유도하여 삼킴 기능을 보완하는 방법이다. 환자의 삼킴 장애 유형에 따라 적절한 자세를 적용하여 흡인을 방지하고 삼킴 효율성을 증가시킬 수 있다.

29 ① 삼킴장애 평가 및 치료 보고서에는 삼킴평가 결과, 삼킴치료 방법, 시도치료 결과, 영양섭취 관리, 재평가 계획 등이 포함되어야 한다. 그러나 언어평가 결과는 직접적인 삼킴장애 평가 항목이 아니며, 삼킴장애 보고서와 관련성이 적다.

30 ④ 보상책략만으로도 삼킴이 원활하게 이루어진다면 환자의 예후는 비교적 긍정적이다. 그러나 퇴행성 질환 환자는 삼킴 기능이 지속적으로 저하될 수 있어 치료 효과가 제한적일 수 있다. 또한, 호흡기능이 심각하게 저하된 환자는 일부 삼킴치료를 연기하는 것이 안전하며, 모든 환자에게 직접 삼킴치료가 최적의 방법은 아니다. 청각적 이해력이 낮은 경우, 환자의 언어능력에 맞춘 지시를 제공하거나 보호자의 도움을 활용하는 것이 필요하다.

기타 과목	구개파열장애

01	02	03	04	05	06	07	08	09	10
③	⑤	②	⑤	③	①	③	③	⑤	②
11	12	13	14	15	16	17	18	19	20
⑤	③	③	②	②	①	④	⑤	②	①

01 1차 구개성형술 시기
12개월 전 옹알이 시기(8~12개월)가 언어발달을 고려하였을 때 적절한 시기이다.

02 공명관련 근육
연인두 폐쇄 관련 근육은 '구개올림근, 구개긴장근, 상인두괄약근, 구개수근'이 있으며 연인두 개방 관련 근육은 '구개인두근, 구개설근'이 있다.

03 ② 비강유출은 압력자음(파열음, 마찰음, 파찰음)으로 평가할 수 있다.

04 ⑤ 구개열은 주로 후방화 오류를 보이며, 주요 보상조음으로는 '성대파열음, 인두파열음, 인두마찰음, 인두파찰음, 후비강마찰음'이 있다.

05 ③ 휴지 시에도 목젖과 연구개의 길이와 모양을 관찰해야 한다.

06 ① CPAP은 연인두 근육이 양압에 저항하여 운동하는 원리로 말산출 동안에 사용할 수 있다. 단, 외상성 뇌손상 환자처럼 연구개 운동이 빈약한 사례에 적절하고, 경도나 중증도 이상의 연인두 기능부전 환자나 구조적 결함이 있는 환자의 경우 효과는 미미하다.

07 ③ 연인두 폐쇄부전이 비일관적으로 관찰되는 것은 연인두 폐쇄기능이 가능하나 적절하게 조절하는 것이 어려움을 나타낸다. 따라서 나조미터와 같은 시각적인 피드백을 통해 연인두 폐쇄를 도울 수 있다.

08 ③ 성문파열음을 소거시키기 위해 성문마찰음 /ㅎ/을 이용하여 성도 내의 좁힘 현상을 소거해 준다.

09 구개열의 치료 시 피드백
Nasometer, See-scape, Air Paddle은 시각적 피드백, Listening Tube는 청각적 피드백, Tongue Blade는 촉각적 피드백에 해당된다. 연장모음발성 동안 Tongue Blade를 사용하여 연구개를 올려주는 촉각적 피드백을 제공할 수 있다.

10 편도 비대로 인한 공명문제
Cul-de Sac은 인두 주변 또는 비강에서 소리가 공명되지만, 구강 또는 비강의 막힘으로 인해 소리가 밖으로 나오지 못하는 현상을 말하며, 편도선비대로 인해 나타날 수 있다. Mid Dorsum Palatal Stop은 경구개의 Fistula를 보상하기 위해 나타나는 보상조음으로 혀의 등 부분이 경구개 부분을 접촉하여 산출되는 소리를 말한다.

11 맹관공명
인두 주변 또는 비강에서 소리가 공명되지만 구강이나 비강의 앞쪽 부위에 막힘으로 인해 소리가 밖으로 나오지 못하는 현상을 뜻한다. 따라서 맹관공명을 평가하기 위한 과제로 비강자음을 사용할 수 있다.

12 ③ VOT를 증가시켜 발성하는 것은 보상조음 중 성문파열음을 소거하게 하는 방법이다.

13 ③ 보상조음을 사용하거나 목표음과 보상조음을 동시에 사용하는 경우 보상조음을 소거해야 한다. 또한 청각적, 시각적, 촉각적 단서를 활용하여 올바른 조음위치와 조음방법의 학습을 도울 수 있다.

14 구개파열 언어치료
구강기류 산출 시 비구어 활동이 100% 수행된다고 하여 구어환경에서도 일반화되는 것은 아니다. 효과적인 치료를 위해서는 비구어 활동에서 연습을 할 수는 있지만 구어환경에서 구강기류가 산출되도록 하는 것이 주가 되어야 한다.

15 ② 비성도=비강에너지/(구강에너지+비강에너지)×100이며, Nasometer로 평가할 수 있다.

16 ① 과대비성의 심각도가 낮거나 비일관적인 비강유출을 보이는 경우, 특정 자음에서만 비강유출 또는 과대비성을 보이는 경우에 조음치료를 통해 공명문제를 향상시킬 수 있다. 나머지 항목은 수술적 접근이 필요한 경우에 해당된다.

17 ④ 비강유출 평가 시 파열음, 마찰음, 파찰음과 같은 압력자음으로 평가한다.

18 구개구순열의 주관적/객관적 평가
지각적 평가에는 간접평가와 직접평가가 있다. 간접평가는 연인두폐쇄를 직접 눈으로 확인하지 않고 기류와 같은 공기역학적 데이터를 비교분석하여 확인하는 것이고, 직접평가는 Nasopharyngoscopy와 같은 기기를 통해 연인두폐쇄를 직접 관찰하는 것이다. 따라서 간접평가가 직접평가에 비해 객관적이며, 직접평가는 평가자의 견해에 따라 해석이 달라질 수 있으므로 다소 주관적이다.

19 ② 경구개에 있는 천공으로 인해 과대비성 또는 비강유출이 나타날 수 있다. 과소비성의 원인은 비염, 비강기형, 큰 아데노이드 등이 해당되며, 맹관공명은 큰 편도선 또는 비강 내 막힘 등으로 나타날 수 있다. 혼합비성은 연인두기능부전, 실행증, 아데노이드가 비인두 부위를 폐쇄했을 경우 등 다양한 원인에 의해 나타날 수 있다.

20 성문파열음 음성기호
- ʔ : 성문파열음
- ʜ : 후비마찰음
- ʕ : 인두파찰음(유성음)
- ʕ : 인두마찰음(유성음)
- ħ : 인두마찰음(무성음)

기타 과목	언어재활현장실무

01	02	03	04	05	06	07	08	09	10
②	③	⑤	④	⑤	⑤	①	④	③	③
11	12	13	14	15	16	17	18	19	20
②	③	⑤	①	⑤	④	④	②	②	④
21	22	23	24	25	26	27	28	29	30
⑤	④	⑤	②	②	②	③	④	⑤	⑤
31	32	33	34	35	36	37	38	39	40
②	③	④	④	④	②	①	⑤	③	②
41	42	43	44						
④	④	⑤	①						

01 ② 특수교육지원센터의 평가를 받아야 한다.

02 ① 평등권 : 언어재활사는 대상자의 국적, 인종, 사상, 종교, 연령, 성별, 정치적, 경제적, 사회적 지위 및 장애의 종류와 정도에 차별 없이 언어재활 서비스를 제공한다.
② 대상자를 위한 협력 : 언어재활사는 대상자의 의사소통능력 향상을 위하여 관련 전문인력과 상호협력을 적극적으로 하여야 한다.
④ 대상자의 사생활 보호 및 비밀유지 : 언어재활사는 직무상 알게 된 대상자의 비밀과 사생활을 보호하며 임의로 타인에게 공개하여서는 안된다.
⑤ 대상자를 위한 전문적 활동 및 자기계발 : 언어재활사는 대상자의 의사소통능력 개선을 위하여 최신 학문적 지식과 임상 기술을 증진 시키기 위해 최선을 다한다.

03 발달재활서비스
- 연령 : 만 18세 미만
- 장애유형 : 뇌병변, 지적, 자폐성, 청각, 언어, 시각 장애아동
- 장애등록이 안된 대상자가 만 9세 도래시에는 만 9세가 되는 달까지만 지원함
- 대상자의 소득기준에 따라 바우처 지원액 및 본인부담금이 차등 지원됨
- 정당한 사유(시, 군, 구청장이 인정한 경우 등)없이 6개월 이상 연속으로 사용하지 않는 경우 중지됨
- 서비스 제공계획서는 1년 단위로 계획된 내용과 관련된 평가를 실시해야 하며 평가 내용을 반드시 부모에게 제공해야 한다.

04 ① 장애인 복지시설인 경우 언어재활사 보수교육 이외에 장애인 복지시설과 관련된 교육을 매년 받아야 한다.
② 개인정보 보호를 위하여 대기실에서 상담하는 것은 주의할 필요가 있다.
③ 매달 시·군·구에 보낼 필요는 없다. 발달재활서비스 제공기관에 근무할 경우 이에 해당되는 서류들을 준비해야 하며, 매년 기관 감사를 시행한다.
⑤ 회당 50분으로 40분 수업이 10분 상담을 원칙으로 한다.

05 ⑤ 임상병리과 전문의는 언어장애 진단을 할 수 없다.

06 ⑤ 협회에서는 언어재활기관의 질적인 관리를 위한 언어재활기관 인증제 사업을 할 뿐, 기관설립은 하지 않는다.

07 조사연구
- 연구 대상자의 특성, 변수 간 관계 파악을 목적으로 함
- 설문지, 인터뷰, 전화 등을 통하여 자료 수집

08 ① 특수교육이란 특수교육대상자의 교육적 요구를 충족시키기 위하여 특성에 적합한 교육과정 및 제2호에 따른 특수교육 관련서비스 제공을 통하여 이루어지는 교육을 말한다.
② 순회교육이란 특수교육교원 및 특수교육 관련서비스 담당 인력이 각급학교나 의료기관, 가정 또는 복지시설(장애인복지시설, 아동복지시설 등을 말한다. 이하 같다) 등에 있는 특수교육대상자를 직접 방문하여 실시하는 교육을 말한다.
③ 보호자란 친권자·후견인, 그 밖의 사람으로서 특수교육대상자를 사실상 보호하는 사람을 말한다.
⑤ 특수학급이란 특수교육대상자의 통합교육을 실시하기 위하여 일반학교에 설치된 학급을 말한다.

09 언어발달지원사업
- 대상 : 만 12세 미만 비장애아동
- 서비스 내용 : 언어발달진단서비스, 언어발달, 청능발달 등 언어재활서비스 및 독서지도, 수어지도
- 논술지도, 학습지도 등 교과목 수업 불가, 학습지를 이용한 지도 불가
- 1회당 서비스 제공시간은 50분(부모상담 포함)

10 ③ 장애의 정도가 심한 장애인, 장애의 정도가 심하지 않은 장애인

11 장애정도기준

장애 정도	장애상태
장애의 정도가 심한 장애인	1. 발성이 불가능하거나 특수한 방법(식도발성, 인공후두기)으로 간단한 대화가 가능한 음성장애 2. 말의 흐름에 심한 방해를 받는 말더듬 (SSI 97%ile 이상, P-FA 91%ile 이상) 3. 자음정확도가 30% 미만인 조음장애 4. 의미 있는 말을 거의 못하는 표현언어지수가 25 미만인 경우로서 지적장애 또는 자폐성장애로 판정되지 아니하는 경우 5. 간단한 말이나 질문도 거의 이해하지 못하는 수용언어지수가 25 미만인 경우로서 지적장애 또는 자폐성장애로 판정되지 아니하는 경우
장애의 정도가 심하지 않은 장애인	1. 발성(음도, 강도, 음질)이 부분적으로 가능한 음성장애 2. 말의 흐름이 방해받는 말더듬(SSI : 아동 41~96%ile, 성인 24~96%ile, P-FA 41~90%ile) 3. 자음정확도 30~75% 정도의 부정확한 말을 사용하는 조음장애 4. 매우 제한된 표현만을 할 수 있는 표현언어지수가 25~65인 경우로서 지적장애 또는 자폐성장애로 판정되지 아니하는 경우 5. 매우 제한된 이해만을 할 수 있는 수용언어지수가 25~65인 경우로서 지적장애 또는 자폐성장애로 판정되지 아니하는 경우

12 ③ 본 환자의 증상을 보았을 때 인후두역류증을 동반하고 있을 것으로 예상된다. 따라서 보기와 같은 상담을 통해 생활습관을 개선시켜야 하고, 수분섭취는 매우 중요하나 취침 전 수분섭취는 위산을 촉진할 수 있다.

13 ① 언어 및 의사소통 목표/능력이 광범위하다.
② 학교 언어재활사는 학교 내에 있는 위험군 아동, 장애아동을 찾고, 예방, 지원의 의무가 포함된다.
③ 공식검사뿐만 아니라 역동적 평가도 함께 진행하는 것이 좋다.
④ 보고서 작성, 중재 계획이나 반응 기록 등을 수행해야 한다.

14 언어재활사 자격정지
- 언어재활사의 업무를 하면서 고의 또는 중대한 과실로 언어재활 대상자의 기능에 손상을 입힌 사실이 있을 때
- 보수교육을 연속하여 2회 이상 받지 아니한 때

15 ⑤ 자격정지 처분을 3회 받았을 경우 자격취소이다.

16 ④ 다양한 해결책을 찾아볼 수 있도록 한다.

17 ④ 전문대학 졸업자가 1급 자격증을 취득하기 위해서는 2급 자격증 취득 후 학사를 취득, 3년의 임상과정을 거쳐야 한다.

18 ② 장애인 복지관

19 ② 구문의미이해력은 수용 언어 영역에 기술해야 한다.

20 학교상황에서 협력적 언어치료가 필요한 이유
- 언어기술 일반화의 유리함
- 학생들의 학업에 필요한 언어기술 교수
- 교실 내 필요한 사회적 의사소통 기술 개발
- 발생 가능한 언어문제 예방

21 ⑤ 환자는 기능적 실성증 환자이므로 차폐접근법을 사용하는 것이 가장 적절하다.

22 ④ 간접지원(협력적 자문)이라고 한다.

23 ⑤ 심도 난청 성인 환자

24 발달재활서비스
- 18세 미만 장애 아동
- 연령은 신청일 기준으로 판정, 지원기간은 대상자로 선정된 달의 다음 달부터 발달재활서비스 지원 대상 장애아동이 18세가 되는 달까지
- 단, 발달재활서비스 지원 대상 장애아동이 학교에 재학 중인(휴학생 제외) 경우, 20세가 되는 달까지 지원을 연장(18세 이상인 경우도 신청 가능)하되, 20세에 도래하기 전에 학교를 졸업하는 경우에는 졸업하는 달까지 인정(재학증명서 첨부)

25 ② 언어장애는 음성장애, 구어장애, 발달기에 나타나는 발달성 언어장애, 뇌질환 또는 뇌손상에 의한 언어중추의 손상에 따른 실어증을 포함한다. 음성장애는 단순한 음성장애와 발성장애를 포함하며, 구어장애는 발음 또는 조음장애와 유창성장애(말더듬)를 포함한다.

26 ② 1년 동안 8시간을 이수해야 한다.

27 ③ 의료기관

28 ④ 한국어 읽기 검사(KOLRA)는 초등학교 1~6학년을 대상으로 실시할 수 있는 읽기평가이다.

29 ⑤ 전공과 특수교육대상자의 의무교육은 무상으로 한다.

30 ⑤ 자연스러운 환경에서 제공된다.

31 장애인 복지 전문 인력의 범위
- 의지·보조기 기사
- 언어재활사
- 장애인 재활 상담사
- 한국수어 통역사
- 점역·교정사

32 ③ 음운 목록 평가

33 ④ 부모가 단순한 구문을 사용할 것을 권고한다.

34 ④ 교수-지원 교수

35 추리통계
수집된 자료로 그 자료가 추출된 모집단의 현상이나 특징을 추정, 예견, 일반화하려는 통계이다.
기술통계
얻은 결과를 그 대상 이외의 다른 대상들에게 적용시키지 않고 해석의 의미를 국한시키는 통계이다.

36 ② 가설에서 오판을 허용하는 수준을 유의수준이라고 한다.

37 ① 제1종 오류란, 귀무가설이 옳은(참)데도 불구하고 그것이 틀렸다고 판정하는 오류를 말한다.

38 t검정
분산이나 표준편차를 알 수 없을 때 사용하며 모집단을 대표하는 표본으로부터의 추정된 분산, 표준편차를 가지고 검정하는 방법이다. 귀무가설과 대립가설 중에 하나를 선택할 수 있도록 하는 통계검정으로 독립변수는 모집단이 된다.

39 ③ 명수는 수학과 과학 Z점수가 −1로 동일 수준에 있고, 세호의 경우 수학, 과학 Z점수가 +1로 동일 수준에 있다. 따라서, 명수, 세호가 각각 수학, 과학이 동일 수준에 있다.

40 ② 최빈값은 데이터 중 가장 많은 빈도로 나타난 값을 말하며 영어의 최빈값은 60점이 된다.
① 중앙값은 데이터 집합에서 중앙에 위치한 값을 말한다. 따라서 국어의 중앙값은 80점이 된다.
③ 최저값은 데이터 중 가장 낮은 값으로 수학의 최저값은 60점이 된다.
④ 과학의 경우 최빈값이 75점, 80점 두 개이다.
⑤ 평균값은 모든 데이터의 평균으로 사회의 평균값은 54점이다.

41 ④ 독립변수는 다른 변수에 영향을 주는 변수로 치료시간이 언어능력에 영향을 주는지를 보는 것이기 때문에 치료시간이 독립변수이다.

※ 상수는 항상 같은 값(같은 수)을 의미하고 숙제 유무에 따른 언어능력의 변화를 볼 때는 언어능력의 변화가 종속변수가 된다. 독립변수 및 종속변수 모두에 영향을 미치는 변수는 매개변수라고 한다.

42 ④ 내현적 타당성은 분석결과가 연구문제에 대한 타당한 결과를 찾아낼 수 있는지를 의미하고, 외현적 타당성은 연구의 결과가 다른 연구대상에까지 얼마나 일반화할 수 있는지를 의미한다.

43 회귀분석

둘 이상의 변수들 간의 인과관계(의존관계)를 파악함으로써 어떤 특정한 변수(종속변수)의 값을 다른 한 개 또는 그 이상의 변수(독립변수)들로부터 설명하고 예측하는 분석이다.

44 ① Levene Test 등분산 가정은 F값이 유의수준을 판단하는데 신뢰수준 95%에서 유의확률이 0.05보다 크면 등분산이 가정되므로 분배공정, 절차공정, 상호작용 모두에서 등분산이 가정된다.

부록

| 01 | 언어재활사 관련 법령 및 제도 |
| 02 | 한국언어재활사협회 정관 및 윤리강령 |

언어치료 관련 법령 및 제도

- 관련 법령 – 장애인복지법, 장애인복지법 시행령, 장애인복지법 시행규칙, 장애인 등에 대한 특수교육법
- 관련 제도 – 장애진단 관련 제도, 보건복지부 사회서비스 바우처
※ 관련 법령 및 제도는 수시로 변경될 수 있으니 국가법령정보센터 (http://www.law.go.kr), 보건복지부(http://www.mohw.go.kr) 등 관련 홈페이지를 참고하시어 학습하시기 바랍니다.

01 언어재활사 관련 법령 및 제도

관련 법령

1. 장애인복지법
[시행 2025. 1. 24.] [법률 제20111호, 2024. 1. 23., 일부개정]

제1조(목적)
이 법은 장애인의 인간다운 삶과 권리보장을 위한 국가와 지방자치단체 등의 책임을 명백히 하고, 장애발생 예방과 장애인의 의료·교육·직업재활·생활환경개선 등에 관한 사업을 정하여 장애인복지대책을 종합적으로 추진하며, 장애인의 자립생활·보호 및 수당지급 등에 관하여 필요한 사항을 정하여 장애인의 생활안정에 기여하는 등 장애인의 복지와 사회활동 참여증진을 통하여 사회통합에 이바지함을 목적으로 한다.

제7장 장애인복지 전문인력

제71조(장애인복지 전문인력 양성 등)
① 국가와 지방자치단체 그 밖의 공공단체는 의지·보조기 기사, 언어재활사, 장애인재활상담사, 한국수어 통역사, 점역(點譯)·교정사 등 장애인복지 전문인력, 그 밖에 장애인복지에 관한 업무에 종사하는 자를 양성·훈련하는 데에 노력해야 한다. 〈개정 2011. 8. 4., 2015. 12. 29., 2016. 2. 3.〉
② 제1항에 따른 장애인복지 전문인력의 범위 등에 관한 사항은 보건복지부령으로 정한다. 〈개정 2008. 2. 29., 2010. 1. 18.〉
③ 국가와 지방자치단체는 제1항에 따른 장애인복지 전문인력의 양성업무를 관계 전문기관 등에 위탁할 수 있다.
④ 국가와 지방자치단체는 제1항에 따른 장애인복지 전문인력의 양성에 소요되는 비용을 예산의 범위 안에서 보조할 수 있다.

제72조의2(언어재활사 자격증 교부 등)
① 보건복지부장관은 제2항에 따른 자격요건을 갖춘 사람으로서 제73조에 따른 국가시험에 합격한 사람(이하 "언어재활사"라 한다)에게 언어재활사 자격증을 내주어야 한다.
② 언어재활사의 종류 및 국가시험 응시자격 요건은 다음 각 호의 구분과 같다. 이 경우 외국의 대학원·대학·전문대학(보건복지부장관이 정하여 고시하는 인정기준에 해당하는 학교를 말한다)에서 언어재활 분야의 학위를 취득한 사람으로서 등급별 자격기준과 동등한 학력이 있다고 보건복지부장관이 인정하는 경우에는 해당 등급의 응시자격을 갖춘 것으로 본다. 〈개정 2018. 12. 11.〉

1. 1급 언어재활사 : 2급 언어재활사 자격증을 가진 사람으로서 다음 각 목의 어느 하나에 해당하는 사람
   가. 「고등교육법」에 따른 대학원에서 언어재활 분야의 박사학위 또는 석사학위를 취득한 사람으로서 언어재활기관에 1년 이상 재직한 사람
   나. 「고등교육법」에 따른 대학에서 언어재활 관련 학과의 학사학위를 취득한 사람으로서 언어재활기관에 3년 이상 재직한 사람
2. 2급 언어재활사 : 「고등교육법」에 따른 대학원·대학·전문대학의 언어재활 관련 교과목을 이수하고 관련 학과의 석사학위·학사학위·전문학사학위를 취득한 사람

③ 언어재활사 자격증을 분실하거나 훼손한 사람에게는 신청에 따라 자격증을 재교부한다.
④ 언어재활사 자격증을 다른 사람에게 빌려주거나 빌리는 행위 또는 이를 알선하는 행위를 하여서는 아니 된다. 〈개정 2024. 2. 13.〉
⑤ 제1항과 제3항에 따른 자격증의 교부·재교부 절차와 관리 및 제2항에 따른 언어재활기관의 범위, 대학원·대학·전문대학의 언어재활 관련 학과와 언어재활사로서 이수하여야 하는 관련 교과목의 범위 등에 필요한 사항은 보건복지부령으로 정한다.

[본조신설 2011. 8. 4.]

제73조(국가시험의 실시 등)

① 의지·보조기 기사, 언어재활사 및 장애인재활상담사(이하 "의지·보조기 기사 등"이라 한다)의 국가시험은 보건복지부장관이 실시하되, 실시시기·실시방법·시험과목, 그 밖에 시험 실시에 관하여 필요한 사항은 대통령령으로 정한다. 〈개정 2008. 2. 29., 2010. 1. 18., 2011. 8. 4., 2015. 12. 29.〉
② 보건복지부장관은 제1항에 따른 국가시험의 실시에 관한 업무를 대통령령으로 정하는 바에 따라 「한국보건의료인국가시험원법」에 따른 한국보건의료인국가시험원에 위탁할 수 있다. 〈개정 2008. 2. 29., 2010. 1. 18., 2015. 6. 22.〉

[제목개정 2011. 8. 4.]

제74조(응시자격 제한 등)

① 다음 각 호의 어느 하나에 해당하는 자는 제73조에 따른 국가시험에 응시할 수 없다. 〈개정 2007. 10. 17., 2011. 8. 4., 2017. 2. 8., 2017. 9. 19., 2017. 12. 19., 2024.10.22.〉
1. 「정신건강증진 및 정신질환자 복지서비스 지원에 관한 법률」 제3조 제1호에 따른 정신질환자. 다만, 전문의가 의지·보조기 기사 등으로서 적합하다고 인정하는 사람은 그러하지 아니하다.
2. 마약·대마 또는 향정신성의약품 중독자
3. 피성년후견인
4. 이 법이나 「형법」 제234조·제317조 제1항, 「의료법」, 「국민건강보험법」, 「의료급여법」, 「보건범죄 단속에 관한 특별조치법」, 「마약류 관리에 관한 법률」 또는 「후천성면역결핍증 예방법」을 위반한 죄를 범하여 금고 이상의 형을 선고받고 그 형의 집행이 끝나거나(집행이 끝난 것으로 보는 경우를 포함한다) 집행이 면제되지 아니한 사람
5. 제4호의 죄를 범하여 금고 이상의 형의 집행유예를 선고받고 그 유예기간 중에 있는 사람

② 부정한 방법으로 제73조에 따른 국가시험에 응시한 자나 국가시험에 관하여 부정행위를 한 자는 그 수험을 정지시키거나 합격을 무효로 한다.
③ 제2항에 따라 수험이 정지되거나 합격이 무효가 된 자는 그 후 2회에 한하여 제73조에 따른 국가시험에 응시할 수 없다.

제75조(보수교육)

① 보건복지부장관은 의지·보조기 기사 등에 대하여 자질 향상을 위하여 필요한 보수(補修) 교육을 받도록 명할 수 있다. 〈개정 2008. 2. 29., 2010. 1. 18., 2011. 8. 4.〉

② 제1항에 따른 보수교육의 실시 시기와 방법 등 필요한 사항은 보건복지부령으로 정한다. 〈개정 2008. 2. 29., 2010. 1. 18.〉

제76조(자격취소)

보건복지부장관은 의지·보조기 기사 등이 다음 각 호의 어느 하나에 해당한 때에는 그 자격을 취소해야 한다. 〈개정 2008. 2. 29., 2010. 1. 18., 2011. 8. 4., 2015. 12. 29.〉

1. 제72조 제3항을 위반해서 타인에게 의지·보조기 기사자격증을 대여한 때
1의2. 제72조의2 제4항을 위반하여 타인에게 언어재활사 자격증을 대여하였을 때
1의3. 제72조의3 제4항을 위반하여 타인에게 장애인재활상담사 자격증을 대여하였을 때
2. 제74조 제1항 각 호의 어느 하나에 해당하게 된 때
3. 제77조에 따른 자격정지처분 기간에 그 업무를 하거나 자격정지 처분을 3회 받은 때

제77조(자격정지)

보건복지부장관은 의지·보조기 기사 등이 다음 각 호의 어느 하나에 해당하면 6개월 이내의 범위 안에서 보건복지부령으로 정하는 바에 따라 자격을 정지시킬 수 있다. 〈개정 2008. 2. 29., 2010. 1. 18., 2011. 8. 4., 2015. 12. 29.〉

1. 의지·보조기 기사의 업무를 하면서 고의 또는 중대한 과실로 의지·보조기 착용자의 신체에 손상을 입힌 사실이 있는 때
1의2. 언어재활사의 업무를 하면서 고의 또는 중대한 과실로 언어재활 대상자의 기능에 손상을 입힌 사실이 있을 때
1의3. 장애인재활상담사의 업무를 하면서 고의 또는 중대한 과실로 재활 대상자에게 손해를 입힌 사실이 있을 때
2. 제75조에 따른 보수교육을 연속하여 2회 이상 받지 아니한 때

제80조의2(한국언어재활사협회)

① 언어재활사는 언어재활에 관한 전문지식과 기술을 개발·보급하고 언어재활사의 자질향상을 위한 교육훈련 및 언어재활사의 복지증진을 도모하기 위하여 한국언어재활사협회를 설립할 수 있다. 〈개정 2019. 12. 3.〉

② 제1항에 따른 한국언어재활사협회는 법인으로 한다. 〈개정 2019. 12. 3.〉

③ 제1항에 따른 한국언어재활사협회에 관하여 이 법에서 규정한 것을 제외하고는 「민법」 중 사단법인에 관한 규정을 준용한다. 〈개정 2019. 12. 3.〉

[본조신설 2011. 8. 4.]

2. 장애인복지법 시행령

[시행 2025. 1. 24.] [대통령령 제35158호, 2024. 12. 31., 일부개정]

제1조(목적)
이 영은 「장애인복지법」에서 위임된 사항과 그 시행에 필요한 사항을 규정함을 목적으로 한다.

제37조(국가시험의 시행 및 공고 등)
① 보건복지부장관은 법 제73조 제1항에 따른 의지·보조기 기사, 언어재활사 및 장애인재활상담사의 국가시험(이하 "국가시험"이라 한다)을 매년 1회 이상 시행하여야 한다. 〈개정 2008. 2. 29., 2010. 3. 15., 2012. 7. 24., 2017. 10. 31.〉
② 보건복지부장관은 법 제73조 제2항에 따라 국가시험의 실시에 관한 업무를 「한국보건의료인국가시험원법」에 따른 한국보건의료인국가시험원(이하 "국가시험관리기관"이라 한다)에 위탁한다. 〈개정 2015. 12. 22.〉
③ 국가시험관리기관의 장은 국가시험을 실시하려면 미리 보건복지부장관의 승인을 받아 시험일시, 시험장소, 시험과목, 응시수수료 및 응시원서의 제출기간, 그 밖에 시험의 실시에 필요한 사항을 시험 실시 90일 전까지 공고하여야 한다. 다만, 시험장소는 지역별 응시인원이 확정된 후 시험 실시 30일 전까지 공고할 수 있다. 〈개정 2008. 2. 29., 2010. 3. 15., 2012. 5. 1.〉
④ 국가시험관리기관의 장은 장애인이 시험에 응시하는 경우 장애의 종류 및 정도에 따라 필요한 편의를 제공하여야 한다. 〈신설 2012. 7. 24.〉

제38조(시험과목 및 합격자 결정방법)
① 국가시험의 방법은 다음 각 호의 구분에 따른다. 〈개정 2012. 7. 24., 2017. 10. 31.〉
  1. 의지·보조기 기사 국가시험 : 필기시험 및 실기시험
  2. 언어재활사 국가시험 : 필기시험
  3. 장애인재활상담사 국가시험 : 필기시험
② 제1항에 따른 필기시험 과목은 별표 4와 같다. 〈개정 2012. 7. 24.〉
③ 제1항 제1호에 따른 실기시험에는 필기시험에 합격한 사람만이 응시할 수 있으며, 실기시험은 의지·보조기의 제작능력을 측정하는 것을 내용으로 한다. 〈신설 2012. 7. 24.〉
④ 국가시험의 합격자 결정은 필기시험의 경우에는 전 과목 총점의 6할 이상, 각 과목 4할 이상을 득점한 자를 합격자로 하며, 실기시험의 경우에는 총점의 6할 이상을 득점한 자를 합격자로 한다. 〈개정 2012. 7. 24.〉

[별표 4] 필기시험 과목(제38조 제2항 관련)

구 분	언어재활사	
	1급	2급
필기시험 과목	1. 신경언어장애 2. 언어발달장애 3. 유창성장애 4. 음성장애 5. 조음음운장애 6. 언어재활현장실무	1. 신경언어장애 2. 언어발달장애 3. 유창성장애 4. 음성장애 5. 조음음운장애

제39조(시험위원)

① 국가시험관리기관의 장은 국가시험을 시행하려면 시험과목별로 전문지식을 갖춘 자 중에서 시험위원을 위촉한다.

② 제1항에 따른 시험위원에게는 예산의 범위에서 수당과 여비를 지급할 수 있다.

제40조(국가시험의 응시 및 합격자 발표)

① 국가시험에 응시하려는 자는 국가시험관리기관의 장이 정하는 응시원서를 국가시험관리기관의 장에게 제출하여야 한다.

② 국가시험관리기관의 장은 국가시험의 합격자를 결정·발표하고, 그 합격자에 대한 다음 각 호의 사항을 보건복지부장관에게 보고하여야 한다. 〈개정 2008. 2. 29., 2010. 3. 15.〉

  1. 성명 및 주민등록번호
  2. 국가시험 합격번호 및 합격 연월일

3. 장애인복지법 시행규칙

[시행 2025. 1. 1.] [보건복지부령 제997호, 2024. 2. 8., 일부개정]

제1조(목적)

이 규칙은 「장애인복지법」 및 같은 법 시행령에서 위임된 사항과 그 시행에 필요한 사항을 규정함을 목적으로 한다.

제55조(장애인복지전문인력의 범위)

법 제71조 제2항에 따른 전문인력의 범위는 다음 각 호로 한다. 〈개정 2012. 7. 27., 2017. 11. 23., 2019. 6. 4., 2019. 9. 27., 2022. 9. 6.〉

1. 법 제72조 제1항에 따른 의지·보조기 기사(이하 "의지·보조기 기사"라 한다)
2. 법 제72조의2 제1항에 따른 언어재활사(이하 "언어재활사"라 한다)
3. 법 제72조의3 제1항에 따른 장애인재활상담사(이하 "장애인재활상담사"라 한다)
4. 한국수어 통역사
5. 점역·교정사(點譯·矯正士)

제57조의2(언어재활사 자격증 발급신청 등)

① 법 제72조의2 제1항에 따른 언어재활사 자격증을 발급받으려는 사람은 별지 제34호의2 서식의 신청서에 다음 각 호의 서류를 첨부하여 보건복지부장관에게 제출하여야 한다. 다만, 법률 제11010호 장애인복지법 일부개정법률 부칙 제2조에 따른 특례시험을 거쳐 언어재활사 자격증을 취득하려는 사람은 제1호 및 제2호의 서류를 제출하지 아니한다. 〈개정 2016. 12. 30.〉

1. 다음 각 목의 구분에 따른 서류
   가. 1급 언어재활사 자격증을 발급받으려는 경우 : 2급 언어재활사 자격증 사본 및 언어재활사 경력증명서 각 1부
   나. 2급 언어재활사 자격증을 발급받으려는 경우 : 「고등교육법」에 따른 대학원·대학 또는 전문대학의 성적증명서 및 언어재활관찰·언어진단실습·언어재활실습 이수확인서(법 제72조의2 제2항 후단에 해당하는 사람은 제출하지 아니한다) 각 1부
2. 「고등교육법」에 따른 대학원·대학 또는 전문대학의 졸업증명서 1부
3. 법 제74조 제1항 제1호 및 제2호에 해당되지 아니함을 증명하는 의사의 진단서 1부
4. 사진(신청 전 6개월 이내에 모자 등을 쓰지 않고 촬영한 천연색 상반신 정면사진으로 가로 3.5센티미터, 세로 4.5센티미터의 사진을 말한다) 2장

② 제1항에 따른 발급 신청을 받은 보건복지부장관은 그 신청일부터 14일 이내에 신청인에게 별지 제34호의3 서식의 1급 언어재활사 자격증 또는 별지 제34호의4 서식의 2급 언어재활사 자격증을 발급하여야 한다.

[본조신설 2012. 7. 27.]

제57조의3(언어재활기관)

법 제72조의2 제2항 제1호에 따른 언어재활기관은 언어재활기관의 장 1명과 상근(常勤) 언어재활사 1명 이상을 보유하여야 한다. 〈개정 2015. 12. 31.〉

[본조신설 2012. 7. 27.]

제57조의4(언어재활 관련 학과 등)

① 법 제72조의2 제2항 제1호 나목 및 제2호에 따른 언어재활 관련 학과는 학과명, 과정명 또는 전공명에 언어치료, 언어병리 또는 언어재활이 포함된 학과와 영 제37조 제2항에 따른 국가시험관리기관이 언어재활 분야에 해당한다고 인정하는 학과를 말한다.

② 법 제72조의2 제2항 제2호에 따른 언어재활 관련 교과목은 별표 6의2와 같다.

[본조신설 2012. 7. 27.]

[별표 6의2] 언어재활 관련 교과목(제57조의4 제2항 관련)

구 분	교과목	
필수과목	신경언어장애 언어발달장애 유창성장애 음성장애 조음음운장애 의사소통장애진단평가 언어재활현장실무	언어재활관찰 언어진단실습 언어재활실습
선택과목	노화와 의사소통장애 다문화와 의사소통 말과학 보완대체의사소통 삼킴장애 심리학개론 언어기관해부생리 언어발달 언어학 의사소통장애개론 의사소통장애상담 의사소통장애연구방법론	재활학 청각학 특수교육학 구개열언어재활 뇌성마비언어재활 말운동장애 문제행동언어재활 자폐범주성장애언어재활 지적장애언어재활 청각장애언어재활 학습장애언어재활

※ 비고

1. 필수과목은 모두 이수하되, 언어재활관찰은 30시간 이상 이수하여야 하고, 언어진단실습 및 언어재활실습은 총 90시간 이상(교내에서 실시하는 수업 시간이 45시간 이상이어야 한다) 이수하여야 한다.
2. 선택과목 중 9개의 과목을 선택하여 이수하여야 한다.
3. 교과목의 명칭이 위 표의 교과목 명칭과 동일하지 아니한 교과목이더라도 영 제37조 제2항에 따른 국가시험관리기관이 교과목 내용이 동일한지 여부를 심사하여 위 표에 따른 교과목과 동일하다고 인정하는 경우에는 그 교과목을 위 표에 따른 교과목으로 본다.

제58조(자격등록대장)

보건복지부장관은 제57조 제2항, 제57조의2 제2항 또는 제57조의5 제2항에 따라 의지·보조기 기사 자격증, 언어재활사 자격증 또는 장애인재활상담사 자격증(이하 "자격증"이라 한다)을 발급한 경우에는 별지 제35호 서식의 의지·보조기 기사 자격등록대장, 별지 제35호의2 서식의 언어재활사 자격등록대장 또는 별지 제35호의3 서식의 장애인재활상담사 자격등록대장에 그 자격에 관한 사항을 등록하여야 한다.
[전문개정 2017. 11. 23.]

제59조(자격증 재발급신청 등)

① 의지·보조기 기사, 언어재활사 또는 장애인재활상담사(이하 "의지·보조기 기사 등"이라 한다)는 자격증을 잃어버리거나 그 자격증이 헐어 못 쓰게 된 경우 또는 자격증의 기재사항이 변경되어 재발급을 받으려는 경우에는 별지 제33호 서식, 별지 제34호의2 서식 또는 별지 제34호의5 서식의 신청서에 다음 각 호의 서류를 첨부하여 보건복지부장관에게 제출하여야 한다. 〈개정 2008. 3. 3., 2010. 3. 19., 2012. 7. 27., 2016. 12. 30., 2017. 11. 23.〉

1. 자격증(자격증을 잃어버린 경우에는 그 사유 설명서) 1부
2. 사진(신청 전 6개월 이내에 모자 등을 쓰지 않고 촬영한 천연색 상반신 정면사진으로 가로 3.5센티미터, 세로 4.5센티미터의 사진을 말한다) 2장
3. 변경 사실을 증명할 수 있는 서류(자격증의 기재사항이 변경되어 재발급을 신청하는 경우에만 해당한다) 1부

② 보건복지부장관은 제1항에 따른 재발급 신청을 받으면 별지 제35호 서식의 의지·보조기 기사 자격등록대장, 별지 제35호의2 서식의 언어재활사 자격등록대장 또는 별지 제35호의3 서식의 장애인재활상담사 자격등록대장에 그 사유를 적고 자격증을 재발급하여야 한다. 〈개정 2017. 11. 23.〉

제60조(자격증의 회수·반환 등)

① 보건복지부장관은 의지·보조기 기사 등에 대한 자격취소 또는 자격정지처분을 한 때에는 지체 없이 그 사실을 해당 의지·보조기 기사 등의 주소지를 관할하는 시·도지사에게 알려 시·도지사로 하여금 해당 자격증을 회수하여 보건복지부장관에게 제출하게 하여야 한다. 〈개정 2008. 3. 3., 2010. 3. 19., 2012. 7. 27.〉

② 보건복지부장관은 의지·보조기 기사 등의 자격정지기간이 끝나면 제1항에 따라 회수된 자격증을 관할 시·도지사를 거쳐 그 의지·보조기 기사 등에게 돌려주어야 한다. 〈개정 2008. 3. 3., 2010. 3. 19., 2012. 7. 27.〉

제61조(보수교육의 대상 및 실시방법 등)

① 법 제75조에 따른 보수교육은 다음 각 호의 어느 하나에 해당하는 자에 대하여 명할 수 있다. 〈개정 2012. 7. 27., 2015. 5. 4., 2017. 11. 23.〉

1. 의지·보조기 기사 자격을 취득한 후 의지·보조기제조업에 종사하는 자(5년 이상 의지·보조기제조업에 종사하지 아니한 사람으로서 다시 의지·보조기제조업에 종사하려는 사람을 포함한다)
1의2. 언어재활사 자격을 취득한 후 언어재활 분야에 종사하는 사람(5년 이상 언어재활 분야에 종사하지 아니한 사람으로서 다시 언어재활 분야에 종사하려는 사람을 포함한다)
1의3. 장애인재활상담사 자격을 취득한 후 장애인재활 분야에 종사하는 사람(5년 이상 장애인재활 분야에 종사하지 아니한 사람으로서 다시 장애인재활 분야에 종사하려는 사람을 포함한다)
2. 법 제77조에 따른 자격정지처분을 받은 자

② 제1항에 따른 보수교육은 다음 각 호의 구분에 따라 실시한다. 〈개정 2012. 7. 27., 2014. 12. 16., 2015. 5. 4., 2017. 11. 23., 2024. 5 31.〉
1. 의지·보조기 기사 : 의지·보조기 기사를 회원으로 하여 의지·보조기 관련 학문·기술의 장려, 연구개발 및 교육을 목적으로 「민법」에 따라 설립된 비영리법인이 실시하고, 교육시간은 2년간 8시간 이상으로 한다. 이 경우 2024년 6월 1일부터 2026년 5월 31일까지는 집합교육 또는 온라인 교육의 방법으로 실시할 수 있다.
2. 언어재활사 : 법 제80조의2에 따른 한국언어재활사협회(이하 "한국언어재활사협회"라 한다)가 실시하고, 교육시간은 연간 8시간 이상으로 한다.
3. 장애인재활상담사 : 장애인재활상담사를 회원으로 하여 장애인재활 관련 교육을 목적으로 「민법」에 따라 설립된 비영리법인이 실시하고, 교육시간은 연간 8시간 이상으로 한다.
③ 보수교육의 실시시기, 교과과정, 실시방법, 그 밖에 보수교육의 실시에 필요한 사항은 제2항 각 호에 따른 보수교육 실시기관의 장(이하 "보수교육실시기관장"이라 한다)이 정한다. 〈개정 2012. 7. 27., 2015. 5. 4.〉

제64조(행정처분기준)
법 제70조 제2항 및 법 제77조에 따른 행정처분의 기준은 별표 7과 같다.
[별표 7] 행정처분기준(제64조 관련)
1. 일반기준
    가. 위반행위의 횟수에 따른 행정처분의 기준은 최근 1년간 같은 위반행위로 행정처분을 받은 경우에 적용한다. 이 경우 기간의 계산은 위반행위에 대하여 행정처분을 받은 날과 그 처분 후 다시 같은 위반행위를 하여 적발된 날을 기준으로 한다.
    나. 가목에 따라 가중된 행정처분을 하는 경우 가중처분의 적용 차수는 그 위반행위 전 행정처분 차수(가목에 따른 기간 내에 행정처분이 둘 이상 있었던 경우에는 높은 차수를 말한다)의 다음 차수로 한다.
    다. 둘 이상의 위반행위를 한 경우 그에 해당하는 각각의 처분기준이 다른 때에는 그중 무거운 처분기준에 따른다.
    라. 위반사항의 내용으로 보아 그 위반의 정도가 경미하거나 그 밖에 특별한 사유가 있다고 인정되는 경우에는 제2호에 따른 행정처분기준의 2분의 1의 범위에서 경감할 수 있다.
2. 개별기준

위반행위	근거법조문	행정처분기준	
		1차 위반	2차 위반
다. 언어재활사의 업무를 하면서 고의 또는 중대한 과실로 언어재활 대상자의 기능에 손상을 입힌 사실이 있는 경우	법 제77조 제1호의2	자격정지 3개월	자격정지 6개월
마. 법 제75조에 따른 보수교육을 연속하여 2회 이상 받지 않은 경우 2) 언어재활사	법 제77조 제2호		자격정지 3개월

4. 장애인 등에 대한 특수교육법(약칭 : 특수교육법)

[시행 2025. 2. 28.] [법률 제20351호, 2024. 2. 27., 일부개정]

제1조(목적)

이 법은 「교육기본법」 제18조에 따라 국가 및 지방자치단체가 장애인 및 특별한 교육적 요구가 있는 사람에게 통합된 교육환경을 제공하고 생애주기에 따라 장애유형·장애정도의 특성을 고려한 교육을 실시하여 이들이 자아실현과 사회통합을 하는데 기여함을 목적으로 한다.

제2조(정의)

이 법에서 사용하는 용어의 정의는 다음과 같다. 〈개정 2012. 3. 21., 2021. 3. 23., 2021. 12. 28, 2024. 2. 27〉

1. "특수교육"이란 특수교육대상자의 교육적 요구를 충족시키기 위하여 특성에 적합한 교육과정 및 제2호에 따른 특수교육 관련서비스 제공을 통하여 이루어지는 교육을 말한다.
2. "특수교육 관련서비스"란 특수교육대상자의 교육을 효율적으로 실시하기 위하여 필요한 인적·물적 자원을 제공하는 서비스로서 상담지원·가족지원·치료지원·지원인력배치·보조공학기기지원·학습보조기기지원·통학지원 및 정보접근지원 등을 말한다.
3. "특수교육대상자"란 제15조에 따라 특수교육이 필요한 사람으로 선정된 사람을 말한다.
4. "특수교육교원"이란 「초·중등교육법」 제2조 제4호에 따른 특수학교 교원자격증을 가진 사람으로서 특수교육대상자의 교육을 담당하는 교원을 말한다.
5. "보호자"란 친권자·후견인, 그 밖의 사람으로서 특수교육대상자를 사실상 보호하는 사람을 말한다.
6. "통합교육"이란 특수교육대상자가 일반학교에서 장애유형·장애정도에 따라 차별을 받지 아니하고 또래와 함께 개개인의 교육적 요구에 적합한 교육을 받는 것을 말한다.
7. "개별화교육"이란 각급학교의 장이 특수교육대상자 개인의 능력을 계발하기 위하여 장애유형 및 장애특성에 적합한 교육목표·교육방법·교육내용·특수교육 관련서비스 등이 포함된 계획을 수립하여 실시하는 교육을 말한다.
8. "순회교육"이란 특수교육교원 및 특수교육 관련서비스 담당 인력이 각급학교나 의료기관, 가정 또는 복지시설(장애인복지시설, 아동복지시설 등을 말한다. 이하 같다) 등에 있는 특수교육대상자를 직접 방문하여 실시하는 교육을 말한다.
9. "진로 및 직업교육"이란 특수교육대상자의 학교에서 사회 등으로의 원활한 이동을 위하여 관련 기관의 협력을 통하여 직업재활훈련·자립생활훈련 등을 실시하는 것을 말한다.
10. "특수교육기관"이란 특수교육대상자에게 유치원·초등학교·중학교 또는 고등학교(전공과를 포함한다. 이하 같다)의 과정을 교육하는 특수학교 및 특수학급을 말한다.
11. "특수학급"이란 특수교육대상자의 통합교육을 실시하기 위하여 일반학교에 설치된 학급을 말한다.

11의2. "통합학급"이란 특수교육대상자와 또래 일반학생이 함께 편성된 학급을 말한다.

12. "각급학교"란 「유아교육법」 제2조 제2호에 따른 유치원 및 「초·중등교육법」 제2조에 따른 학교를 말한다.

제15조(특수교육대상자의 선정)
① 교육장 또는 교육감은 다음 각 호의 어느 하나에 해당하는 사람 중 특수교육이 필요한 사람으로 진단·평가된 사람을 특수교육대상자로 선정한다. 〈개정 2016. 2. 3., 2021. 3. 23., 2021. 12. 28.〉
　1. 시각장애
　2. 청각장애
　3. 지적장애
　4. 지체장애
　5. 정서·행동장애
　6. 자폐성장애(이와 관련된 장애를 포함한다)
　7. 의사소통장애
　8. 학습장애
　9. 건강장애
　10. 발달지체
　11. 그 밖에 두 가지 이상의 장애가 있는 경우 등 대통령령으로 정하는 장애
② 교육장 또는 교육감이 제1항에 따라 특수교육대상자를 선정할 때에는 제16조 제1항에 따른 진단·평가결과를 기초로 하여 고등학교 과정은 교육감이 시·도특수교육운영위원회의 심사를 거쳐, 중학교 과정 이하의 각급학교는 교육장이 시·군·구특수교육운영위원회의 심사를 거쳐 이를 결정한다.

관련 제도

■ 장애진단 관련 제도

장애인복지법 제32조(장애인 등록)와 장애인복지법 시행규칙 제3조부터 제7조이다.

1. 장애인 등급판정 기준 및 등록

> **장애인복지법 제32조(장애인 등록)**
>
> ① 장애인, 그 법정대리인 또는 대통령령으로 정하는 보호자(이하 "법정대리인 등"이라 한다)는 장애 상태와 그 밖에 보건복지부령이 정하는 사항을 특별자치시장·특별자치도지사·시장·군수 또는 구청장(자치구의 구청장을 말한다. 이하 같다)에게 등록하여야 하며, 특별자치시장·특별자치도지사·시장·군수·구청장은 등록을 신청한 장애인이 제2조에 따른 기준에 맞으면 장애인등록증(이하 "등록증"이라 한다)을 내주어야 한다. 〈개정 2008. 2. 29., 2010. 1. 18., 2010. 5. 27., 2015. 6. 22., 2017. 2. 8.〉
>
> ② 삭제 〈2017. 2. 8.〉
>
> ③ 특별자치시장·특별자치도지사·시장·군수·구청장은 제1항에 따라 등록증을 받은 장애인의 장애 상태의 변화에 따른 장애 정도 조정을 위하여 장애 진단을 받게 하는 등 장애인이나 법정대리인 등에게 필요한 조치를 할 수 있다. 〈개정 2017. 2. 8., 2017. 12. 19.〉
>
> ④ 삭제 〈2024. 1. 9.〉
>
> ⑤ 등록증은 양도하거나 대여하지 못하며, 등록증과 비슷한 명칭이나 표시를 사용하여서는 아니 된다.
>
> ⑥ 특별자치시장·특별자치도지사·시장·군수·구청장은 제1항에 따른 장애인 등록 및 제3항에 따른 장애상태의 변화에 따른 장애 정도를 조정함에 있어 장애인의 장애 인정과 장애 정도 사정이 적정한지를 확인하기 위하여 필요한 경우 대통령령으로 정하는 「공공기관의 운영에 관한 법률」 제4조에 따른 공공기관에 장애 정도에 관한 정밀심사를 의뢰할 수 있다. 〈신설 2010. 5. 27., 2015. 6. 22., 2015. 12. 29., 2017. 12. 19.〉
>
> ⑦ 삭제 〈2021. 7. 27.〉
>
> ⑧ 보건복지부장관 또는 특별자치시장·특별자치도지사·시장·군수·구청장은 「사회보장기본법」 제37조에 따른 사회보장정보시스템을 이용하여 등록증의 진위 또는 유효 여부 확인이 필요한 경우에 이를 확인하여 줄 수 있다. 〈개정 2024. 2. 13.〉
>
> ⑨ 제1항, 제3항, 제5항, 제6항 및 제8항에서 규정한 사항 외에 장애인의 등록, 등록증의 발급, 장애 진단 및 장애 정도에 관한 정밀심사, 등록증의 진위 또는 유효 여부 확인 등에 관하여 필요한 사항은 보건복지부령으로 정한다. 〈개정 2024. 2. 13.〉

장애인복지법 시행규칙 제3조(장애인의 등록신청 및 장애 진단)

① 법 제32조 제1항에 따라 장애인의 등록을 신청하려는 자는 별지 제1호의4 서식의 장애인 등록 및 서비스 신청서에 다음 각 호의 서류를 첨부하여 관할 읍·면·동장을 거쳐 특별자치시장·특별자치도지사·시장·군수·구청장(자치구의 구청장을 말하며, 이하 "시장·군수·구청장"이라 한다)에게 제출해야 한다. 다만, 시장·군수·구청장은 법 제32조의2에 따라 장애인 등록을 하려는 사람에 대해서는 「전자정부법」 제36조 제1항에 따른 행정정보의 공동이용을 통하여 재외동포 및 외국인임을 증명하는 서류를 확인해야 하며, 신청인이 확인에 동의하지 않은 경우에는 이를 첨부하도록 해야 한다. 〈개정 2011. 2. 1., 2013. 1. 25., 2015. 8. 3., 2016. 6. 30., 2016. 12. 30., 2019. 6. 4., 2021. 6. 4.〉

1. 사진(신청 전 6개월 이내에 모자 등을 쓰지 않고 촬영한 천연색 상반신 정면사진으로 가로 3.5센티미터, 세로 4.5센티미터의 사진을 말한다) 1장
2. 등록대상자의 장애 상태를 확인할 수 있는 서류

② 제1항에 따른 등록신청을 받은 시장·군수·구청장은 등록대상자와의 상담을 통하여 그 장애 상태가 영 제2조에 따른 장애의 기준에 명백하게 해당되지 않는 경우 외에는 지체 없이 별지 제2호 서식의 의뢰서에 따라 「의료법」 제3조에 따른 의료기관 또는 「지역보건법」 제10조 및 제13조에 따른 보건소와 보건지소(이하 "의료기관"이라 한다) 중 보건복지부장관이 정하는 장애유형별 해당 전문의가 있는 의료기관에 장애 진단을 의뢰할 수 있다. 〈개정 2008. 3. 3., 2010. 3. 19., 2015. 11. 18., 2019. 6. 4.〉

③ 제2항에 따라 장애 진단을 의뢰받은 의료기관은 장애인의 장애 상태를 진단한 후 별지 제3호 서식의 진단서를 장애 진단을 의뢰한 시장·군수·구청장에게 통보해야 한다. 〈개정 2019. 6. 4.〉

④ 시장·군수·구청장은 제3항에 따라 통보받은 진단 결과에 대하여 보다 정밀한 심사가 필요하다고 인정되는 경우에는 국민연금공단에 장애 정도에 관한 심사를 의뢰할 수 있다. 이 경우 장애 정도에 관한 국민연금공단의 심사 방법 및 기준 등에 필요한 사항은 보건복지부장관이 정하여 고시한다. 〈개정 2008. 3. 3., 2010. 3. 12., 2010. 3. 19., 2011. 2. 1., 2019. 6. 4.〉

[제목개정 2019. 6. 4.]

2. 장애정도 판정 기준(보건복지부 고시 제2023-42호 참고)

가. 장애유형별 장애진단 전문기관 및 전문의 등

장애유형	장애진단기관 및 전문의 등
지체장애	1. 절단장애 : X-선 촬영시설이 있는 의료기관의 의사 2. 기타 지체장애 : X-선 촬영시설 등 검사장비가 있는 의료기관의 재활의학과·정형외과·신경외과·신경과·소아청소년과(신경분과)·내과(류마티스분과) 전문의, 마취통증의학과(CRPS 상병인 경우) 전문의
뇌병변 장애	의료기관의 재활의학과·신경외과·신경과·소아청소년과(신경분과) 전문의
시각장애	시력 또는 시야결손정도, 겹보임(복시) 정도의 측정이 가능한 의료기관의 안과 전문의
청각장애	방음부스가 있는 청력검사실, 청력검사장비가 있는 의료기관의 이비인후과전문의
언어장애	1. 의료기관의 재활의학과 전문의 또는 언어재활사가 배치되어 있는 의료기관의 이비인후과·정신건강의학과·신경과·소아청소년과(신경분과) 전문의 2. 음성장애는 언어재활사가 없는 의료기관의 이비인후과 전문의 포함 3. 의료기관의 치과(구강악안면외과)·치과 전속지도 전문의(구강악안면외과)
지적장애	의료기관의 정신건강의학과·신경과·재활의학과·소아청소년과(신경분과) 전문의
정신장애	1. 장애진단 직전 1년 이상 지속적으로 진료한 정신건강의학과 전문의 (지속적으로 진료를 받았다 함은 3개월 이상 약물치료가 중단되지 않았음을 의미한다) 2. 1호에 해당하는 전문의가 없는 경우 장애진단 직전 3개월 이상 지속적으로 진료한 의료기관의 정신건강의학과 전문의가 진단할 수 있으나, 장애진단 직전 1년 또는 2년 이상의 지속적인 정신건강의학과 진료기록을 진단서 또는 소견서 등으로 확인하고 장애진단을 하여야 한다.
자폐성 장애	의료기관의 정신건강의학과 전문의
신장장애	1. 투석에 대한 장애진단은 장애인 등록 직전 3개월 이상 투석치료를 하고 있는 의료기관의 의사 2. 1호에 해당하는 의사가 없을 경우 장애진단 직전 1개월 이상 지속적으로 투석치료를 하고 있는 의료기관의 의사가 진단할 수 있으나 3개월 이상의 투석기록을 확인하여야 한다. 3. 신장이식의 장애진단은 신장이식을 시술하였거나 이식환자를 진료하는 의료 기관의 외과 또는 내과 전문의
심장장애	1. 장애진단 직전 1년 이상 진료한 의료기관의 내과(순환기분과)·소아청소년과·흉부외과 전문의 2. 1호에 해당하는 전문의가 없는 경우 의료기관의 내과(순환기분과)·소아청소년과·흉부외과 전문의가 진단할 수 있으나 장애진단 직전 1년 이상 내과(순환기분과)·소아청소년과·흉부외과의 지속적인 진료기록 등을 확인하고 장애진단을 하여야 한다.
호흡기장애	장애진단 직전 2개월 이상 진료한 의료기관의 내과(호흡기분과, 알레르기분과)·흉부외과·소아청소년과·결핵과·직업환경의학과 전문의
간장애	장애진단 직전 2개월 이상 진료한 의료기관의 내과(소화기분과)·외과·소아청소년과 전문의
안면장애	1. 의료기관의 성형외과·피부과·외과(화상의 경우) 전문의 2. 의료기관의 치과(구강악안면외과)·치과 전속지도 전문의(구강악안면외과)
장루·요루장애	의료기관의 외과·산부인과·비뇨의학과·내과 전문의
뇌전증장애	장애진단 직전 6개월 이상 진료한 의료기관의 신경과·신경외과·정신건강의학과·소아청소년과 전문의

나. 언어장애 판정기준
- 장애진단기관 및 전문의
(1) 의료기관의 재활의학과 전문의 또는 언어재활사가 배치되어 있는 의료기관의 이비인후과·정신건강의학과·신경과·소아청소년과(신경분과) 전문의(다만, 음성장애는 언어재활사가 없는 의료기관의 이비인후과 전문의 포함)
(2) 의료기관의 치과(구강악안면외과)·치과 전속지도 전문의(구강악안면외과)

- 진료기록 등의 확인
  장애진단을 하는 전문의는 원인 질환 등에 대한 6개월 이상의 충분한 치료 후에도 장애가 고착되었음을 진단서, 소견서, 진료기록 등으로 확인하여야 한다(필요시 환자에게 타 병원 진료기록 등을 제출하게 한다).
  다만, 장애 상태가 고착되었음이 전문적 진단에 의해 인정되는 경우 이전 진료기록 등을 확인하지 않을 수 있다. 이 경우 이에 대한 의견을 구체적으로 장애정도 심사용 진단서에 명시하여야 한다.

- 장애진단 및 재판정 시기
(1) 장애의 원인 질환 등에 관하여 충분히 치료하여 장애가 고착되었을 때에 진단하며, 그 기준 시기는 원인질환 또는 부상 등의 발생 후 또는 수술 후 6개월 이상 지속적으로 치료한 후로 한다. 다만 후두 전적출술 등 장애의 고착이 명백한 경우는 예외로 한다.
(2) 수술 또는 치료 등 의료적 조치로 기능이 회복될 수 있다고 판단하는 경우에는 장애판정을 처치 후로 유보하여야 한다. 다만, 1년 이내에 국내 여건 또는 장애인의 건강상태 등으로 인하여 수술 등을 하지 못하는 경우는 예외로 하되, 필요한 시기를 지정하여 재판정을 받도록 하여야 한다.
(3) 향후 장애정도의 변화가 예상되는 경우에는 반드시 재판정을 받도록 하여야 한다. 이 경우 재판정의 시기는 최초의 판정시기로부터 2년 이상 경과한 후로 한다. 2년 이내에 장애상태의 변화가 예상될 때에는 장애의 판정을 유보하여야 한다.
(4) 재판정이 필요한 경우 장애진단을 하는 전문의는 장애정도 심사용 진단서에 재판정 시기와 필요성을 구체적으로 명시하여야 한다.
(5) 소아청소년은 적절한 언어발달이 이루어진 이후에 판정하며 원인질환 등에 관하여 6개월 이상 충분히 치료하였음에도 불구하고 장애가 있다고 인정되는 경우는 만 3세 이상에서 진단할 수 있다.
  (가) 만 6세 미만에서 장애판정을 받은 경우 만 6세 이상~만 12세 미만에서 재판정을 실시하여야 한다.
  (나) 만 6세 이상~만 12세 미만 기간에 최초 장애판정 또는 재판정을 받은 경우 향후 장애상태의 변화가 예상되는 경우에는 만 12세 이상~만 18세 미만 사이에 재판정을 받아야 한다.

- 판정개요
(1) 언어장애는 음성장애, 구어장애, 발달기에 나타나는 발달성 언어장애, 뇌질환 또는 뇌손상에 의한 언어중추의 손상에 따른 실어증을 포함한다. 음성장애는 단순한 음성장애와 발성장애를 포함하며, 구어장애는 발음 또는 조음장애와 유창성장애(말더듬)를 포함한다.
(2) 언어장애의 유형에 따라 객관적인 검사를 통하여 진단한다.
　(가) 유창성장애(말더듬) : 파라다이스-유창성검사(P-FA)를 기본 검사로 하며, 필요시 말더듬 심도 검사(SSI) 등을 고려하여 판정할 수 있다.
　(나) 조음장애 : 조음평가는 표준화가 이루어져 있는 아동용 발음평가(APAC)와 우리말 조음음운평가(U-TAP)를 사용하는 것을 권장하며, 부득이한 경우에는 그림자음검사를 사용할 수 있다.
　(다) 발달성 언어장애 : 취학 전 아동의 수용언어 및 표현언어 발달척도(PRES)를 주로 사용하도록 권장하며, 언어발달지연이 너무 심한 경우에 대해서는 영유아 언어발달검사(SELSI)를 참고할 수 있다.
　(라) 실어증 : 한국판 웨스턴실어증 검사(PK-WAB-R 또는 K-WAB)를 사용한다. 정확한 판정을 위해 필요한 경우 진료기록지와 언어치료 경과지, 다른 표준화된 실어증관련 평가인 한국판 보스턴 이름대기 검사(K-BNT), 표준화된 실어증 선별검사(K-FAST 또는 STAND 등)를 참고자료로 활용할 수 있다.
　(마) 단, 음성장애는 진료기록지 및 임상적 소견 등을 기준으로 판정하며 음성검사(MDVP, 닥터스피치 등)를 참고자료로 활용할 수 있다.

〈장애정도기준〉

장애정도	장애상태
장애의 정도가 심한 장애인	1. 발성이 불가능하거나 특수한 방법(식도발성, 인공후두기)으로 간단한 대화가 가능한 음성장애 2. 말의 흐름에 심한 방해를 받는 말더듬(SSI 97%ile 이상, P-FA 91%ile 이상) 3. 자음정확도가 30% 미만인 조음장애 4. 의미 있는 말을 거의 못하는 표현언어지수가 25 미만인 경우로서 지적장애 또는 자폐성장애로 판정되지 아니하는 경우 5. 간단한 말이나 질문도 거의 이해하지 못하는 수용언어지수가 25 미만인 경우로서 지적장애 또는 자폐성장애로 판정되지 아니하는 경우
장애의 정도가 심하지 않은 장애인	1. 발성(음도, 강도, 음질)이 부분적으로 가능한 음성장애 2. 말의 흐름이 방해받는 말더듬(SSI : 아동 41~96%ile, 성인 24~96%ile, P-FA 41~90%ile) 3. 자음정확도 30~75%인 경우로서 부정확한 말을 사용하는 조음장애 4. 매우 제한된 표현만을 할 수 있는 표현언어지수가 25~65인 경우로서 지적장애 또는 자폐성장애로 판정되지 아니하는 경우 5. 매우 제한된 이해만을 할 수 있는 수용언어지수가 25~65인 경우로서 지적장애 또는 자폐성장애로 판정되지 아니하는 경우

■ 보건복지부 사회서비스 바우처(사회서비스 전자바우처 홈페이지 참고)

발달재활서비스

1. **사업 목적**
   성장기 장애아동에게 의사소통, 운동, 감각 등의 기능향상과 행동발달을 위한 발달재활서비스 지원

2. **서비스 대상**
   - 연령 : 만 18세 미만
     ※ 연령은 신청일을 기준으로 판정하되, 지원기간은 대상자로 선정된 장애아동이 만 18세가 되는 달까지로 함
   - 장애유형 : 뇌병변, 지적, 자폐성, 청각, 언어, 시각 장애 아동
     ※ 「장애인복지법」상 등록장애아동에 한하며, 만 9세 미만의 영유아의 경우 발달재활서비스 의뢰서 및 검사자료로 대체가능
     ※ 장애등록이 안된 대상자가 만 9세 도래 시에는 만 9세가 되는 달까지만 지원함
   - 소득기준 : 기준중위소득 180% 이하
     단, 소득기준이 기준중위소득 180%를 초과하는 경우에는 장애아동 2명 이상 가구, 부모 중 1명 이상이 중증장애인(1, 2급 및 3급 중복장애) 가정에 대하여 시·군·구청장이 인정하는 경우에는 예산범위 내에서 마형(본인부담금 8만 원)을 지원할 수 있음

3. **대상적격 재판정**
   기존 이용자의 경우 매년 반기별(연 2회) 소득기준 조사 후 적합한 경우 계속 이용 가능

4. **서비스 내용**
   언어·청능(聽能), 미술·음악, 행동·놀이, 심리, 감각·운동 등 발달재활 서비스 제공(장애아동 및 부모의 수요에 따라 사업실시 기관이 다양한 서비스 개발 가능)

5. **서비스 가격(정부지원금 및 본인부담금)**
   - 서비스단가는 월 8회(주 2회), 회당 30,000원을 기준으로 하되, 시·군·구에서 제공기관 지정 시 해당지역의 시장가격, 전년도 바우처가격, 타지역가격, 제공인력의 자격 및 경력 등을 고려하여 적정 단가를 설정 할 수 있음
   - 제공기관별 서비스 단가는 시·도 및 시·군·구, 중앙장애아동·발달장애인지원센터(www.broso.or.kr), 사회서비스 전자바우처(www.socialservice.or.kr)에서 확인 가능
   - 대상자의 소득기준에 따라 바우처 지원액 및 본인부담금 차등 지원

소득수준	바우처지원액	본인부담금
기초생활수급자(다형)	월 25만 원	면 제
차상위 계층(가형)	월 23만 원	2만 원
차상위 계층 초과 ~ 기준중위소득 65% 이하(나형)	월 21만 원	4만 원
기준중위소득 65%초과 ~ 120% 이하(라형)	월 19만 원	6만 원
기준중위소득 120%초과 ~ 180% 이하(마형)	월 17만 원	8만 원

- 본인부담금 납부 방법
  - 서비스 대상자가 제공기관에 직접 사전 납부
  - 계좌입금을 원칙으로 하되 현금 납부 시 영수증 관리 필요
  - 본인부담금을 납부하지 않고 바우처로 결제할 시 부당거래로 간주하므로 유의

6. 서비스 신청
- 신청권자 : 본인, 부모 또는 가구원, 대리인, 복지담당공무원이 직권으로 신청가능
- 신청서 제출 장소 : 서비스 대상자의 주민등록상 주소지 읍·면·동 주민센터 (온라인신청은 복지로 (www.bokjiro.go.kr))
- 신청기간 : 연중 신청 가능
  단, 매월 27일 18:00까지 시·군·구에서 한국사회보장정보원으로 대상자 선정 결과가 전송된 경우에 한해, 익월 바우처 생성
- 제출서류
  - 신청서 등은 읍·면·동 주민센터에 비치되어 있으며, 신분증과 소득증명 자료 필요
  - 제출서류는 방문 전 읍·면·동 주민센터로 문의하되, 영유아(만 9세 미만)의 경우 발달재활서비스 의뢰서, 세부영역 검사결과서 및 검사자료 제출

7. 서비스 이용
- 서비스제공기관
  - 장애인복지관, 사설치료실 등 시·군·구의 지정을 받은 제공기관
  - 서비스 대상자가 이용을 원하는 제공기관과 계약 후 서비스 이용
  - 제공기관 연락처는 서비스 신청 후 시·군·구에서 통보되는 사회복지서비스 이용안내문의 사회복지서비스 제공기관 안내를 참조
- 서비스 제공인력
  - 보건복지부장관이 정하여 고시하는 발달재활서비스 관련 분야의 국가자격증 또는 국가공인자격증을 소지한 사람
  - 「고등교육법」에 따른 학교나 「학점인정 등에 관한 법률」에 따라 평가인정을 받은 학습과정을 설치·운영하는 교육훈련기관에서 보건복지부 장관이 고시하는 발달재활서비스 관련 과목 중 14과목 이상을 이수한 사람
  - 「고등교육법」에 따른 대학원에서 보건복지부장관이 고시하는 발달재활서비스 관련 과목 중 7과목 이상을 이수한 사람
    * 부칙 제2조(발달재활서비스 제공 인력의 자격기준에 관한 경과조치) 이 규칙 시행 당시 종전의 별표1 제2호 다목에 따른 발달재활서비스 제공인력의 자격기준을 갖춘 자는 별표 1 제2호 다목의 개정 규정에 따른 자격기준을 갖춘 것으로 본다. 다만, 이 규칙 시행일부터 3년 이내에 개정규정에 따른 자격기준을 갖추거나, 보건복지부장관이 정하여 고시하는 전환 교육과정을 이수하여야 한다.

언어발달지원사업

1. **사업 목적**
   감각적 장애 부모의 자녀에게 필요한 언어발달지원서비스를 제공하여 아동의 건강한 성장지원 및 장애 가족의 자체 역량 강화

2. **서비스 대상**
   - 만 12세 미만 비장애 아동
     ※ 연령은 신청일을 기준으로 판정하되, 대상자로 선정된 달의 다음 달부터 수급 대상아동이 만 12세가 되는 달까지 지원
     ※ 동일 가구 내 서비스 대상 아동이 두 명 이상인 경우에도 각각 바우처 지원
   - 부모의 장애유형 : 한쪽 부모 및 조손가정의 한쪽 조부모가 시각·청각·언어·지적·자폐성·뇌병변 등록장애인
     ※ 양쪽 부모 및 조손가정의 양쪽 조부모가 시각·청각·언어·지적·자폐성·뇌병변 등록장애인인 경우 우선 지원
   - 소득기준 : 기준중위소득 120% 이하(소득별 차등 지원)

3. **서비스 내용**
   - 언어발달진단서비스
   - 언어발달, 청능발달 등 언어재활서비스 및 독서지도, 수어지도
   - 논술지도·학습지도 등 교과목 수업 불가, 학습지를 이용한 지도 불가
   - 1회당 서비스 제공시간은 50분(부모상담 포함)

4. **대상적격 재판정**
   기존 이용자의 경우 매년 반기별(매년 2회) 소득기준 조사 후 적합한 경우 계속 이용 가능

5. **서비스 가격(정부지원금 및 본인부담금)**
   - 대상자의 소득기준에 따라 바우처 지원액 및 본인부담금 차등 지원

소득수준	바우처지원액	본인부담금
기초생활수급자(다형)	월 22만 원	면 제
차상위 계층(가형)	월 20만 원	2만 원
차상위 계층 초과 ~ 기준중위소득 65% 이하(나형)	월 18만 원	4만 원
기준중위소득 65%초과 ~ 120% 이하(라형)	월 16만 원	6만 원

   - 본인부담금 납부 방법
     - 서비스 대상자가 제공기관에 직접 사전 납부
     - 계좌입금을 원칙으로 하되 현금 납부 시 영수증 관리 필요
     - 본인부담금을 납부하지 않고 바우처로 결제할 시 부당거래로 간주하므로 유의

- 서비스단가
  - 월 8회(주 2회)
  - 회당 27,500원을 기준으로 하되, 시・군・구에서 제공기관 지정 시 해당지역의 시장가격, 전년도 바우처가격, 타지역 가격, 제공인력의 자격 및 경력 등을 고려하여 적정 단가를 설정할 수 있음
  - 제공기관별 서비스 단가는 시・도 및 시・군・구, 사회서비스 전자바우처(www.socialservice.or.kr)에서 확인 가능

6. 서비스 신청
   - 신청권자 : 본인, 부모 또는 가구원, 대리인, 복지담당공무원이 직권으로 신청가능
   - 신청서 제출 장소 : 서비스 대상자의 주민등록상 주소지 읍・면・동 주민센터(온라인 신청은 복지로(www.bokjiro.go.kr))
   - 신청기간 : 연중 신청 가능
   - 단, 매월 27일 18:00까지 시・군・구에서 한국사회보장정보원으로 대상자 선정 결과가 전송된 경우에 한해, 익월 바우처 생성

7. 서비스 이용
   - 서비스 제공기관
     - 복지관, 사설치료실 등 시・군・구의 지정을 받은 제공기관
     - 서비스 대상자가 이용을 원하는 제공기관과 계약 후 서비스 이용
     - 제공기관 연락처는 서비스 신청 후 시・군・구에서 통보되는 사회복지서비스 이용안내문의 사회복지서비스 제공기관 안내(제공기관 및 제공기관 서비스 인력 정보)를 참조
   - 서비스 제공인력
     - 언어재활사 국가자격증 소지자
       ※ 15.8.5부터는 언어재활사 국가자격증 소지자만 제공인력으로 근무가 가능함
     - 독서지도사・교사 자격증 소지자
       ※ 교사 자격증 : 초・중등교육법에 의한 정교사 및 초등학교・특수학교 준교사 및 전문상담교사, 유아교육법에 의한 정교사 및 준교사, 영유아보육법에 의한 보육교사
     - 수화통역사 국가공인민간자격증 소지자

지역사회서비스 투자사업

1. 사업 목적
지역특성과 주민 수요에 따라 지자체가 기획·발굴한 사업을 바우처 방식으로 지원하여 지역사회서비스 확충 및 일자리 창출 도모

2. 서비스 대상
- 전국가구 기준 중위소득 140% 이하 가구를 원칙으로 하며 사업별로 상이(단, 아동·청소년 심리지원서비스는 기준 중위소득 160% 이하)
- 장애인 보조기기 렌탈서비스 소득기준 없음
- 비만아동 건강관리 서비스 소득기준 없음
- 보완대체의사소통기기 활용 중재서비스 기준 중위소득 170% 이하

[2025년 기준 중위소득 140%]

(단위 : 명, 원)

가구원수	1인	2인	3인	4인	5인	6인	7인
기준 중위소득	3,349,000	5,506,000	7,036,000	8,537,000	9,952,000	11,291,000	12,584,000

3. 대상적격 재판정
시·도 및 시·군·구에서 지역주민의 서비스 수요 및 예산 상황을 반영하여 재판정 대상으로 결정한 서비스에 한해 소득·연령 등 서비스별 선정기준 적합 시 재판정을 통해 추가 이용 가능

4. 서비스 내용
- 지역사회서비스투자사업 표준모델 및 기타 지자체에서 발굴한 서비스
- 지역사회서비스투자사업 표준모델

(1) 영유아발달지원서비스
- 목적 : 발달 문제가 우려되는 영유아에 대한 중재서비스를 제공함으로써 영유아의 정상적인 발달 지원
- 서비스대상
  - 소득 및 연령 : 기준 중위소득 140% 이하 가정 만 0~6세 아동
  - 욕구기준 : 영유아 건강검진 항목 중 발달 평가 결과, 추후 검사 필요 등급을 받은 영·유아 및 보건소장이 추천하는 영유아, 부모 협조하에 실시한 발달검사(KDEP, K-ASQ 등) 결과 지연 또는 발달경계인 경우로 유아교육기관장·보육시설장이 추천하는 영유아(신청 시 검사결과 및 추천서 첨부)
  - ※ 아동·청소년 심리지원서비스, 장애아동재활치료 등과 중복지원 불가(행복e음에서 확인)
  - ※ 여성가족부 다문화가족지원센터의 자녀언어발달사업과 중복지원 불가(신청자 구두 확인 및 관련 부서 확인)
  - ※ 영유아의 서비스 접근성을 고려하여 어린이집 등의 장소 활용 가능

- 서비스내용 : 발달 지연이 우려되는 영유아에게 지연 영역의 발달을 촉진할 수 있는 운동, 언어, 인지, 정서, 사회성 발달중재 서비스 제공

구 분		서비스 내용	서비스 횟수
기본 서비스	발달기초영역	기본적 대근육·소근육 운동기술 촉진	주 2회 (회당 60분)
	언어발달영역	• 의사소통 기능 및 어휘 발달 촉진 • 기본적 한국어 문장 구조 발달 촉진 • 가족 및 또래와의 의사소통 기술 촉진	
	초기인지영역	감각 운동에 기초한 인지 발달 촉진	
	정서·사회성 영역	• 기본적인 정서표현 촉진 • 가족·타인과의 사회적 활동 촉진	
기타 서비스		• 매월 서비스 결과에 대한 보고서 작성 및 배부 • 부모 교육 및 상담 실시	• 보고서 : 월 1회 • 부모상담 : 월 1회 이상

(2) 아동·청소년심리지원서비스
- 목적 : 심리·행동 문제의 조기 발견 및 개입을 통한 아동·청소년의 건강한 성장을 지원
- 서비스 대상
  - 소득 및 연령 : 기준 중위소득 160% 이하 가정의 만 18세 이하 아동·청소년. 단, 고등학교 재학 중인 만 18세 이상 청소년의 경우 서비스 적용 대상으로 인정
  - 우선순위 : 저소득 가구 아동
  - 욕구기준
    1. 다음 중 어느 하나를 충족하는 아동·청소년 중 서비스 지원이 우선적으로 필요하다고 판단되는 경우
       ① 주의력결핍 및 과잉행동장애(ADHD)
       ② 정서적 문제 : 불안, 우울, 공포, 불안정 애착 등
       ③ 사회성 결여 : 사회적 위축, 자기표현 및 대인관계의 어려움
       ④ 발달장애 경계 : 언어 및 인지문제
       ⑤ 반항, 품행장애, 비행 등 기타 종합심리검사를 통해 문제로 파악된 경우
           (단, 장애아동의 경우 발달재활서비스에서 제외되는 9개 유형(지체, 정신, 신장, 심장, 호흡기, 간장, 안면, 장루 및 요루, 간질)만 포함)
    2. 욕구판단은 진단서(혹은 소견서)를 제출한 아동·청소년만을 대상으로 함
  - 진단서(혹은 소견서)는 각 지역 병원, 학교, 정신건강복지센터, 아동보호전문기관, 청소년상담복지센터, 위센터, 사회 서비스 제공 기관에 소속된 아동청소년 대상의 심리평가가 가능한 전문가(의사, 임상심리사, 정신건강전문요원, 청소년상담사, 전문상담(교사)가 수행한 임상심리평가 결과지가 첨부된 것이어야 함(진단서(혹은 소견서)의 요약서도 첨부되어야 함)
  - 임상심리평가는 부모보고 검사도구와 전문가보고 검사도구를 각각 필수로 하나를 선택하여 시행하여야 함. 부모보고 검사도구는 K-CBCL, K-ARS, RCMAS, -PRC,-CYP, PRES/SELSI, KPI-C, MMP(다면적 인성검사) 중 하나를 필수로 선택하여야 하며, 전문가보고 검사도구는 K-WISC-1V 지능검사, K-ABC2 중 하나를 필수로 활용하여야 함. 검사결과는 절단점이나 백분위를 기준으로 종합적으로 판단하되 전문적 개입의 필요성이 높은 아동·청소년임이 확인되어야 함.
    * 영유아발달지원서비스, 장애아동발달재활서비스와 중복지원 불가(행복e-음에서 확인)
    * 다른 사회서비스 전자바우처 서비스를 중복 수혜하지 않는 아동·청소년을 우선적으로 지원

- 서비스 내용 : 아동·청소년에게 필요한 프로그램을 선택하여 주 1회(회당 50분) 제공하고 여건에 따라 부가서비스 제공

구 분	서비스 내용	서비스 횟수
기본 서비스	아동·청소년의 조기개입서비스 기본프로그램 ① 언어프로그램 　아동·청소년의 의사소통 능력의 향상을 위한 프로그램으로서 언어능력을 진단하고 언어문제 유형을 분석하며 이를 중재하는 치료프로그램임 ② 놀이프로그램 　언어로 표현하고 전달하기 어려운 아동·청소년의 생각, 감정, 행동을 놀이를 통해 효과적으로 표현하게 함으로써 자신의 문제 극복과 잠재된 가능성을 극대화하는 프로그램임 ③ 미술프로그램 　시각적인 미술매체를 통해 내면의 손상된 부분에 올바른 변화를 주는 프로그램으로서 예술적인 자기표현 과정이 아동·청소년의 무의식을 활성화 시키고 창조적 기능을 자극하여 자기 치유능력 중진에 도움을 제공함 ④ 음악프로그램 　음악활동을 체계적으로 사용하여 문제성 있는 행동을 바람직하게 변화시키는 프로그램으로서 아동·청소년의 내적/외적 요소들에 대한 내용들을 분석하고 평가하여 치료계획 수립과 음악활동을 실행함 ⑤ 심리상담프로그램 　아동·청소년이 심리적으로 건전하고 사회적으로 효율적인 특성을 학습하도록 돕는 프로그램으로서 상담을 통해 사고, 정서, 행동 측면의 문제를 스스로 제거하거나 감소시킬 수 있게 함	월 4회 (주 1회) (회당 50분 : 프로그램 40분+ 부모상담 10분)
부가 서비스	1. 사회성 향상프로그램 : 집단활동 프로그램으로써 방학, 휴일을 이용해 서비스 제공	필요시
	2. 부모교육 : 아동 문제 해결을 위해 부모에게 정보와 기술을 제공하는 치유적 접근 프로그램	수 시

02 한국언어재활사협회 정관 및 윤리강령

정관

제1장 총칙

제1조(설립근거 및 명칭)
이 협회는 장애인복지법 제80조의2에 근거해서 설립된 협회로서, 그 명칭은 "한국언어재활사협회"라 칭하고, 영문으로는 The Korean Association of Speech-Language Pathologists(약칭 KSLP)로 표기한다.

제2조(목적)
이 협회는 언어장애인의 의사소통능력 향상을 위해 최상의 서비스를 제공받을 수 있도록 언어재활사의 권익보호, 질적관리, 교육 프로그램을 개발하고, 일반인의 언어장애 인식 개선 사업 등을 수행함으로써 우리나라 언어장애인과 그 가족의 삶의 질을 향상시키고 사회적 권익 및 복지증진에 기여하는 것을 목적으로 한다.

제3조(소재지)
이 협회의 주 사무소는 서울특별시 종로구 삼일대로 461 운현궁 SK허브 102동 409호에 두되, 업무 효율성을 위하여 시·도 단위로 구성된 각 지부에 지부 사무실을 둘 수 있다.

제4조(사업)
이 협회는 제2조의 목적을 달성하기 위하여 다음과 같은 사업을 할 수 있다.
① 언어장애인의 권익 및 복지증진
  1. 언어장애인의 권익보호를 위한 관련 단체와의 교류 및 정책 협력 사업
  2. 언어장애인을 위한 장학 사업
  3. 사회적 취약 계층의 언어지도 지원 사업
  4. 관련 단체 상호 간의 연락 조정 및 협의
② 언어재활사 전문성 향상
  1. 장애인 의사소통 능력 신장을 위한 연구 사업
  2. 언어재활사의 언어지도 능력 향상과 질 관리를 위한 교육훈련 및 보수교육
③ 언어재활사 권익옹호와 복지증진
  1. 언어재활사의 권익옹호 및 처우개선을 위한 노력
  2. 언어재활사를 위한 관련 단체와의 교류 및 정책 협력 사업
  3. 언어재활사의 취업정보 제공
  4. 언어재활사대회 등 행사운영
④ 정부 또는 지방자치단체의 수탁업무
  1. 언어재활사 국가시험 운영 및 자격증 교부 등의 수탁업무
  2. 정부 또는 지방자치단체의 언어재활사업 수탁업무

⑤ 법정단체로서의 인증사업
  1. 언어재활 관련학과의 질 관리를 위한 언어재활 관련학과 인증제 사업
  2. 언어재활기관의 질 관리를 위한 언어재활기관 인증제 사업
⑥ 언어장애 인식 개선
  1. 언어장애와 언어재활의 인식 개선 및 교육 사업
  2. 언어장애와 언어재활에 관한 홍보, 자료 제작 및 출판·보급 사업
⑦ 이 협회의 목적사업을 지원하기 위한 다음의 수익사업
  1. 도서출판사업
  2. 조사·연구 용역사업
  3. 그 밖에 이사회에서 의결한 수익사업

제2장 회원

제5조(회원의 자격)
① 회원은 장애인복지법 제72조의2에 따라 언어재활사 자격증을 소지해야 한다.
② 다음 각 호에 해당하는 경우에는 회원이 될 수 없다.
  1. 제47조 제1호에 따른 징계를 받고 5년이 지나지 아니한 자
  2. 탈퇴원을 제출한 자
③ 회원은 회원가입 절차를 걸쳐 입회등록을 필해야 한다.

제6조(회원의 가입)
① 이 협회의 회원가입 등에 관한 절차는 별도의 규정으로 정한다.
② 이 협회는 정당한 이유 없이 협회원의 자격을 가진 자에 대하여 가입을 거절하거나 그 가입에 관하여 다른 회원에 대한 것보다 불리한 조건을 붙일 수 없다.

제7조(회원자격의 상실 또는 탈퇴)
① 이 협회의 회원이 다음 각 호의 1에 해당되는 때에는 상실 또는 탈퇴한 것으로 본다.
  1. 회원자격 상실 또는 제명
  2. 사 망
② 회원 탈퇴를 원하는 자는 탈퇴원을 회장에게 제출하여야 한다.
③ 제9조의 회원의 의무를 다하지 않은 경우 윤리위원회를 거쳐 회원자격을 상실 또는 제명할 수 있다.

제8조(회원의 권리)
① 이 협회의 회원은 정관 또는 제 세칙이 정하는 바에 의해 협회에 따른 권리와 임원과 대의원의 선거권 및 피선거권을 가진다.
② 회원은 협회의 자료 및 출판물을 제공받으며, 소정의 절차에 따라 협회운영에 관한 자료를 열람할 수 있다.
③ 회원은 제9조 제1항 및 제2항에서 정한 의무를 이행하지 않을 때는 회원으로서의 권리행사를 할 수 없다.

제9조(회원의 의무)
① 이 협회의 회원의 의무는 다음 각 호와 같다.
1. 회원은 정관 및 제규정과 대의원 총회 및 이사회의 의결사항을 준수하여야 한다.
2. 입회비 및 당해연도 회비를 납부하여야 한다. 회비는 2급 언어재활사 국가자격증이 발급된 해가 기준이 된다.
3. 이 협회가 제정한 윤리강령을 지켜야 한다.
4. 이 협회의 회원 자격을 유지하기 위하여 장애인복지법에 규정된 당해연도 보수교육을 받아야 한다.
5. 제1항에 규정에 의한 의무이행 내용 및 절차 등에 관한 사항은 별도의 규정으로 정한다.
② 제1항 제3호의 규정에 의한 언어재활사의 윤리강령은 〈별표 1〉과 같다.

제10조(명예회원)
① 협회에 명예회원을 둘 수 있으며, 명예회원의 자격, 대상 및 인원은 이사회에서 심의·의결하고 이사장이 추대한다.
1. 언어재활전공 석사이상의 학위소지자
2. 언어재활관련단체 임원
3. 언어재활분야 및 협회 발전에 공적이 인정되는 자
② 명예회원은 회원의 권리와 의무는 없다.

제11조(준회원)
① 준회원은 장애인복지법 제72조의2에 따른 언어재활 관련 학과에 재학 중인 사람으로 한다.
② 준회원의 권리와 의무는 별도의 세칙으로 정한다.
③ 준회원은 회원의 권리와 의무는 없다.

제3장 임원

제12조(임원의 종류와 정수)
① 이 협회의 임원으로 이사와 감사를 둔다.
② 이 협회의 이사는 다음 각 호와 같이 한다.
1. 협회장 1인
2. 부협회장 3인. 3인 중 1인 이상은 현장 언어재활사 중에서 선출한다.
3. 협회는 필요시 상임이사를 둘 수 있다.
4. 이사 16인 이내
③ 감사는 2인으로 한다.

제13조(임원의 선출)
① 이 협회의 임원은 대의원 총회에서 선출한다.
② 임원은 회원 중에서 선출한다.
③ 임원의 임기만료 1개월 전에 후임자를 선출하여야 한다.
④ 임원이 궐위된 경우에는 궐위된 날로부터 2월 이내에 대의원 총회에서 후임자를 선출하여야 한다.
⑤ 임원선출이 있을 때에는 임원선출이 있는 날부터 3주 이내에 관할법원에 등기를 마친 후 주무관청에 통보하여야 한다.

제14조(임원의 해임)
임원이 다음 각 호의 어느 하나에 해당하는 행위를 한 때에는 총회의 의결을 거쳐 해임할 수 있다.
1. 협회의 목적에 위배되는 행위
2. 임원 간의 분쟁·회계부정 또는 현저한 부당행위
3. 협회의 업무를 방해하는 행위

제15조(임원의 결격사유)
① 다음 각 호의 어느 하나에 해당하는 자는 임원이 될 수 없다.
1. 미성년자, 피성년후견인 또는 피한정후견인
2. 파산선고를 받은 자로서 복권되지 아니한 자
3. 법원의 판결 또는 행정처분 등으로 자격이 상실 또는 정지된 자
4. 금고 이상의 형을 받고 집행이 종료되거나 집행을 받지 아니하기로 확정된 후 3년이 지나지 아니한 자

② 임원이 제1항 다음 각 호의 어느 하나에 해당하게 된 때에는 임원 자격을 상실한다.

제16조(상임이사)
① 본 협회의 목적사업을 전담하게 하기 위하여 상임이사를 둘 수 있다.
② 상임이사는 이사회의 의결을 거쳐 회장이 이사 중에서 선임한다.

제17조(임원의 임기)
① 임원의 임기는 2년으로 하며 연임할 수 있다. 단, 회장의 경우 1회에 한하여 연임할 수 있다.
② 임원은 임기 만료 후라도 후임자가 취임할 때까지는 임원으로 직무를 수행한다.

제18조(임원의 직무)
① 협회장은 협회를 대표하고 협회의 업무를 총괄하며, 대의원 총회 및 이사회의 의장이 되며 필요시 회원 중에 상임위원을 선임하여 상임위원회를 구성할 수 있다.
② 부협회장은 협회업무에 관하여 협회장을 보좌한다.
③ 이사는 이사회에 출석하여 협회의 업무에 관한 사항을 의결하며 이사회 또는 협회장으로부터 위임받은 사항을 처리하며, 이사회 회의에 참여하지 못할 경우에는 사전에 통보하여야 한다.
④ 감사는 다음의 직무를 수행하되, 이사회 의결권은 가지지 못한다.
1. 협회의 재산상황을 감사하는 일
2. 대의원 총회 및 이사회의 운영과 그 업무에 관한 사항을 감사하는 일
3. 제1호 및 제2호의 감사결과 부정 또는 부당한 점이 있음을 발견한 때에는 이사회 또는 총회에 그 시정을 요구하고 시정이 이루어지지 않을 경우, 주무관청에 보고하는 일
4. 제3호의 시정요구 및 보고를 하기 위하여 필요한 때에는 대의원 총회 또는 이사회의 소집을 요구하는 일
5. 협회의 재산상황과 업무에 관하여 총회 및 이사회 또는 협회장에게 의견을 진술하는 일

제19조(협회장의 직무대행)
① 협회장이 유고 또는 궐위된 때에는 부협회장 중 연장자가 협회장의 직무를 대행한다.
② 협회장이 궐위된 때에는 협회장의 직무 대행자는 지체 없이 협회장 선임절차를 취하여야 한다.

제4장 대의원 총회

제20조(대의원 총회의 구성)
① 대의원 총회는 협회의 의결기관이며 대의원으로 구성한다.
② 대의원은 회원의 결의권을 대리하기 위하여 제22조에 의거 선출된 회원을 말한다.

제21조(대의원의 자격)
① 대의원의 자격은 다음 각 호와 같다.
  1. 회원명부확정일 기준으로 연속하여 5년 이상의 회원자격을 유지한 자
  2. 제1항의 기간 동안 제9조에 따른 회원의 의무를 이행한 자
  3. 제15조 제1항 각 호에 어느 하나에 해당하지 않는 자

제22조(대의원의 선출 및 정수)
① 대의원은 각 지부총회에서 회원 중에 선출한다.
② 협회의 총 대의원 정수는 협회장 포함 110인 이하로 하고 지부총회에서 선출되는 대의원은 최대 100인으로 한다.
③ 회장, 부회장, 이사는 당연직 대의원이 된다.
④ 각 지부총회에서 선출하는 대의원의 정수는 선거인명부 확정일에 당해연도 연회비를 납부한 회원 수의 비율에 따라 책정한다.
⑤ 협회는 대의원 선출을 위한 세칙을 둘 수 있다.

제23조(대의원의 임기)
대의원의 임기는 2년으로 한다.

제24조(대의원 총회의 구분과 소집)
① 대의원 총회는 대의원으로 구성되며, 정기총회와 임시총회로 구분하며, 협회장이 이를 소집한다.
② 정기총회는 매년 1월에 개최하는 것을 원칙으로 한다. 다만, 대의원 임기가 만료되었으나 대의원 선출이 완료되지 않는 경우 정기총회를 연기할 수 있다.
③ 임시총회는 협회장이 필요하다고 인정할 때, 이사회가 임시총회개최를 의결하였을 때, 재적대의원 3분의 1 이상의 요청이 있을 때, 또는 감사의 임시총회개최 요구가 있을 때에 개최한다.
④ 협회장은 총회의 경우는 개최 30일 전까지 그리고 임시총회의 경우는 개최 2주 전까지 대의원들에게 총회 안건과 총회의 날짜, 시간 및 장소를 공지하여야 한다. 또한, 임시총회의 경우 개최요구를 받은 일로부터 30일 이내에 개최하여야 한다.

제25조(대의원 총회의 정족수 및 의결)
① 대의원 총회는 재적대의원 과반수 이상의 출석으로 개회한다.
② 대의원 총회 의장은 협회장으로 한다.
③ 대의원 총회 안건은 출석대의원의 과반수로 의결한다.
④ 협회장은 이사회가 요청하는 사항에 한하여 이를 서면결의에 부칠 수 있으며, 서면결의 시 재적대의원 과반수의 찬성으로 의결하며 가부동수일 때는 부결된 것으로 한다. 다만, 서면결의된 사항에 대하여는 차기 대의원 총회에서 추인을 받아야 한다.
⑤ 정관 개정에 관한 사항은 서면결의를 할 수 없다.

제26조(대의원 총회의 의결 사항)
총회는 다음 각 호의 사항을 심의·의결한다.
1. 협회의 해산 및 정관 변경에 관한 사항
2. 회원규정 및 선거규정 개정에 관한 사항
3. 임원의 선출 및 해임에 관한 사항
4. 중앙의 사업계획 승인 및 예산·결산에 관한 사항
5. 기본재산의 처분 및 취득과 자금의 차입에 관한 사항
6. 이사회에서 부의한 사항
7. 기타 중요사항

제27조(회의록 비치)
① 협회장은 총회의 회의록을 비치한다.
② 제1항의 규정에 의한 회의록에서는 회의일시, 장소, 출석사항, 회의경과 및 심의·의결을 기재하고 협회장, 사회자, 출석한 이사 전원 및 대의원 1명이 기명날인하여야 한다.

제5장 이사회

제28조(이사회의 구성)
이사회는 다음 각 호로 구성하며 20인 이하로 구성한다.
1. 협회장 1인
2. 부협회장 3인
3. 선출이사, 지명이사, 당연직 이사(8개 지부장) 16인 이하

제29조(이사회의 소집)
① 이사회는 정기이사회와 임시이사회로 구분한다.
② 정기이사회는 연 2회 개최하고 임시이사회는 감사 또는 이사의 3분의 1 이상의 요청이 있거나 협회장이 필요하다고 인정하는 때에 소집한다.
③ 협회장은 이사회를 소집하고자 할 때에는 회의개최 7일 전까지 이사 및 감사에게 회의의 목적과 안건, 개최일시 및 장소를 통지하여야 한다. 다만, 긴급하다고 인정되는 정당한 사유가 있을 때에는 그러하지 아니한다.

제30조(이사회의 의결사항)
이사회는 다음의 사항을 심의·의결한다.
1. 업무집행에 관한 사항
2. 사업계획의 운영에 관한 사항
3. 예산·결산서의 작성에 관한 사항
4. 재산관리에 관한 사항
5. 대의원 총회에 부칠 안건의 작성
6. 대의원 총회에서 위임받은 사항
7. 정관에서 정한 권한에 속하는 사항
8. 협회의 규정 및 세칙의 제·개정
9. 사업단 및 위원회 구성 건에 관한 사항
10. 기타 협회의 운영상 중요하다고 회장이 회의에 부치는 사항

제31조(이사회의 정족수와 의결)
① 이사회는 재적이사 과반수 출석으로 개회한다.
② 이사회의 안건은 출석이사 과반수로 의결한다.
③ 협회장은 이사회에 부의할 사항 중 긴급을 요하는 사항에 대하여 이를 서면결의에 부의할 수 있다. 이 경우 협회장은 차기 이사회에 보고한다.

제32조(회의록 비치)
① 협회장은 이사회의 회의록을 비치한다.
② 제1항의 회의록은 그 이사회 진행에 관여한 협회장과 출석한 이사가 기명날인한다.
③ 회의록을 공개하지 아니하고자 하는 경우에는 당해 이사회에서 회의록의 공개범위를 의결하여 정할 수 있다.

제6장 지부

제33조(설치)
협회는 서울, 인천·경기, 강원, 대전·충청, 대구·경북, 부산·울산·경남, 광주·호남, 제주지부 등 전국 총 8개 지역에 지부를 설치한다.

제34조(구성)
① 지부별 지부장, 부지부장, 감사는 지부 총회에서 선출하고, 지부장은 총무를 위촉한다.
② 지부운영위원은 대의원선출세칙 제6조에 의해 선출된 대의원이어야 하며 다음 각 호로 구성한다. 단, 대의원 정수가 6인 이하일 경우는 예외로 한다.
  1. 지부장 1인
  2. 부지부장 2인
  3. 총무 1인
  4. 감사 2인 이내

제35조(업무)
지부는 다음 각 호의 사업을 수행한다.
  1. 합리적인 지부의 운영을 위한 조직, 사업 및 절차를 규정하고 회원들의 질적 관리
  2. 대의원 선출
  3. 의사소통장애인과 언어장애전문가의 권익을 옹호하고 장애인에 대한 관련 서비스를 제공
  4. 언어재활사의 임상역량 제고 도모
  5. 협회와의 지원 및 협력 체제를 강화함과 동시에 실제적인 임상자료를 제공
  6. 언어장애이론 연구 및 임상의 질적 개선과 발전에 기여
  7. 관련 학술단체 및 기관과의 교류
  8. 기타 언어장애전문가의 권익과 관련된 업무

제7장 복지사업단

제36조(구성)
복지사업단장은 대의원 중 협회장이 위촉하고, 약간 명의 운영위원으로 구성한다.

제37조(업무)
복지사업단은 다음 각 호의 사업을 수행한다.
1. 언어재활사와 언어장애인의 권익보호를 위한 교육계, 정치계 및 관련 단체와의 교류 및 정책 협력 사업
2. 예비언어재활사, 언어장애인 등을 위한 장학 사업
3. 사회적 취약 계층의 언어지도 지원 사업
4. 언어재활사와 언어장애인의 권익을 보호하기 위한 기타 사업

제8장 교육사업단

제38조(구성)
교육사업단장은 대의원 중 협회장이 위촉하고, 약간 명의 운영위원으로 구성한다.

제39조(업무)
교육사업단은 다음 각 호의 사업을 수행한다.
1. 연간 교육사업의 계획 수립
2. 교육사업의 실시 및 교재 제작
3. 교육사업의 평가
4. 언어재활사 교육을 위한 기타 사업

제9장 인증사업단

제40조(구성)
인증사업단장은 대의원 중 협회장이 위촉하고, 약간 명의 운영위원으로 구성한다.

제41조(업무)
인증사업단은 다음 각 호의 사업을 수행한다.
1. 언어재활 관련학과 인증
2. 언어재활기관 인증

제10장 특별위원회

제42조(특별위원회)
특별위원회는 협회의 목적사업을 위하여 이사회의 결의에 따라 특별위원회를 둘 수 있다.

제43조(구성)
① 이사회에서 추천한 5인으로 특별위원회를 구성하며, 위원장은 위원 중에 협회장이 호선한다.
② 특별위원회는 위원의 4인 이상의 출석으로 개회하고, 3인 이상의 찬성으로 안건을 의결한다.

제11장 윤리위원회

제44조(구성)
① 이사회에서 추천한 5인으로 윤리위원회를 구성하며, 위원장은 위원 중에 협회장이 호선한다.
② 윤리위원회는 위원의 4인 이상의 출석으로 개회하고, 3인 이상의 찬성으로 상벌을 의결한다.

제45조(포상)
① 협회장은 이 협회의 발전에 이바지하고 공적이 뚜렷한 회원에 대해 포상을 할 수 있다.
② 제1항의 규정에 의한 포상에 관한 사항은 별도의 규정으로 정한다.

제46조(징계사유)
회원에게 아래와 같은 징계사유가 있을 경우 협회장은 윤리위원회에 징계를 요청할 수 있다.
① 회원의 의무 위반 또는 현저한 도의적인 문제를 야기하였을 때
② 회원의 자격을 남용하였을 때
③ 회원으로서 사회적인 위신을 손상시켰을 때
④ 회원으로서 이 협회의 명예를 손상시켰을 때
⑤ 언어재활 회비를 부당하게 부과하였을 때 또는 피대상자에게 기타의 부당한 요구를 하였을 때
⑥ 이 협회가 정한 윤리강령을 지키지 않았을 때
⑦ 언어재활사 자격증이 정지된 사람이 언어치료 임상을 하였을 때
⑧ 협회 회원으로서 협회에 해를 끼쳤을 때

제47조(징계의 종류)
징계의 종류는 다음 각 호의 하나로 징계한다.
1. 협회 회원자격 제명
2. 협회 회원자격 정지
3. 경고 또는 주의
4. 벌금
5. 아동학대, 성범죄, 장애인 폭력으로 사회적 물의를 일으킨 것이 확인된 자는 협회장이 즉시 제명할 수 있으며, 차후 이사회의 승인을 득한다.

제48조(징계결과조처)
징계결과보고 및 조처는 다음과 같다.
① 윤리위원회 위원장은 윤리위원회의 결과를 1주일 이내에 협회장에게 서면으로 보고하여야 하고, 협회장은 그 내용을 1주일 이내에 당사자에게 서면으로 통지하여야 한다.
② 협회장은 필요하다고 판단되는 경우, 윤리위원회의 징계결과를 협회 소식지 혹은 일간지에 게재할 수 있다.

제49조(제척사유)
윤리위원회의 위원은 자신에 관한 징계사건의 경우이거나 징계대상자와 친족관계가 있을 때에는 징계사건의 심리과정과 의결과정에 참여할 수 없다.

제50조(진상조사 및 의견의 개진)
① 윤리위원회는 징계사건을 심리할 때 진상을 조사하여야 하고, 징계의결을 하기 전에 징계대상자의 의견을 들어야 한다. 다만, 징계대상자가 2회 이상 서면으로 의견을 제출하지 않거나 소환에도 불응할 때에는 이 사실을 기록에 남기고 징계의결을 할 수 있다.
② 윤리위원회가 필요하다고 판단할 때에는 징계사건의 관계인, 참고인 또는 증인을 출석시켜서 또는 서면으로 진술과 의견을 들을 수 있다.

제12장 재산 및 회계

제51조(재산의 구분)
① 이 협회의 재산은 기본재산과 보통재산으로 구분한다.
② 기본재산은 각 호로 하며 별지 1과 같다.
③ 다음 각 호의 1에 해당하는 재산은 이를 기본재산으로 하고, 기본재산 이외의 일체의 재산은 보통재산으로 한다.
  1. 설립 시 기본재산으로 출연한 재산
  2. 기부에 의하거나 기타 무상으로 취득한 재산. 다만, 기부목적에 비추어 기본재산으로 하기 곤란하여 총회의 승인을 얻은 것은 예외로 한다.
  3. 보통재산 중 대의원 총회에서 기본재산으로 편입할 것을 의결한 재산

제52조(재산의 관리)
① 기본재산을 매도, 증여, 임대, 교환하거나, 담보에 제공하거나 의무 부담 또는 권리의 포기를 하고자 할 때에는 이사회의 의결과 대의원 총회의 승인을 받아야 한다.
② 이 협회가 매수, 기부채납, 기타의 방법으로 재산을 취득할 때에는 지체 없이 이를 이 협회의 재산으로 편입조치 하여야 한다.
③ 기본재산 및 보통재산의 유지, 보존 및 기타 관리(제1항 및 제2항의 경우를 제외한다)에 관하여는 협회장이 정하는 바에 의한다.
④ 기본재산의 목록이나 평가액에 변동이 있을 때에는 지체 없이 '현재의 기본재산목록'을 변경하여 정관 변경 절차를 밟아야 한다.

제53조(재산의 평가)
이 협회의 모든 재산의 평가는 취득당시의 시가에 의한다.

제54조(경비의 조달방법 등)
이 협회의 유지 및 운영에 필요한 경비는 기본재산의 과실, 회원의 회비 및 기타의 수입으로 조달한다.

제55조(회계의 구분)
① 이 협회의 회계는 목적사업회계와 수익사업회계로 구분한다.
② 제1항의 경우에 이 법인세법의 규정에 의한 이 법인세 과세대상이 되는 수익과 이에 대응하는 비용은 수익사업회계로 계리하고, 기타의 수익과 비용은 목적사업회계로 계리한다.
③ 제2항의 경우에 목적사업회계와 수익사업회계로 구분하기 곤란한 비용은 이 법인세에 관한 법령의 규정을 준용하여 배분한다.

제56조(회계원칙)
이 협회의 회계는 사업의 경영성과와 수지상태를 정확하게 파악하기 위하여 모든 회계거래를 발생의 사실에 의하여 기업회계의 원칙에 따라 처리한다.

제57조(회계연도)
이 협회의 회계연도는 정부의 회계연도에 따라 1월 1일부터 12월 31일까지로 한다.

제58조(예산외의 채무부담 등)
예산외의 채무의 부담 또는 채권의 포기는 이사회의 의결과 총회의 승인을 받아야 한다.

제59조(이사 등에 대한 재산대여 금지)
① 이 협회의 재산은 이 협회와 다음 각 호의 1에 해당하는 관계가 있는 자에 대하여는 정당한 대가없이 이를 대여하거나 사용하게 할 수 없다.
  1. 이 협회의 설립자
  2. 이 협회의 이사
  3. 제1호 및 제2호에 해당하는 자와 민법 제777조의 규정에 의한 친족관계에 있는 자 또는 이에 해당하는 자가 이사로 있는 다른 협회
  4. 이 협회와 재산상 긴밀한 관계가 있는 자
② 제1항 각호의 규정에 해당되지 아니하는 자의 경우에도 이 협회의 목적에 비추어 정당한 사유가 없는 한 정당한 대가없이 대여하거나 사용하게 할 수 없다.

제60조(예산서 및 결산서 제출)
이 협회는 매 회계연도 종료 후 2월 이내에 다음 각 호의 서류를 이사회의 의결 결과 총회의 승인을 얻어 감독청에 제출한다.
① 다음 사업연도의 사업계획 및 수지예산서
② 당해 사업연도의 사업실적 및 수지결산서
③ 당해 사업연도 말 현재의 재산목록

제61조(후원금 공지)
본회는 연간 후원금 모금액 및 활용실적을 본회의 홈페이지에 공개한다.

제62조(상임위원회의 보수)
상임위원회에 대하여는 수당을 지급할 수 있다.

제13장 보칙

제63조(정관의 개정)
이 정관을 개정하고자 하는 때에는 대의원 총회에서 재적대의원 과반수의 출석과 출석대의원 과반수의 찬성으로 의결을 하여 주무관청의 허가를 받아야 한다.

제64조(규정 및 시행세칙의 제·개정)
이 정관 시행에 필요한 세부사항은 이사회에서 규정 또는 시행세칙으로 정하여 시행한다. 단, 회원규정 및 선거규정의 개정은 대의원 총회에서 의결한다.

제65조(해산)
이 협회를 해산하고자 할 때에는 대의원 총회에서 각각 재적 대의원의 5분의 4 이상의 찬성으로 의결하여 주무관청에 신고를 한다.

제66조(잔여재산의 귀속)
이 협회를 해산하는 때의 청산 후 잔여재산은 주무장관의 허가를 받아 국가, 지방자치단체 또는 유사한 목적을 가진 다른 비영리 법인에게 귀속한다.

제67조(준용규정)
이 협회를 해산하고자 할 때에는 대의원 총회에서 각각 재적 대의원의 5분의 4 이상의 찬성으로 의결하여 주무관청에 신고를 한다.

부 칙

(시행일)
이 정관은 주무관청의 허가를 받은 날부터 시행한다.

윤리 강령

언어재활사는 의사소통 장애인의 기본권과 존엄성을 옹호하고 능력을 증진시키기 위한 노력에 최선을 다하여야 한다. 이에 언어재활사 협회는 국민의 건강과 안녕에 이바지하는 장애인복지전문인력으로서 언어재활사의 위상과 긍지를 높이고, 윤리의식의 제고와 사회적 책무를 다하기 위하여 이 윤리강령을 제정한다.

1. 평등권
   언어재활사는 대상자의 국적, 인종, 사상, 종교, 연령, 성별, 정치적, 경제적, 사회적 지위 및 장애의 종류와 정도에 차별 없이 언어재활 서비스를 제공한다.

2. 품위 유지
   언어재활사는 장애인복지전문인력으로서의 권위와 품위를 유지·향상시키는 일에 최선을 다 하여야 한다.

3. 대상자를 위한 전문적 활동 및 자기계발
   언어재활사는 대상자의 의사소통 능력 개선을 위하여 최신 학문적 지식과 임상 기술을 증진시키기 위해 최선을 다한다.

4. 대상자의 사생활 보호 및 비밀 유지
   언어재활사는 직무상 알게 된 대상자의 비밀과 사생활을 보호하며 임의로 타인에게 공개하여서는 안된다.

5. 대상자의 권익
   언어재활사는 대상자 및 보호자의 권익과 자기결정권을 존중하며 판정결과에 준거하여 언어재활 서비스를 제공한다.

6. 대상자를 위한 협력
   언어재활사는 대상자의 의사소통 능력 향상을 위하여 관련 전문인력과 상호협력을 적극적으로 하여야 한다.

7. 대상자에 대한 서비스 비용의 청구
   언어재활사는 정당한 언어재활서비스 이외의 부당한 비용 또는 대가를 청구하거나 취득하여서는 아니된다.

8. 공동체 의식 고취
   언어재활사는 회원 상호 간에 친목을 도모하며 본 협회의 무궁한 번영과 발전을 위하여 이바지하여야 한다.

9. 법의 준수
   언어재활사는 장애인복지법 및 관계법을 준수하여야 한다.

참고문헌

고도흥(2015). 음성언어의 측정분석 및 평가. 학지사
곽경미(2010). 만 4, 6, 8세 명료화요구능력의 발달. 한림대학교 대학원 석사학위논문
곽경미, 곽은정, 엄지연, 오영미, 이보람(2024). 언어재활사 핵심요약집. 시대고시기획
곽경미, 곽은정, 이보람, 유지은(2016). 조음음운치료의 모든 것, 발음이[바르미], SLP's HOUSE. 부크크
권도하 외 8명(2012). 유창성 장애. 학지사
권미선, 김종선 역(2007). 삼킴장애의 평가와 치료. 학지사
권미선, 이재홍, 하지완, 황민아 역(2014). 신경의사소통장애. 박학사
권유진 외(2018). KONA 한국어 이야기 평가. 인싸이트
김미배·배소영(2011). 낱말읽기에서의 초등학생 음운해독력 발달. 언어청각장애연구. 16(2), 143~153p.
김수진 외(2007). 조음음운장애. 시그마프레스
김영태(1994). 그림자음검사를 이용한 취학 전 아동의 자음정확도 연구. 말-언어장애연구. 1, 7~33p.
김영태(2014). 아동언어장애의 진단 및 치료(2판). 학지사
김영태, 심현섭 역(2007), 조음·음운장애(제5판), 박학사
김영태, 이윤경, 정부자 역(2016). 언어장애 기능적 평가 및 중재. 시그마프레스
김정미, 윤혜련, 이윤경 역(2008). 언어와 읽기장애(2판). 시그마프레스
김향희(2012). 신경언어장애. 시그마프레스
대한후두음성언어의학회(2016). 후두음성언어의학(2판). 범문에듀케이션
심현섭, 신문자, 이은주(2010). 유창성 검사. 파라다이스
안철민(2004). 음성질환의 진단과 치료. 대한의학서적
(사)한국언어재활사협회 출판위원회(2013). 언어치료 현장실무. 사단법인 한국언어재활사협회
유재연 외(2015). 음성과 음성치료(9판). 시그마프레스
이승복, 이희란 역(2013). 언어발달. 시그마프레스
이윤경(2019). 영유아 의사소통장애 발달, 평가, 중재. 학지사
황상심 역(2012). 이중언어발달과 언어장애. 박학사
Barry Guiar. (2018), 『말더듬. 본질 및 치료에 관한 통합적 접근』. (안종복 외 7명 옮김). 박학사.
Walter H. Manning. (2013). 『Dr. Manning의 유창성장애』. (심현섭 외 3명 옮김). CENGATE Learning.
김영태(2014). 아동언어장애의 진단 및 치료(2판). 학지사

2025 시대에듀 언어재활사 최종모의고사

개정8판1쇄 발행	2025년 08월 20일 (인쇄 2025년 06월 26일)
초 판 발 행	2017년 09월 15일 (인쇄 2017년 08월 30일)
발 행 인	박영일
책 임 편 집	이해욱
편 저	곽경미 · 곽은정 · 엄지연 · 이보람
편 집 진 행	노윤재 · 유형곤
표지디자인	박종우
편집디자인	장성복 · 김기화
발 행 처	(주)시대고시기획
출 판 등 록	제10-1521호
주 소	서울시 마포구 큰우물로 75 [도화동 538 성지 B/D] 9F
전 화	1600-3600
팩 스	02-701-8823
홈 페 이 지	www.sdedu.co.kr
I S B N	979-11-383-9422-2 (13510)
정 가	28,000원

※ 이 책은 저작권법의 보호를 받는 저작물이므로 동영상 제작 및 무단전재와 배포를 금합니다.
※ 잘못된 책은 구입하신 서점에서 바꾸어 드립니다.

SLP's HOUSE의
핵심요약집

언어재활사, 예비 언어재활사 여러분들을 위한 국가시험 대비용

언어재활사 핵심요약집

Speedy하게 5대 언어장애를 정리하고 →
Point만 모은 미니요약집으로 마무리!

※ **이런 분들께 추천합니다!**
- ▶ 바쁜 일정으로 공부할 시간이 없는 분
- ▶ 모든 책을 다 살펴보기 어려운 분
- ▶ 외운 내용을 확인하고 싶은 분

핵심요약집에 대한 문의사항은
NAVER 카페 SLP's HOUSE
(cafe.naver.com/slphouse)를
방문하여 남겨주세요.

NAVER SLP's HOUSE 를 검색하세요!

※ 도서의 이미지는 변경될 수 있습니다.

SLP's HOUSE의
최종모의고사

언어재활사, 예비 언어재활사 여러분들을 위한 국가시험 대비용
언어재활사 최종모의고사

최종모의고사 문제로 확인하고 →
접지물로 마무리!

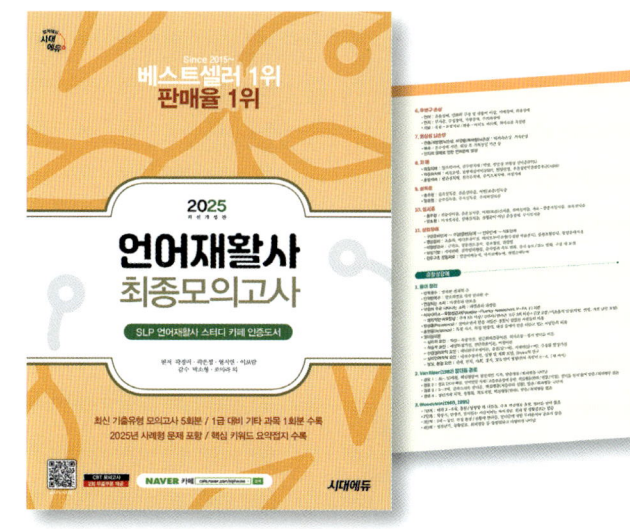

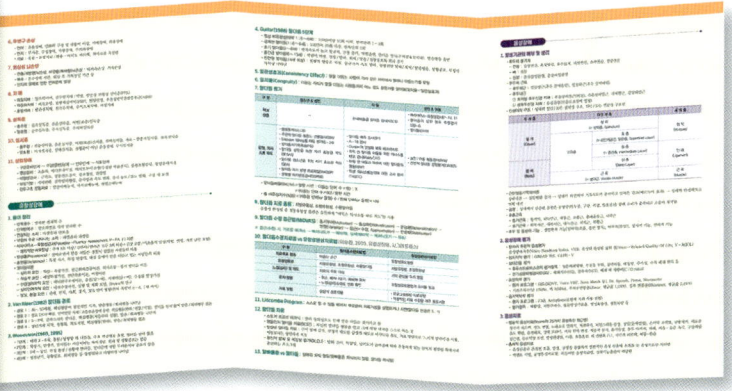

※ 이런 분들께 추천합니다!
▸ 시험 전 문제를 통해 마무리하고 싶은 분
▸ 외운 내용을 확인하고 싶은 분
▸ 기출유형을 알고 싶은 분

최종모의고사에 대한 문의사항은
NAVER 카페 SLP's HOUSE
(cafe.naver.com/slphouse)를
방문하여 남겨주세요.

대한민국 모든 시험 일정 및 최신 출제 경향·신유형 문제

꼭 필요한 자격증·시험 일정과 최신 출제 경향·신유형 문제를 확인하세요!

출제 경향·신유형 문제

◀ 시험 일정 안내 / 최신 출제 경향 · 신유형 문제 ▶

- 한국산업인력공단 국가기술자격 검정 일정
- 자격증 시험 일정
- 공무원 · 공기업 · 대기업 시험 일정

시험 일정 안내

합격의 공식
시대에듀